中国律师实训经典
基础实务系列
总主编◎徐　建　龙翼飞

公司业务律师基础实务

第二版

龚志忠◎主编

撰稿人（以撰写章节先后为序）
龚志忠　周敏李　郭振忠
张保生　周　伟　刘　斌

中国人民大学出版社
·北京·

序

中国人民大学律师学院组织编写我国第一套大型律师基础实务教材“中国律师实训经典·基础实务系列”的情况介绍已经收悉，看后甚喜。这套教材，集实用性、基础性和系统性于一体，内容全面翔实，对完善我国的律师制度，强化律师管理、规范律师行为、防范律师的职业风险有着重要作用；对提高律师基础实务技能、使律师积极参与诉讼和仲裁活动有重要的指导意义；对加强律师业务、实务管理和律师职业管理，增强常规业务必备知识和实务操作技能，也是非常有价值的。《中华人民共和国律师法》颁布施行不到20年，我国律师还很年轻，还需要从理论上、实践中不断探索。

我国法律教育一直偏重于理论研究，将法律实践成果总结提升为理论常常显得滞后。中国人民大学律师学院编写的这套教材，是我看到的第一套系统性法律实务教材，从这个角度说，它开创了我国法律实务教育之先河。律师业是法律职业中有条件全面接触各种法律实务工作情况的职业。从律师的客观和主观、实体和程序角度进行法律实践教育，可使法律人比较全面地了解掌握各项法律实务工作技能，特别是对于学生将来从事各类法律工作会有启发和帮助。这套教材不失为各高校法律实务教育的有益参考书目。

肖　扬

中国人民大学博士生导师、最高人民法院原院长、首席大法官

2014年3月

序　言

中国正在经历一场深刻的社会变革，变革的方向之一，就是政府越来越多地退出对经济和社会生活的直接管控，而交由市场自行调节和社会自我管理。伴随这一变革进程的，将是对各类社会服务需求的大量增加，向社会提供法律服务的律师业也将迎来又一个发展的黄金时期。可以预期，未来若干年，律师从业人员数量将会呈现高速增长。

大量新人进入律师行业，必将对我国的律师教育提出新的挑战。如何从一个“菜鸟”迅速成长为一名合格的律师，是每个律师界新人或准律师关心的问题，而这正是律师正规化专业教育的目标之一。我国的律师教育目前还处在手工作坊阶段，基本上是以师傅带徒弟的方式培养律师。新人入行后，先跟着老律师做实习律师、律师助理等，慢慢积累经验，逐渐成长。这一方式的局限性是显而易见的。主要问题是，缺乏科学系统的培养计划和考核标准，导致年轻律师的培养随意性较强，且受所跟师傅及所在律所的业务范围、业务水平及责任心等方面的局限，培养质量难以保证，年轻律师成长速度参差不齐，甚至一些人长期难以进入角色，无法成为一名合格律师。这种状况，显然难以适应我国律师业高速发展的需要。

中国人民大学律师学院自成立之初，就把探索构建我国律师正规化专业教育体系作为重要目标，并自 2011 年起，把律师实务教育引入国民教育体系，在法律硕士教学中开设了律师方向课程，目前已连续招收了三届学生。在三年教学实践的基础上，我们组织编写了这套律师基础实务教材。

本套教材共 14 本，大体包括三部分。第一部分为律师执业基础，主要包括律师制度、律师管理、律师执业行为规范、律师执业风险防范等执业律师必须了解的基本知识；第二部分为律师基础实务技能，包括律师参与刑事、行政、民事三大诉讼活动及参与仲裁活动必备的知识和基本操作技能，以及律师办理非诉业务的基本技能；第三部分为一些最常见的律师业务实务，包括公司、合同、房地产、知识产权、侵权、劳动与社会保障、婚姻家庭、企业法律风险管理等律师常规业务所必备的知识和实务操作技能等。这些课程是在参考国外尤其是英国律师教育经验的基础上，结合我国律师业务的具体情况而设置的。我们认为，这 14 本教材涵盖了最基本的律师业务要求和技能，读者如能全面掌握 14 本教材的内容，就基本具备了作为一名合格执业律师的业务能力。

将本套教材命名为“中国律师实训经典 · 基础实务系列”，故教材的编写强调了实用性、基础性和系统性。实用性，即完全根据律师业务的实际情况安排教材内容，对每项具体律师业务的基本要求、处理思路、工作规范及具体操作技能等逐一进行介绍，并适当配以具体案例演示，力求使读者按照书中介绍的方法去操作，能够独立完成相关的律师业务工作。基础性，即本套教材主要面向律师界的新人，故在内容安排上只涉及最基础、最常见的律师业务，所介绍的也都是最基本的律师业务技能和操作方法，对于高级的、尖端的律师业务门类和技巧并不涉及。系统性，是指本套教材虽为基础实务教材，但每本教材对所涉及律师业务领域的具体工作要求均做系统全面的介绍，以帮助读者全面掌握处理该项律师业务的基本技能。

本套教材各册的主编，均由国内律师界相关业务领域的顶级专家担任，各位作者也都具有多年的律师执业经历，且在相关领域术业有专攻，经验丰富。其中多数主编及多位作者曾在我院讲授过相关律师专业课程。每册教材都是主编和作者们多年实务工作的结晶以及律师专业教学经验的总结。可以说，本套教材既贴近律师工作实际，又符合一般教育规律，因此，适合作为各高校法学院律师专业课程教材和各地律协律师岗前教育教材，也可作为实习律师、律师助理及有志进入律师行业者的自学教程。

我国律师的正规化专业教育毕竟还处于起步探索阶段，无成熟经验可循，本系列教材作为我院三年律师专业教育成果的总结，必定还存在不足和疏漏，有待于进一步探索、完善。我们希望全国律师及律师教育界多提宝贵意见，帮助我们不断改进、完善本套教材，共同为探索建设符合中国实际的律师正规化教育体系奠定基础。

本套丛书各位作者在繁忙的工作之余承担了本书的编写工作，将自己的经验和智慧奉献于律师教育事业；各册教材的主编在教材的整体设计、内容安排与统筹、全书审稿统稿等方面付出了辛勤劳动，保证了教材的高品质；中国人民大学出版社法律分社领导和各位编辑，在时间紧、稿件多的情况下，为本套丛书的如期出版做了大量细致有效的工作。在此我们特对以上人员表示特别感谢。

徐　建　龙翼飞

2014 年 3 月

修订说明

《公司业务律师基础实务》于 2014 年 4 月出版。出版至今，有关公司设立、运营、变更和终止的法律、政策宏观环境发生了若干重要变化，伴随《公司法》《中外合资经营企业法》《民事诉讼法》《公司登记管理条例》等商事、民事法律及行政法规的修正和《民法总则》的颁布实施，政府对公司和公司行为的监管，在内容和方式方面，由全面核准或备案为主，逐步改为负面清单核准为主；在时间方面，由事前许可、事中监管为主，逐步转变为事后惩戒为主；最高人民法院也公布了《关于适用〈中华人民共和国公司法〉若干问题的规定（四）》，通过司法解释，就公司决议瑕疵补救、公司股东知情权、利润分配权和优先受让权等事项，对《公司法》的适用进行了完善。

针对以上变化，我们对《公司业务律师基础实务》进行了如下修订。

删除原第五章《公司交易涉及的行政许可》。随着商业主体和商事活动的行政许可体制改革步伐不断加快，本书原第五章所介绍的行政许可程序正在发生且还将继续发生重大变化，加之行政许可不断增强的公开化和电子网络化，原第五章内容已经不宜继续保留。

增加了涉及公司业务的若干财税政策介绍。律师从事公司业务应该对企业财务会计基础知识有所了解，本次修订在第一章的“财务要素”部分增加了“营改增”及其对公司业务的影响内容。增值税是公司最重要的流转税税负，不仅影响日常经营业绩，也直接影响公司股东权益交易的成本。另外，在第五章的“注资”部分对技术成果投资入股实施选择性税收优惠政策进行了介绍，在第六章的“奖励惩罚”部分增加了对股权激励和技术入股的税收优惠政策的介绍。

在第五章第三节增加了对公司登记的“先照后证”改革和“五证合一、一照一码”改革的介绍。

根据最高人民法院 2017 年 8 月 25 日公布的《关于适用〈中华人民共和国公司法〉若干问题的规定（四）》增加了若干内容：在第六章的“风险防范和控制”和“股东关系管理”部分增加了对股东（大）会决议瑕疵及其补救和股东知情权及其行使边界的介绍，在第七章的“股权转让”部分增加了对现有股东优先购买权的行使方式和行使边界的介绍。

此外，在第七章还增加了全民所有制企业改制为公司的主要工作内容和政策配套等内容。

修订版还对全书文字进行了审校。

本书写作分工如下（以撰写章节先后为序）：

龚志忠：第一、三、四、五、六、七章；

周敏李：第二章；

郭振忠：第八章；

张保生：第九、十、十六章；

周 伟：第十一、十三、十五、十七章；

刘 斌：第十二、十四章。

编 者

2018年5月

编写说明

《公司业务律师基础实务》是一本实用技能教科书，其编写目标一方面是使读者能够按图索骥直接对照本教材处理公司法律实务问题，完成实际业务，培养读者操作公司业务的基本技能；另一方面是使读者能够以公司律师的世界观和方法论来看待、分析和处理公司要素、公司交易和公司诉讼，训练读者按公司律师的思维方式，综合运用法律知识、商务知识和财务知识，厘清交易要素，识别交易风险，制定交易方案，完成交易程序，预防和解决法律争议。

本书包括律师非诉公司业务篇和律师公司诉讼业务篇，各自系统介绍了律师公司业务在非诉和诉讼领域的基本操作规范、业务流程及方法技巧，各章都系统列示本章要点、学习目标、操作详解、实例解析、练习与测验、本章总结等内容。

律师非诉公司业务篇共计 9 章，分为两个部分。第一部分为第一章至第五章，讲解公司交易要素，内容包括公司业务概要、公司法律尽职调查、公司交易的商务要件、公司交易的法务要件以及公司交易行政许可。其中，公司法律尽职调查和公司交易行政许可两章偏重传授业务实战技能，公司业务概要、公司交易的商务要件、公司交易的法务要件三章偏重培养业务方法论。第二部分为第六章至第九章，讲解公司交易流程，内容包括公司设立业务、公司维持业务、公司变更业务和公司解散清算业务，偏重传授业务实战技能，重点是公司变更业务中的公司并购基础模型解析。

律师公司诉讼业务篇共计 9 章，分为三个部分。第一部分为第十章，介绍公司诉讼的基本特征和基本类型，重点讲解律师办理公司诉讼业务的基本操作流程和基本指引。第二部分为第十一章至第十五章，介绍公司在设立、运作和消灭过程中常见的几类诉讼，重点讲解律师办理公司设立纠纷、公司资本纠纷、股权转让纠纷、股东权益纠纷、公司董事、监事、高管侵权纠纷、公司解散和清算纠纷的操作指引。第三部分为第十六章至第十八章，介绍几类特殊的公司诉讼，重点讲解律师在办理外商投资纠纷、PE 纠纷和证券虚假陈述赔偿纠纷中应注意的问题。公司诉讼涉及多种复杂的内部法律关系和各种具有特殊内容的商事法律规范及商事运作规则，与普通的民商事诉讼相区别，具有较强的专业性和商业性特征。在纷繁复杂的公司纠纷出现后，代理律师如何制定合适的整体策略，选择什么样的切入点提起诉讼和应对诉讼，以实现客户的商业目标，这是本篇重点回答的问题。

本书适用于下列读者：已经接受过法学基础教育的大专院校学生，实习律师，从事公司业务不满2年的专、兼职律师，公司、企业法务人员，投资机构及投资银行机构业务人员。

建议读者结合手头正在办理的实务案例阅读本教材。对于公司非诉讼业务，建议读者首先阅读第六章至第九章，然后阅读第二章和第五章，再阅读第三章和第四章，最后阅读第一章。对于公司诉讼业务，建议读者先阅读第十一章至第十五章，再阅读第十六章至第十八章，最后阅读第十章。

建议读者阅读本书的同时，也关注境内外上市公司《招股说明书》《收购报告书》《重大重组报告书》《法律意见书》《律师工作报告》等上市公司信息披露资料。

阅读本教材并将其作为实务操作指引随时对照运用，可以有效训练和迅速提高读者的公司业务操作技能，还可以帮助读者有效地建立起作为成熟的公司业务律师应有的工作方法论。

本书写作分工如下（以撰写章节先后为序）：

龚志忠：第一、三、四、五、六、七、八章；

周敏李：第二章；

郭振忠：第九章；

张保生：第十、十一、十七章；

周伟：第十二、十四、十六、十八章；

刘斌：第十三、十五章。

目　录

上篇　律师非诉公司业务

下篇 律师公司诉讼业务

上篇　律师非诉公司业务

本书的非诉业务篇将以交易要素和交易流程为两大主线，介绍律师开展非诉公司法律业务的基础实务技能。交易要素包括公司要素和交易要件两大部分。按照公司登记环节，交易流程包括公司设立、公司维持、公司变更和公司解散清算四个基本程序。

公司要素是指能够概括公司的人格性、财产性和动态性特征的各项本质因素；交易要件是指构成公司股东权益交易的所有实质性内容，包括交易的商务条件和交易的法务条件。公司运行程序是指在公司设立、变更和解散情形下所要经历的必需程序。

基于此，本篇可以分为两个部分。第一部分为第一章至第四章，讲解律师对公司业务和公司交易要素的理解，内容包括律师公司业务概要、公司法律尽职调查、公司交易的商务条件和公司交易的法务条件。第二部分为第五章至第八章，讲解律师对公司交易四大流程的业务操作实务，内容包括公司设立实务、公司维持实务、公司变更实务和公司清算实务。

注意，本篇第一部分的内容适用于有限责任公司和股份有限公司，第二部分的内容适用于有限责任公司和未公开募集股份并上市的股份有限公司，公开募集股份并上市的股份有限公司的设立和变更业务属于证券发行和交易业务，不属于本书的范畴。

提示：在本篇中，“公司业务”或“律师公司业务”都特指律师非诉公司业务。

检验本书阅读是否具有成效的手段之一，是自测能否自主草拟最基本的公司业务法律文件，包括出资协议书、公司章程、股权转让协议书、增资协议书和律师法律意见书。本书提供了相应案例供读者参考，本书中“公司交易的商务条件”和“公司交易的法务条件”两章也是以这些实际案例为基础进行讲解的。

我们希望，本篇能够帮助公司业务律师通过对交易要素和交易流程的理解、分析和建议，来促成交易当事人达致交易，并确保交易具有持久安全性和可执行性，能够帮助律师在从事公司业务的过程中随时反省：

我是否促成了一项对当事各方都有益的交易；

我是否明了这项交易将经过哪些主管机关的审核，并且我是否确信将顺利获得所有这些必需的审核、批准和登记、备案；

我是否确信这项交易将会按预期实际执行，如果不能按预期执行，我是否确信有足够的、可行的补救措施，而这些补救措施将不会不利于我的委托人；

我确信这项交易不存在被裁判为无效或可撤销的风险，也不存在阻碍或限制其执行力的客观障碍。

第一章

律师公司业务概要

本章要点

律师公司业务的工作任务、工作成果和工作使命；

公司的四大要素。

学习目标

如果参加一个公司业务的法律服务项目，知道自己将会做哪些具体工作；

如果审阅公司的商业计划书或类似资料，知道哪些是有价值的信息，哪些是需要质疑的信息。

引言

本章是关于公司业务的入门知识，目的是帮助您尽快建立起对律师公司业务的整体印象。本章涉及九个专题，回答公司律师眼中的九个基本问题：业务范围和业务功能（回答"让客户得到什么服务"）、服务对象（回答"为哪些人服务"）、公司的四大要素（回答"公司到底是什么"）、业务依据（回答"公司交易应当遵从哪些规则"）、工作任务（回答"律师干哪些事"）、工作成果（回答"律师向客户提交哪些工作成果"）、工作流程（回答"律师具体怎么干"）、业务伙伴（回答"公司交易还需要哪些中介机构"）以及业务使命（回答"律师对公司交易的终极价值何在"）。

这九个专题构成公司非诉业务的九个重点，如果需要在这九个专题中再寻找重中之重的话，我们推荐两个：一是律师公司业务定义和其中的六个关键词：投资人、股东权益、交易、公司控制权、法律服务和执业；二是公司的四大要素：资本控制要素、主营业务要素、财务要素和运营控制要素。

律师签署的诸多法律文件中有一个文件相对能体现本章精神，那就是律师通常在为客户提供公司业务服务之前签署的第二个法律文件——律师专项法律服务协议。

律师在为客户提供公司业务服务之前签署的第一个法律文件通常是什么呢？请在本章里面寻找答案吧。

第一节　业务范围

一、业务功能

律师公司业务的功能是对公司交易提供法律服务。最常见的律师公司业务是帮助客户完成权益性投资，即客户动用财产对公司进行股权投资或客户处置其在公司的现有股权投资。在客户动用财产对公司进行股权投资的同时，接受财产投资的目标公司也对应完成了权益性融资。这是同一个交易的两个组成方面，也就是说，股东的投资同时就是公司的融资。在此过程中，有可能同时存在律师甲帮助投资人对外投资，而律师乙帮助目标公司进行权益融资的情形。完成投资/融资行为以后，股东之间、股东与管理层之间还会就股东权益的确定和消长以及公司控制权的争夺，各自或共同实施相应的法律行为，即开展股东权益之间的博弈行为。在本篇中，我们把上述财产投资行为和权益融资行为以及股东权益之间的博弈行为统称为广义的股东权益交易行为，简称“交易”。

本篇中，我们对“律师公司业务”的定义为：律师为投资人就广义的股东权益交易提供法律服务的执业活动。

理解这个定义需要理解六个关键词：投资人、股东权益、交易、公司控制权、法律服务、执业。

（一）投资人

在律师公司业务领域内，投资人是将自己拥有的经济资源缴付给公司以换取公司股东权益的法律主体。

按照投资人投资目的的不同，我们把他们分为实业投资人、战略投资人和财务投资人三大类。本书自始至终坚持按照这样的分类来梳理律师对投资人的服务。

（二）股东权益

股东权益是投资人对公司拥有的权利和利益的总和。股东权益既是定性的法律概念，也是定量的财务概念，可以被称为股权、股份、股本、出资额、注册资本份额等。

以律师的眼光看，股东权益是一系列法律权利，这些权利可以有多种分解方法。我们姑且把它们先分解成直接权利和间接权利。直接权利是由股东自己直接享有和行使的权利，间接权利是股东委托他人行使的权利。接着，我们再把直接权利分解为表决权、收益分配权、交易优先权、剩余财产分配权和知情权。表决权是股东通过投票直接参与公司若干重大事项决策的权利，这项权利在公司的股东（大）会上行使。收益分配权是股东对于公司在法定会计期间（例如会计年度）获得的可分配利润所行使的要求、决定并实际获得分配的权利。交易优先权是在公司发生重大资本性交易或变动（例如公司增资扩股或公司股东转让股权）或在公司发生日常营业交易（例如采购、销售或服务）时，在同等交易条件下，股东拥有的优先于非股东与公司发生交易的权利。剩余财产分配权是公司发生清算情形时，股东对公司财产清偿全部公司债务以后的剩余部分拥有的分配权利。知情权是股东要求公司在法定场合（例如股东会）和法定期间（例如会计年度末）提供公司日常经营结果和重大事项内容等信息的权利。在这些权利当中，知情权是基础，表决权是核心，股东对公司控制权的争夺集中体现为对表决权的争夺。股东的间接权利主要是委托权。根据所有权与管理权相分离的经济学原理，股东难以事必躬亲，因此需要挑选代理人来替自己管理和运营公司。股东的主要代理人是公司董事和公司高级管理人员。股东挑选董事和挑选公司高管的行为就是行使委托权的过程。

以会计师的眼光看，股东权益是一组财务数字。拿公司的资产负债表来解释，股东权益就是资产负债表右下侧的财务数据，又称为公司净资产。从构成来源上看，它等于股东对公司的实缴资本加上股东溢价出资、评估增值、接受捐赠等形成的资本公积金，加上公司既往提取的盈余公积金，再加上公司迄今累积的未分配利润（注意：这个未分配利润有可能是负数，表明公司迄今发生亏损）；从公司资源的占有和来源钩稽关系上看，股东权益等于公司资产减去公司负债。当公司股东权益为负数时，表明公司已经资不抵债。

（三）交易

如前所述，律师公司业务中的"交易"既包括股东权益与其他经济资源相互交换的行为，也包括股东权益相互博弈的行为。股东权益是交易的标的，与之相交换的经济资源是交易对价。

以投资银行的眼光从公司要素变动的角度看，交易包括买卖股东权益、转移公司控制权、控制企业盈利模式和主导产业发展等含义；以律师的眼光从交易带来的登记后果看，交易包括创设公司、维持公司、变更公司和解散公司等事项。

（四）公司控制权

公司控制权通常被理解为投资人对公司完整的股东权益的控制权，即投资人对公司意志、公司行为能力和公司意思表示的控制权，其核心是对表决权的控制权。是否取得控制权有两个直观指标：是否持有公司超过50%的股权，或者是否占有过半数的董事席位。这是狭义的控制权，即资本控制权。

广义的公司控制权除资本控制权以外，还包括运营控制权，即管理层和员工（尤其是核心岗位员工）对公司财产和业务的实际控制权。运营控制权的形成是公司的经营管理者和员工基于对公司财产和日常经营的操作和管理而控制着公司主营业务的过程和结果，进而影响甚至控制公司的商业模式和投资人的股东权益。

注意：只有在所有权与经营权分离（主要标志是股东不兼任公司组织机构成员）的情况下，运营控制权才会有效产生。如果所有权与经营权重合，则运营控制只是资本控制的组成部分。

还请注意：尽管财务上通常把公司董事、董事会和经营管理机构都统称为管理者或管理层，但"管理层"的实际范围随股东性质的不同还是会有微妙变化。从外在标志上看，如果公司董事会的主要成员不由股东亲自兼任（如法人股东），此时，董事、董事会和经营管理机构构成公司管理层，我们需要把管理层再进一步区分为负有决策职能的管理层——董事和董事会，以及负有日常经营管理职能的管理层——经理机构。如果公司董事会的主要成员都由股东亲自兼任（家族公司的自然人股东），则我们通常将董事和董事会并入公司资本控制权体系（尽管职业经理人可能也兼任董事），而只把经理机构视为运营控制者。

资本控制权控制着公司的宏观目标和结果，运营控制权控制着公司的微观运行方式和进程。治理公司的重要任务就是既要平衡股东之间的资本控制权，也要平衡股东的资本控制权和经营者的运营控制权，这就是股东权益博弈中的公司控制权维持。

为了维持公司的控制权，投资人和公司需要处理好股东、管理层和员工三者的内部利害关系和利益平衡，还要处理好公司与业务伙伴、消费者和政府三者的外部利害关系和利益平衡。

（五）法律服务

律师从事公司业务所提供的法律服务内容非常广泛，包括开展法律尽职调查、参与交易方案论证、参与交易协商谈判、制定交易文件、协调交易各方立场、协助交易各方与政府部门等相关利害关系人沟通交流、发表独立法律意见等，这些服务的核心可以归结为两项：识别股东身份和确认股东权益。

（六）执业

“执业”是一个具有神圣意味的词语，代表一种价值观的践行；“执业者”是一种神圣的职业，是崇高价值观的践行者。律师是法律精神的践行者，律师执业是法律精神的践行活动，其核心是：识别和确认法律事实；解释法律；将法律规定和法律精神适用于具体事实；预测法律行为所产生的权利、义务、责任等法律结果；作出法律风险防范、控制和补救的安排。

律师公司业务执业活动的神圣目标是确保交易持久的安全性和持久的可执行性。

二、创设公司

创设公司或设立公司就是投资人开办公司，完成订立投资协议和公司章程、投入经济资源、取得公司登记需要的法定前置许可、办理公司工商注册登记和税务登记等手续，以及向公司派出约定的董事和高管人员和向公司移交出资财产（包括财产权载体和财产权本身）等工作。公司作为独立的企业法人诞生。

创设公司包括三个方面的法律后果：一是公司作为独立法律主体诞生，二是出资人/发起人不可撤销地将出资财产及所附财产权利转移给公司，三是出资人/发起人取得公司股东身份和股东权益。

公司创设交易的主体是股东和公司，交易标的是公司股东权益，交易对价是股东出资及对应出资额。

律师开展公司设立业务的服务对象是出资人/发起人，服务使命是确保公司安全、便捷地设立，出资人/发起人安全便捷地取得股东身份和股东权益。

本书第五章将详细讨论律师的公司设立业务。

三、维持公司

从公司治理出发，我们把公司治理结构的建立和变动定义为公司维持。

维持公司就是公司股东作为资本控制权主体就公司资本控制权体系的稳定，或者公司管理层作为运营控制权主体就公司运营控制权体系的效率，或者公司股东与公司管理层就公司资本控制权和运营控制权的平衡，而调整公司组织机构及其职权、调整岗位设置及其职能、调整机构和岗位的行为流程以及调整岗位激励约束机制的行为。

维持公司只发生一个法律后果：公司的控制权体系发生了变动。公司的商业要素（例如股东、主营业务和公司财务）不发生变动，但是公司机构和岗位的登记事项可能会发生变动，例如可能会发生董事变更、经理变更、法定代表人变更，并进行相应的工商变更登记。公司作为独立法律主体没有发生任何变动。

律师开展公司维持业务的服务对象可以是股东（可能是一方股东，也可能是全体股东），也可以是公司——此时实际服务对象是公司的管理层。其服务使命是实现股东之间、股东与管理层之间、管理层内部、股东和管理层与员工之间的利益平衡，确保公司各组织机构和岗位高效率运行，确保公司经济资源高效率配置使用，防范和控制公司的经营风险。

本书第六章将详细讨论律师的公司维持业务。

四、变更公司

变更公司就是股东同时变更公司的登记要素和交易要素，完成订立交易协议、变更公司章程、取得交易生效需要的前置许可、办理公司工商变更登记手续以及交割（包括支付交易对价和接管公司业务及财产——请注意："接管"的含义不是取代而是重新达到平衡）等工作。变更公司通常可以分解为：变更公司股权结构、变更公司注册资本、变更公司组织形式。从公司登记的角度看，公司变更业务包括：股权转让、公司增资、公司减资、公司合并分立、公司变更组织形式。

变更公司包括两个方面的法律后果：一是公司的登记要素和交易要素都发生变动，二是交易各方需要实际交割交易标的和交易对价。

在公司进行股权转让交易（即只发生股权结构变动而不发生注册资本变动）时，公司变更交易的主体是进行股权转让的各方股东，交易标的是公司股东权益，交易对价是现金形式的股权转让款或可以用作支付的其他财产。在公司进行增资或减资交易（即发生注册资本变动，可能发生也可能不发生股权结构变动）时，交易主体一方是发生增加出资或减少出资的各方股东，交易主体另一方是公司，交易标的是公司股东权益，交易对价是现金形式的股权出资款/回购款或可以用作支付的其他财产。在公司进行合并或分立交易（既发生注册资本变动，也发生股权结构变动，还发生公司注销和/或设立）时，交易主体是发生合并、分立各公司的所有股东，交易标的是合并或分立后公司的股东权益，交易对价是合并或分立前各公司的股东权益。在公司进行变更组织形式交易（既不发生注册资本变动，也不发生股权结构变动，但发生公司组织形式在有限责任公司和股份有限公司之间的转换）时，交易的主体一方是股东，交易主体另一方是组织形式变更后的公司，交易标的是变更组织形式后公司的股东权益，交易对价是变更组织形式前公司的股东权益。

律师开展公司变更业务的服务对象可以是股东，也可以是公司，服务使命是确保交易协商、交易成立和交易交割得以安全、便捷完成。

本书第七章将详细讨论律师的公司变更业务。

五、解散公司

解散公司可以看作是开设公司的逆程序，是公司停止积极的营业活动，在维持日常活动的情况下清算公司的资产和债务、向债权人清偿债务、向股东分配剩余财产、最后注销公司的行为。

解散公司包括六个方面的法律后果：一是公司停止一切积极主动的营业活动，二是以公司股东为主体组织对公司资产负债进行清理、核实、验算，三是公司向债权人清偿债务，四是公司向股东分配剩余财产，五是公司办理注销手续，六是出资人丧失公司股东身份和股东权益。

公司解散交易的主体是股东和公司，交易标的是公司股东权益，交易对价是公司剩余财产。

律师开展公司解散业务的服务对象是公司，也可以是公司股东甚至公司债权人，服务使命是确保公司债权人利益得到公允保护，公司股东得以安全便捷地取得公司剩余财产。

注意：公司解散与公司注销不是等同概念。公司解散一定导致公司主营业务终止、公司清算和公司注销的后果，但公司注销却不一定导致主营业务终止和公司清算。在发生公司合并、公司分立和公司组织形式变更的情况下，也会有注销公司的后果发生。

本书第八章将详细讨论律师的公司解散业务。

第二节　服务对象

律师开展公司业务的服务对象就是股东权益交易主体和控制权维持主体，即公司投资人和公司自身。

我们把公司投资人分为实业投资人、战略投资人和财务投资人三类。

一、实业投资人

实业投资人是这样一类投资人：他们向公司投入主要的经济资源并且自身亲自运营这些资源，制造出特定产品和/或服务提供给消费者，以满足消费者特定的消费需求，由此换取产品和/或服务价款与报酬，使公司持续取得经营业绩，从而实现持续获得投资收益的投资目的。

注意：实业投资人获取投资收益的渠道既可以是持续从公司获得利润分配，也可以是通过公司的持续经营，为投资人控制的其他经济实体提供产品和/或服务。

实业投资人谋求永久性持有公司股东权益，谋求取得并永久性维持对公司的资本控制权，谋求永久性占有公司实际控制人的地位，从而谋求永久性控制公司的主营业务和商业模式。

实业投资人是最古老的也最符合投资的本原宗旨的投资人。制造类企业的控股股东是最典型的实业投资人。

二、战略投资人

战略投资人向公司投入必要的经济资源但并不亲自运营管理这些资源，他们谋求自身获得持续与公司发生关联交易的机会，从而扩大自己主营业务的规模，或扩大自己的营业渠道，或扩展自己的产业链，他们获得投资收益的主要渠道不是从公司获得利润分配，而是关联交易给自己带来的经营业绩。

注意：战略投资人和实业投资人都可能与公司发生关联交易，战略投资人与公司发生关联交易的目的是扩大自身业务渠道，增加自身业务盈利机会；而实业投资人与公司发生关联交易的目的则多是转移利益或转移风险和责任。

战略投资人通常谋求永久性持有公司股东权益，谋求取得并永久性维持与公司发生关联交易的机会，但并不谋求对公司的控制权。

战略投资人股东通常是实业投资人股东上下游产业的实业投资人，在公司的控制权体系中，战略投资人通常愿意选择作实业投资人股东的一致行动人。

三、财务投资人

财务投资人向公司投入必要的经济资源但并不亲自运营管理这些资源，也不谋求获得与公司发生关联交易的机会，但谋求在预定期限内出让股东权益，获得转让价款与出资资金额（附加出资期间的资金占用成本）之间的差价收益。

财务投资人通常谋求中短期（1～5 年）持有公司股东权益，不谋求对公司的控制权但谋求对公司重大资本事项和资产交易的否决权，尤其关注股东权益当中的重大交易优先权（例如优先退出权）和知情权。

注意：财务投资人通常会以较高的公司估值为对价取得股东权益，成为公司股东以后，通常既不参与公司经营管理，也不谋求与公司的关联交易，因此财务投资人通常会要求实业投资人和公司管理层承担经营业绩的保证责任。

财务投资人是新兴但成长势头迅猛的投资人。私募股权投资机构是最典型的财务投资人。

四、公司

在这里，公司是指股东权益交易的目标公司或控制权维持的载体公司。

在发生增资、减资、公司合并、公司分立、公司组织形式变更、公司解散等交易时，以及在公司需要进行治理结构调整时，公司就是律师业务的服务对象。

第三节 公司要素

俗语道，“麻雀虽小，五脏俱全”。作为股东权益交易目标和控制权对象的公司承载着广泛且复杂的业务信息、财务信息和法律信息，投资人如何能安全、便捷且系统、完整地了解和识别公司，公司及其现有股东又如何有效、便捷地向潜在投资人推介公司呢？律师开展的公司业务包罗万象，从哪里入手来建立自己的公司业务技能体系呢？

我们尝试从提取一些元素入手，来提出关于如何认知公司的建议，然后再进一步提出关于如何开展公司业务的建议。这些元素就是我们所称的公司要素，包括登记意义上的公司要素和交易意义上的公司要素。考虑到公司登记行为是对公司最重要的要式行为和行政许可行为，是股东权益交易生效和交割的基本标志；同时考虑到律师经办的公司业务本质上都可以归结为交易中的律师业务，因此，我们按照对公司登记有意义和对交易有意义的两大标准来提取公司要素。

登记意义上的公司要素是由登记机关登记并强制进行信息公示的公司元素，这些要素的存在意义是便于社会公众发现和识别公司。

交易意义上的公司要素是当事人自愿披露信息所包含的公司元素，掌握这些要素的意义是便于在特定当事人之间完成投资交易，因为这些要素涵盖了交易当事方所关注的四个基本问题：谁是目标公司的所有者，目标公司靠做什么业务生存并营利，目标公司经营业务占用了什么样的资源并取得了什么样的经营结果，目标公司由谁在运营。律师在公司业务中应当关注的交易意义上的公司四要素可以总结为：公司的资本控制人、公司的主营业务、公司的财务、公司的运营控制人。这四要素将在随后的关于对公司的法律尽职调查、公司交易的商务要件、公司交易的法务要件、公司的设立业务、公司的维持业务、公司的变更业务、公司的解散和清算业务等章节中反复出现，而我们介绍和建议的律师关于公司业务的基本技能也将一直围绕这四要素而展开。

一、登记的公司要素

提到对公司的尽职调查，大多数律师的第一反应是查询工商登记档案。的确，工商登记档案是权威的公司信息汇集和信息公示之处，社会公众可以通过查询这些公示信息来发现目标公司、了解公司和识别公司。

登记公示的公司要素由法律规定，包括公司名称、公司住所、公司股东、公司注册资本、公司经营范围、公司法定代表人、公司组织形式。

（一）公司名称

公司名称指公司的法定名称，包括行政区域、字号、主营业务和组织形式四个组成部分。

登记公司名称的意义在于将自己区别于其他任何机构或组织。公司成立后，其所有行为都要以登记的名称进行，并且，所有在其名下从事行为的后果均由该公司承担。

公司名称能够提示公司开展业务的主要行政区域，公司主营业务的所在行业经营特点以及公司的组织形式。

公司名称中的字号可以提示该公司与其他公司之间的关联关系。

（二）公司住所

公司的住所亦称公司法定地址。

公司以其主要办事机构所在地为住所，经公司登记机关登记的公司的住所只能有一个。公司的住所应当在其公司登记机关辖区内。

登记公司住所的意义在于使公司股东和债权人以及其他第三人能够寻找到或通知到公司。如果公司作为被告参加诉讼，则公司住所对管辖法院的确定具有决定性的意义——如果没有特别约定或规定，按照“原告就被告”的民事诉讼管辖原则，公司住所地法院通常就是诉讼的管辖法院。

（三）公司股东

公司的股东是指公司设立时或在公司成立之后合法取得公司股权（股份）并对公司享有权利和承担义务的人。民事主体通过向公司出资或是购买公司股权（股份）的方式，获得公司股东的身份。

登记股东的意义在于公示对公司享有出资权益的所有权利人及其各自享有的出资权益份额。

对自然人、法人和非法人组织成为公司股东的限制情形可以查询工商行政管理机关公示的办事指南。

公司股东通过记名和登记的方式，对内行使获取表决、收益、重大交易优先和知情等权利；对外对抗第三人的股东权利主张和承担连带责任请求。记名对内发生效力，登记对外发生效力。

有限责任公司的股东都是记名股东，记名通过公司向股东签发出资证明书和记载出资于公司章程和公司股东名册的方式完成。股份有限公司发行记名股份的，股东也都是记名股东，记名通过公司向股东签发股票、记载发起人及其所持股份于公司章程和记载所有股东所持股份于公司股东名册的方式完成。目前股份有限公司都发行记名股份。

公司通过提交公司章程和股东名册的方式将股东的姓名或者名称及其实际认缴出资额向公司登记机关（即工商行政管理机关）登记。

（四）公司注册资本

注册资本是公司股东承诺的，在约定期限内将完成缴付的对公司的出资总额。

登记注册资本的意义在于公示公司全体股东承诺缴付给公司的资本总额，也就是全体股东承担公司债务的总限额。它体现公司依赖股东的出资来偿还债务的能力。

事实上，公司依法设立以后，公司注册资本就没有多大的实际意义，因为股东可以分期缴付对注册资本的出资，另外，随着公司经营业绩的变化，公司总资产减去总债务以后的余额可能与注册资本相差甚远。不过，公司如果在约定认缴期内清算且现有资产不足以清偿债务，则股东将缴付全部出资至注册资本。

对于外商投资企业，注册资本的意义还包括确定其可以对外举借债务的法定限额。例如，注册资本为 1 200 万美元，投资总额不得超过 3 600 万美元（即注册资本的 3 倍），也就是说，该企业的举债限额为 2 400 万美元。

（五）公司经营范围

公司的经营范围是企业从事经营活动的业务范围，由公司章程规定，并依法登记。公司可以修改公司章程，改变经营范围，但是应当办理变更登记。

经营范围分为许可经营项目和一般经营项目。许可经营项目是指企业在申请登记前或登记后依据法律、行政法规、国务院决定应当报经有关部门批准的项目。一般经营项目是指不需要批准，企业可以自主申请的项目。除此之外，由公司参照《国民经济行业分类》及有关规定自主选择一种或者多种经营的类别，依法直接向登记机关申请登记。

登记经营范围的意义在于公示公司的行为能力范围，但从民事责任角度而言，公司超越登记的经营范围订立合同的，合同不因此而被认定为无效，但违反国家限制经营、特许经营及法律、行政法规禁止经营规定的除外。

登记经营范围并不一定标明公司的主营业务所在，但应当标明公司从事经营活动的业务范围。

（六）公司法定代表人

依照法律和公司章程规定，代表公司法人行使职权的负责人，是公司的法定代表人，由公司董事长、执行董事或者经理担任，并依法登记。

登记法定代表人的意义在于公示虚拟人格的行为能力的自然人载体。法定代表人履行职务的行为由公司承担后果，而公司从事违反法律的行为，法定代表人亦将承担相应责任。

（七）公司组织形式

公司组织形式是指公司筹集资本和股东承担责任的形式。

中国公司分为有限责任公司和股份有限公司两种组织形式或两种公司类型。

有限责任公司指根据《公司登记管理条例》规定登记注册，由50个以下的股东出资设立，每个股东以其所认缴的出资额为限对公司承担有限责任，公司以其全部资产对其债务承担责任的企业法人。股份有限公司是指将全部资本划分为等额股份，股东以其认购的股份为限对公司承担责任，公司以全部财产对公司债务承担责任的企业法人。

有限责任公司和股份有限公司的主要区别会在本书第六章第一节表6-1中列举。

二、交易的公司要素

当事人不能仅凭登记公示的公司要素和信息来进行投资交易，律师也不能仅凭登记公示的公司要素和信息来参与投资交易的方案制订、将交易方案落实为交易文件以及发表法律意见，因为登记公示的公司要素及其他公司信息通常只具有主体区别的法律意义，并不反映公司的实际控制权关系、不描述公司的实际业务活动、不登记公司的详细财产状况和业绩状况、不记录公司的经营管理活动。投资交易和公司业务需要对投资交易更有意义的公司要素，包括资本控制、主营业务、财务和运营控制四大要素。

（一）资本控制要素

资本控制要素揭示公司股东权益分布和力量对比，即揭示公司的真实股东和公司资本意义上的真实控制人。

当事人确定股东和资本控制人的真实身份是为了确认交易伙伴，评估交易带来的资本控制权变动的可行性；律师确定股东和资本控制人的真实身份是为了在参与制订交易方案并落实交易文件时确认交易主体的资格，确保在整个交易过程中都能够正确回答以下问题：公司的股东到底是谁，每个股东享有的权益到底是多少，股东是否利用身份优势甚至控制优势破坏治理结构或与公司发生输送利益的交易。

1. 谁是公司真实的股东。股东身份本应是最容易确认的事实，但出于对记名和登记的淡漠或规避，在公司已经实际取得登记文件，完成设立或变更等程序以后，甚至实际运营若干年以后，股东真实身份仍然可能扑朔迷离。实务中的常见情形包括：

（1）隐名出资或委托、信托出资。例如，甲不愿或不能成为记名股东，于是委托乙代为持股，成为记名股东。这种情况常见于对股东身份有限制或对单一股东持股比例有限制的行业。

（2）已交付的非现金出资资产权属不明或有争议或有其他权利人。例如，甲的出资为土地使用权和厂房，但土地和房产为与乙共有的财产，并且甲、乙正在为权利分割进行诉讼。这种情况常见于股东以需要登记确定权属的财产出资，而权属证明还没有取得，或权属证书上有第三人权利，或权属证书已经被用于担保，或权属证书已经被保全，或权属证明尚未生效、失效、过期、附条件以及存在其他瑕疵。

（3）出资行为尚未获得必需的批准。例如，甲系国有企业，拟向外商投资的保险公司出资，但尚未取得国有资产监督管理部门或保险行业监督管理部门或商务部门中的任何一个部门或者所有部门的批准，就已经实际拨付了出资。这种情况常见于出资时需要前置审批的行业或出资于外商投资企业。注意，“批准”也包括出资人内部有权机构如董事会或股东（大）会的批准。

（4）出资尚未缴付完毕，包括实物没有实际移交和权利没有完成转移手续。例如，到期应缴付的现金出资没有缴付到账，应当移交的设备没有移交给公司，应当变更到公司名下的专利权没有变更。这种情况常见于公司章程约定分期出资，而公司从设立到生产运行需要较长周期的情形。

（5）转让对价尚未支付完毕或转让协议的履行出现违约情形。例如，甲是通过受让乙所持的股权成为公司股东的，但甲的转让款并没有实际支付完毕。另如，甲、乙原约定，甲须代公司清偿部分债务，而乙须自行安置公司部分现有职工，但双方都没有实际履行合同义务。

（6）名为出资实为借贷或名为借贷实为出资。例如，甲、乙为公司记名股东，但双方约定，甲不参加公司的任何经营管理活动，也没有任何表决权，无论经营情况如何，公司每年按 10%支付甲固定收益。

（7）抽逃出资。例如，股东出资的验资完成，公司成立，甲利用控制公司财务的便利，将出资又汇回甲自己的银行账户。当公司从设立到生产运行需要的周期较长，股东的出资将分期投入使用时，常见此种情形。

2. 股东实际拥有多少权益。股东权益可以被逐项量化。股东对公司的直接权益主要包括表决权益、利润分配权益、增资和转让交易优先权益和清算权益。表决权益是股东在股东（大）会上行使投票权的份额。利润分配权益是股东在公司分配税后利润时可以从公司获得分配的份额。优先增资权益是股东在公司增加注册资本时，为避免摊薄自己的股权比例而获得的增资部分的认购份额。优先转让权益既包括股东相互转让或向其他第三人转让公司股权时可以出让的份额，也包括购买其他股东拟出让股权的优先权份额。清算权益是股东在公司清算时从公司获得分配的剩余财产份额。

通常情况下，各股东的权益按照出资比例确定。但存在如下原因，情况可能较为复杂：

（1）公司章程作出其他规定。根据《公司法》第 42 条和第 166 条的规定，公司章程可以规定：有限责任公司股东不按照出资比例行使表决权，股份有限公司股东不按照持股比例分配利润。例如，甲为持股 30%的股东，甲除了向公司出资以外，还同意公司无偿使用甲方的采购渠道和销售渠道。另外，甲方还主要承担了公司经营管理的责任。为此，全体股东可以一致同意在公司章程中规定甲在股东会审议通过有关经营管理事项的决议时拥有 51%的表决权。

（2）股东存在其他约定或股东会作出其他决定。根据《公司法》第 34 条的规定，全体股东可以约定不按照出资比例分取红利或者不按照出资比例优先认缴出资。例如，管理层持股 5%，股东会可以决定当公司年度税后利润达到公司净资产 10%以上时，管理层股东可以获得可分配利润的 10%；反之，当公司年度税后利润低于公司净资产 1%时，管理层股东不参加可分配利润的分配。

（3）股东身份存疑的情形。在股东身份存疑的情况下，记名股东实际拥有的权益量自然也处于存疑状态。通常在进行股东真实身份调查核实的同时，股东在公司实际拥有的真实权益也应当随之能够得到量化确认。

3. 股东是否滥用权利。公司股东（尤其是控股股东）可能会滥用其资本控制权，通过非公允的关联交易转移利益风险或责任，或通过公司股东（大）会以外的其他途径行使股东权利。

（1）利用关联交易滥用股东权利。在通常情况下，股东投资设立公司是为了让公司盈利，从而使自己间接获益，但为了实现利益最大化，控股股东或实际控制人会在自己控制的下列企业之间，以商业交易的形式转移利益或负担：

1）母公司与子公司。通常是子公司向母公司转移利益，母公司向子公司转移义务或负担。但当母公司的股东或实际控制人同时也是子公司股东，而母公司已经债务缠身、财务状况恶化时，就可能反其道而行之，母公司向该子公司转移利益，而该子公司向母公司转移负担。

2）控股比例高的子公司与控股比例低的子公司。通常情况下是实际控制人实际持股比例低的子公司向持股比例高的子公司转移利益，持股比例高的子公司向持股比例低的子公司转移负担和义务。

3）上市公司与非上市公司。通常是上市公司向非上市公司转移利益，非上市公司向上市公司转移负担或义务。在特定情况下，为制造上市公司的优良业绩或为使上市公司免于摘牌退市的后果，也可能出现非上市公司向上市公司转移利益，上市公司向非上市公司转移负担的情形。

4）业绩好的公司与业绩差的公司。通常实际控制人会根据合并报表的需要，决定在业绩好和业绩差的子公司之间人为地调节利益和负担。

5）税负高（或其他成本高）的公司与税负低（或其他成本低）的公司。通常是税负低的公司向税负高的公司转移负担，而税负高的公司向税负低的公司转移利益。

6）准备持久控制、经营的公司与准备退出或准备放弃的公司。通常是实际控制人准备持久控制、持久经营的公司向不准备挽救的公司转移负担和义务，而不准备持久经营也不准备挽救的公司向持久经营公司转移利益。

（2）利用公司治理滥用股东权利。在通常情况下，股东通过派出股东代表和董事的方式间接行使治理公司的权利，但股东也可能通过下列方式滥用股东权利，直接治理所投资的公司：

1）越过股东（大）会直接任免董事、董事长、监事、监事会召集人、总经理或其他高级管理人员。

2）要求公司使用股东开设的银行账户，或要求将子公司的资金调由母公司或母公司指定的关联方使用。

3）越过公司经营管理层、董事会和股东（大）会，直接向公司下达指令，要求公司从事某项行为或承担某项义务，例如要求公司为母公司的债务担保。

（3）公司是否依赖于股东。尽管股东没有滥用权利，也没有损害公司利益，但如果公司经营依赖于股东，则可能由于股东违约、股东出让股权、股东清算、股东财产被保全后受到第三人权利的限制、股东与第三人之间的争议或纠纷等原因，而使公司的财产和正常经营活动面临诸多风险。公司对股东的依赖主要包括：

1）主要使用股东的技术；

2）主要使用股东制造的专用设备；

3）主要原材料需要向股东采购；

4）主要产品向股东返销或依赖股东的销售渠道销售；

5）流动资金主要依赖股东支持；

6）公司运营主要依赖股东提供的能源、运输等服务；

7）公司经营管理主要依赖股东推荐的原就职于股东所在企业或其关联企业的人员。

（二）主营业务要素

主营业务要素揭示公司的盈利模式，即揭示公司靠什么经营活动赚钱盈利。

当事人确定公司主营业务是为了确认公司盈利模式的商业可行性，律师确定公司主营业务是为了确认公司盈利模式的法律安全性，即在参与制订交易方案并落实交易文件时，确认公司开展主营业务的资质和公司开展各项主营业务活动的合法有效性，以能够正确回答以下问题：公司的主营业务是什么，公司从事主营业务需要什么样的资质，公司从事具体重大经营活动需要取得什么许可，公司已开展的各项主营业务活动的合法有效性如何。

1. 公司的主营业务是什么。主营业务是指为公司创造主要营业收入或贡献主要营业利润的业务。

对投资人和投资银行而言，确认公司的主营业务是研究公司盈利模式、认可公司商业发展计划的基础。对律师而言，确认公司的主营业务是调查和确认公司营业活动的合法性、公司重大资产、重大债权债务和重大合同合法性和有效性的基础，也是律师向交易当事人提示交易风险的基础。

确认主营业务主要需考察以下事项：

（1）该业务是否属于工商登记机关核准登记的公司经营范围；

（2）该业务产生的营业收入是否占公司总营业收入的主要部分，或者该业务所产生的营业利润是否占公司总营业利润的主要部分；

（3）该业务是否占用了公司的主要资产和雇员；

（4）就该业务签署的业务合同是否占公司对外签署业务合同的主要部分。

2. 公司从事主营业务需要取得什么资质或许可。在合法取得营业执照的前提下，公司从事主营业务需要取得的资质或许可通常包括登记前置许可和后置核准的所有事项：

（1）业务资质，即公司为从事其业务经营所需取得的行业主管部门的批准或经营许可证，例如从事证券承销业务许可证；

（2）公司产品的生产许可、销售许可，例如药品生产许可证和药品销售许可证；

（3）公司主营业务依赖的主要技术或生产线、设备的使用许可；

（4）公司特许经营许可或专业资质许可，例如高速公路管理和收费的特许经营；

（5）生产安全许可、环境保护许可、产品质量许可或卫生合格许可；

（6）公司从事经营所需的其他许可。

3. 公司从事特定重大经营活动需要取得什么许可。公司从事特定重大经营活动需要按照公司内部规定和外部法定的程序履行立项、论证和报批手续。公司重大项目的可行性研究报告和立项报批文件在依照章程规定经过董事会和股东（大）会批准以后，可能还需要根据项目的特征报经发展改革部门、行业主管部门、环境保护部门、土地及其他自然资源管理部门以及国资部门（涉及企业国有产权）或商务部门（涉及外商投资）批准。

4. 开展主营业务要签署哪些重大合同。重大合同指其性质对公司主营业务具有重要影响的合同或标的金额达到公司董事会议事规则或经理办公会议事规则规定标准的合同，合同类别通常包括：

（1）公司的生产原料或材料的采购合同；

（2）公司与主要供应商、主要客户以及主要经销商的交易合同；

（3）任何载有非正常条款（包括非正常负担或非正常市场价格）的业务合同；

（4）提供动力的合同；

（5）委托经营、委托管理、委托理财合同及承包经营合同；

（6）公司的经销权、专营权、特许权或限制性交易方面的主要合同；

（7）投资合同及重大资产收购、处置、置换和出售合同；

（8）贷款合同、综合授信合同及其从合同，如保证、抵押、质押等合同；

（9）业务活动保险或产品责任保险合同；

（10）公司与董事、监事或高级管理人员之间签署的任何合同；

（11）正常业务范围之外的其他重大合同。

5. 对主营业务的合法性构成影响的其他事项。除去资质许可、行为许可和重大合同等影响因素外，对主营业务这一公司要素需要关注的事项还包括：

（1）公司注册资本未达到法律、行政法规规定的从事该项目经营的最低注册资本数额；

（2）法律、行政法规、国务院规定特定行业的企业只能从事经过批准的项目而公司申请其他项目；

（3）一般经营项目因法律、行政法规、国务院决定调整为许可经营项目后，公司未按有关规定申请办理审批手续，或虽然申请但尚未获得批准；

（4）许可经营项目由法律、行政法规、国务院决定要求重新办理审批，公司未按有关规定申请办理审批手续，或虽然申请但尚未获得批准；

（5）许可经营项目由审批机关批准的经营期限届满，公司未重新申请办理审批手续，或虽然申请但尚未获得批准的；

（6）经营范围中的许可经营项目被审批机关取消。

（三）财务要素

财务要素揭示公司价值，即揭示公司股东权益交易的对价金额。

当事人确认财务要素是为了确认交易对价金额；律师确认公司财务要素是为了确认公司资产、负债、股东权益和经营业绩上附着的法律瑕疵和风险，以能够正确回答以下问题：公司资产上的瑕疵和风险有哪些，公司负债对公司经营乃至本次交易有哪些限制意义，公司业绩的合法性如何。

律师了解公司财务要素的核心数据是净资产和净利润，前者标识资产负债状况，后者标识业绩状况。由于资产负债表是反映公司资产负债和股东权益的最基本、也是最重要的会计报表，损益表是反映公司经营业绩和盈利能力最基本和最常用的会计报表，因而公司业务律师应当熟悉这两张报表，尤其应当非常熟悉资产负债表。

1. 净资产

公司净资产直接反映了公司在某一特定时点的静态的资产质量、负债构成和公司账面价值。律师关注净资产是通过确认资产和负债的法律特征来帮助交易当事人确认资产和负债是否存在、是否包含法律瑕疵、风险或不确定性。

借助会计报表中的资产负债表（见表1-1），我们就更容易理解净资产的含义。资产负债表反映的是公司在某一特定时点（通常是月末日、季度末日、6月30日或12月31日等会计期末日）的资产占用情况、负债来源情况和股东权益余额情况。

表1-1　　资产负债表

资　产　负　债　表

会企01表

编制单位：　×××有限公司××××年12月31日　单位：元

资　　产	行次	年初数	期末数	负债和所有者权益（或股东权益）	行次	年初数	期末数
流动资产：				流动负债：			
货币资金	1			短期借款	33		
短期投资	2			应付票据	34		
应收票据	3			应付账款	35		
应收股利	4			预收账款	36		
应收利息	5			应付工资	37		
应收账款	6			应付福利费	38		
其他应收款	7			应付股利	39		
预付账款	8			应交税金	40		
应收补贴款	9			其他应交款	41		
存货	10			其他应付款	42		
待摊费用	11			预提费用	43		
一年内到期的长期债权投资	12			预计负债	44		
其他流动资产	13			一年内到期的长期负债	45		
流动资产合计	14			其他流动负债	46		

续前表

资　产　负　债　表

会企 01 表

编制单位：　　×××有限公司××××年 12 月 31 日　单位：元

资　　产	行次	年初数	期末数	负债和所有者权益（或股东权益）	行次	年初数	期末数
长期投资：							
长期股权投资	15			流动负债合计	47		
长期债权投资	16			长期负债：			
长期投资合计	17			长期借款	48		
固定资产：				应付债券	49		
固定资产原价	18			长期应付款	50		
减：累计折旧	19			专项应付款	51		
固定资产净值	20			其他长期负债	52		
减：固定资产减值准备	21			长期负债合计	53		
固定资产净额	22			递延税项：			
工程物资	23			递延税款贷项	54		
在建工程	24			负债合计	55		
固定资产清理	25						
固定资产合计	26			所有者权益（或股东权益）：			
无形资产及其他资产：				实收资本（或股本）	56		
无形资产	27			减：已归还投资	57		
长期待摊费用	28			实收资本（或股本）净额	58		
其他长期资产	29			资本公积	59		
无形资产及其他资产合计	30			盈余公积	60		
				其中：法定公益金	61		
递延税项：				未分配利润	62		
递延税款借项	31			所有者权益（或股东权益）合计	63		
资产总计	32			负债和所有者权益（或股东权益）总计	64		

（1）净资产和股东权益的关系。公司的净资产就是公司股东权益，即公司资产中属于股东所有的财产份额，它是股东出资与公司经营盈余积累之和，包括股东实缴资本、公司公积金和未分配利润之和。

股东实缴资本等于公司实收资本，是股东按照章程规定实际向公司缴付的资本金。如果公司章程规定股东为一次性出资，则公司的实收资本额应当与公司注册资本额相等；如果公司章程规定股东为分期出资，则公司从全体股东实际收取的出资金额应当等于公司当期的实收资本额，而该实收资本额应当小于或等于注册资本额。

公积金包括资本公积金和盈余公积金。资本公积金主要是股东实际出资金额超出股本金额的溢价部分、公司接受的资产捐赠、公司经营中发生的汇兑盈余等；盈余公积金为股东（大）会按照章程规定通过决议，从公司年度税后利润当中提取的金额，又分为法定盈余公积金和任意盈余公积金。

未分配利润为公司当期留存的尚未向股东分配的可分配利润。

公司设立时，如果所有股东按照章程规定的出资额向公司缴付出资，则公司的净资产等于股东实缴资本，也就是公司收到的实收股本。如果股东按照约定的比例溢价向公司出资，则溢价部分记为资本公积金，公司的净资产等于股东实缴资本与公司资本公积金之和。如果经营盈利，公司按照章程规定从税后利润中提取了一定比例的盈余公积金，并且提取盈余公积金以后的税后利润没有向股东分配或没有全部分配，则剩余部分记为未分配利润，公司净资产为股东实缴资本与资本公积金、盈余公积金和未分配利润之和。如果公司经营出现亏损，则亏损将扣减以前年度的未分配利润，如果亏损额大于以前留存的未分配利润，则公司当期期末的未分配利润为净负值。经公司股东（大）会批准，可以用盈余公积金弥补亏损。如果盈余公积金全部用于弥补亏损以后，亏损还在进一步扩大，则亏损将侵蚀股东的实缴资本和资本公积金，直至将实缴资本和资本公积金全部侵蚀完，此时，公司净资产为零，即股东在公司的权益为零，公司的全部资产都属于债权人权益，公司处于破产边缘。当亏损进一步扩大，公司净资产为负值，则公司的全部资产还不足清偿对外债务，公司在财务上就达到了破产的条件。

（2）净资产与资产和负债的关系。公司通过股东出资、经营盈余积累和对外借债而形成公司资产，而股东出资和盈余积累构成股东权益，故公司净资产为公司资产减去公司负债后的余额。

1）关于公司资产

公司资产主要由流动资产、固定资产、长期股权投资、无形资产构成。

A. 流动资产

流动资产为可在 1 年内或超过 1 年的一个营业周期内变现或耗用的资产，主要包括现金、银行存款、短期投资、应收款项、预付账款、存货、待摊费用等。

流动资产中值得律师关注的主要是短期投资、应收款项和预付账款。

a. 短期投资。通过证券公司或者第三人理财而进行短期投资的，时常因为对短期投资的性质发生争议而使投资资金面临风险，包括是否实际为借贷，是否默许挪用等。

b. 应收款项。包括应收账款、应收票据和其他应收款。应收账款表明公司开展正常业务而对第三人拥有的债权，通常应有业务合同支持；对于应收票据和其他应收款则应核实基于何种交易而产生此项债权，实践中公司的许多瑕疵行为甚至违规、违法行为在财务上都隐藏在其他应收款科目内。

c. 预付账款。与应收账款性质相似，为公司开展正常业务对第三人拥有的债权，应有业务合同支持。

B. 固定资产

固定资产主要为使用期限超过 1 年的房屋、建筑设施、机器设备、运输工具以及其他与生产经营相关的设备、工具、器具等。

关于固定资产，值得律师关注的是：

a. 固定资产的来源是股东出资还是公司自购；

b. 固定资产是否应当有以及实际是否有权属证明；

c. 固定资产的权属证明是否存在争议或瑕疵；

d. 固定资产是否设置了第三人权利，是否被保全；

e. 固定资产是否由公司完整占有和实际控制使用。

C. 长期股权投资

长期股权投资为准备持有超过 1 年的对外股权投资。

关于长期股权投资，值得律师关注的是：

a. 对外投资是否履行了所有必需的内外部批准程序；

b. 对外投资是否已经如约实际交付；

c. 对外投资的权利证明是否完备、准确无误和合法有效；

d. 对外投资权利上是否有第三人权利，是否被保全；

e. 公司对被投资对象是否具有控制力或影响力；

f. 公司与被投资对象是否有关联交易，是否存在同业竞争；

g. 公司是否保存了参与被投资对象所有重大决策的文件资料。

D. 无形资产

无形资产系公司为生产产品或提供服务或为管理目的而持有的、没有实物形态的非货币长期资产，包括土地使用权、专利权、非专利技术、商标权、著作权等。

关于无形资产，值得律师关注的是：

a. 无形资产的来源是否合法有效；

b. 无形资产是否应当有以及实际是否有权利证明；

c. 无形资产的权利证明是否存在争议、瑕疵或期限、条件；

d. 无形资产是否设置了第三人权利，是否被保全；

e. 无形资产是否由公司完整占有和实际控制使用，公司是否许可第三人使用，是否存在第三人侵权的情形；

f. 公司采取哪些措施保护自己的无形资产。

2）关于公司债务

公司债务主要包括流动负债和长期负债。

A. 流动负债

流动负债指公司将在 1 年或者超过 1 年的一个营业周期内偿还的债务，主要包括短期借款、应付票据、应付账款、预收账款、应付工资、应付福利费、应付股利、应交税金、其他应付款、其他暂收款、预提费用和 1 年内到期的长期借款等。

值得注意的是，其他应付款和其他暂收款不属业务所生之债，可能提示不正常交易或瑕疵交易。其余流动负债属公司正常运营对外产生的债务，其财务记录应当有业务合同、内部管理制度以及国家法律、法规的支持。

B. 长期负债

长期负债指偿还期在 1 年以上或者超过 1 年的一个营业周期以上的债务，主要包括长期借款、应付债券和长期应付款等。

长期负债均应当有合同详细记载其交易内容。

律师还需要在确认公司资产的过程中随时注意询问是否存在或有债务（如担保），以排除对资产的风险。

2. 净利润

公司净利润直接反映了公司在某一特定期间的动态的经营收益。律师关注净利润是通过确认公司收支行为的法律特征来帮助交易当事人确认公司业绩是否包含法律瑕疵、风险或不确定性。

我们需要借助损益表（见表1-2）来了解公司净利润的形成。损益表是公司在某一特定期间（通常是月度、季度、半年度和年度）的盈利数据统计。

表1-2　　损益表

编制单位：　×××有限公司　　××××年　　单位：元

项目	行次	本月数	本年累计
一、主营业务收入	1		
减：主营业务成本	2		
销售费用	3		
营业税金及附加	4		
二、主营业务利润	5		
加：其他业务利润	6		
减：管理费用	7		
财务费用	8		
三、营业利润	9		
加：投资收益	10		
营业外收入	11		
减：营业外支出	12		
加：以前年度损益调整	13		
四、利润总额	14		
减：所得税	15		
五、净利润	16		

损益表中有以下项目值得律师关注：

(1) 营业税金及附加。反映企业经营主要业务应负担的营业税、消费税、城市维护建设税、资源税、土地增值税和教育税附加等。尽管在全面“营改增”以后，营业税已被增值税取代，但为开展对目标企业历史业绩的尽职调查，律师仍应对营业税有所了解。营业税有9个税目：交通运输业、建筑业、邮电通信业、文化体育业适用3%税率；金融保险业、服务业、转让无形资产、销售不动产适用5%税率；娱乐业适用5%至20%的税率；城建税与教育费附加分别按缴纳的增值税、营业税、消费税的7%与3%计算缴纳。

注意：企业从事销售货物或者提供加工、修理修配劳务以及进口货物等业务，不缴纳营业税，而是就其业务活动实现的增值额缴纳增值税。增值税不并入“营业税金及附加”栏，而是另行填报“增值税纳税申报表”。并且，由于增值税为价外税，系销售者替购买者代扣代缴，不属企业经营成本的组成部分，因此不计入企业损益，一般纳税人（允许抵消进项税）适用17%税率，其中一般纳税人从事农产品销售、加工等适用13%的低税率；小规模纳税人（不允许抵消进项税）适用3%的税率。但是，更为重要的是，自2012年年底开始，中国开始进行营业税改增值税的税制改革，主要内容及对律师公司业务的影响在下文中专题讲述。

（2）营业外收入和营业外支出。营业外收入是指与企业生产经营活动没有直接关系的各种收入，主要包括：非流动资产处置利得、非货币性资产、交换利得、债务重组利得、政府补助、盘盈利得、捐赠利得等。主营业务收入、其他业务收入和营业外收入的区别是：主营业务收入是公司从事主要生产、经营活动所取得的营业收入；其他业务收入是除各项主营业务收入之外的其他业务收入，包括材料销售、外购商品销售、废旧物资销售、下脚料销售，以及提供劳务性作业收入、咨询收入、担保收入等其他业务收入；营业外收入则是经营范围以外的收入，它并不是由企业经营资金耗费所产生的，不需要企业付出代价，实际上是一种纯收入，不可能也不需要与有关费用进行配比。与营业外收入相对应，营业外支出是指企业发生的与企业日常生产经营活动无直接关系的各项支出，包括非流动资产处置损失、非货币性资产交换损失、债务重组损失、公益性捐赠支出、非常损失、盘亏损失、赔偿金支出、违约金支出等。

注意：营业外收入和营业外支出通常是公司用来人为调节净利润的主要工具。

（3）所得税费。所得税费要关注公司应缴所得税税率、公司所享受的所得税优惠待遇以及公司所得税的实际缴付情况，尤其要关注公司所享受的地方各级政府所给予的所得税优惠待遇的合法有效性。

3．“营改增”及其对律师公司业务的影响

（1）“营改增”简介。自2012年年底开始，中国开始进行营业税改增值税的税制改革，简称“营改增”，主要内容包括：从事交通运输业和部分现代服务业的纳税人自新旧税制转换之日起，由缴纳营业税改为缴纳增值税；在现行增值税17%和13%两档税率的基础上，新增11%和6%两档低税率；租赁有形动产等适用17%税率，交通运输、建筑业等业适用11%税率，部分现代服务业中的研发和技术服务、信息技术服务、文化创意服务、物流辅助服务、鉴证咨询服务适用6%税率。从2018年5月1日起，制造业等行业增值税税率再下降1个百分点。

财政部和国家税务总局于2016年3月23日发布《关于全面推开营业税改征增值税试点的通知》（财税〔2016〕36号），确定经国务院批准，自2016年5月1日起，在全国范围内全面推开营业税改征增值税（简称“营改增”）试点，建筑业、房地产业、金融业、生活服务业等全部营业税纳税人，纳入试点范围，由缴纳营业税改为缴纳增值税。至此，在中国境内销售服务、无形资产或者不动产的单位和个人，为增值税纳税人，不再缴纳营业税，在中国境内销售服务、无形资产或者不动产的行为，为增值税应税行为，营业税正式由增值税取代。

（2）“营改增”对以无形资产和不动产投资入股的影响。根据《营业税改征增值税试点实施办法》及其附件“销售服务、无形资产、不动产注释”的规定，以无形资产或不动产投资入股，构成“销售无形资产”或“销售不动产”，即转让无形资产或不动产所有权或者使用权的业务活动（转让建筑物有限产权或者永久使用权的，转让在建的建筑物或者构筑物所有权的，以及在转让建筑物或者构筑物时一并转让其所占土地的使用权的，视为销售不动产）。

《营业税改征增值税试点实施办法》附件“销售服务、无形资产、不动产注释”对无形资产和不动产进行了定义和列举。无形资产是指不具实物形态，但能带来经济利益的资产，包括技术、商标、著作权、商誉、自然资源使用权和其他权益性无形资产；不动产，是指不能移动或者移动后会引起性质、形状改变的财产，包括建筑物、构筑物等。“技术”“自然资源使用权”和“其他权益性无形资产”的范围均有相应列举式规定。

根据上述规定和注释，以列举的无形资产或不动产投资入股应当缴纳增值税。

（3）“营改增”对股权转让的影响。根据《营业税改征增值税试点实施办法》附件“销售服务、无形资产、不动产注释”的定义，股权应当属于“其他权益性资产”，但根据“其他权益性无形资产”的列举式规定，其“包括基础设施资产经营权、公共事业特许权、配额、经营权（包括特许经营权、连锁经营权、其他经营权）、经销权、分销权、代理权、会员权、席位权、网络游戏虚拟道具、域名、名称权、肖像权、冠名权、转会费等”，并未包括股权（或股份、出资额、股东权益），加之，股权转让原本并不属于营业税的应税行为，故股权转让不属增值税应税行为，不应缴纳增值税。

（4）“营改增”对其他重组行为的影响

1）对涉及实物资产的资产重组的影响。根据《国家税务总局关于纳税人资产重组有关增值税问题的公告》（国家税务总局公告 2011 年第 13 号及公告 2013 年第 66 号）规定，纳税人在资产重组过程中，通过合并、分立、出售、置换等方式，将全部或者部分实物资产以及与其相关联的债权、负债和劳动力一并转让给其他单位和个人，不属于增值税的征税范围，其中涉及的多次货物转让，均不征收增值税。

2）对涉及不动产、土地使用权的资产重组的影响。财税〔2016〕36 号文附件 2“营业税改征增值税试点有关事项的规定”第 1 条第（二）项“不征收增值税项目”第 5 点规定：“在资产重组过程中，通过合并、分立、出售、置换等方式，将全部或者部分实物资产以及与其相关联的债权、负债和劳动力一并转让给其他单位和个人，其中涉及的不动产、土地使用权转让行为。”

同时，附件 3“营业税改征增值税试点过渡政策的规定”第 1 条“下列项目免征增值税”，第（三十五）项规定：“将土地使用权转让给农业生产者用于农业生产。”

3）对涉及股票、债券等金融商品的资产重组的影响。根据《营业税改征增值税试点实施办法》附录“销售服务、无形资产、不动产注释”第 1 条“销售服务”第（五）项“金融服务”第 4 点“金融商品转让”规定：“金融商品转让，是指转让外汇、有价证券、非货物期货和其他金融商品所有权的业务活动。”“其他金融商品转让包括基金、信托、理财产品等各类资产管理产品和各种金融衍生品的转让。”因此，纳税人转让上市公司有价证券的，属于金融商品转让的应税行为，应当缴纳增值税。

（四）运营控制要素

运营控制要素揭示公司开展主营业务的日常活动，即揭示公司内部机构和岗位的行为流程。运营控制要素包括经营控制权主体和运营流程两个方面的内容。

当事人确认公司运营要素是为了确认经营管理团队的可依赖性和公司的运营效率；律师确认公司运营要素是为了识别公司经营管理活动中的风险，识别运营控制权与资本控制权发生冲突的可能性。

在公司股东不兼任公司董事及经营管理职务的情况下，公司经营控制权主体就机构而言指公司的董事会、监事会和经营管理机构，就自然人而言指公司董事、监事和高级管理人员。他们通称为公司的管理当局。

由于有了管理当局和员工的职务行为，公司得以组织经济资源开展主营业务，股东得以实现投资收益，用户得到公司提供的产品或服务，债权人得以如约实现债权，管理当局自身也实现了自我价值。而要实现这一切，公司必须建立和运行治理结构和治理机制，即建立运行体制和运行流程，设立相应的机构和岗位来实施所建立的体制和流程，至少包括：

（1）公司关于股东（大）会、董事会、监事会和经营班子有关内部机构的设置、成员构成、职能权限、相互关系、运行程序及责任追究机制的配套制度；

（2）公司关于重大事项的申报、审议、决策、执行和反馈跟踪的制度；

（3）公司任免、发放薪酬、考评和奖惩董事、监事、经理及其他高管人员的制度；

（4）公司关于预算制订、任务分解、执行、调整和总结、奖惩的制度；

（5）公司关于人、财、物等资源组织和关于产、供、销、研发、服务、物流等经营行为的流程制度；

（6）公司关于员工劳动合同、劳动保障、劳动安全、薪酬、考评、奖惩和劳动争议解决的制度；

（7）公司关于职工大会、职工代表大会、工会活动的制度。

本书第六章将进一步详细描述运营控制人及其行为的特征。

第四节　业务依据

公司交易应当遵从相应的规则，律师从事公司业务、提供法律服务也应当遵从相应的规范，这些规范就是公司业务依据。根据强制性程度不同，这些规范可以分为法律规范、规章规范和契约惯例三大类。

一、法律规范

法律规范包括法律和行政法规，是具有交易生效强制性和交易争议解决强制性的规则。根据与股东权益交易的关联程度可以分为直接约束交易的法律规范和间接约束交易的法律规范，前者如《中华人民共和国公司法》和《中华人民共和国公司登记管理条例》，后者如《中华人民共和国企业所得税法》和《中华人民共和国企业所得税法实施条例》。

二、规章规范

规章规范包括中央政府各部委的部门规章、地方政府制定的地方规章，是基于交易审批而具有交易生效强制性，但在发生交易争议时不一定被法院作为争议识别和解决的强制性准据的规则。根据与股东权益交易的关联程度可以分为直接约束交易的规章规范和间接约束交易的规章规范，前者如商务部等六部委《关于外国投资者并购境内企业的规定》，后者如《企业投资项目核准和备案管理办法》。

三、契约惯例

契约惯例是在股东权益交易过程中被当事人普遍认可，被中介机构普遍接受，尤其被律师普遍采行的习惯性规范，例如确定目标公司估值的收益折现法，又如财务投资人与实业投资人之间的业绩对赌机制，再如律师采用的出资协议和章程的格式文本。

第五节　工作任务

公司业务律师的工作任务纷繁复杂，大致可以归为五类：法律尽职调查、方案论证、拟制交易文件、发表法律意见、协助解决争议和纠纷。

一、法律尽职调查

法律尽职调查是为交易发现、识别和确认法律事实。其职能是：分解核实公司四要素，汇集确定交易目的和交易方案所需要的所有信息，寻找、发现和确认交易风险与障碍，为制作交易文件和发表法律意见积累事实基础。

尽职调查涵盖与交易有关的所有方面的事实和信息，主要包括：

（1）交易主体（交易资格、自身资源、对交易的需求、控制权及对目标公司的影响途径、关联方）；

（2）交易标的（构成交易标的的范围、瑕疵和风险、与交易方式选择的关系）；

（3）既往行为（目标公司及其实际控制人、关联方过去三年的行为风险）；

（4）交易内容、方式和条件；

（5）交易流程（交易行为流程、审批流程）。

二、方案论证

律师参与交易方案设计、论证和制订是指协助客户构思并与交易其他当事方协商确定交易主体、交易标的、交易内容、交易条件和交易程序，通过不同的公司要素的重新组合安排，实现投资人投资于公司或处置其在公司现有投资的目的。交易方案论证的核心是目标公司控制权演变、交易对价确定和交易途径选择。

律师参与交易方案论证需要就如下事项提供法律论证意见：

（1）交易准据（即交易必须遵循哪些强制性规则）；

（2）交易主体（即交易中的权利人、义务人、行为人是谁，他们的各自的资质、权利、义务、行为如何界定）；

（3）交易标的（即交易将设置、变更和消灭的股东权益是什么）；

（4）交易对价（即与交易标的相交换的权利和义务是什么）；

（5）交易条件（即交易成立、生效、履行、变更、解除、终止的条件是什么，达不成条件的补救措施如何）；

（6）交易程序（即交易完整的操作流程如何）。

三、拟制交易文件

律师将交易方案落实为交易文件是将交易当事方就交易主体、交易标的、交易内容、交易条件和交易程序达成一致的计划、安排、约定和陈述体现成为下列法律文件：

（1）以交易合同为代表的当事人间的协议文件；

（2）以公司章程为代表的交易标的所涉公司的组织文件；

（3）以董事会决议和股东会决议为代表的内部批准文件；

（4）以申请报告为代表的当事人向各相关主管部门提交的申报文件。

四、发表法律意见

律师将交易方案落实为交易文件是律师开展公司业务时，受当事人委托，代表其利益并代理其完成的工作成果，而发表法律意见则是律师作为独立主体向客户或交易各方当事人出具的有关交易合法性、有效性以及交易风险分析的独立专家意见和建议，主要包括：

（1）各方当事人是否具备参与本项交易的主体资格；

（2）交易所涉财产作为交易标的是否合法；

（3）交易所涉行为是否符合法定要求；

（4）交易目标、交易内容和交易条件的设置与安排是否与法律规范存在冲突之处；

（5）交易约定是否为真实意思表示；

（6）交易程序的设定是否合法及完备；

（7）是否存在导致交易不能成立或不能履行的、与合法性和有效性有关的重大风险因素。

发表法律意见是律师职能区别于其他中介服务机构的基本标志，是律师完成公司业务并以自己名义提供的工作成果。

五、协助解决争议和纠纷

公司业务律师协助当事人解决争议和纠纷，包括在交易过程中协助当事人解决争议和在交易交割后协助当事人解决争议和纠纷。前者包括在尽职调查过程中协助当事人确认对被调查事项的识别和认定，在方案论证过程中协助当事人协调对交易方案的不同理解和立场，在交易文件制订过程中协助当事人求同存异，找到能够共同接受的文字陈述，在交易执行过程中步调一致、按预定计划完成交割。后者包括协助当事人补救交易履行过程中发生的瑕疵。

第六节　工作成果

公司业务律师的工作成果体现在实体上是交易的安全达成和便捷执行，体现在文字载体上包括协议性文件、组织性文件、交易当事方内部批准文件、交易当事方外部报批文件、法律尽职调查报告和法律意见书。

一、协议性文件

协议性文件是交易各方签署并执行的规定交易条件和条款的文件，包括出资协议书、股权转让协议书、合资经营合同书等。协议性文件包括协议正文和协议附件。

二、组织性文件

组织性文件也是交易各方以及目标公司的所有股东共同签署的目标公司的宪章性文件和决议性文件，主要包括目标公司章程、目标公司股东会议事规则、董事会议事规则、经理工作规则，以及目标公司董事会提议交易的决议、目标公司股东会批准交易的决议。

三、交易当事方内部批准文件

交易当事方内部批准文件是交易各方各自按照自己的内部权限划分完成交易批准程序而通过的文件，包括交易各方的股东（大）会或/和董事会批准该方参加交易并签署交易协议性文件和组织性文件的决议。

四、交易当事方外部报批文件

交易当事方外部报批文件是根据当事人的身份和交易的性质，由当事人向政府主管机关申报所提交的申请文件，例如国有控股公司向主管国资委提交的申报文件，中外合资经营企业的合资中方向发改委和商务部门提交的申报文件，证券公司就注册资本变动向中国证监会提交的申报文件等。

五、法律尽职调查报告

法律尽职调查报告是律师完成对目标公司的法律尽职调查工作以后向委托人提交的法律文书，记载律师调查后核实的事实、发现的风险和瑕疵、对交易具有影响意义的内外部环境因素以及防范和控制风险的建议。

法律尽职调查报告是律师作为专业的中介机构发表的独立意见。与协议性文件、组织性文件和内外部报批文件截然不同的是，法律尽职调查报告以律师自身的名义作出，反映的是律师的专业立场和意见，而不是以委托人的名义作出，不反映委托人的立场。

法律尽职调查报告是律师法律意见书的一种类型。

六、法律意见书

法律意见书是律师根据法律、行政法规、行政规章、地方规章等规范性文件的规定，或根据政府审批机关的要求，或根据交易当事人的要求，就交易主体、交易内容和交易程序的合法性和有效性发表的书面专业论证意见。

第七节　工作流程

公司业务律师协助当事人完成股东权益交易大致需要经过达成交易意向、进场尽职调查、各方协商谈判、交易成交、交易生效和交割六个阶段的工作流程。

一、达成交易意向

当事人达成交易意向是启动交易的前提，标志是当事人达成不具有约束力的《意向书》或备忘录，约定各方的基本交易目标，表达各方具有进行交易的意愿，确认各方在一定期限内不与意向各方以外的第三人接洽交易目标范围内的事宜。

二、进场尽职调查

交易各方聘请中介机构对目标公司和交易对方进行尽职调查。尽职调查通常包括三类：由投资银行或财务顾问进行的商务尽职调查或业务尽职调查，由会计师进行的财务尽职调查，以及由律师进行的法律尽职调查。商务尽职调查的根本任务是估值，财务尽职调查的根本任务是核数，法律尽职调查的根本任务是防范法律风险。

三、各方协商谈判

交易各方在各自聘请的中介机构的协助下就交易方案和交易的商务与法务要件及条款进行协商谈判。商务谈判主要由投资银行协助交易各方的决策人士进行，谈判的重点是交易方案和以交易对价为核心的商务条件。法务谈判由各方的律师进行，主要任务是确定交易的协议性文件和组织性文件的成文。

四、交易成交

交易成交就是各方当事人正式签署交易的协议性文件和组织性文件。

五、交易生效

交易的生效通常以完成内外部审批为标志。常见的内部审批包括目标公司董事会和股东（大）会的审批，交易各方董事会和股东（大）会的批准以及此前可能存在的经理机构的通过和董事会专门机构（如投资决策委员会）的批准。常见的外部批准包括：国有资产监督管理委员会或其他国有资产授权管理机构的批准，发改委的核准，商务部门的核准，环境保护部门的核准，规划部门、土地及其他资源管理部门的核准以及各行业主管部门的核准。

不能获得批准、核准、登记及必需的其他行政许可，不完成必需的行政许可程序，则投资交易将不能发生效力。为此，本书不避繁复地提示律师注意相关行政许可程序的要求，以及对应的法律、行政法规、部门规章等规范性法律文件。需要提示的是，有关投资交易的行政许可行为和程序具有相当的地域特征，律师经办公司业务应当查明与本业务相关的主管机关，并按照其要求履行相应程序。随着政务公开的日益推进，中央行政机关和地方政府的各主管部门都通过现场公示和互联网公示的方式，公开各自进行具体行政许可行为的实体要求、形式要求和程序要求，同时将常用的文书格式化，置备于现场和其官方网站，以供随时领取或下载。

六、交割

股东权益交易的交割包括三类活动：对价支付、进场接管和权属过户。对价支付如果是现金拨付，则通常会在资金监管机制之下分阶段进行；如果交易对价是非现金财产，则会与进场接管同步移交财产实体，与权属过户同步办理财产权属变更。进场接管通常是交易对价支付方（即交易买方）按议定日程进入目标公司，实际行使对目标公司人、财、物等所有资源的控制权。权属过户是在交易所需要的全部内外部审批或核准都获得或通过以后，实际办理交易标的和交易对价的权属转移手续。

第八节　业务伙伴

律师从事公司业务通常会与其他中介机构协作共事，包括财务顾问、审计机构、资产评估机构和其他专业机构。

一、财务顾问

股东权益交易中的财务顾问通常由投资银行担任，其主要职能有两个：一是对目标公司的主营业务和主营业务所在的行业的发展历史、现状和前景进行分析研究，二是对目标公司进行估值，从而为确定交易标的的价格提供基础。如果交易对价也是股权，那么财务顾问同样需要对对价股权及其所在公司进行同样的研究和估值工作。

二、审计机构

股东权益交易中的审计机构由会计师担任，其主要职能是核查交易的目标公司在过去特定会计期间（通常为三年又一期，即最近三个完整会计年度加上最近一个月度或季度会计期间）所有会计数据、会计账册和会计报表是否符合通行的会计准则，以及是否公允地反映了目标公司的资产负债状况和经营活动。在特殊情况下，审计机构将应政府主管部门的要求，或根据与当事人达成的协议，对目标公司在未来期间的盈利进行预测。

三、资产评估机构

股东权益交易中的资产评估机构通常由会计师担任，也有由具备法定资质的资产评估公司担任的情形，其主要职能是根据国有资产管理规范、外商投资或外资并购管理规范的规定，对交易标的股权的价值进行评估，或者根据公司法的规定对作为交易对价的非现金资产进行价值评估，以确保交易对价的确定符合法律规定或符合行政规章的要求。

四、其他专业机构

在主营业务专业性极强的目标公司的股东权益交易中，交易买方也需要聘请对应的专业技术研究机构或专业的商业研究机构来研究分析目标公司的盈利模式和商业计划。

第九节　业务使命

保障交易安全和可执行，这是律师区别于其他社会中介服务机构和专业人士之所在，是律师能够赢得尊重的原因所在，当然，这也正是律师面临的挑战。

同其他中介机构一样，律师也应当通过自己的专业努力促成交易成功。

一、确保交易持久的安全性

律师应当保障客户交易行为的持久安全性，即保障交易是安全的。

所谓“交易是安全的”，是指交易不会被裁判认定为无效或被撤销，包括：第一，交易行为没有与任何禁止性的法律规范（包括法律、行政法规、行政规章和司法解释）相冲突；第二，交易行为达到了法律规范规定的最低要求或条件；第三，交易行为不存在利益倾斜或意思表示不真实，从而导致一方当事人对履行交易持消极态度的情形；第四，交易行为没有侵犯或干涉第三人的权利，因而没有遭受第三人异议、阻止、限制的风险；第五，交易各方对各自的交易目的、交易标的、交易内容、交易程序和交易风险已经充分获悉和正确理解，各方参与交易时不存在重大误解的情形。

二、确保交易持久的可执行性

律师应当保障客户进行交易所预期的收益取得或损失控制具有可实际执行性，即保障交易的预期结果是可执行的。

所谓“交易的预期结果是可执行的”，是指在交易安全的前提下，不会因为交易文件的脱离实际或存在技术瑕疵而使交易当事人无所适从或发生歧义，从而导致无法履行或无法补救，包括：第一，交易方案不仅是符合法律规定和当事人真实意愿的，而且还是可以通过预定的技术手段和技术途径完全实现的；第二，关于交易的计划、安排、约定和描述是完整的而不是留下空白的；第三，关于交易的计划、安排、约定和描述是准确的而不是留下歧义的；第四，在一方消极履行交易时，他方可以按照约定的方式和途径依赖司法强制力或行政强制力使交易得以履行或得以补救。

三、促成交易

律师应当具有尽力促成客户与交易其他当事方成交的意愿，即进行促成交易的努力。

所谓“促成交易”，是指在交易安全和可执行的前提下，律师应当持“怎样实现各方的交易目的”的心态，而不是“风险很大、搞不成”的心态；持“大家都各得其利益”的心态，而不是“我只管我的委托人的利益”的心态。以正确心态促成交易尤其在以下两种情况下十分重要：一是在意识到自己的委托人只要结果不问过程的时候，不能只简单论证“这个目标没有法律依据”“那个行为违反规定”，而是在提示可能遇到的最大风险的同时，提出防范和控制风险的方案。对于确认为不能预防及不能控制的风险，律师要寻找出能够有效规避风险的替代方案，以实现委托人的商业计划和交易目的。二是在意识到交易各方的话语权不均等的时候，不是一味扩张自己委托人的利益或者一味否定交易对方的利益诉求，而是在保障己方正当权益的同时，也承认和尊重对方的正当权益。须知，无论对于自己的委托人还是对于交易对方，否定和拒绝都是律师最容易做到的事，也是当事人最不需要律师做的事。

注意：律师促成交易的前提是，这是一桩真实的商业交易，所促成的交易是安全的和可执行的。

第十节　案例：律师服务协议

律师对客户提供公司业务服务的业务使命、工作任务、工作成果、工作报酬等事项集中体现为律师事务所与客户签署的律师服务协议。最简洁的律师服务协议实例如下：

上海××××股份有限公司××××业务重组

法律服务协议

甲　　方：上海××××股份有限公司（以下简称甲方）

地　　址：上海市××区××××路××号

邮政编码：××××××

电　　话：021－××××××××

传　　真：021－××××××××

乙　　方：北京市××律师事务所（以下简称乙方）

地　　址：北京市××区××××大街××号××大厦××层

邮政编码：××××××

电　　话：010－××××××××

传　　真：010－××××××××

鉴于甲方及其下属企业将进行主营业务整合并剥离非主营业务及资产，为此将进行业务和资产的重组（以下简称“本次重组”）；

鉴于本次重组需要聘请律师提供中国法律服务；

鉴于乙方具有丰富的公司法律业务和证券法律业务知识与经验，足以担任甲方之法律顾问，提供相应的法律服务；

现甲方委托，且乙方接受委托，就甲方本次重组事宜，由乙方担任甲方的法律顾问。

经友好协商，就甲、乙双方之间的权利义务，双方达成如下协议：

第一条 委托

甲方聘请乙方的×××律师组织乙方的相关律师，就甲方本次重组事宜提供法律顾问服务。

第二条 乙方为甲方提供中国法律服务的范围

1. 参与对甲方重组方案的设计论证工作，从法律角度提出可能存在的问题及解决方案；

2. 根据甲方的统一安排和部署，对甲方重组所涉及的企业/机构提出调查清单，就前述企业/机构的设立及历史沿革、主营业务、股东及实际控制人、高管人员和员工、治理结构、重大资产、重大项目、债权债务和纠纷争议等有关事宜进行尽职调查；

3. 就本次重组所涉重大法律问题及时向甲方指定的负责机构或负责人报告；

4. 就本次重组所涉有关业务、资产、负债、权益、人员在相关主体之间转移和变更的方式与途径提供法律意见；

5. 起草并协助确定重组后各关联公司间权利、义务关系的各类协议和文件；起草并协助确定重组后各关联公司与债权人及其他业务伙伴之间权利、义务关系的各类协议和文件；

6. 起草重组协议、决议、有关章程和其他相关法律文件；

7. 协助甲方与相关政府部门、债权人及其他业务伙伴沟通协商，解决重组过程中的相关法律问题；

8. 配合其他中介机构，处理评估、审计、报批、登记、注册过程中所涉及的有关法律问题；

9. 根据国内各相关政府主管部门的要求出具相关法律意见书（如需要）；

10. 从事与重组有关的其他法律工作。

第三条 甲方的义务

1. 及时、准确、完备、真实地向乙方提供与本次重组有关的全部文件和背景材料；

2. 根据实际需要为乙方提供办公条件和其他便利；

3. 按本协议约定向乙方支付律师费。

第四条 乙方的义务

1. 认真、积极、负责地为甲方提供本协议第二条范围内的服务，依法切实维护甲方的利益；

2. 按照本行业公认的业务标准和道德规范，遵循独立、合法、勤勉尽责的原则，对所检查的文件资料的合法性、完整性和规范性进行检查和验证；

3. 为甲方保守秘密。

第五条 费用及支付方式

1. 律师服务费：基于乙方提供本协议第二条所述服务，甲方向乙方支付律师服务费共计人民币××万元（RMB××× ×××.00），分两次支付。第一次自本协议签署后五个工作日内，甲方向乙方支付总额的50%，即人民币××万元（RMB××× ×××.00）；第二次自本次重组完成并办理完毕相关公司工商登记之日起五个工作日内支付总额的

50%，即人民币××万元（RMB××× ×××.00）。

2. 工作费用：乙方从事与甲方业务有关活动而发生的必要及合理的鉴定、公证、翻译、资料复印、交通、通讯、差旅等费用，均由甲方承担。

第六条　争议的解决

有关本合同的订立、效力、解释、执行、终止与解除以及本合同履行过程中所发生的争议均应首先通过双方之友好协商解决。如不能达成一致，任何一方有权向北京仲裁委员会提请仲裁。仲裁裁决是终局的，对双方均有约束力。

第七条　其他

除非双方另行书面作出相反约定，本协议已对乙方赋予履行本协议第二条所述职责的全部授权。

本协议各项下的权利、义务均不可转让。

除非乙方事先书面同意，甲方不再委托其他第三人履行本协议项下乙方的职责。

乙方独立履行本协议项下之职责，但具体工作的开展接受甲方指定的本次重组牵头人的协调。

除本协议已有的规定外，本协议的变更必须得到甲乙双方的共同书面确认。

甲乙双方所签署的任何补充协议及其附件均与本协议具有同等效力，如果补充协议或补充文件与本协议相冲突的，冲突部分以补充协议优先；先后签署的补充协议或补充文件之间有冲突的，后签署的优先。

本协议中各条的小标题仅为提示而设，并不对正文发生限制或解释作用。

对本协议的解释发生争议时，双方应按照有关法律、法规的规定及原则精神进行解释。

本协议任何部分的无效均不导致本协议的整体无效；在任何部分被确认为无效时，甲乙双方应尽快协商采取补救措施，以有效内容取代无效部分。

本协议自双方签字盖章之日起生效。

本协议一式两份，甲、乙双方各持一份，具有同等效力。

甲方：上海××××股份有限公司	乙方：北京市××律师事务所
代表：	代表：
（签字或盖章）	（签字或盖章）
二〇××年×月××日	二〇××年×月××日

本章练习和测验

1. 请指出本章所附案例协议中客户、股东权益、交易事项各是什么。依你理解，律师能够为客户提供的服务又是什么？

2. 针对本章案例协议，请指出律师工作的主要任务、拟提交的主要工作成果和主要工作过程各是什么。

3. 请跳跃到第五章案例。请指出第五章所附案例当中的所有股东各是哪种类型的投资人，他们投资设立公司的主要目的各是什么。

4. 继续留在第五章案例。请列出所设立目标公司（东方润康生物医药有限责任公司）的登记要素和交易要素。如果告诉你目标公司设立后业务发展迅速、业绩良好，但公司曾一度面临关闭险境，你能从公司要素的角度分析主要原因吗？

本章总结

通过本章学习，你弄清楚了两件事：第一件事，是知道“律师公司业务”到底是怎么一回事，即律师在什么情况下为什么客户提供“公司法律服务”，做哪些工作，提交什么成果，达到什么目的。第二件事，是微观上如何用公司律师的眼光系统地——而不是碰运气地——审视、解析和评价一个公司，宏观上如何能用四句话来概括一个公司。

小贴士

你或许听说过，做公司业务最好也懂一些会计知识。没错。公司四大要素提示我们：投资人投资的是主营业务盈利模式，所以我们要具备投资银行的眼光；“股东权益”本身就是个财务要素，所以我们要能看懂会计报表和报告；回到本行，目标公司和各种利益关系人每天都发生各种法律关系，所以我们要对民事、商事、行政乃至刑事法律知识和适用技能都有所了解。否则，我们可能会在关键时候“掉链子”，就此丢掉和客户及其他中介机构对话的地位。

还不仅如此。大多数人认为公司业务是非诉业务，本章也是从非诉的角度把各位领进门的。但事实上，公司诉讼业务的需求正在迅猛增长。建议你适时跳跃到本书第九章，那里会带你进入同样有意思的公司诉讼业务，及时建立起自己对“公司业务”的多维度印象。

请加油努力吧。

第二章

公司法律尽职调查

本章要点

法律尽职调查的目的、范围、原则、类型；

法律尽职调查的主要内容；

法律尽职调查通常采用的方法。

学习目标

如果参加一个并购或募资等重大行为的法律服务项目，知道自己工作的目的、范围及具体工作内容；

如果参加一个法律尽职调查服务项目，知道采用何种方法开展尽职调查工作及如何形成尽职调查报告。

引言

本章是公司业务开展的基础，目的是帮助你尽快全面、详细了解目标公司与法律有关的情况，为律师公司业务的开展及方案的确立提供依据。本章涉及五个问题，回答公司律师尽职调查过程中的五个基本问题：法律尽职调查的目的与范围（回答“为何开展法律尽职调查”）、法律尽职调查的原则（回答“法律尽职调查的标准是什么”）、法律尽职调查的类型（回答“哪些情况下需要开展法律尽职调查”）、法律尽职调查的内容（回答“法律尽职调查调查什么”）、法律尽职调查通常采用的方法（回答“如何开展法律尽职调查”）。

这五个问题构成公司法律尽职调查业务的五个重点，如果需要在这五个问题中再寻找重中之重的话，我们推荐两个。一是法律尽职调查的内容：目标公司工商主体资格，历史沿革，组织结构，法人治理结构，公司财产，公司业务，公司重大合同履行情况，债权债务及银行贷款，关联交易，公司税务，公司劳动合同履行状态和社保，环保情况，重大诉讼，仲裁与行政措施。二是法律尽职调查通常采用的方法：资料收集与核证、会见、实地考察、分析总结等。

律师在为客户提供公司业务服务之前如何开展全面深入的尽职调查工作呢？请在本章里面寻找答案吧。

第一节 法律尽职调查的目的与范围

法律尽职调查是指在公司并购、证券发行等重大公司行为中，由律师进行的对目标公司或者发行人的主体合法性存续、企业资质、资产和负债、对外担保、重大合同、关联关系、纳税、环保、劳动关系等一系列法律问题的调查。法律尽职调查大体分为两种，即公司并购的法律尽职调查和证券发行等重大行为的法律尽职调查。

一、法律尽职调查的目的

法律尽职调查的主要目的包括：

（1）审核并确定被调查对象所提供交易相关资料的真实性、准确性和完整性；

（2）协助委托人更加充分地了解被调查对象的组织结构、资产和业务的产权状况和法律状态；

（3）发现和分析被调查对象的法律风险和问题，以及问题的性质和风险的程度。

二、法律尽职调查的范围

要实现非常详尽的调查是需要相当多的时间和人力投入的，而这是委托人的交易时限和成本所不能承受的，调查范围过小则不足以达到调查目的，因此，律师尽职调查的工作范围必须明确。律师应当根据具体交易的性质、委托人的具体交易目的、交易时间表、工作成本、对被调查对象的熟悉程度等具体个案因素，与委托人共同协商明确调查范围，并在律师聘用委托协议书中约定调查范围、委托目的、工作时间、委托事项或调查范围变更等内容。

调查范围原则上一般包括构成交易基础的法律问题、委托人尚不明确的事项、可能对交易产生重大影响的法律事项等。根据调查过程中所发现的问题及时与委托人协商调整调查范围和调查方法，也是不可少的有效工作方法。

第二节　法律尽职调查的原则

一、全面原则

首先，调查内容要全面。就企业组织而言，风险投资法律尽职调查涉及企业的沿革、合法性、股东的构成与变更、内部治理结构、下属机构以及关联企业等；就企业权利而言，其涉及企业的所有权、用益物权、担保物权、知识产权及债权等；就企业义务而言，其涉及银行贷款、借款、或有负债、正在进行或者面临的诉讼、仲裁或行政处罚以及税收等；就劳动人事而言，其涉及所有关键雇员的劳动合同的年限、竞业禁止、是否存在与原单位未了的纠纷；就股东而言，其是否从事与被投资企业的类似业务、其是否涉及重大的诉讼、仲裁或者行政处罚、其股权是否被质押等。

其次，材料要全。调查者必须调集所有材料，单就拟投资对象的股权结构而言，除了查阅拟投资对象当前的工商执照之外，还要查阅公司章程、股东出资证明书、出资协议、验资报告、股份转让协议、股权变更登记等一系列文件。

二、透彻原则

以专利为例，投资者不仅需要了解其是否拥有专利权，还要了解其是专利权还是专利申请权、是否存在权属上的纠纷、有效期间、专利权的地域范围以及专利许可情况等内容。再以应收账款为例，投资者不仅需要了解其应收账款的数额，还要调查应收账款的性质、产生原因、账龄、债务人资产负债情况以及债权人已经采取的措施等。

调查者不仅要对有关的文件资料进行详尽的审核，还要与相关当事人、政府机构和中介机构等进行调查和沟通。如若关键员工属于从同行业其他单位跳槽过来的，则需要了解其与原单位合同关系是否已经了结，是否与原单位有竞业禁止的约定等。但员工个人提供的信息显然不能确保真实，因此还有必要向原单位进行调查和了解。

三、区别对待原则

针对不同的企业，法律尽职调查应该有所侧重。

首先是处于不同发展期的企业的调查重点不同。众所周知，风险资本的投资对象可以分为种子期、创业期、成长期和成熟期，因此对不同时期的投资对象的尽职调查应该不同。就种子期的企业而言，因为其法律关系十分简单，所以重点应集中于其创业团队、知识产权等领域；而对于比较成熟的企业，尤其是拟首发股票企业（Pre－IPO）项目，因为其成立时间相对较长，其牵涉的法律关系更加复杂，隐藏的风险点也就更多，所以就应该全面调查，但重点应是比照拟上市地的上市规则开展调查。

行业不同也决定了风险投资法律尽职调查的不同。在高科技领域，知识产权是决定企业发展的核心问题。若知识产权归属不清或者存在权属争议，则可能导致整个企业的核心竞争力缺失，甚至连企业存在的基础也将丧失。曾有一企业为归国留学人员所创办，而所用技术均为其曾经工作单位的专有技术。待公司产品一面世，国外公司立即提起诉讼，公司随之倒闭，风险投资机构的投资也付诸东流。对于化工企业，对可能导致的环境污染必须高度重视，如是否进行过环评、环保措施是否到位和是否因污染被提起民事诉讼或者受过行政处罚等。

同样，企业背景不同，要求调查的重点也不同。企业设立之初即为股份制企业的，其股权结构相对清晰，因此其重点应集中于公司治理结构；对于那些改制为股份公司的企业，改制是否规范、改制文件是否齐全、相关利益主体的利益分配是否已经妥善解决则是必须关注的；而对于民营企业，则要重点关注其内部制度的规范性、公司的股权架构、公司与自然人之间的借贷、关联交易等因素。

四、独立原则

法律尽职调查独立开展，即投资人按照自己的投资偏好独立开展或独立聘请律师对目标企业开展尽职调查；律师接受投资人委托，按照自己的规范、标准和流程独立开展尽职调查工作，独立发表尽职调查意见。

第三节　法律尽职调查的类型

按照投资人与公司或公司现有股东发生交易类型的不同，法律尽职调查大体分为两种，即公司并购的法律尽职调查和证券发行等重大行为的法律尽职调查。

一、公司并购的法律尽职调查

在并购正式实施之前，往往要求对被并购方进行深入细致的尽职调查。这种调查往往分为三个方面进行：

（1）商业调查，即对收购对象的市场现状、市场前景的调查。商业调查经常涉及收购价的确定方式，一般由专业的咨询公司来做。

（2）法律事务调查。法律事务调查涉及被并购对象一切可能牵涉法律纠纷的方面，如并购对象的组织结构、正在进行的诉讼事项、潜在的法律隐患等，该项工作一般由律师事务所来进行。

（3）税务、财务方面的调查即财务审慎调查。财务审慎调查往往不会涉及收购价的确定，但是，只要是并购方委托的事项，如了解被并购方的涉税事项、内部控制、或有负债、或有损失、关联交易、财务前景等，都可以成为税务、财务审慎调查的范围。这些调查结果会对并购的进行与否有直接的影响。

二、证券发行等重大行为的法律尽职调查

2001年3月，中国证监会颁布了《公开发行证券公司信息披露的编报规则第12号——公开发行证券的法律意见书和律师工作报告》，该规则第5条规定：律师在律师工作报告中应详尽、完整地阐述所履行尽职调查的情况，在法律意见书中所发表意见或结论的依据、进行有关核查验证的过程、所涉及的必要资料或文件。由于我国法律法规对证券公开发行上市过程中各中介机构应承担的勤勉尽责义务有着严格的规定，为了保证自己出具的文件的真实性和可靠性，各中介机构会自觉地进行尽职调查，关于证券发行等重大行为的法律尽职调查比较容易受到重视。证券发行等重大行为的法律尽职调查主要从以下方面展开：

（1）发行人基本情况调查。包括：改制与设立情况、发行人历史沿革情况、发起人和股东的出资情况、重大股权变动情况、重大重组情况、主要股东情况、员工情况、发行人独立情况、内部职工股（如有）情况、商业信用情况。

（2）发行人业务与技术调查。包括：发行人行业情况及竞争状况、采购情况、生产情况、销售情况、核心技术人员、技术与研发情况。

（3）同业竞争与关联交易调查。包括：同业竞争情况、关联方及关联交易情况。

（4）高管人员调查。包括：高管人员任职情况及任职资格、高管人员的经历及行为操守、高管人员胜任能力和勤勉尽责、高管人员薪酬及兼职情况、报告期内高管人员变动、高管人员是否具备上市公司高管人员的资格、高管人员持股及其他对外投资情况。

（5）组织结构与内部控制调查。包括：公司章程及其规范运行情况、组织结构和股东大会、董事会、监事会运作情况、独立董事制度及其执行情况、内部控制环境、业务控

制、信息系统控制、会计管理控制、内部控制的监督情况。

（6）财务与会计调查。包括：财务报告及相关财务资料、会计政策和会计估计、评估报告、内控鉴证报告、财务比率分析、销售收入、销售成本与销售毛利、期间费用、非经常性损益、货币资金、应收款项、存货、对外投资、固定资产、无形资产、投资性房地产、主要债务、资金流量、或有负债、合并报表的范围、纳税情况、盈利预测。

（7）业务发展目标调查。包括：发展战略、经营理念和经营模式、历年发展计划的执行和实现情况、业务发展目标、募集资金投向与未来发展目标的关系。

（8）募集资金运用调查。包括：历次募集资金使用情况、本次募集资金使用情况、募集资金投向产生的关联交易。

（9）风险因素及其他重要事项调查。包括：风险因素、重大合同、诉讼和担保情况、信息披露制度的建设和执行情况、中介机构执业情况。

第四节　法律尽职调查的内容

一、对目标公司工商主体资格及其历史沿革的调查

在公司基础业务中，目标公司的工商主体资格及其历史沿革的规范性是公司业务开展的基础，律师开展公司业务之前，需对包括目标公司设立和存续情况，出资、增资、减资情况，股权转让情况，类型变更情况，合并、分立、解散情况，股东资格情况在内的工商主体资格及历史沿革问题进行核查。

（一）对目标公司的设立和存续情况的调查

目标公司的设立和存续情况是其正常规范运行的前提，应主要从经营期限、公司章程、设立程序、法定住所、年度报告公示等方面对目标公司的设立及存续情况开展尽职调查。

1. 经营期限

法律尽职调查中，律师需核查目标公司的经营期限是否短于拟议交易的需求或届满但未办理延期登记。

（1）主要问题举例。以租赁合同为例，目标公司目前持有地方工商行政管理局于××××年××月××日核发的“企业法人营业执照”（编号）。根据该“企业法人营业执照”，目标公司的经营期限为××××年××月××日至××××年××月××日。××××年××月××日，目标公司（作为出租人）拟与承租人名称签订租赁协议，约定将租赁物名称租赁予承租人。租赁期限为××××年××月××日至××××年××月××日。目标公司的经营期限明显短于租赁协议的履行期限。

（2）面临的主要风险。如届时目标公司的股东未能及时延长该公司的经营期限，可能

导致目标公司无法在超过经营期限的期间内继续拟议交易，给交易双方带来损失。除此以外，目标公司还可能面临被公司登记机关责令限期登记；逾期仍不登记的，目标公司可能被处以1万元以上10万元以下的罚款。

（3）解决方案。目标公司应及时办理延长经营期限的手续，以满足拟议交易的需求。

（4）尽职调查资料。此事项可通过审阅“企业法人营业执照”、拟交易合同等相关文件获悉。

2. 公司章程

法律尽职调查中，律师需核查目标公司的公司章程中的有关规定是否与公司法存在冲突。

（1）主要问题举例。以利润分配为例，目标公司的股东于××××年××月××日在公司章程或其他协议中约定：目标公司的股东（股东名称）对目标公司的出资为××××万元，持有公司的××%股权。该等出资按照××%的比例享受定额回报，不承担经营风险。

（2）面临的主要风险。目标公司的章程或其他协议文件中的约定与《公司法》第166条的规定存在一定的矛盾。如目标公司发生亏损未能弥补或者未能足额提取法定公积金的情况，目标公司仍按照其章程或其他协议文件向有关股东支付固定回报的，目标公司的支付行为存在法律瑕疵。

（3）解决方案。目标公司应当就目前公司章程与公司法相冲突事项进行修改，以符合公司法要求。

（4）尽职调查资料。此事项可通过审阅目标公司“公司章程”等相关文件获悉。

3. 设立程序

法律尽职调查中，承办律师需核查目标公司的设立程序是否规范，如倒签文件等，承办律师需具体问题具体分析。

（1）主要问题举例。以倒签文件为例，通过审阅公司设立文件，包括营业执照、验资报告、设立批复等，尽职调查过程中发现目标公司为了争取原建设部1999年的上市额度指标，于设立时将设立时间提前至1998年，相应政府部门各项批准文件、工商注册登记文件、验资报告、公司章程、创立大会、企业法人营业执照的落款（或颁发）日期均提前至1998年，而实际签署（或颁发）日期为1999年，股份公司实际成立和开始经营的时间为1999年9月。

（2）面临的主要风险。目标公司设立时的上述不规范行为，如被有关公司登记机关认定为属于“提交虚假材料或者采取其他欺诈手段隐瞒重要事实，取得公司登记的”，目标公司将被公司登记机关责令改正，同时可能被处以5万元以上50万元以下的罚款；如被认定为情节严重的，目标公司可能被撤销公司登记或者吊销营业执照。

（3）解决方案。目标公司应尽快与有关公司登记机关沟通，就公司设立时的上述问题取得不予追究的书面确认文件。同时，公司应办理变更登记手续，将登记的设立时间变更为与事实一致。

（4）尽职调查资料。此事项可通过审阅目标公司设立时相关政府部门各项批准文件、工商注册登记文件、验资报告、公司章程、创立大会、企业法人营业执照等文件获悉。

4. 法定住所

在律师尽职调查中，承办律师需核查目标公司的法定住所是否使用住宅用房。

（1）主要问题举例。目标公司目前持有地方工商行政管理局于××××年××月××日核发的“企业法人营业执照”（编号）。根据该“企业法人营业执照”，目标公司的住所位于××地址。经本所律师适当核查，上述住所位于住宅小区内，不属于经营性用房。目标公司使用该等房屋作为经营性用房，尚未取得有利害关系的业主同意。

（2）面临的主要风险。目标公司的经营场所为住宅，而非经营性用房。因该等房产用途变更未经有关机关批准和有利害关系的业主同意，目标公司在办理年检或其他工商登记手续时，可能被有关公司登记机关以“不具备从事经营活动的条件”为理由，不予登记或者通过年检。目标公司的合法存续存在一定的法律障碍。

（3）解决方案。目标公司应尽快变更住所，并相应办理工商变更登记。

（4）尽职调查资料。此事项可通过审阅目标公司注册住所的租赁合同、房产权属证书、土地权属证书等文件获悉。

5. 年度报告公示

法律尽职调查中，承办律师需核查目标公司是否已向工商管理机关报送年度报告。

（1）主要问题举例。目标公司目前持有地方工商行政管理局于××××年××月××日核发的“企业法人营业执照”（编号）。目标公司尚未办理最近年度的年度报告手续。

（2）面临的主要风险。根据法规，及时办理年度报告手续是目标公司的法定义务。因未能履行上述法定义务，目标公司可能面临被工商机关载入经营异常名录甚至列入严重违法企业名单的法律风险。如目标公司在责令的期限内仍未接受年检的，公司登记机关将予以公告，自公告发布之日起，60日内仍未接受年检的，目标公司将依法被吊销营业执照。

（3）解决方案。目标公司尽快和有关登记机关沟通，补办有关年度报告手续。

（4）尽职调查资料。此事项可通过市场主体信用信息公示系统获悉。

除上述事项外，在对目标公司工商主体资格及其历史沿革情况进行尽职调查过程中，承办律师还应重点关注以下问题：

（1）公司法定代表人变更是否办理相关登记；

（2）公司的法定代表人资格是否符合任职资格；

（3）公司实际经营的业务是否与营业执照载明的内容一致；

（4）公司营业执照载明的经营范围是否与拟议交易相冲突；

（5）公司的设立是否已取得有权机关的批准；

（6）公司实际使用的经营场所是否与工商登记相一致；

（7）公司是否签发出资证明书；

（8）公司是否设立股东名册；

（9）对公司的投资是否超过了母公司章程规定的限额；

（10）公司是否及时办理了组织机构代码证登记手续。

（二）对目标公司出资、增资、减资情况的调查

目标公司的出资、增资、减资情况是公司历史沿革尽职调查中的重点，关系到目标公司股东出资义务的履行问题，应主要从注册资本缴纳、非货币出资过户、非货币出资评估、自身资产评估增值出资、虚假出资、抽逃注册资本、转增资本留存、巨额出资来源、减资程序履行等方面对目标公司的出资、增资、减资情况开展尽职调查。

1. 注册资本缴纳

法律尽职调查中，承办律师需核查目标公司的注册资本是否已按时缴清。

（1）主要问题举例。目标公司系一家设立于××××年××月××日的有限责任公司/股份有限公司。目标公司设立时的注册资本为人民币××××××万元，其中，股东A以货币出资人民币××××万元，认缴目标公司的出资人民币××××万元（对应的股权为××%）。截至目前，股东A尚未缴付该等出资。

（2）面临的主要风险。根据法规，按照章程约定缴付出资是股东A的法定义务，因股东A未能履行上述法定义务，股东A将面临被公司登记机关责令改正，同时将被处以未能交付金额5%以上15%以下的罚款。（如目标公司的公司类型为股份公司的，除上述行政处罚外，股份公司的其他发起人股东还面临就股东A未能及时缴付的部分对目标公司承担连带责任。）

（3）解决方案。目标公司应尽快促使股东A缴纳出资，或者以其他方式补足出资。

（4）尽职调查资料。此事项可通过审阅公司章程、营业执照、验资报告等相关文件获悉。

2. 非货币出资过户

法律尽职调查中，承办律师需核查目标公司的非货币出资部分是否已办理过户手续。

（1）主要问题举例。在××××年××月××日，目标公司设立/第××次增资的过程中，目标公司股东对目标公司认缴的出资除货币形式以外，还包括以实物、知识产权或其他需办理过户手续的形式的出资，涉及的金额为人民币××××万元。根据目标公司提供的说明，该等需办理过户手续的出资尚未办理完成过户手续。

（2）面临的主要风险。根据法规，若目标公司的出资未能办理过户手续的情形，被有关公司登记机关认定为属于虚假出资的行为，目标公司可能面临被有关公司登记机关责令改正，处以虚假出资金额5%以上15%以下的罚款。

（3）解决方案。目标公司尽快办理上述出资的过户手续。

（4）尽职调查资料。此事项可通过审阅公司章程、验资报告等相关文件获悉。

3. 非货币出资评估

法律尽职调查中，承办律师需核查目标公司的非货币出资部分是否已经过评估，股东是否存在以未评估的部分资产出资的情形。

（1）主要问题举例。在××××年××月××日，目标公司设立/第××次增资的过程中，目标公司股东对目标公司认缴的出资除货币形式以外，还包括其他非货币资产的出资。其中部分用于出资的非货币资产未办理评估手续，涉及的出资金额约人民币××××万元。

（2）面临的主要风险。根据法规，若目标公司的股东用以出资的资产未经过评估的情形，被有关公司登记机关认定为属于虚假出资的行为，目标公司可能面临被有关公司登记机关责令改正，处以虚假出资金额5%以上15%以下的罚款。

（3）解决方案。目标公司应尽快促使其股东以货币或者其他经过评估的出资置换未经评估的出资。

（4）尽职调查资料。此事项可通过审阅公司章程、验资报告等相关文件获悉。

4. 自身资产评估增值出资

法律尽职调查中，承办律师需核查目标公司是否存在以自身资产评估增值出资的情形。

（1）主要问题举例。目标公司于××××年××月××日将其注册资本从人民币××××元增加至人民币××××元。为进行上述增资，目标公司于××××年××月××日对其资产进行了评估，评估增值为人民币××××元。目标公司根据评估结果进行了调账，将增值部分计入资本公积，并以资本公积转增为注册资本。

（2）面临的主要风险。如上述目标公司以自身资产评估增值并增加注册资本的行为被公司登记机关认定为虚假出资的，目标公司的有关股东将面临被公司登记机关责令改正，并将面临被处以虚假出资金额5%以上15%以下的罚款的行政处罚。

（3）解决方案。根据具体情况协商确定。

（4）尽职调查资料。此事项可通过审阅公司章程、验资报告等相关法律文件获悉。

5. 虚假出资

法律尽职调查中，承办律师需核查目标公司股东是否存在虚假出资的行为。

（1）主要问题举例。目标公司于××××年××月××日，将其注册资本由××××万元增至××××万元，股东A从目标公司以货币向公司出资人民币××××万元，认缴等额注册资本。根据目标公司提供的说明，股东A的资金来源为其（作为借款人）向公司B的借款。而同时公司B占用目标公司大量资金，其金额已经等于甚至超过目标公司在当期的增资额。

（2）面临的主要风险。如目标公司的上述情形被公司登记机关认定为虚假出资的，目标公司的有关股东将面临被公司登记机关责令改正，并将面临被处以虚假出资金额5%以上15%以下的罚款的行政处罚。

（3）解决方案。根据具体情况确认。

（4）尽职调查资料。此事项可通过审阅公司章程、验资报告、审计报告等相关文件获悉。

6. 抽逃注册资本

法律尽职调查中，承办律师需核查目标公司的股东是否存在抽逃注册资本的行为。

（1）主要问题举例。目标公司系一家设立于××××年××月××日的有限责任公司，其注册资本为人民币××××元。目标公司的股东自然人A以公司职员的身份（作为借款人）于××××年××月××日与目标公司签订了借款协议，约定向公司借款人民币××××元。在借款协议中约定，如自然人A在公司任职满3年的，目标公司将豁免借款人的全部/部分还款义务。

（2）面临的主要风险。如上述豁免还款义务的行为被有关公司登记机关认定为抽逃出资的，自然人A可能面临被公司登记机关责令改正，并面临被处以所抽逃出资金额5%以上15%以下的罚款的行政处罚。

（3）解决方案。目标公司应尽快与自然人A签订修订协议，修改借款协议中有关豁免还款义务的条款。

（4）其他事项。根据最高人民法院《关于适用〈中华人民共和国公司法〉若干问题的规定（三）》第十二条的规定，"通过虚构债权债务关系将其出资转出"构成抽逃出资，在没有充分证据的情况下，仅凭股东向公司借款就认定为股东抽逃出资，法律依据尚不充分。因此，承办律师不能仅凭股东向公司借款就提示此类风险。

（5）尽职调查资料。此事项可通过审阅公司的验资报告、公司与股东之间的关联交易文件等相关文件获悉。

7. 转增资本留存

法律尽职调查中，承办律师需核查目标公司以法定公积金/资本公积/盈余公积转增资本后，所存留比例是否符合相关法规要求。

（1）主要问题举例。目标公司在设立时的注册资本为人民币××××万元。××××年××月××日，目标公司的股东会作出决议，决定将公司的注册资本增加至人民币××××万元。增加部分的注册资本由法定公积金/资本公积/盈余公积转增。根据审计机构于××××年××月××日出具的"审计报告"（编号××××××），截至××××年××月××日，目标公司经审计的净资产为人民币××××万元，其中，法定公积金/资本公积/盈余公积为人民币××××万元。如增资完成后，留存的法定公积金/资本公积/盈余公积不足增资前注册资本的25%。

（2）面临的主要风险。因目标公司的法定公积金/资本公积/盈余公积转增为注册资本时，所留存部分的金额比例不满足上述法律的规定，目标公司增加注册资本的事项可能因此无法办理工商变更登记。

（3）解决方案。根据情况确定。

（4）其他事项。此类事项一般可能在有限公司整体变更为股份公司，同时增加注册资本的情况下发生。

（5）尽职调查资料。此事项可通过审阅公司章程、验资报告、评估报告等相关文件获悉。

8. 巨额出资来源

法律尽职调查中，承办律师需核查对目标公司出资中个人股东的巨额出资来源是否存在合理、合法说明。

（1）主要问题举例。目标公司的股东自然人A在对目标公司的出资中，曾以货币出资3 000万元，认购公司的注册资本人民币3 000万元，持有目标公司80%的股权。自然人A对上述3 000万元的出资款项来源未能作出合理、合法的说明。此外，自然人A目前担任目标公司的董事和法定代表人。

（2）面临的主要风险。因自然人A无法合理说明其对目标公司的出资来源，其持有目标公司股权的状况存在潜在风险。如果自然人A面临巨额到期债务，其可能需转让所持有的目标公司股权以偿还到期债务，目标公司的股权结构存在潜在变更的可能性。此外，如果自然人A面临巨额到期债务到期未能清偿，其担任目标公司董事和法定代表人的资格可能因此丧失。

（3）解决方案。根据情况确定。

（4）其他事项。如目标公司存在A股上市计划的，承办律师还应结合首发管理办法的规定提示相关风险。

（5）尽职调查资料。此事项可通过审阅公司章程、验资报告、资产评估报告等相关文件获悉。

9. 减资程序履行

法律尽职调查中，若目标公司存在减资情形，承办律师需核查目标公司是否按照法定程序减资。

（1）主要问题举例。以未公告债权人为例，目标公司的股东会于××××年××月××日作出减少注册资本的决议（以下简称减资决议），决定将目标公司的注册资本从人民币××××万元减少至人民币××××万元。上述减资决议作出之日起至今已经届满30日。目标公司尚未将减少注册资本的事项通知债权人，也没有在报纸上公告。

（2）面临的主要风险。根据法规，履行通知债权人和在报纸上公告是目标公司在办理减少注册资本程序中的法定义务。目标公司因未能履行上述法定义务，将面临被公司登记机关责令改正，同时可能被处以1万元以上10万元以下的罚款。

（3）解决方案。目标公司应尽快履行通知债权人和在报纸上公告的义务。

（4）尽职调查资料。此事项可通过审阅减资公告、公司章程、验资报告等相关法律文件获悉。

除上述事项外，在对公司出资、增资、减资情况进行尽职调查过程中，律师还应重点关注以下问题：

（1）非货币资产出资是否经过评估；

（2）以划拨土地为出资行为是否符合相关规定；

（3）非货币资产出资是否完成过户手续；

（4）是否存在以实物出资而使用假发票行为；

（5）非货币资产的出资比例是否符合当时有效的法律规定；

（6）公司的出资形式是否符合当时有关法规的规定；

（7）所出资资产的评估增值是否过大；

（8）增资中某方股东是否已放弃对增资的优先认购权；

（9）公司是否向增资后的股东出具出资证明书；

（10）公司是否按照增资结果变更股东名册；

（11）公司注册资本是否需要提前缴纳；

（12）拟议交易后的公司注册资本是否低于法定最低限额；

（13）公司注册资本是否低于法定最低限额；

（14）国有股东对非国有公司出资是否办理国有资产评估确认手续；

（15）非国有股东对国有公司出资是否办理国有资产评估确认手续；

（16）国有股东是否存在多出资返还行为；

（17）股东是否获得增资后的出资证明书；

（18）公司增资或者减资是否取得有权机关的批准；

（19）公司增资或者减资是否违反了章程中的限制性规定；

（20）减资后的公司注册资本是否低于法定最低限额；

（21）外国公司是否存在擅自在中国设立分支机构的情形。

（三）对目标公司股权转让情况的调查

目标公司的股权转让情况应主要从股东放弃优先权、支付转让价款、履行转股程序及是否满足转股条件等方面开展尽职调查。

1. 股东放弃优先权

股权转让法律尽职调查过程中，承办律师需核查目标公司股东是否存在放弃优先权的情形。

（1）主要问题举例。目标公司的股东（股东名称/姓名）作为转让方于××××年××月××日与××（受让方名称）作为受让方签订了股权转让协议，将其持有的目标公司的××%的股权转让给受让方。就上述股权转让，目标公司已经于××××年××月××日办理了工商变更登记手续。参考目标公司章程中针对股权转让的约定（如有）。通过审阅股东会决议、转股协议、放弃优先受让权的声明等文件，尽职调查过程中发现上述股权转让并未书面通知目标公司的其他股东（以下简称其他股东），其他股东也未明确放弃对被转让的股权享有的优先受让权。

（2）面临的主要风险。因上述股权转让并没有通知其他股东，其他股东可能以此为由主张股权转让存在程序瑕疵，并就被转让的股权主张优先受让权，向人民法院提起诉讼，要求人民法院判决该项股权转让无效，目标公司现有股东的持股情况因此可能存在潜在争议。

（3）解决方案。目标公司要求转股时的所有股东出具书面确认，明确其放弃对被转让股权的优先受让权。

（4）尽职调查资料。此事项可通过审阅股东会决议、转股协议、放弃优先受让权的声明等文件获悉。

2. 支付转让价款

在股权转让法律尽职调查过程中，承办律师需核查目标公司股东转股价款是否支付。

（1）主要问题举例。目标公司的股东（股东名称/姓名）作为受让方于××××年××月××日与××（转让方名称）作为转让方签订了股权转让协议，受让其持有的目标公司的××%的股权。就上述股权转让，目标公司已经于××××年××月××日办理了工商变更登记。根据股权转让协议，受让方应当于时限前付清全部股权转让价款。通过审阅转股协议、股权转让价款收款凭证等文件，尽职调查过程中发现上述转让价款尚未付清，已经构成违约。

（2）面临的主要风险。根据股权转让协议的约定和《合同法》的规定，受让方未如约支付股权转让价款的，已经构成违约。转让方有权要求受让方付清股权转让价款，或者要求解除股权转让协议，收回其持有的目标公司股权。目标公司现有股东的持股情况因此存在潜在争议。

（3）解决方案。上述受让方尽快付清股权转让价款，以消除目标公司现有股东持股情况的潜在争议。

（4）其他事项。如目标公司的历史沿革中股权出现多次转让的，承办律师一般仅对形成现有股权架构的股权转让进行审阅并提示有关风险即可。

（5）尽职调查资料。此事项可通过审阅转股协议、股权转让价款收款凭证等文件获悉。

3. 履行转股程序

在股权转让法律尽职调查过程中，承办律师需核查目标公司股东转股是否已履行了适当的法律程序。

（1）主要问题举例。以地级市国资部门下属的股份公司地方国有股转让为例，目标公司系一家于××××年××月××日依法设立的股份有限公司。通过审阅目标公司的营业执照、转股协议、转让方的国有资产登记文件、转股批复等文件，承办律师在尽职调查过程中发现：公司现有股东A公司持有的目标公司的100万股股份系从B公司（为一家地级市国资部门下属的国有股权持有单位）购买取得。为取得该等股份，现有股东（名称）履行了下列法律手续：

××××年××月××日，A公司（作为受让方）和B公司（作为转让方）签订了《股份转让协议》。根据该《股份转让协议》，转让方约定将其持有的目标公司的100万股股份（以下简称“被转让股份”）转让给受让方。

××××年××月××日，C评估机构就上述被转让股份的股权价值出具了评估报告。根据该评估报告，以××××年××月××日为基准日，被转让股份的评估价值为××××元。××××年××月××日，D国有产权评估确认机构对评估报告出具了《评估结果确认函》，同意该评估结果。

××××年××月××日，当地地级市国资部门就上述股份转让出具了《同意批复》。

（2）面临的主要风险。鉴于上述股份转让发生在2000年7月1日以后，被转让的标的为股份公司的股份，转让方为地级市下属的国有股权持股单位。根据法规，该等股份转让应取得省级财政（国资）部门批准。

因未能取得上述批准，A公司持有的目标公司股份存在一定的法律瑕疵。转让方股东可能以此为由主张转让行为无效。如目标公司拟在A股上市的，中国证监会可能以此为由拒绝目标公司的上市申请。

（3）解决方案。A公司和目标公司应尽快就上述股份转让的情况和省级财政（国资）部门沟通，取得省级财政（国资）部门出具的，对该等股份转让无异议的确认函。

（4）其他事项。《关于股份有限公司国有股权管理工作有关问题的通知》中不但规定了直接转让的情况，也规定了间接转让的情况。如目标公司的下属公司中也存在股份公司的，承办律师亦应提示相关风险。

（5）尽职调查资料。此事项可通过审阅目标公司的营业执照、转股协议、转让方的国有资产登记文件、转股批复等文件获悉。

4. 满足转股条件

在股权转让法律尽职调查过程中，承办律师需核查目标公司股权转让协议约定的转股生效条件是否能够满足。

（1）主要问题举例。以股东借款未偿还为例，A公司（作为受让方）于××××年××月××日与B公司（作为转让方）签订了《转股协议》。《转股协议》约定：转让方将其持有的目标公司的××%的股权（对应的出资额为人民币××××万元）转让给受让方；除需支付转股价款外，受让方还需替目标公司偿还其所欠转让方的款项本息合计××××元。转让方收到所还款项是转股生效的前提条件。

（2）面临的主要风险。因A公司尚未按照转股协议的约定代目标公司支付其所欠原股东的款项，所以转股协议约定的转股条件尚未满足。A公司能否取得目标公司股权尚处于不确定的状态。目标公司的股权结构仍存在潜在纠纷。

（3）解决方案。目标公司应促使A公司如约履行转股协议。

（4）其他事项。除股东借款外，转股协议约定的生效条件通常还包括转让方/受让方的股东大会/股东会批准、以签字/盖章为准生效等。承办律师应逐一列明转股协议的生效条件，并核对其是否已经成就。如发现存在尚未成就的生效条件的，应提示相关风险。

（5）尽职调查资料。此事项可通过审阅转股协议、股东会决议等相关文件获悉。

除上述事项外，在对公司股权转让情况进行尽职调查过程中，承办律师还应重点关注以下问题：

（1）转股是否符合公司章程的限制性规定；

（2）支付给个人的转股价款溢价部分是否代扣代缴所得税；

（3）转股是否办理工商变更登记；

（4）董事/监事/高级管理人员转让股份是否符合《公司法》的有关规定；

（5）股权转让是否签发出资证明书；

（6）有限责任公司是否按照转股结果修改公司章程/股东名册；

（7）股份公司的记名股票转让是否办理股东名册登记手续；

（8）发起人持有的股份转让是否符合《公司法》/公司章程的有关规定；

（9）受让方股东的身份是否对拟议交易造成影响。

（四）对目标公司类型变更情况的调查

目标公司的类型变更情况应主要从对拟议交易的影响、职工代表大会的召开等方面开展尽职调查。

1. 对拟议交易的影响

在对目标公司类型变更情况的法律尽职调查过程中，承办律师需核查目标公司类型变更程序是否对拟议交易存在影响。

（1）主要问题举例。以有限责任公司变更为股份有限公司为例，目标公司于××××年××月××日将公司的类型从有限责任公司变更为股份有限公司，迄今为止未满3年。为进行上述变更，审计师对目标公司以××××年××月××日为审计基准日出具了审计报告（编号××××××），根据该审计报告，目标公司在基准日的净资产值为××××元。资产评估师对目标公司以××××年××月××日为评估基准日出具了评估报告（编号××××××），根据该评估报告，目标公司在基准日的评估值为××××元。目标公司在进行公司类型变更时，按照评估值对公司账务进行了调整并折股。根据拟议交易的需求，目标公司拟在从公司类型变更之日起3年内在中国大陆A股市场实现上市。

（2）面临的主要风险。相关法规中的“原账面净资产值”，是指经审计后的原账面净资产值，而不是指评估值。目标公司在从有限责任公司变更为股份有限公司的过程中，没有按照净资产值折股，而是按照评估值折股并调整了账务。该种情况使得目标公司丧失了持续经营时间从有限责任公司成立之日起计算的资格，目标公司只能从变更为股份有限公司之日起3年后，方具备在中国A股市场上市的主体资格。

（3）解决方案。根据情况确定。

（4）尽职调查资料。此事项可通过审阅验资报告、发起人协议等相关文件获悉。

2. 召开职工代表大会

在对目标公司类型变更情况的法律尽职调查过程中，承办律师需核查目标公司类型变更过程中是否需要召开职工代表大会听取职工意见。

（1）主要问题举例。以有限责任公司变更为股份有限公司为例，目标公司于××××年××月××日将公司的类型从有限责任公司变更为股份有限公司。目标公司在变更为股份有限公司过程中，未召开职工代表大会就公司类型变更作出表决。

（2）面临的主要风险。根据法规，在改制过程中通过职工代表大会或者其他形式听取职工的意见和建议是目标公司的法定义务。目标公司因未能履行上述义务，其变更企业类型的过程可能被有关公司登记机关认定为存在瑕疵，并因此拒绝目标公司办理类型变更的申请。

（3）解决方案。根据情况确定。

（4）尽职调查资料。此事项可通过审阅公司职工代表大会决议等相关文件获悉。

（五）对目标公司合并、分立、解散情况的调查

目标公司发生合并、分立、解散事宜时，在开展法律尽职调查过程中，承办律师应主要从法定程序的履行、财务负担的风险、或有负债的风险等方面开展尽职调查工作。

1. 法定程序的履行

在对目标公司合并、分立、解散情况开展法律尽职调查过程中，承办律师需核查目标公司合并、分立、解散程序的履行是否符合法定程序。

（1）主要问题举例。以未通知债权人为例，目标公司系于××××年××月××日与公司B通过合并/分立方式设立的有限责任公司。目标公司在办理上述合并/分立手续时，并未通知债权人及在报纸上公告。

（2）面临的主要风险。根据法规，依照法律规定通知债权人并在报纸上公告是目标公司的法定义务。目标公司因未能履行上述法定义务，将面临被公司登记机关责令改正，同时将面临被处以1万元以上10万元以下的罚款。

（3）解决方案。目标公司应尽快办理通知债权人并在报纸上公告等事项。

（4）尽职调查资料。此事项可通过审阅公司合并分立的相关文件获悉。

2. 财务负担的威胁

在对目标公司合并、分立、解散情况开展法律尽职调查过程中，承办律师需核查目标公司合并是否将导致财务负担。

（1）主要问题举例。目标公司的股东会于××××年××月××日作出决议，决定和公司A采取吸收方式合并。合并后，目标公司解散，目标公司的股东将变更为公司A的股东。目标公司的债权、债务，由合并后公司A承继。

（2）面临的主要风险。根据法规，在目标公司将与公司A合并的过程中，目标公司应当依法通知债权人并作出公告。目标公司的债权人有权在法定时限内要求目标公司清偿债务或者提供相应的担保。目标公司在短期内面临大额现金支出或者担保物不足的风险。

（3）解决方案。根据情况确定。

（4）尽职调查资料。此事项可通过审阅公司合并的相关文件获悉。

3. 或有负债的威胁

对目标公司合并、分立、解散情况开展法律尽职调查过程中，承办律师需核查目标公司合并/分立是否会导致或有负债的形成。

（1）主要问题举例。目标公司系于××××年××月××日与公司B通过合并/分立方式设立的有限责任公司。合并/分立至今已经届满五年，在此期间未发现合并/分立前的公司的债权人向目标公司主张债权。

因资料缺失，我们无法判断合并/分立前的公司是否存在未被清偿的债务。

(2) 面临的主要风险。根据法规，目标公司在合并/分立前的债务由目标公司承继/承担连带责任。如合并/分立前的公司存在未被清偿的负债的，目标公司将因此负有承担该等债务的责任。

鉴于合并/分立至今已经届满五年，如果合并/分立前的公司的债权人以提起诉讼或者仲裁的方式主张债权的，因该等主张已经超过了法律规定的诉讼时效，所以不会得到人民法院或者仲裁机构的支持。目标公司不会因此被裁判承担责任。

但如合并/分立前的公司的债权人因某种原因（如业务往来等）对目标公司负有债务的，合并/分立前的公司的债权人可能主张将对目标公司的负债和目标公司对该方的负债抵消。目标公司因此可能发生净资产减少的情况。

(3) 解决方案。根据情况确定。

(4) 其他事项。如目标公司的历史沿革中存在合并分立事项的，除非存在可绝对排除或有负债义务的相关证据，否则承办律师应当提示此项风险。

(5) 尽职调查资料。此事项可通过审阅公司合并/分立的相关文件获悉。

(六) 对目标公司股东资格的调查

在对目标公司开展法律尽职调查过程中，承办律师应主要从登记股东与实际股东身份、外方股东资格、股东是否属于党和国家明令禁止投资的特定机构和个人等方面开展尽职调查工作。

1. 登记股东与实际股东身份

在对目标公司股东资格开展法律尽职调查过程中，承办律师需核查目标公司登记股东与实际股东身份是否一致。

(1) 主要问题举例。以委托持股为例，目标公司目前于公司登记管理机关登记的股东持股情况如表 2-1 所示：

表 2-1

序号	出资额（元）	比例（%）	总计
××	××	××	××

根据目标公司作出的说明，上述股东持股情况并非实际情况。目标公司实际现有股东为××××××人，其中，××××××人作为股东办理了登记手续；××××××人并未作为登记股东办理登记手续。形成这种情况的原因是：目标公司的实际股东人数超过了法律规定的上限，无法全部办理工商登记。因此，有部分股东将其对公司的出资权益委托登记在其他股东名下（以下简称委托持股），具体情况如表 2-2 所示：

表 2-2

序号	姓名	比例（%）	股权比例
××	××	××	××

根据目标公司作出的说明，在实际股东与登记股东之间，仅就委托持股的情况达成了共识，对于该等股权的处置权、表决权、重大事项决定权、高管人员的决定权等股东权益如何行使，并未签订任何书面法律文件。

（2）面临的主要风险。因上述委托持股情况未能办理工商变更登记，如登记股东将委托持股部分的股权转让给第三方或者在其上设置质权等担保权益的，实际股东的权益难以得到保障。目标公司的股权因此存在潜在纠纷。除此以外，因在实际股东与登记股东之间，仅就委托持股的情况达成了共识，对于该等股权的处置权、表决权、重大事项决定权、高管人员的决定权等股东权益如何行使，并未签订任何书面法律文件。实际股东与登记股东之间可能就上述事项存在潜在纠纷。

（3）解决方案。根据具体情况协商确定。

（4）其他事项。如目标公司存在A股上市计划的，承办律师应同时提示相关风险。

（5）尽职调查资料。此事项可通过审阅股东名册及公司提供的说明获悉。

2. 外方股东资格

在对目标公司股东资格开展法律尽职调查过程中，承办律师需核查目标公司的外方股东资格是否符合法律规定。

（1）主要问题举例。以对上市公司战略投资为例，目标公司为一家在中国A股主板上市的股份有限公司，拟引入A公司作为战略投资者。A公司为一家境外公司，在境外管理的资产总额不超过2亿美元，其实有资产总额不超过5 000万美元。

（2）面临的主要风险。A公司的实有资产和所管理的资产总额不满足法规规定的条件，目标公司引入战略投资者的交易可能因此无法取得商务部的批准。

（3）解决方案。根据具体情况协商确定。

（4）其他事项。现行法规中存在多种对外方投资者的资格要求规定，承办律师应结合拟议交易的具体情况，审阅并提示相关风险。

（5）尽职调查资料。此事项可通过审阅各方股东的相关文件获悉。

3. 股东是否属于党和国家明令禁止投资的特定机构和个人

根据中共中央、国务院《关于严禁党政机关和党政干部经商、办企业的决定》（中发〔1984〕27号）、中共中央、国务院《关于进一步制止党政机关和党政干部经商、办企业的规定》（中发〔1986〕6号）、《公务员法》《中国人民解放军内务条令（试行）》《律师法》《国有企业领导人员廉洁从业若干规定》、教育部《关于积极发展、规范管理高校科技产业的指导意见》等的规定，下列机关、组织和个人不得投资兴办企业，成为公司股东。

（1）党政机关，包括各级党委机关和国家权力机关、行政机关、审判机关、检察机关以及隶属这些机关编制序列的事业单位；

（2）工会、共青团、妇联、文联、科协和各种协会、学会等群众组织；

（3）上述机关、单位和组织的在职干部、职工；

（4）现役军人；

（5）律师事务所；

（6）国有企业领导人（现职及离退休3年内）及其配偶、子女和特定关系人（禁止在本企业的关联企业、与本企业有业务关系的企业投资入股）；

（7）高等院校（除对高校资产公司进行投资外，不得再以事业单位法人的身份对外进行投资）。

除上述事项外，在对目标公司股东资格进行尽职调查过程中，承办律师还应重点关注以下问题：

（1）自然人设立的一人有限责任公司是否拥有多家一人有限责任公司；

（2）股东是否满足公务员法等法规的规定；

（3）外商投资企业的股东资格是否符合法律规定；

（4）拟议交易中股东资格是否满足特殊行业的法律规定；

（5）股东资格是否符合有关法律规定；

（6）股权质押是否可能造成股东变更；

（7）股权质押是否合法有效；

（8）公司的注册资本是否来源于集资入股；

（9）是否存在信托持股；

（10）是否存在代持股东；

（11）外商投资企业的中方股东是否为自然人；

（12）期权是否对拟议交易存在影响；

（13）实际控制人是否对拟议交易存在影响；

（14）是否存在职工持股会作为公司的股东的情形（A股）；

（15）是否存在工会作为公司的股东的情形（A股）；

（16）是否存在社团法人作为公司的股东的情形（A股）；

（17）外商投资企业再投资是否符合有关产业政策；

（18）公司实际控制人是否存在竞业禁止情形；

（19）报告期内公司的实际控制人是否发生变更。

二、对目标公司组织结构及法人治理结构的调查

合理的组织结构和法人治理结构是公司规范运作的有力保障，承办律师在开展公司业务尽职调查工作过程中，需对目标公司的组织结构及法人治理结构进行核查。

（一）对目标公司组织结构的调查

在对目标公司组织结构进行调查过程中，承办律师应了解目标公司的内部组织结构，考察总部与分（子）公司、董事会、专门委员会、总部职能部门与分（子）公司内部控制决策的形式、层次、实施和反馈的情况，分析评价目标公司组织运作的有效性；调查各机构之间的管理、分工、协作和信息沟通关系，分析其设计的必要性、合理性和运行的有效

性。根据公司章程，结合目标公司组织结构，核查目标公司组织机构是否健全、清晰，其设置是否体现分工明确、相互制约的治理原则。同时，承办律师还应重点关注以下事项：

（1）经营性的分支机构是否已取得经营执照；

（2）分公司的营业范围是否超过总公司；

（3）分公司是否办理税务登记。

（二）对目标公司法人治理结构的调查

在对目标公司法人治理结构进行调查的过程中，承办律师应取得目标公司治理制度规定，包括三会议事规则、董事会专门委员会议事规则、总经理工作制度、内部审计制度等文件资料，核查目标公司是否依法建立了健全的股东大会、董事会、监事会、独立董事、董事会秘书制度，了解目标公司董事会、监事会，以及战略、审计、提名、薪酬与考核等专门委员会的设置情况，及公司章程中规定的上述机构和人员依法履行的职责是否完备、明确。对目标公司法人治理结构的调查应重点关注以下事项：

（1）建立的决策程序和议事规则是否民主、透明，内部监督和反馈系统是否健全、有效；

（2）是否依据有关法律法规和公司章程发布通知并按期召开三会；

（3）董事会和监事会是否按照有关法律法规和公司章程及时进行换届选举；

（4）会议文件是否完整，会议记录中时间、地点、出席人数等要件是否齐备，会议文件是否归档保存；

（5）会议记录是否正常签署；

（6）对重大投资、融资、经营决策、对外担保、关联交易等事项的决策过程中，是否履行了公司章程和相关议事规则规定的程序；

（7）涉及关联董事、关联股东或其他利益相关者应当回避的，该等人员是否回避了表决；

（8）监事会是否正常发挥作用，是否具备切实的监督手段；

（9）董事会下设的专门委员会是否正常发挥作用，是否形成相关决策记录；

（10）三会决议的实际执行情况，未能执行的会议决议，相关执行者是否向决议机构汇报并说明原因；

（11）目标公司的董事、高级管理人员是否符合公司法规定的任职资格；

（12）目标公司董事会、监事会的构成与公司章程是否一致；

（13）目标公司董事人数是否超过法定人数；

（14）外商投资企业是否设立监事会；

（15）监事会的组成人员中是否有职工代表；

（16）报告期内管理层是否发生重大不利变化；

（17）报告期内管理层是否能履行勤勉尽责义务。

以上事项可通过与主要股东、董事、监事、独立董事、董事会秘书谈话、讨论和查阅有关三会文件等方法获悉。

三、对目标公司财产的全面调查

公司作为法人主体，要求资产独立完整。在目标公司财产的全面尽职调查过程中，承办律师往往更侧重于土地、房产、新建项目、机器设备等资产的详细核查工作。

1. 土地用途核查

法律尽职调查中，律师需核查目标公司的土地用途是否与土地出让合同/国有土地使用证载明的内容相一致。

（1）主要问题举例。以商业用地为例，目标公司现为一家从事商业零售业务的公司，其经营的店铺目前使用坐落于××位置的土地（以下简称项目土地）。就该宗项目土地，目标公司于××××年××月××日和土地管理机关签订了《国有土地出让合同》，根据该合同，目标公司通过出让方式取得了该宗土地的国有土地使用权。目标公司已经于××××年××月××日支付了土地出让价款，并取得了付款凭证。目标公司于××××年××月××日取得了发证机关核发的《国有土地使用权证》（编号××××××），该证载明土地权利人为目标公司，土地面积为××××××，使用年限为××××××，土地用途为工业用地。

（2）面临的主要风险。目标公司系以工业用途的名义取得的土地，并在该等土地上开设零售店铺。若此种操作方式被有关土地行政管理机关认定为未能按照批准的用途使用国有土地的，根据法规，目标公司可能会被有关土地行政主管部门责令交还土地，并可能被处以罚款。

（3）解决方案。目标公司应按照下列程序规范用地手续：A. 取得当地规划部门关于土地用途变更的同意文件。B. 与当地土地主管部门签订《国有土地使用权出让合同变更协议》或重新签订《国有土地使用权出让合同》，调整国有土地使用权出让金；根据自2003年8月1日起实施的《协议出让国有土地使用权规范（试行）》第8条的规定，调整国有土地使用权出让金额应当根据批准改变用途等土地使用条件时的土地市场价格水平，按下列公式确定：应当补缴的土地出让金额＝批准改变时的新土地使用条件下土地使用权市场价格－批准改变时原土地使用条件下剩余年期土地使用权市场价格。C. 缴纳土地出让金并办理土地用途载明为商服用地的土地权证。

（4）尽职调查资料。此事项可通过审阅土地出让合同、国有土地使用权证书或者其他相关文件获悉。

2. 土地划拨核查

法律尽职调查中，律师需核查目标公司购买破产企业的资产，其中是否涉及划拨土地情形。

（1）主要问题举例。A公司为一家破产企业，其资产被破产清算组拍卖。目标公司于××××年××月××日参与A公司的破产财产拍卖，以人民币××××××元的价格购买了A公司的全部破产财产。在A公司的破产财产中，包括土地、房产、机器设备等。其中，A公司所使用的土地系以划拨方式取得。

（2）面临的主要风险。A公司所使用的土地使用权为通过划拨方式取得，在A公司破产的情况下，该等土地使用权存在被当地有关政府部门无偿收回的风险。

（3）解决方案。目标公司应尽快与当地政府部门协商沟通，排除有关土地被无偿收回的风险，并就该等土地办理出让手续。

（4）尽职调查资料。此事项可通过审阅土地使用权证书、土地出让合同等相关文件获悉。

3. 自建房产处理

法律尽职调查中，律师需核查目标公司自建的房产是否已办理房屋权属登记并领取房屋权属证书。

（1）主要问题举例。目标公司目前的使用的房产系以自建的方式取得，该等房产（以下简称自有房产）总建筑面积为××××××平方米，目前尚未办理房屋权属登记并领取房屋权属证书。

（2）面临的主要风险。因目标公司的自有房产尚未办理房屋权属证书，目标公司对该等房产的权利尚未取得有关政府部门的确认，目标公司在将该等房产处置、质押或者行使其他权利主张时，将面临法律障碍。

（3）解决方案。目标公司应尽快就该等自有房产办理房屋权属登记并领取房屋权属证书。

（4）其他事项。《房屋登记办法》第26条规定：房屋权属证书、登记证明与房屋登记簿记载不一致的，除有证据证明房屋登记簿确有错误外，以房屋登记簿为准。在收购项目中，承办律师除审核房屋权属证明外，还应审核房屋登记簿。

（5）尽职调查资料。此事项可通过审阅房屋权属证书等相关文件获悉。

4. 违反规划建筑处理

法律尽职调查中，律师需核查目标公司所使用的房屋是否属于违反规划的建筑。

（1）主要问题举例。目标公司拥有位于××位置内的房产1栋办公楼及3栋单层生产车间，其中办公楼建筑面积1 400.57平方米已经建成，厂房建筑面积约7 370.15平方米尚在建设过程中，全部建筑物总面积8 770.72平方米。以下将上述房产称为“违规房产”。××××年××月，××规划局出具批复（文件名称××××，文号××××××）：证明上述违规房产因局部占压规划道路红线和道路绿化带，不符合有关规划要求。受上述因素影响，违规房产未能办理房产证，未能办理房产证的建筑面积约为2 330.57平方米。

（2）面临的主要风险。根据法律规定，保证建设项目符合城市规划是目标公司的法定义务，因未能履行上述法定义务，目标公司面临的主要风险将包括：

A. 行政处罚风险

目标公司将可能被有关城乡规划主管部门责令停止建设；如该种情况被有关城乡规划

主管部门认定为尚可采取改正措施消除对规划实施的影响的，目标公司可能被责令限期改正，并被处以建设工程造价5%以上10%以下的罚款；如该种情况被有关城乡规划主管部门认定为无法采取改正措施消除影响的，目标公司的违规房产可能被责令限期拆除，不能拆除的，违规房产可能被没收实物或者违法收入，目标公司同时可能被并处建设工程造价10%以下的罚款。

B. 民事权利确权风险

除上述行政处罚以外，因未能取得规划许可，目标公司就该等在建工程办理房屋权属登记时将缺乏法定条件，目标公司就该等在建工程（或房屋）行使处置、抵押权利或者主张其他合法权益时存在法律障碍。

（3）解决方案。根据具体情况协商确认。

（4）尽职调查资料。此事项可通过审阅房产的建设工程规划许可证等相关文件获悉。

5. 土地闲置核查

法律尽职调查中，律师需核查目标公司土地是否存在闲置的情形。

（1）主要问题举例。以城市规划区内的土地为例，目标公司于××××年××月××日和土地管理机关签订了《国有土地出让合同》，根据该合同，目标公司通过出让方式取得了××位置地块（以下简称项目地块）的国有土地使用权。该合同约定：目标公司应在××××年××月××日（以下简称规定动工期限）前动工开始建设。经本所承办律师适当核查，项目地块位于城市规划区内。根据目标公司的说明：截至规定动工期限前，目标公司尚未在项目地块动工开始建设。土地闲置状况已达到××年。项目地块未能动工的原因主要是公司资金不足，不存在不可抗力或者政府、政府有关部门的行为或者因动工开发必需的前期工作造成动工开发迟延等其他原因。

（2）面临的主要风险。如项目地块被有关土地行政主管部门认定为闲置土地的，根据法规，目标公司可能面临以下风险：A. 当地土地行政主管机关可能通知目标公司，拟订并实施该宗闲置土地处置方案；B. 当地土地行政主管机关可能要求目标公司缴纳相当于土地使用权出让金20%以下的土地闲置费，超过规定的动工日期满2年没有动工的，可能无偿收回土地；C. 闲置土地特别是房地产用地可能被有关土地行政管理部门征缴增值地价；D. 可能造成中国证监会拒绝目标公司A股上市申请的法律风险。

（3）解决方案。目标公司尽快与当地土地行政管理部门沟通，了解当地土地管理部门对待项目地块闲置情况的态度。如当地土地行政管理部门无意收回土地的，目标公司应当尽快在项目地块上依法开工建设，并争取当地土地行政管理部门出具不再收回土地即征收土地闲置费的书面确认。

（4）尽职调查资料。此事项可通过审阅土地出让合同、施工许可证等相关文件获悉。

除上述事项外，在对目标公司财产进行全面调查过程中，承办律师还应重点关注以下问题：

（1）公司使用的土地是否已签订土地出让合同；

（2）公司使用的土地是否已缴清土地出让金；

（3）土地出让合同载明的出让金是否低于基准地价；

（4）公司使用的土地是否已办理《国有建设用地使用权证书》；

（5）公司购买划拨土地及其地上房产是否已办理相关审批手续；

（6）公司使用的土地为通过划拨方式取得，是否已办理出让手续；

（7）国有企业是否存在以划拨土地上的厂房设定抵押的情形；

（8）公司取得出让土地的手续是否符合有关招拍挂制度（A股）；

（9）是否存在公司取得的项目用地系分割取得国有建设用地使用权证书的情形；

（10）公司使用的土地是否为农村集体所有的农用地；

（11）公司使用的房产是否已办理房屋所有权证书；

（12）目标公司的建设项目是否超容；

（13）目标公司建设项目是否超过规划面积；

（14）目标公司使用的房屋是否适当办理建设项目竣工验收手续；

（15）目标公司使用的房屋（在建工程）是否已办理《施工许可证》；

（16）购买的房产是否已提供原始权属证明；

（17）目标公司取得土地使用权的转让价格是否明显低于基准地价；

（18）目标公司用地是否存在搬迁风险；

（19）目标公司使用的土地使用权是否能随地上房屋所有权一并转让；

（20）所租赁房产的出租方是否具备相关证书；

（21）所租赁房屋的出租房是否能提供房屋产权证明；

（22）租赁房产是否办理租赁登记；

（23）目标公司是否投资于承担无限责任的企业；

（24）目标公司的对外投资是否超过公司章程规定的限额。

四、对目标公司业务情况的调查

在法律尽职调查中，要求对目标公司包括经营资质情况、业务开展情况、知识产权情况、重大投资情况、安全生产情况、保险情况在内的业务情况进行详细核查。

（一）对公司经营资质情况的调查

对于存在前置许可经营的项目，目标公司需取得相应的经营资质。在法律尽职调查中，承办律师需根据目标公司的业务特征和所处行业，对目标公司经营资质情况进行调查，重点关注以下事项：

（1）公司取得的经营资质与营业执照的经营范围是否一致，是否存在超范围经营问题；

（2）公司是否取得其经营应当取得的经营资质；

（3）公司取得的经营资质是否过期；

(4) 公司取得的经营资质是否已办理年检；

(5) 公司取得的经营资质是否取得有权机关审批或审批层级错误；

(6) 证载权利人与公司名称是否一致；

(7) 公司实际情况是否符合应取得经营资质的情况，是否存在被吊销的风险；

(8) 公司取得的经营资质是否属于暂定情况，存在被变更或撤销的风险；

(9) 公司业务资质是否存在被吊销的风险。

(二) 对公司业务开展情况的调查

在法律尽职调查中，对公司业务的关注重点主要体现在业务合同、业务重组、购销业务的独立性、技术依赖等方面，承办律师需根据目标公司的经营特征和所处行业，对目标公司的业务开展情况进行调查，重点关注以下事项：

(1) 公司的业务合同是否构成垄断协议；

(2) 公司是否因无业务存在被吊销营业执照风险；

(3) 公司的业务重组是否能够解释其合理性；

(4) 公司的采购、销售等业务系统对股东是否存在严重依赖；

(5) 公司签订的用电合同是否存在无法履行的法律风险；

(6) 公司是否存在技术依赖情况；

(7) 公司业务是否存在重大变更情况。

(三) 对公司知识产权情况的调查

在法律尽职调查中，需调查目标公司所拥有的商标、专利、非专利技术、技术许可协议、技术合作协议等，核查商标、核心技术等的取得方式及使用情况，判断是否存在纠纷或潜在纠纷及侵犯他人知识产权的情形。

1. 受让商标经核准公告

在对目标公司知识产权情况开展法律尽职调查过程中，承办律师需核查目标公司受让取得的商标是否已办理转让核准公告手续。

(1) 主要问题举例。目标公司所使用的商标为××××（以下简称商标），该等商标的商标专用权系由A公司注册取得，商标注册号为××××××，注册类别为××××××，注册商品为××××××。××××年××月××日，目标公司（作为受让人）与A公司（作为转让人）签订了《商标专用权转让合同》，约定将该等商标专用权转让给目标公司，对价为人民币××××万元。目前上述商标转让尚未办理转让核准公告手续。

(2) 面临的主要风险。根据法规，目标公司应就其受让商标的行为向商标局提出申请，经核准并公告后方可享有商标专用权。

目标公司因未能办理转让核准公告手续，面临的主要风险包括：

A. 如第三方在同一种商品或者类似商品上使用与目标公司的商标相同或者近似的商标，或者有其他类似影响目标公司商标权益的行为，目标公司因不享有商标专用权，其权益将得不到法律的保护。

B. 如上述行为被工商行政管理局认定为自行转让注册商标的行为，目标公司可能被工商行政管理机关责令限期改正；如目标公司拒不改正的，工商行政管理机关有权报请商标局撤销其注册商标。

（3）解决方案。目标公司应与 A 公司开展协商，尽快办理注册商标转让核准公告手续。

（4）尽职调查资料。此事项可通过审阅公司提供的商标清单和注册文件、商标转让合同等文件获悉。

2. 受让商标合同无法律瑕疵

在对目标公司知识产权情况开展法律尽职调查过程中，承办律师需核查目标公司为受让商标注册专用权签订的合同是否存在法律瑕疵。

（1）主要问题举例。目标公司所使用的商标为××××××（以下简称商标），该等商标的商标专用权系由 A 公司注册取得，商标注册号为××××××，注册类别为××××××，注册商品为××××××。××××年××月××日，目标公司（作为受让人）与 A 公司（作为转让人）签订了《商标专用权转让合同》（以下简称商标专用权转让合同），约定将该等商标专用权转让给目标公司，对价为人民币××××万元。在上述商标专用权转让合同中，仅约定了 A 公司将商标的注册专用权转让给目标公司，对办理转让核准公告过程中双方的权利义务没有作出明确约定。目前上述商标转让尚未办理转让核准公告手续。

（2）面临的主要风险。根据法规，目标公司作为受让人，自公告之日起享有商标专用权。而签订商标专用权转让合同至注册商标转让核准公告前，存在一定的时间差。在上述时间差内，目标公司可能面临的主要风险包括：如第三方在同一种商品或者类似商品上使用与目标公司的商标相同或者近似的商标，或者有其他类似影响目标公司商标权益的行为，目标公司因不享有商标专用权，其权益只能通过转让方 A 公司维护。如 A 公司怠于行使其注册商标专用权，或者拒绝积极配合目标公司行使注册商标专用权，目标公司的商标权益可能难以得到保护。

（3）解决方案。目标公司应与 A 公司开展协商，就办理转让商标核准公告手续期间 A 公司协助目标公司维护商标权益的义务签订补充协议。

（4）尽职调查资料。此事项可通过审阅公司提供的商标清单和注册文件、商标转让合同等文件获悉。

3. 许可使用备案程序

对目标公司知识产权情况开展法律尽职调查过程中，承办律师需核查目标公司被许可使用他人的注册商标，是否尚未办理许可使用备案。

（1）主要问题举例。目标公司所使用的商标为××××××（以下简称商标），该等商标的商标专用权系由 A 公司注册取得，商标注册号为××××××，注册类别为××××××，注册商品为××××××。××××年××月××日，目标公司（作为被许可人）与A公司（作为许可人）签订了《商标许可使用合同》（以下简称商标许可使用合同），约定将该等商标专用权许可目标公司使用，许可性质为排他性/非排他性，许可期限为××××××，许可地域为××××××，许可商品（服务）为××××××，许可费为××××××。目前上述商标许可使用合同尚未办理备案手续。

（2）面临的主要风险。根据法规，将商标许可使用合同报送商标局备案，是许可人的法定义务。因许可人未能履行上述法定义务，尽管不会影响商标许可使用合同的效力，但如果许可人与善意第三人另行签订了商标许可使用合同，并办理了备案手续，目标公司和许可人之间签订的商标许可使用合同将不能对抗该第三人，目标公司存在无法继续使用该等商标的法律风险。

（3）解决方案。目标公司应与A公司尽快协商，促使其履行将商标许可使用合同备案的法定义务。

（4）尽职调查资料。此事项可通过审阅使用的商标清单、商标许可使用合同等相关文件获悉。

（5）其他事项。承办律师在审阅商标许可使用合同时，应特别注意该合同是否约定以在商标局备案为合同的生效条件，如是，应提示合同生效条件不满足的相关风险。

4. 商标侵权纠纷

在对目标公司知识产权情况开展法律尽职调查过程中，承办律师需核查目标公司是否存在商标侵权纠纷。

（1）主要问题举例。××××年××月××日，目标公司收到了A公司发来的书面通知，声称目标公司的产品侵犯了其注册商标专用权，要求目标公司停止侵害并赔偿其损失。根据目标公司的介绍，其就被诉侵权的产品涉及的销售金额为人民币××××万元。在过去三年中的销售金额分别为人民币××××万元、××××万元和××××万元。

（2）面临的主要风险。根据法规，如目标公司的行为被认定为商标侵权行为的，目标公司面临的主要风险包括：

A. 行政责任。目标公司可能被有关工商行政管理机关责令立即停止侵权行为，没收、销毁侵权商品和专门用于制造侵权商品、伪造注册商标标识的工具，并可处以罚款。如有关工商行政管理机关认定目标公司的行为构成侵权行为的且认定非法经营额的，目标公司面临的罚款数额为非法经营额3倍以下；如目标公司被认定为非法经营额无法计算的，目标公司面临的罚款数额为人民币10万元以下。

B. 民事责任。目标公司可能面临A公司的侵权损害赔偿请求，请求的金额可能为（i）目标公司因侵权所获得的利益，或者（ii）A公司因被侵权所受到的损失，包括A公司为制止侵权行为所支付的合理开支；或者（iii）由人民法院根据侵权行为的情节判决给予50万元以下的赔偿。

C. 刑事责任。目标公司的行为如被认定为假冒注册商标罪，并且情节严重的，目标公司直接负责的主管人员和其他直接责任人员将面临被处以3年以下有期徒刑或者拘役，目标公司将面临被并处或者单处罚金；如被认定为假冒注册商标罪，并且情节特别严重的，目标公司直接负责的主管人员和其他直接责任人员将面临被处以 3 年以上 7 年以下有期徒刑，目标公司将面临被并处罚金。罚金数额一般在被人民法院认定的违法所得的 1 倍以上 5 倍以下，或者按照非法经营数额的 50%以上 1 倍以下确定。

（3）解决方案。根据具体情况协商确定。

（4）尽职调查资料。此事项可通过审阅有关商标侵权的说明等相关文件获悉。

（5）其他事项。除假冒注册商标行为外，还应注意销售假冒注册商标的商品及非法制造、销售非法制造的注册商标标识的行为及其相应的刑事责任。如发现目标公司存在上述行为的，承办律师亦应提示相应风险。

5. 专利权纠纷

在对目标公司知识产权情况开展法律尽职调查过程中，承办律师需核查目标公司使用的技术是否涉及专利权纠纷。

（1）主要问题举例。××××年××月××日，目标公司收到了 A 公司发来的书面通知，声称目标公司的产品侵犯了其专利权，要求目标公司停止侵害并赔偿其损失。根据目标公司的介绍，其就被诉侵权的产品涉及的销售金额为人民币××××万元。在过去三年中的销售金额分别为人民币××××万元、××××万元和××××万元。

（2）面临的主要风险。根据法规，如目标公司的行为被认定为专利侵权行为的，目标公司面临的主要风险包括：

A. 行政责任。目标公司可能被有关专利行政管理机关要求改正并予公告，没收违法所得，可以并处违法所得 4 倍以下的罚款。如果有关专利行政管理机关认定没有违法所得的，目标公司可能被处 20 万元以下的罚款。

B. 民事责任。目标公司可能面临 A 公司的侵权损害赔偿请求，请求的金额可能为（i）A 公司因被侵权所受到的实际损失；或者（ii）目标公司因侵权所获得的利益；（iii）该专利许可使用费的倍数合理确定。赔偿数额还应当包括权利人为制止侵权行为所支付的合理开支。如上述金额均难以确定的，人民法院可以根据专利权的类型、侵权行为的性质和情节等因素，确定给予 1 万元以上 100 万元以下的赔偿。

C. 刑事责任。目标公司的行为如被认定为假冒专利罪，并且情节严重的，目标公司直接负责的主管人员和其他直接责任人员将面临被处以 3 年以下有期徒刑或者拘役，目标公司将面临被并处或者单处罚金。罚金数额一般在被人民法院认定的违法所得的 1 倍以上 5 倍以下，或者按照非法经营数额的 50%以上 1 倍以下确定。

（3）解决方案。根据具体情况协商确定。

（4）尽职调查资料。此事项可通过审阅有关专利争议的相关文件获悉。

6. 著作权纠纷

在对目标公司知识产权情况开展法律尽职调查过程中，承办律师需核查目标公司与他人是否存在著作权纠纷。

（1）主要问题举例。以计算机软件著作权为例，目标公司于××××年××月××日收到 A 公司发出的书面通知，声称目标公司使用的计算机软件（以下简称计算机软件）属于该公司享有，目标公司使用该计算机软件的行为属于侵权行为。A公司要求目标公司立即停止使用该计算机软件并赔偿相关损失。

（2）面临的主要风险。根据法规，如目标公司的行为被认定为侵犯著作权的行为的，目标公司可能面临的主要风险包括：

A. 民事责任。目标公司可能被判决承担停止侵害、消除影响、赔礼道歉、赔偿损失等民事责任，其中赔偿损失的金额可能按照下列标准之一计算：（i）实际损失。（ii）实际损失难以计算的，按照目标公司的违法所得给予赔偿。赔偿数额还应当包括权利人为制止侵权行为所支付的合理开支。（iii）权利人的实际损失或者侵权人的违法所得不能确定的，由人民法院根据侵权行为的情节，判决给予50万元以下的赔偿。

B. 行政责任。目标公司可能被著作权行政管理部门责令停止侵权行为，没收违法所得，没收、销毁侵权复制品，并可能被处以每件100元或者货值金额5倍以下的罚款。

C. 刑事责任。目标公司如被认定为违法所得数额较大或者有其他严重情节的，目标公司直接负责的主管人员和其他直接责任人员可能被处以3年以下有期徒刑或者拘役，目标公司可能被处以罚金；如被认定为违法所得数额巨大或者有其他特别严重情节的，目标公司直接负责的主管人员和其他直接责任人员可能被处以3年以上7年以下有期徒刑，目标公司可能被处以罚金，上述罚金数额一般在违法所得的1倍以上5倍以下，或者按照非法经营数额的50%以上1倍以下确定。

（3）解决方案。根据具体情况协商确认。

（4）尽职调查资料。此事项可通过审阅公司使用的著作权清单、有关著作权争议的文件获悉。

除上述事项外，在对目标公司知识产权情况进行尽职调查过程中，承办律师还应重点关注以下问题：

（1）是否存在使用他人的注册商标，但未签订商标使用合同的情形；

（2）公司使用的商标是否已办理注册手续；

（3）公司使用的商标是否已经申请注册但尚未取得商标注册证；

（4）注册商标的注册人名称、地址或其他注册事项变更是否办理变更登记手续；

（5）公司的商标专用权已经到期，是否办理续展手续；

（6）公司使用的专有技术是否办理专利权申请手续；

（7）是否存在公司使用的专有技术正在办理专利权申请手续，尚未取得专利权证书的情形；

（8）公司受让取得的专利权是否办理转让公告手续；

（9）是否存在公司被许可使用他人专利，尚未办理备案手续的情形；

（10）订立排他性专利实施许可协议，是否取得全体共有人同意；

（11）专利权人的名称、地址发生变更，是否已办理变更登记手续；

（12）公司是否已就享有的专利权按规定缴纳年费；

（13）公司持有（实施）的专利保护期是否即将届满；

（14）技术进出口合同是否办理许可/登记手续；

（15）公司是否存在商业秘密纠纷；

（16）使用他人专利，但未签订专利许可使用合同；

（17）使用他人注册商标，签订了合同，但未做备案登记；

（18）使用他人专利，签订了合同，但未做备案登记；

（19）使用他人享有著作权的作品，尚未签署许可使用合同；

（20）公司未获得专利，但产品包装或宣传说产品获得专利；

（21）公司持有的注册商标专用权到期未续费；

（22）公司未能就享有的专利权按规定缴纳年费；

（23）必须使用注册商标的商品，未经核准注册，就在市场销售；

（24）受让他人商标尚未签署合同，也尚未办理公告；

（25）公司使用的商标正在申办注册专用权；

（26）公司持有的专利即将到期。

（四）对公司重大投资情况的调查

在法律尽职调查中，对目标公司重大投资情况的调查主要包括对建设项目注册资本金、投资核准手续、投资备案手续、建设工程规划许可证等与项目建设有关情况的调查。

1. 建设项目注册资本金

在对目标公司重大投资情况开展法律尽职调查过程中，承办律师需核查目标公司建设项目注册资本金是否满足法定最低比例要求。

（1）主要问题举例。以水泥项目为例，目标公司目前持有××地方工商行政管理局于××××年××月××日核发的“企业法人营业执照”（编号××××××）。根据该“企业法人营业执照”，目标公司的注册资本为人民币1亿元，实收资本为人民币1亿元。拟建设一条总投资金额为人民币5亿元的水泥生产线。总投资金额与注册资本之间的差额部分，目标公司拟通过向银行等金融机构贷款的方式解决。

（2）面临的主要风险。若目标公司的注册资本金与其拟建设的项目投资总金额之间的比例，不满足法规规定的最低要求，则目标公司的建设项目因此可能无法获得有关建设投资主管部门的核准或者备案。此外，目标公司可能因此无法获得商业银行提供的融资。

（3）解决方案。目标公司应适当提高其注册资本金额，以满足法定固定资产投资项目的最低资本金比例要求。

（4）尽职调查资料。此事项可通过审阅营业执照、建设项目可行性研究报告、投资核准备案文件等相关文件获悉。

2. 建设项目投资核准手续

在对目标公司重大投资情况开展法律尽职调查过程中，承办律师需核查目标公司建设项目是否已办理投资核准手续。

（1）主要问题举例。以水泥项目为例，目标公司正在建设一条总投资金额为人民币5

亿元的水泥生产线（以下简称建设项目）。根据目标公司提供的情况说明，该建设项目尚未办理投资项目核准手续。

（2）面临的主要风险。根据法规，目标公司的建设项目为需要取得政府投资主管部门核准后方可建设的项目。办理建设项目核准手续是目标公司的法定义务。

目标公司因未能履行上述法定义务，其建设项目在办理国土资源、环境保护、城市规划、质量监督、证券监管、外汇管理、安全生产监管、水资源管理、海关等相关行政许可手续时，可能面临法律障碍。如目标公司不办理相关行政许可手续的，可能面临相关行政主管机关的行政处罚。目标公司已经取得的相关行政许可，可能面临被撤销的风险。

除上述行政法律风险以外，目标公司就建设项目向金融机构融资时可能面临法律障碍。

（3）解决方案。目标公司应尽快就建设项目办理投资核准手续。

（4）尽职调查资料。此事项可通过审阅营业执照、投资有关的法律文件等获悉。

（5）其他事项。除水泥项目外，尚有其他多种项目需办理投资项目核准手续，承办律师应核对《政府核准的投资项目目录》，并提示相关风险。

3. 建设项目投资备案手续

在对目标公司重大投资情况开展法律尽职调查过程中，承办律师需核查目标公司建设项目是否已办理投资备案手续。

（1）主要问题举例。以黑龙江省为例，目标公司为一家在黑龙江省注册成立的有限责任公司。目标公司正在建设生产线（以下简称建设项目）。该建设项目尚未办理投资项目备案手续并未取得《黑龙江省企业投资项目备案确认书》。

（2）面临的主要风险。根据法规，在建设项目备案确认书有效期届满前办理延期手续是目标公司的法定义务。因未能履行上述义务，目标公司的建设项目可能被投资主管部门责令停止建设。目标公司及其责任人，可能被因此追究法律责任。

（3）解决方案。应就建设项目尽快办理有关投资项目备案手续，并取得《黑龙江省企业投资项目备案确认书》。

（4）尽职调查资料。此事项可通过审阅营业执照、投资项目相关文件等获悉。

（5）其他事项。根据国务院《关于投资体制改革的决定》（国发［2004］20号），“对于企业不使用政府投资建设的项目，一律不再实行审批制，区别不同情况实行核准制和备案制”，“备案制的具体实施办法由省级人民政府自行制定”。因此，投资项目备案手续应根据各省或地方人民政府制定的规范性文件办理。承办律师在审核时应当首先查找当地适用的规定，并根据当地规定审核提示相关风险。

4. 建设项目建设工程规划许可证

在对目标公司重大投资情况开展法律尽职调查过程中，承办律师需核查目标公司建设项目是否已取得建设工程规划许可证。

（1）主要问题举例。目标公司目前正在建设厂房工程（以下简称在建工程），其建筑物总面积 8 770.72 平方米。目标公司尚未就上述在建工程办理规划许可证。

（2）面临的主要风险。根据法律规定，为在建工程办理建设工程规划许可证是目标公司的法定义务，因未能履行上述法定义务，目标公司将可能被有关城乡规划主管部门责令停止建设；如该种情况被有关城乡规划主管部门认定为尚可采取改正措施消除对规划实施的影响的，目标公司可能被责令限期改正，并被处以建设工程造价5%以上10%以下的罚款；如该种情况被有关城乡规划主管部门认定为无法采取改正措施消除影响的，目标公司的违规房产可能被责令限期拆除，不能拆除的，违规房产可能被没收实物或者违法收入，目标公司同时可能被并处建设工程造价10%以下的罚款。

（3）解决方案。目标公司应尽快就有关在建工程办理建设工程规划许可证。

（4）尽职调查资料。此事项可通过审阅房产的建设工程规划许可证等相关文件获悉。

除上述事项外，在对目标公司重大投资情况进行尽职调查过程中，承办律师还应重点关注以下问题：

（1）建设项目投资核准手续是否已经过期；

（2）建设项目投资备案手续是否已经过期；

（3）建设项目尚未取得用地许可证；

（4）建设项目尚未取得开工报告批复或办理施工许可证；

（5）建设项目尚未办理消防设计/验收审核手续；

（6）建设项目尚未办理消防设计/验收备案手续；

（7）建设项目不符合国家产业政策；

（8）建设项目未向固定资产投资主管部门办理投资备案或核准手续；

（9）危险化学品、矿山企业的建设项目等未办理安全评估和安全批复手续；

（10）危险化学品、矿山企业的建设项目等未办理安全设施竣工验收；

（11）建设项目未完成节能评估和批复；

（12）建设项目尚未办理水土保持方案；

（13）建设项目尚未办理河道管理及防洪评价；

（14）建设项目尚未办理地震安全评价。

（五）对公司安全生产情况的调查

在法律尽职调查中，承办律师需取得目标公司安全生产及以往安全事故处理等方面的资料，调查目标公司是否存在重大安全隐患、是否采取保障安全生产的措施，调查目标公司成立以来是否发生过重大的安全事故以及受到处罚的情况，分析评价安全事故对目标公司生产经营、经营业绩可能产生的影响。

（六）对公司保险情况的调查

在法律尽职调查中，承办律师需对目标公司主要资产的保险情况进行调查，需取得目标公司关键设备、厂房等重要资产的保险合同或其他保障协定，判断目标公司对重要财产是否实施了必要的保障措施，调查公司（特别是运输经营企业）是否对车辆投保车身险、第三者责任险。

五、对目标公司重大合同履行情况的调查

在法律尽职调查中，承办律师需通过目标公司高管人员出具书面声明、向合同对方函证、与相关人员谈话、咨询中介机构等方法，核查有关目标公司的重大合同是否真实、是否均已提供，并核查合同条款是否合法、是否存在潜在风险。对照目标公司有关内部订立合同的权限规定，核查合同的订立是否履行了内部审批程序、是否超越权限决策，分析重大合同履行的可能性，关注因不能履约、违约等事项对目标公司产生或可能产生的影响。在对目标公司重大合同履行情况进行尽职调查过程中，承办律师还应重点关注以下问题：

（1）公司的重大资产交易是否取得适当内部批准；

（2）公司的重大资产交易是否已取得适当外部批准；

（3）公司签订的重大合同是否存在无法履行的法律风险；

（4）公司是否签订了对其业务有重大限制的合同。

六、对目标公司债权债务及银行贷款、担保等事项的调查

在法律尽职调查中，承办律师需查阅目标公司主要银行借款资料，了解银行借款状况，目标公司在主要借款银行的资信评级情况，是否存在逾期借款，有逾期未偿还债项的，应了解其未按期偿还的原因、预计还款期等；取得应付款项明细表，了解应付票据是否真实支付、大额应付账款的账龄和逾期未付款原因、大额其他应付款及长期应付款的具体内容和业务背景、大额应交税金欠缴情况等；了解对内部人员和关联方的负债，主要合同承诺的债务金额、期限、成本。在对目标公司债权债务及银行贷款、担保等事项进行尽职调查的过程中，承办律师还应重点关注以下问题：

（1）贷款用途与实际用途是否存在不一致的情形；

（2）公司是否存在企业间借贷的行为；

（3）公司是否存在向不特定对象借款的情况；

（4）目标公司拟 A 股上市，是否存在为其股东担保的情况；

（5）抵押合同是否已办理抵押登记；

（6）以汇票、本票等为质押物，有关权利凭证是否已交付质权人；

（7）以上市公司的股票出质，是否在证券登记机构办理质押登记；

（8）以有限责任公司股权出质，是否已办理质押登记；

（9）以商标、专利等知识产权出质，是否已办理质押登记；

（10）非外商投资企业举借外债是否能取得审批；

（11）非外商独资企业对外担保是否能办理审批登记手续；

（12）外商投资企业举借外债是否已办理外债登记；

（13）外商独资企业对外担保是否已办理担保登记；

（14）对外担保登记是否存在法律障碍；

（15）外商投资企业的股权出质，是否存在未办理审批部门的审批或没在登记机关登记的情形；

（16）公司的对外担保存在不符合公司章程规定的情形；

（17）是否存在外商投资企业的股东出资未到位，但用其股权出质的情形；

（18）是否存在公司对所租赁房产的承租权可能因在先的抵押而丧失的情形；

（19）公司是否曾出具无真实贸易背景的承兑汇票；

（20）公司是否存在违规使用发票的情形；

（21）公司的原始报表与申报报表是否存在重大差异；

（22）公司的财务指标是否存在不合理变化；

（23）公司是否存在对外担保的风险；

（24）公司是否存在曾经未按照股权比例分红的情形。

七、对目标公司关联交易情况的调查

在法律尽职调查中，承办律师应通过与目标公司高管人员谈话、咨询中介机构、查阅目标公司及其控股股东或实际控制人的股权结构和组织结构、查阅目标公司重要会议记录和重要合同等方法，按照《公司法》和《企业会计准则第 36 号—关联方披露》的规定，确认目标公司的关联方及关联关系，调档查阅关联方的工商登记资料，调查目标公司高管人员及核心技术人员是否在关联方单位任职、领取薪酬，是否存在由关联方单位直接或间接委派等情况。

承办律师应通过与目标公司高管人员、财务部门和主要业务部门负责人交谈，查阅账簿、相关合同、会议记录、独立董事意见，发函询证，咨询注册会计师意见，查阅同类交易的市场价格数据等方法，调查目标公司关联交易的以下内容（包括但不限于）：

（1）是否符合相关法律法规的规定；

（2）取得与关联交易相关的会议资料，判断是否按照公司章程或其他规定履行了必要的批准程序；

（3）定价依据是否充分，定价是否公允，与市场交易价格或独立第三方价格是否有较大差异及其原因，是否存在明显属于单方获利性交易；

（4）向关联方销售产生的收入占目标公司主营业务收入的比例、向关联方采购额占发行人采购总额的比例，分析是否达到了影响目标公司经营独立性的程度；

（5）计算关联方的应收、应付款项余额分别占目标公司应收、应付款项余额的比例，关注关联交易的真实性和关联方应收款项的可收回性；

（6）关联交易产生的利润占目标公司利润总额的比例是否较高，是否对目标公司业绩的稳定性产生影响；

（7）调查关联交易合同条款的履行情况，以及有无大额销售退回情况及其对目标公司财务状况的影响；

（8）公司和控股股东、实际控制人及其控制的其他企业间是否存在巨额关联交易；

（9）公司员工的社会保险金和住房公积金是否由关联方代缴；

（10）关联交易程序是否违规；

（11）关联交易行为是否可能被撤销；

（12）目标公司和其股东之间是否存在同业竞争；

（13）是否存在关联交易非关联化的情况，对于缺乏明显商业理由的交易，实质与形式明显不符的交易，交易价格、条件、形式等明显异常或显失公允的交易，与曾经的关联方持续发生的交易，与非正常业务关系单位或个人发生的偶发性或重大交易等，应当予以重点关注，分析是否为虚构的交易、是否实质上是关联交易，调查交易背后是否还有其他安排；

（14）分析关联交易的偶发性和经常性，对于购销商品、提供劳务等经常性关联交易，分析增减变化的原因及是否仍将持续进行，关注关联交易合同重要条款是否明确且具有可操作性以及是否切实得到履行；对于偶发性关联交易，分析对当期经营成果和主营业务的影响，关注交易价格、交易目的和实质，评价交易对目标公司独立经营能力的影响。

八、对目标公司税务情况的调查

在法律尽职调查中，承办律师应查阅目标公司报告期的纳税资料，调查目标公司及其控股子公司所执行的税种、税基、税率是否符合现行法律、法规的要求及在报告期内是否依法纳税。取得发行人税收优惠或财政补贴资料，核查目标公司享有的税收优惠或财政补贴是否符合财政管理部门和税收管理部门的有关规定，调查税收优惠或财政补贴的来源、归属、用途等情况。

1. 税务登记证

在对目标公司税务情况开展法律尽职调查过程中，对于在“三证合一”改革前设立的企业，承办律师需核查目标公司是否已办理税务登记证。

（1）主要问题举例。目标公司系于××××年××月××日设立的有限责任公司，目前尚未办理税务登记。

（2）面临的主要风险。根据法规，目标公司负有在有关税务机关办理税务登记手续的义务。目标公司因未能履行上述税务登记义务，可能被有关税务机关责令限期改正，可能被并处 2 000 元以下的罚款；如被认定为情节严重的，可能被处以 2 000 元以上 1 万元以下的罚款。被税务机关责令改正后逾期仍不改正的，经税务机关提请，可能被工商行政管理机关吊销其营业执照。

（3）解决方案。公司应尽快依法办理有关税务登记。

（4）尽职调查资料。此事项可通过审阅税务登记证等相关文件获悉。

2. 其他涉税事项

在对目标公司税务情况进行尽职调查过程中，还需重点关注以下问题：

（1）公司的经营活动与申报纳税地址是否一致；

（2）公司的税务优惠待遇是否可能面临风险；

（3）公司的税务优惠待遇是否已取得当地主管税务机关的确认；

（4）公司因作为外商投资企业享受的所得税减免是否可能被追缴；

（5）公司因作为外商投资企业享受的进出口设备减免是否可能被追缴；

（6）地方政府给予的税收优惠是否缺乏法律依据；

（7）公司以未分配利润转增资本，个人股股东是否已缴纳个人所得税；

（8）公司享受的税收优惠政策是否面临变更；

（9）公司以评估增值转增资本是否已代扣代缴自然人股东的个人所得税；

（10）公司整体变更组织形式时是否已代扣代缴自然人股东的个人所得税；

（11）公司设立时是否已代扣代缴自然人股东的个人所得税；

（12）公司是否存在欠缴税款的情况；

（13）土地增值税是否已正确计提；

（14）公司是否存在补缴巨额税款的风险；

（15）公司是否存在重大税收依赖的情况。

九、对目标公司劳动合同履行状态和社会保险缴纳情况的调查

在法律尽职调查中，承办律师应对公司社会保险登记证办理情况、员工书面劳动合同签订情况、员工社会保险费缴纳情况、住房公积金缴存登记情况等相关事项进行调查。

1. 社会保险登记证办理情况

在对目标公司劳动合同履行状态和社会保险缴纳情况的调查过程中，承办律师需核查目标公司是否已办理社会保险登记证。

（1）主要问题举例。以未办理社会保险登记为例，目标公司系于××××年××月××日成立的有限责任公司。根据目标公司提供的说明，该公司尚未办理社会保险登记证。

（2）面临的主要风险。目标公司系民办企业，属于上述法规规定的需缴纳社会保险费的缴费单位。因目标公司尚未办理社会保险登记手续，该公司可能被有关劳动保障行政部门责令限期改正；如目标公司的情况被有关劳动保障行政部门认定为情节严重的，其直接负责的主管人员和其他直接责任人员可能被处以 1 000 元以上 5 000 元以下的罚款；目标公司的情况被有关劳动保障行政部门认定为情节特别严重的，其直接负责的主管人员和其他直接责任人员可能被处以 5 000 元以上 10 000 元以下的罚款。

（3）解决方案。目标公司应尽快办理有关社会保险登记手续。

（4）尽职调查资料。此事项可通过审阅社保登记证等相关文件获悉。

2. 书面劳动合同签订情况

在对目标公司劳动合同履行状态和社会保险缴纳情况的调查过程中，承办律师需核查目标公司是否已与员工订立书面劳动合同。

（1）主要问题举例。截至××××年××月××日，目标公司未能与××××名员工订立书面劳动合同。

（2）面临的主要风险。根据法规，与员工签订书面劳动合同是目标公司的法定义务。目标公司因未能及时履行上述法定义务，可能导致劳动纠纷。目标公司并可能因此向未签订书面劳动合同的员工每月支付 2 倍的工资。

（3）解决方案。目标公司应尽快与尚未签订书面劳动合同的员工补签劳动合同，并取得有关员工放弃就《劳动合同法》第 82 条项下索赔权的书面确认文件。

（4）尽职调查资料。此事项可通过审阅员工花名册并抽查劳动合同获悉。

3. 员工社会保险缴纳情况

在对目标公司劳动合同履行状态和社会保险缴纳情况的调查过程中，承办律师需核查目标公司是否能为所有员工及时足额缴纳社会保险费。

（1）主要问题举例。目标公司设立于××××年××月××日。自设立之日起，目标公司未能按照有关规定为其职工及时足额缴纳社会保险费，也未从相关职工的工资中代扣代缴社会保险费。截至××××年××月××日，未能及时缴纳的社会保险费的总金额为××××元，其中，目标公司应当承担的部分为××××元，职工个人应当承担的部分为××××元。

（2）面临的主要风险。目标公司作为一家民营企业，根据法规具有缴纳和代扣代缴社会保险费的义务。因目标公司未能及时履行上述义务，可能被劳动保障行政部门或者税务机关责令限期缴纳；如目标公司逾期仍不缴纳的，除补缴欠缴数额外，目标公司还可能被从欠缴之日起，按日加收金额为欠缴费用千分之二的滞纳金。对于未能从员工工资中代扣代缴社会保险费的行为，目标公司可能被有关劳动保障行政部门处以警告，并可能被处以 5 000元以下的罚款。

（3）解决方案。目标公司应尽快与当地劳动和社会保障部门联系，协商补缴有关社会保险费。

（4）尽职调查资料。此事项可通过审阅目标公司的社会保险费缴费凭证等相关文件获悉。

4. 社会保险缴纳险种

在对目标公司劳动合同履行状态和社会保险缴纳情况的调查过程中，承办律师需核查目标公司缴纳的社保险种是否少于法定险种。

（1）主要问题举例。以上海市生育保险为例，目标公司系一家于××××年××月××日在上海市注册成立的有限责任公司。根据目标公司提供的说明，该公司尚未缴纳任何生育保险费。

（2）面临的主要风险。根据法规，目标公司作为一家注册于上海市城区的有限责任公司，缴纳生育保险费是其法定义务。因目标公司未能及时履行上述义务，可能被劳动保障行政部门或者税务机关责令限期缴纳；如目标公司逾期仍不缴纳的，除补缴欠缴数额外，目标公司还可能被从欠缴之日起，按日加收金额为欠缴费用2‰的滞纳金。

（3）解决方案。目标公司应尽快与当地劳动和社会保障部门联系，补缴有关生育保险费。

（4）尽职调查资料。此事项可通过审阅目标公司的社保险种说明等相关文件获悉。

（5）其他事项。目前全国对于企业是否需缴纳生育保险尚没有统一规定，承办律师需查询目标公司当地是否存在地方性规定。

5. 住房公积金缴存登记

在对目标公司劳动合同履行状态和社会保险缴纳情况的调查过程中，承办律师需核查目标公司是否已办理住房公积金缴存登记。

（1）主要问题举例。目标公司设立于××××年××月××日。自设立之日起，目标公司未能及时办理住房公积金缴存登记。

（2）面临的主要风险。根据法规的规定，目标公司及时办理住房公积金缴存登记手续是目标公司的法定义务。因目标公司未能及时办理住房公积金缴存登记手续，可能被住房公积金管理中心责令限期办理；逾期仍不办理的，目标公司可能面临1万元以上5万元以下的罚款。

（3）解决方案。目标公司应尽快办理有关住房公积金的缴存登记手续。

（4）尽职调查资料。此事项可通过审阅住房公积金缴存登记文件获悉。

6. 职工住房公积金账户设立

在对目标公司劳动合同履行状态和社会保险缴纳情况的调查过程中，承办律师需核查目标公司是否能为本单位职工办理住房公积金账户设立手续。

（1）主要问题举例。目标公司设立于××××年××月××日。自设立之日起，目标公司未能为本单位的职工及时办理住房公积金账户设立手续。未能及时办理的职工人数为××××人，其中，仍在职的职工人数为××××人。

（2）面临的主要风险。根据法规的规定，办理住房公积金账户设立手续是目标公司的法定义务。因目标公司未能及时办理住房公积金账户设立手续，可能被住房公积金管理中心责令限期办理；如逾期仍不办理的，目标公司可能被处以1万元以上5万元以下的罚款。

（3）解决方案。对于已经离职的职工，目标公司补办住房公积金账户设立手续已经没有实际意义，并且住房公积金管理中心要求目标公司补办住房公积金账户设立手续的可能性很低。

对于仍在职的职工，目标公司仍存办理住房公积金账户设立手续的法律义务和操作上的可行性。因此我们建议：目标公司和有关住房公积金管理中心联系，补办仍在职的所有员工的住房公积金账户设立手续，并在日后的运营过程中，及时为新录用的员工办理住房公积金账户设立手续。

（4）尽职调查资料。此事项可通过审阅员工花名册并抽查员工住房公积金账户设立情况获悉。

（5）其他事项。在一般情况下，承办律师应了解当地有关住房公积金的地方性规定和具体操作办法，如当地就进城务工人员缴存住房公积金存在特别规定的或者实际操作中可以为进城务工人员缴存住房公积金的，应当按照特别规定或者实际情况披露有关事实并分析风险；如当地没有就进城务工人员缴存住房公积金存在特别规定的并且为进城务工人员缴存住房公积金不存在实际可操作性的，可以考虑在统计未缴存人数时扣除有关进城务工人员的部分。

除上述事项外，在对目标公司劳动合同履行状态和社会保险缴纳情况的调查过程中，承办律师还应重点关注以下问题：

（1）公司是否依法与劳动者签订无固定期限劳动合同；

（2）公司签订的劳动合同是否缺乏法定必备条款；

（3）公司是否将劳动合同交付劳动者本人；

（4）公司签订的劳动合同试用期是否超过法定时限；

（5）公司签订的劳动合同文本是否符合《劳动合同法》关于竞业禁止的规定；

（6）公司是否及时足额缴存员工住房公积金。

十、对目标公司环保情况的调查

在法律尽职调查中，承办律师应调查目标公司的生产工艺是否符合环境保护相关法规，调查目标公司历年来在环境保护方面的投入及未来可能的投入情况。现场观察“三废”的排放情况，核查有无污染处理设施及其实际运行情况。走访周围居民，并征求环境保护管理部门的意见，调查是否存在受到处罚的情况。

1. 项目环评手续

在对目标公司环保情况的调查过程中，承办律师需核查目标公司建设项目是否已办理环保评价手续。

（1）主要问题举例。目标公司于××××年××月××日开始建设（建设项目名称）（以下简称建设项目），建设面积为××××平方米，目前该等建设项目已经/尚未投入实际生产，目标公司尚未就该等建设项目办理环境保护评价手续。

（2）面临的主要风险。根据法规，目标公司的上述建设项目应办理环境影响评价手续。因目标公司未办理环境影响评价手续，可能被有关环境保护行政主管部门责令限期补办手续；如目标公司逾期不补办手续，擅自开工建设的，可能被有关环境保护行政主管机关责令停止建设，可以处 10 万元以下的罚款。

（3）解决方案。目标公司应尽快主动就建设项目补办环境影响评价手续。

（4）尽职调查资料。此事项可通过审阅环境影响报告书、环境影响报告表或者环境影响登记表及其批复获悉。

2. 建设项目环保批复

对目标公司环保情况的调查过程中，承办律师需核查目标公司建设项目是否已取得环保批复。

（1）主要问题举例。目标公司于××××年××月××日开始建设（建设项目），建设面积为××××平方米，目前该等建设项目已经/尚未投入实际生产，目标公司已经就该等建设项目取得了出具单位出具的环评报告书，但该等环评报告书尚未取得有关环境保护主管部门的批准。

（2）面临的主要风险。根据法规，目标公司的建设项目施工前，应办理环评报告的报批手续。因目标公司未能办理该等手续即开工建设，可能因此被有关环境保护行政主管部门责令停止建设，限期恢复原状，并可能面临10万元以下的罚款。

（3）解决方案。目标公司应尽快就建设项目的环境影响报告书办理审批手续。

（4）尽职调查资料。此事项可通过审阅对环评报告的批复等相关文件获悉。

3. 建设项目环保批复程序

在对目标公司环保情况的调查过程中，承办律师需核查目标公司建设项目是否越级取得环保批复。

（1）主要问题举例。目标公司于××××年××月开始建设的项目属于年产10万吨及以上纸浆生产项目（以下简称建设项目）。目标公司将该项目以年产8.5万吨纸浆生产项目的名义申报环评批复，地方环保局于××××年××月××日对该项目的环境影响评价作出了《同意批复》（编号××××××）。

（2）面临的主要风险。目标公司在报批环评批复时向有关环境保护行政主管部门提供了虚假的申报材料。而年产10万吨及以上纸浆生产项目属于环境保护部审批的权限范围，地方环境保护行政主管部门无权作出审批。

如上述情况被环境保护行政机关发现，当地环境保护行政主管部门可能撤销此前已经作出的《同意批复》，环境保护部也可能撤销当地环境保护行政主管部门此前已经作出的《同意批复》。如上述《同意批复》被撤销的，目标公司的建设项目可能因此面临被环境保护行政主管部门责令停止建设，限期恢复原状的处罚，目标公司还可能因此被处以10万元以下的罚款。

（3）解决方案。根据具体项目情况协商确定。

（4）尽职调查资料。此事项可通过审阅环境影响评价文件及其批复等相关文件获悉。

（5）其他事项。自2009年3月1日起，新修订的《建设项目环境影响评价文件分级审批规定》实施后，建设项目环境影响评价文件分级审批制度有了比较大的修改。很多项目审批权限下放到地方。笔者认为，在新修订的《建设项目环境影响评价文件分级审批规定》实施前未办理有关项目审批手续，后续再行补办的，应当按照新的审批级别确定审限。此外，除上述法规外，承办律师在审查具体项目的环保审批级别时，还应当结合具体项目查询地方环保审批的分级规定。

4. 建设项目试生产环保批准

在对目标公司环保情况的调查过程中，承办律师需核查目标公司建设项目试生产是否已经过环保部门批准。

（1）主要问题举例。目标公司的建设项目于××××年××月××日投入试生产，但其投入试生产前未依照法定程序取得有关环境保护行政主管部门的同意。

（2）面临的主要风险。目标公司的建设项目在试生产前取得有关环境行政管理部门的同意，是目标公司应当履行的法定程序。目标公司未能履行上述法定程序，存在一定的法律瑕疵。

尽管有关法规并没有对未经环境行政管理部门同意就擅自进行试生产作出明确的行政处罚规定，但环保行政部门可能以此为由，拒绝目标公司的建设工程环保验收申请，拖延建设项目正式投产的时间表。

（3）解决方案。目标公司应尽快与有关环境行政主管部门沟通，就有关试生产事宜取得环境行政主管部门的谅解，共同协商解决方案。

（4）尽职调查资料。此事项可通过审阅环保部门出具的试生产批复等相关文件获悉。

5. 建设项目投入试生产环保验收

在对目标公司环保情况的调查过程中，承办律师需核查目标公司建设项目投入试生产满 3 个月是否已办理环保验收手续。

（1）主要问题举例。目标公司的建设项目××××××（以下简称建设项目）于××××年××月××日竣工验收。目前该等建设项目已经于××××年××月××日投入试生产。目前，该建设项目投入试生产已满 3 个月，目标公司尚未就该等建设项目的配套建设的环境保护设施办理竣工验收手续。

（2）面临的主要风险。目标公司的建设项目投入试生产的时间已经超过 3 个月，根据法规，目标公司应当办理环境保护设施竣工验收手续。目标公司因未能及时办理环境保护设施竣工验收手续，可能被有关环境保护行政主管部门责令限期办理；如逾期仍未能办理的，目标公司可能被有关环境保护行政主管部门责令停止试生产，并可能被处以 5 万元以下的罚款。

（3）解决方案。目标公司尽快和有关环境保护行政主管部门联系，补办环境保护设施竣工验收手续。

（4）尽职调查资料。此事项可通过审阅有关环境保护设施竣工验收批复等相关文件获悉。

6. 排污许可证

在对目标公司环保情况的调查过程中，承办律师需核查目标公司是否已领取排污许可证。

（1）主要问题举例。以山西省的水污染企业为例，目标公司系一家于××××年××月××日设立在山西省的企业。目标公司在生产运营过程中需要对外排放污水，但公司未就此领取水污染排污许可证。

（2）面临的主要风险。目标公司按照相关法规的规定领取排污许可证并按照排污许可证的规定排放污染物，这是目标公司的法定义务。因目标公司未能履行上述法定义务，其可能被县级以上人民政府环境保护行政主管部门责令停止排放污染物，限期办理排污许可证或者临时排污许可证；如逾期仍未办理的，目标公司可能被处以 1 000 元以上 3 万元以下罚款，并由同级人民政府决定关闭或者停产。

（3）解决方案。目标公司应尽快和当地环境主管部门沟通，补办排污许可证。

（4）尽职调查资料。此事项可通过审阅排污许可证等相关文件获悉。

（5）特别事项。A. 有关排污许可证的决定权在地方人民政府，承办律师应查询有关地方性法规后方可作出结论；B. 除水污染外，大气污染也可能引发办理排污许可证的事项。

7. 严重污染情况

在对目标公司环保情况的调查过程中，承办律师需核查目标公司是否存在严重污染情况。

（1）主要问题举例。以排放污水造成污染为例，目标公司因对水体造成严重污染，于××××年××月××日收到发文机构的通知，要求限期治理。

（2）面临的主要风险。目标公司已经造成了水污染事故，根据法规，目标公司面临环境行政主管部门的罚款，如造成的损失被认定为非重大经济损失，目标公司面临的罚款数额为直接损失的 20%，但是最高不超过 20 万元；如造成的损失数额为重大经济损失，目标公司面临的罚款数额为直接损失的 30%，但最高不超过 100 万元。除上述行政处罚外，目标公司还可能面临民事损害赔偿。目标公司已经被责令限期整改。如未能如期完成整改的，目标公司可能面临以下处罚：A. 被按照国家规定征收标准 2 倍以上的费率征收超标准排污费；B. 可能被根据所造成的危害和损失处以罚款，罚款的金额为 20 万元以下；C. 可能被有关政府部门责令其停业或者关闭。

（3）解决方案。需根据具体情况确定。

（4）尽职调查资料。此事项可通过审阅公司提供的有关环保事故的说明等相关文件获悉。

除上述事项外，在对目标公司环保情况的调查过程中，承办律师还应重点关注以下问题：

（1）公司的建设项目环境状况是否发生重大变更，未能重新办理环评审批手续；

（2）除生产工艺发生重大变化外，建设项目的性质、规模、地点变化也可能导致重新报批环评手续；

（3）是否存在公司的建设项目环评通过后超过 5 年未施工，后未重新办理环评报批手续的情形；

（4）公司就建设项目配套的环保设施是否符合有关规定；

（5）除环保设施未建成外，承办律师还应注意是否存在配套的环境保护设施未经验收或者经验收不合格的情形，并提示相关风险；

（6）公司是否就建设项目配套的环保设施未投入使用；

（7）租赁物业内建设项目是否已履行环保手续；

（8）是否存在公司将产生严重污染的生产设备转移给没有污染防治能力的单位使用的情况；

（9）公司历史上因环保违法遭到处罚。

十一、对目标公司重大诉讼、仲裁与行政措施的调查

在法律尽职调查中，承办律师应通过高管人员出具书面声明、查阅合同、走访有关监管机构、与高管人员或财务人员谈话、咨询中介机构等方法，核查目标公司所有对外担保（包括抵押、质押、保证等）合同，调查目标公司及其控股股东或实际控制人、控股子公司、目标公司高管人员和核心技术人员是否存在作为一方当事人的重大诉讼或仲裁事项以及目标公司高管人员和核心技术人员是否存在涉及刑事诉讼的情况，评价其对目标公司经营是否产生重大影响。

第五节 法律尽职调查通常采用的方法

一、资料的收集与核证

律师的主要调查方法是通过向被调查对象提供调查资料清单的方法，要求被调查对象提供资料，从而收集调查工作所需要的充分和适当的资料。根据调查需要，有时需要律师独立地收集资料。

在一般情况下，律师均假定被调查对象或委托人所提供的资料是准确、真实和完整的；但是，对于某些重大事项，律师应当依照审慎原则通过向第三人发核证函、独立调查等方式进行核证，而不应当仅仅依赖于委托人或被调查对象所提供的资料。在这方面有过教训深刻的案例。2000 年“杰威国际”公司申请在香港创业板上市，上市申请被批准并成功地公开招股，在上市前的最后关头才被发现是个彻底的骗局，虚假事实之一是该公司伪造了其在厦门的合资公司的工商注册登记资料。如果主承销商的律师亲自到当地工商局对合资公司的工商登记进行独立核证，骗局在一开始就会被揭穿，完全可以避免发生重大损失。

二、会见

必要时律师需要与被调查对象的董事、高级管理人员、关键技术人员和法律顾问（如有）会见，核实一些书面资料无法核证的事实。

三、实地考察

一般考察对象是公司的主要经营场所、仓库等，目的是熟悉公司产品和服务的生产和提供方式，观察公司的日常运营情况。例如，在深圳高速公路H股香港上市时，所有中介机构都派人在不同时间全程实地考察了深圳高速经营管理的3条运营公路和1条在建公路，观察了车流量、路面维护状况、土地占用情况、收费站的设置、收费票据、施工进度等。而在“银广夏”事件中，如果对“银广厦”直接实施造假行为的天津子公司的车间、仓库等进行实地考察的话，可以提前发现该公司虚构销售收入的问题。

四、分析总结

在搜集了足够的相关资料后，应运用专业手段、方法进行分析，确定已核证的事实、待核证的事实、未核证的事实。根据分析结果，形成尽职调查报告，就交易存在的和可能发生的法律问题和风险发表意见，给委托人提供有意义的指引。

本章练习和测验

请指出法律尽职调查的目的与范围。

就实习或经由其他机会接触到的实际案例，请选择一家公司，根据案例中确定的法律尽职调查的目的和范围，自行制订一份法律尽职调查计划，然后和案例中的实际法律尽职调查计划相比较。

本章总结

通过本章学习，你应当明了两件事：第一件事，知道“法律尽职调查”到底是怎么一回事，即，法律尽职调查在什么情况下为哪些客户提供“法律尽职调查”，做哪些工作，提交什么成果，达到什么目的。第二件事，知道微观上开展法律尽职调查包括哪些具体内容，宏观上如何把控一个目标公司的尽职调查工作。

第三章

公司交易的商务条件

本章要点

商务要件在股东权益交易中的地位；

交易标的、交易对价和对价支付在交易的商务要件中的地位。

学习目标

如果参加一个公司业务法律服务项目，既要知道交易的商务要件是什么，更要知道怎样将交易方案和交易结构转化为交易文件的商务条款；

设计交易文件的标的转移和对价支付条款时，明了双方各自的风险和控制风险的主要措施。

引言

描述股东权益交易内容的条款可以分为两类：一类是商务条款，另一类是法务条款。前者描述交易各方经济利益的分配，后者描述如何安全实现交易各方的利益分配。这两类条款构成交易结构中的两大要件：商务要件和法务要件。商务要件主要由交易各方的实际控制人及其财务顾问（投资银行）设计和协商，法务要件主要由交易各方的律师设计和协商。

交易的商务要件通常包括：交易主体、交易标的、交易方式、交易对价、对价支付、对价外义务、目标公司主营业务、控制权分配、募集资金使用、盈利预测和业绩对赌、关联交易。

商务要件的核心是交易标的和交易对价——事实上，整个交易结构的核心都是交易标的和交易对价。

最能体现交易商务条件的文件莫过于交易各方签署的《投资意向书》或《备忘录》，虽然这份文件通常在尽职调查之前签署且不具有法律约束力，但它能最集中地体现交易各方对各自最关注的经济利益的表述。本章的案例就是这方面的典范。

第一节　交易主体

交易主体是交易的第一要件，即确定由谁与谁发生交易。

所有交易文件的首部均记载交易各方当事人。

律师从三个方面关注交易主体：第一是交易主体与资本控制权的关系，第二是交易主体与股东权益的关系，第三是交易主体与运营实体的关系。

一、交易主体与资本控制权的关系

根据与资本控制权的关系不同，交易主体可以分为实业投资人、战略投资人和财务投资人。实业投资人参与交易以掌控目标公司的资本控制权为目的，谋求全面控制公司的主营业务乃至盈利模式和发展战略，控制公司所有的运营资源和经营业绩，控制公司的经营管理流程。战略投资人参与交易并不以谋取资本控制权或/和运营控制权为目的，而以谋求关联交易机会为主要目的，从而扩展自己的产业经营链或扩大经营规模。财务投资人不谋求资本控制权和运营控制权，不谋求参与公司经营管理活动，甚至不谋求长期持有公司股东权益，而是谋求实业投资人对目标公司主营业务业绩持续增长的保证，谋求自己对目标公司资本性交易和重大资产性交易的风险控制权。

二、交易主体与股东权益的关系

根据与股东权益的关系不同，交易主体可以分为出资人和公司。出资人（或称投资人、发起人、股东）主要参与两类交易：一类是出资人之间的股东权益转让交易，这类交易不引致公司资本的变动，公司也不是交易的当事方；另一类是出资人与公司之间的股东权益认购交易，包括出资人对新设公司注册资本的出资额认购，对存续公司新增注册资本的出资额认购，以及对存续公司减少注册资本的减资额确认，这类交易将导致公司资本变动，出资人和公司都是交易的当事方。公司也主要参与两类交易：一类是公司与出资人之间的股东权益认购交易，情形如前所述；另一类是公司与公司之间，以及公司与投资人之间的非股权运营资产交易，这里的非股权运营资产是指经营性资产与经营管理这些资产的人员、独立的经营业务活动及不可分离的债务的组合。非股权运营资产能够独立模拟自己的经营业绩，又可成为拟购买或拟出售的业务，例如公司中的某一非独立法人的事业部。

三、交易主体与运营实体的关系

根据与运营实体的关系不同，交易主体可以分为实际控制人、特殊目的公司和运营企业。实际控制人是交易的决策者，可能直接参加交易，也可能通过特殊目的公司或运营企业参加交易。特殊目的公司是投资人（尤其是实际控制人）为便于处分股东权益而设立的持股公司，在跨境交易中尤其常见。特殊目的公司通常设立在国际避税地，没有独立机构，也不开展任何业务活动，仅以持有股东权益为存在目的。运营企业是实际开展主营业务经营活动的企业，不持有并管理对下属公司的投资，因而通常不包括既开展业务活动又持有和管理股东权益的控股公司。

第二节　交易标的

交易标的是交易各方权利、义务指向的对象，必须在交易文件中直接列明，通常记载于交易文件的“本次交易”条款中，包括目标公司的名称，被交易的目标公司出资额金额/股份数，或者目标公司的非股权经营资产。交易标的是目标公司的出资额金额/股份数的，需写明交易出资额/股份数占目标公司注册资本/总股本的比例；交易标的是非股权经营资产的，除了做好定义外，通常要设附件逐一列出这些资产的明细，同时列出与这些资产不可分割的人员清单、债权债务清单和供应商清单及经销商清单。

律师关注交易标的是为帮助当事人决定：是选择股东权益还是选择非股权经营资产作

为买卖或管理的对象。

一、股东权益

股东权益是投资交易中的主流标的，在公司设立出资、公司股权转让、公司增资、公司减资、公司合并、公司分立、公司组织形式变更以及公司解散清算中，交易标的都是目标公司的股东权益，这是因为股东权益集合了作为权益投资标的所需要具有的全部要素，而且有成熟和公认的估值手段，也方便转让。最重要的是，投资人还受以有限责任为基石的公司法律制度保护，因此股东权益是最值得选择的权益投资对象。

二、非股权经营资产

尽管股东权益具有作为投资交易标的的天然优势，但在特殊情况下，交易主体会选择非股权经营资产作为交易标的。这种特殊情况通常有两种情形：一是目标公司的债权债务情况复杂，债务（尤其是或有债务）难以确定；二是投资人仅仅对目标公司的部分业务感兴趣。

注意：选择非股权经营资产作为交易标的，需要考虑资产的权属过户程序可能会比较复杂、资产转让可能会产生较大金额的税费、不动产难以做物理移动等特点。

第三节　交易方式

交易方式是交易主体在交易标的上设置、变更或解除民事权利和民事义务的途径。

交易方式通常也记载于交易文件的“本次交易”条款中。

交易的主流方式是所有权转移，即在投资人之间进行交易时是卖方（股权持有人）向买方（股权购买人）转移股权，在投资人与公司之间进行交易时是公司向出资人出售或回购股权，在公司之间进行交易时是卖方（非股权经营资产持有人）向买方（非股权经营资产购买人）转移资产所有权。交易的补充方式是管理权转移，即针对股权进行交易时是委托方（股权持有人）向受托方（股权管理人）转移股权的管理权，针对非股权经营资产进行交易时是委托方（非股权资产持有人）向受托方（非股权资产管理人）转移资产管理权。

律师可以向当事人推荐的基本交易方式包括：股权转让、出资、减资、资产买卖、股权托管和资产托管。

第四节　交易对价

交易对价有两层意思：一层意思是指交易标的的交换物，即与股东权益或非股权经营资产相交换的财产或财产权利，另一层意思是指交易标的的交易价格。对价的商务条款包括对价种类、对价依据、对价金额和对价调整机制。

一、对价种类

可以作为对价的财产和财产权利与可以作为公司出资方式的财产和财产权利完全相同，包括现金、股权以及其他所有可以用货币计量价值并且依法可以转让的财产和财产权利。实践中最常见的对价种类包括现金、股权、房屋所有权和土地使用权、知识产权、设备和原材料及产成品等实物、车辆等运输工具，在特定情况下，对目标公司的债权也可以成为交易对价。

二、对价依据

交易标的的估值依据就是对价依据，在对价种类是非现金财产或财产权利时，对价依据还包括对价物的估值依据。

注意：在需要估值的前提下，无论采用哪种估值方法和程序，如果交易标的为股东权益，则对标的的估值必须以对目标公司的财务审计为前提，只有在审计师出具标准的无保留意见的审计报告（即确认目标公司的财务报表符合现行会计准则，报表编制和数据都公允地反映了目标公司的经营状况）的情况下，资产评估机构才能以目标公司的财务报表为依据，对目标公司进行价值评估。如果交易对价物也是股东权益，那么对对价物也同样应当履行财务审计和资产评估程序。如果交易标的或者对价物是非股权经营资产，则只需要进行资产评估而不需要进行财务审计。

交易文件关于交易对价的条款应当列明开展财务审计和资产评估工作的专业机构的名称，审计和评估的基准日，审计报告和评估报告的编号，并将审计报告和评估报告设为交易文件的附件。

三、对价金额

对价金额就是交易标的的成交价格。

交易文件应当以确切的货币数额载明交易对价金额。例如：

第×.××条　增资对价和各方持股比例

公司现注册资本为 1 000 万元，股东为甲方、乙方和丙方三方，持股比例分别为50%、40%和10%。经各方共同确认且由公司聘请的××会计师事务所出具的×××××号《审计报告》确认，以 2011 年 6 月 30 日为基准日，公司净资产为 2 000 万元。经各方共同确认且由公司聘请的×××资产评估有限公司出具的××××××号《资产评估报告》确认，以 2011 年 6 月 30 日为基准日，公司净资产为 2 000 万元。考虑到公司主营业务的成长性以及公司未来的持续盈利能力，各方同意，丁方出资 3 000 万元对公司增资，其中1 000万元作为增加的公司注册资本，公司注册资本由1 000万元增加到2 000万元。增资完成后，甲、乙、丙和丁方的投资分别占公司注册资本的25%、20%、5%和50%。丁方增资资金的溢价部分，按照企业会计制度的相关规定，记为公司资本公积金。

注意：对于有法定估值要求的交易（例如针对国有股权转让、外商并购境内企业股权，以及一般情形下以非货币财产对公司出资的交易），交易对价只允许是交易标的的评估价值，或以评估价值为基准在规定的浮动范围以内协商确定的价值，如果此时交易对价物也是非现金财产或财产权利，则对价物的评估价值也应当与交易标的的评估价值相当（溢价出资交易例外）。对于没有法定估值要求的交易（例如股东均为自然人的内资公司的股东之间的股权转让交易），当事人可以自由协商确定对价金额，也可以自由协商确定是否需要对目标公司进行财务审计和资产评估。

四、对价调整机制

对价调整机制条款常存在于预计交易期限较长、期间内目标公司净资产或业绩有较大波动可能性的股权转让交易中。

在通常情况下，为使交易结构简化、交易程序便捷，双方会在确定股权转让对价时综合考虑各种因素，预先留有余地而尽量不再调整对价，但如果协议从签署到交割可能经历较长的时间，而且在此期间目标公司的净资产或价值可能因为正常经营以外的因素而发生较大的变化，则双方可以约定如下转让对价的调整机制条款：

如果经原审计师审计确认，因为正常经营以外的原因，目标公司付款日的净资产与原审计基准日的净资产值相差5%以上，则受让方将按照付款日经审计确认的净资产值调整对价总金额。其中，如果目标公司付款日的净资产低于原审计基准日的净资产值10%以上，则受让方有权选择是否解除本协议，并按照本协议第×.××条的规定要求出让方承担违约责任。

年度税后利润分享机制条款也有类似功能。与对价调整机制相似，通常为使交易结构简化、交易程序便捷，双方会在确定股权转让对价时综合考虑各种因素，出让方除了获取转让对价以外就不再从受让方或目标公司处获取其他利益。但如果协议履行年度目标公司获得较大的非经常性利润，或者交易期限较长且受让方将分期支付转让款，则双方可以约定对目标公司税后利润的分享机制，例如，在目标公司注册资本已经实际缴纳，目标公司章程对利润分配比例未作出与出资比例不同规定的情形下，出让方与受让方可以约定：

出让方与受让方共享的利润＝目标公司当年度税后利润总额×本次转让的股权比例

受让方分享的利润为各期已支付对价的可分享的利润之和。

各期已支付对价的可分享的利润＝每期支付对价的金额/总对价金额×每期支付日至年末日的天数/365×出让方与受让方共享的利润

出让方分享的利润＝出让方与受让方共享的利润－受让方分享的利润

第五节　对价支付

对价支付条款是交易文件中协商自由度最大的条款。由于交易各方风险控制方向的对抗性，因而对价支付也是不容易达成一致的条款。这个条款包括对价支付的前提条件、支付对象、对价支付方式和支付期限、支付的第三方监管等内容。

一、支付的前提条件

支付的前提条件是对价支付方实施对价支付行为必须满足的前提条件，通常约定：

第×.××条　交割前提

买方/认购方支付股权转让款/股权认购款的前提条件是下列事项全部成就且令买方/认购方满意，或已被买方/认购方书面确认放弃：

(1) 已经取得所有前置许可主管机关或部门对交易和交易文件的核准/许可/备案，而且没有对交易结构、交易条件和交易文件作实质性变动；

(2) 对本交易具有优先购买权的所有第三方已书面同意放弃其优先购买权，目标公司的所有其他股东都同意本交易并且与买方/认购方就目标公司的新章程草案、目标公司治理结构的重要规则的修改草案、董事会和监事会的人选方案以及经营管理机构的设置方案和高级管理人员的人选方案达成了一致；

(3) 有权利的债权人均已提供了同意本次交易的书面确认，或买方/认购方、目标公司及债权人已经就债权清偿或担保达成一致；

(4) 附件×所列示的所有瑕疵均已补救，并且买方/认购方能确信补救不存在任何实质性障碍；

(5) 目标公司和出让方/目标公司没有违反关于过渡期的约定或承诺；

目标公司和出让方/目标公司的保证和额外保证根据本协议在其作出之日以及对价支付之日在所有重大方面均为真实、准确且不具误导性。

二、支付对象

简单讲，支付对象就是卖方，即股权转让交易中的出让方、公司增资交易中的目标公司、公司减资交易和解散清算交易中的股东、非股权运营资产交易中的出让方。

三、支付方式和支付期限

按照一次性或分期支付、无条件或有条件支付进行相互组合，可以有无条件一次性支付、无条件分期支付、条件成就后一次性支付、附不同条件分期支付四种支付方式。

按照对价种类不同，支付方式有现金支付、股权支付、其他财产或财产权利支付三种基本支付方式以及组合支付方式。

（1）在现金支付情况下，最常见的支付条款如下：

第×.××条　转让对价

本次转让的总对价金额为5 636万元人民币。受让方在本协议签署日后7个工作日内支付全部对价款的10%，即564万元人民币；在本协议获得所有前置许可的主管机关或部门对交易和交易文件的核准/许可/备案以后7个工作日内支付全部对价款的50%，即2 818万元人民币；在办理工商变更登记日后7个工作日内支付全部对价款的40%，即2 254万元人民币。

（2）在现金、股权及非股权财产组合支付情况下，最常见的支付条款如下：

第×.××条　增资缴付方式

丁方对公司增资3 000万元的出资方式为：以股权出资1 500万元，以土地使用权出资500万元，以现金出资1 000万元。

1. 丁方持有××公司（以下简称注入公司）80%的股权，注入公司注册资本为1 000万元，经各方共同确认且由注入公司聘请的××会计师事务所出具的××××××号《审计报告》确认，以2012年12月31日为基准日，注入公司净资产为1 815万元。经各方确认且由注入公司聘请的××资产评估有限公司出具的××××××号《资产评估报告》确认，以2012年12月31日为基准日，注入公司净资产为1 912万元。各方同意，丁方以其在注入公司所持80%的股权作价1 500万元，向公司增资。

2. 丁方拥有××省××市××路××号地块共计××平方米的出让用地土地使用权，持有××××××号《国有土地使用权证》，该地块土地使用权期限为2009年8月19日至2059年8月18日，土地用途为工业用地。经各方确认且由公司聘请的××资产评估有限公司出具的××××××号《资产评估报告》确认，以2012年12月31日为评估基准日，该地块土地使用权评估价值为522万元。各方同意，丁方以其所拥有的该地块土地使用权作价500万元，向公司增资。

3. 丁方对公司增资的期限为两期，在本协议第×.××条规定的条件全部成就时，丁方向公司缴付第一期出资2 000万元，其中以所持有注入公司80%的股权作价出资1 500万元，以现金出资500万元；在首期出资缴付后的第180天至第200天，丁方向公司缴付第二期出资1 000万元，其中以所拥有土地使用权作价出资500万元，以现金出资500万元。

4. 各方进一步同意，在丁方第一期增资缴付以后，各方按照各自实际拥有的股东权益在公司净资产总额中的比例行使股东会表决权和利润分配权，在丁方第二期增资缴付以后，各方按照各自在注册资本中所占比例行使股东会表决权和利润分配权，即甲方20%、乙方16%、丙方4%和丁方60%。

注意：上述条文中的背景描述也可以放在协议的鉴于条款中。另外，应以聘请同一家财务审计机构和同一家资产评估机构开展同一交易中不同资产的财务审计和资产评估为妥。为同一交易而开展的所有财务审计和资产评估的基准日应当相同。

四、第三方监管

在交易各方对交易对价的支付风险存在争议的情况下，设置共管账户或第三方监管账户就是一个为各方所容易接受的选择，例如：

第×.××条 共管账户

1. 受让方在本协议签署日后3个工作日内在××××银行（“托管银行”）开设与出让方共管的专用银行账户（“共管账户”），在共管账户开设后7个工作日内，受让方向该账户存入全部对价款的10%，即500万元人民币；在本协议获得所有必需的前置许可的主管机关或部门对交易和交易文件的核准/许可/备案以后，再向共管账户存入全部对价款的50%，即2 500万元人民币；在办理工商变更登记日后5个工作日内再向共管账户存入全部对价款的40%，即2 000万元人民币。凭已经办妥的工商变更登记文件，托管银行将共管账户内所有存款本息支付至出让方指定的银行账户。

2. 受让方向托管账户存入上述各期金额还受限于本协议第××条规定的支付前提条件的成就。

3. 如果受让方没有按照上述规定的期限开立共管账户或/和向共管账户存入规定的金额，则出让方和目标公司暂停办理后续报批手续并书面通知受让方要求补救，受让方在收到通知以后10天内没有采取补救措施，未开立共管账户或/和向共管账户存入规定的金额，则本协议终止报批或履行，受让方按照本协议第××条的规定承担违约责任。共管账户中已经存入的金额优先用于向出让方支付违约金，超出违约金的部分由托管银行返还受让方。

4. 如果受让方按照上述规定的期限开立了共管账户并向共管账户存入规定的金额，出让方和目标公司没有在规定期限内办理相应的报批手续，则受让方可以书面通知出让方和目标公司要求补救，出让方和目标公司在收到通知以后10天内没有采取补救措施，办理报批、报备和登记等手续，则本协议终止报批或履行，出让方按照本协议第××条的规定承担违约责任。共管账户中已经存入的金额的本息全部由托管银行返还受让方。

5. 除上述规定情形外，托管账户内的金额不得向出让方或受让方拨付或支取。

6. 为执行上述支付机制，出让方、受让方、目标公司将与银行签署《资金托管协议》。

第六节 对价外义务

一般而言，股东权益的交易条件应当全部直接体现在交易对价中，但在转让交易中，除了买方向卖方支付股权转让款以外，可能涉及股东向第三人转让股权需要银行等债权人事先同意，另外可能面临目标公司的员工安置、目标公司重大财产权利瑕疵弥补、特定项目或事项审批、特定债权债务善后等问题；在增资交易中，增资方除了承担缴付出资的义务以外，可能还会单独或与其他股东共同承担另外一些义务或责任。这样，就需要交易各方就对价外的其他条件、义务、事项或安排达成一致。

例如，转让交易中约定：

第×.××条　转让对价外的其他义务

除支付本协议第×.××条所述转让对价外，受让方还同意：

就本协议附件×所列债务向目标公司的债权人提供连带清偿责任担保；根据××省/市人民政府关于企业并购活动中职工安置问题的××××××文件规定的标准，按照本协议附件×所列目标公司员工安置方案，在本协议生效后×××天内向安置方案所列员工一次性支付补偿金/安置费共计××××万元。

又例如，在增资交易中约定：

第×.××条　增资对价外的其他事项

除按本协议第×.××条所述缴付增资以外，丁方还同意与甲、乙和丙方：

按照本协议附录×所分配的债务各自向目标公司的债权人提供连带清偿责任担保。

根据××省/市人民政府关于企业并购活动中职工安置问题的××××××文件规定的标准，按照附录×所列，分担需一次性支付的解除劳动合同的职工补偿金/安置费。

在本协议签署后××个工作日内，由丁方单独代目标公司向××市土地管理部门垫缴附录×所列土地地块的土地出让金计××万元，该笔代垫金额将从丁方的首期增资出资金额中予以抵扣。

第七节　目标公司主营业务

目标公司的主营业务确认是投资各方和目标公司都共同关注的实质性问题，包括下列相互关联的内容：目标公司的盈利模式确认、目标公司主营业务确认、主营业务规模预测、主营业务风险论证、目标公司盈利预测和是否能连续计算经营业绩。

除了交易后目标公司的章程涉及目标公司经营范围以外，目标公司主营业务条件通常并不载入交易协议文件，但会载入交易意向书或交易备忘录等不具约束力的协议前文件中，作为各方就未来交易结构和交易目的所达成的基本商业共识。

注意：目标公司的盈利模式确认和主营业务确认条件在增资交易中需要和目标公司募集资金使用条款相结合；主营业务规模预测和盈利预测条件通常需要和业绩对赌条款相结合。

第八节　控制权分配

控制权分配条件是股东权益交易中最核心的商务条件。控制权包括资本控制权、运营控制权以及依附于资本控制权的依赖性控制权。

一、资本控制权分配

确定资本控制权分配条件的内容，大致可以分解为如下几项：目标公司出资总额、注册资本、实缴资本和各方持股比例，目标公司章程和宪章性规范，表决权和收益分配权行使，董事席位和高管产生，预决算和考评奖惩，重大交易批准，清算时剩余财产分配，以及重大事项知情等。

（一）目标公司出资总额、注册资本、实缴资本和各方持股比例

目标公司出资总额条款有两类含义：一类含义的实质是确定目标公司开展预定主营业务的资金需求总概算，资金来源包括股东投入的资本金和债权人出借的借贷资金，此类含义的典型是中外合资经营企业的“投资总额”；另一类含义的实质是是否存在股东溢价出资，即股东的出资部分进入目标公司注册资本，部分进入资本公积金，此类含义的典型是财务投资人对目标公司溢价增资时的实际出资金额。

注册资本对于资本控制权分配的意义是量化各方权利份额的基数或分母。

实缴资本对于资本控制权分配的意义是在分期出资中，确定注册资本全部缴付到位前各方权利分配的基数和各方当期份额。

在没有另外约定特殊的表决权或收益分配权比例的情况下，各方所认缴出资对注册资本的持股比例直接表明各方的权利份额对比，但有限责任公司股东按照实缴的出资比例分取红利，并按照实缴的出资比例认缴公司新增资本。

关于目标公司出资总额、注册资本、实缴资本和各方持股比例的条款实例如下：

第×.××条　目标公司出资总额、注册资本、实缴资本和各方持股比例

本协议各方一致同意，乙方对公司实际出资××××万元，其中××××万元计入注册资本，其中××××万元计入资本公积金；丙方对公司实际出资××××万元，其中××××万元计入注册资本，其中××××万元计入资本公积金。

本次增资完成后，公司共计获得×××××万元现金增资资金，公司注册资本由××××万元增加到××××万元，已经全部实际缴纳。公司实际获得的增资资金与新增注册资本之间的余额××××万元计入公司资本公积金。

本次增资完成后，各方对公司注册资本的出资额及出资比例如下：

股东	出资额（人民币：万元）		出资比例
	认缴	实缴	
甲方	××××	××××	55%
乙方	××××	××××	25%
丙方	××××	××××	20%
合计	××××	××××	100.00%

（二）目标公司章程和宪章性规范

目标公司章程和宪章性规范的制定关系到各方对立法权的分配。章程、股东（大）会议事规则、董事会议事规则和监事会议事规则是公司最基本的宪章性规范文件，对于该等文件的通过/修改/解释，存在“立法权”争夺的机会，譬如，尽管这些文件只能由股东（大）会通过和修改，但修改章程可以是必须由全体股东一致通过，也可以是由持有三分之二以上表决权的股东通过就可以；另外，章程解释可以由董事会来完成，或者必须经由股东（大）会通过专门决议来完成。

关于公司章程和宪章性文件规范的条款实例如下：

第×.××条　公司章程和议事规则

本次交易生效后，各方将促使公司依照本协议通过如本协议附件×所载章程修正案（以下简称本次修正案），本次修正案应经公司全体股东一致通过。此后公司章程的修订，应由董事会或持有公司四分之一以上表决权的股东提出修正案，经持有三分之二以上表决权的股东在股东会表决同意而生效通过。公司章程的解释由董事会通过董事会特别决议进行。

各方进一步同意，公司股东会在审议通过章程本次修正案的同时，将审议通过如本协议附件×所载公司股东会议事规则、本协议附件×所载公司董事会议事规则和本协议附件×所载公司监事会议事规则。上述议事规则应经持有半数以上表决权的股东同意通过。此后股东会议事规则和董事会议事规则的修订，应由董事会或持有公司10%以上表决权的股东提出修正案；监事会议事规则的修订，应由监事会提出修正案，经持有半数以上表决权的股东在股东会表决同意而生效通过。股东会议事规则和董事会议事规则的解释由董事会通过董事会普通决议进行，监事会议事规则的解释由监事会通过监事会决议进行。

（三）表决权和收益分配权行使

在交易各方没有达成特殊的划分方案且由全体股东一致同意并载入公司章程的情况下，各股东的表决权和收益分配权都按照各方所认缴出资对注册资本的比例量化行使，但有限责任公司股东按照实缴的出资比例分取红利。

关于表决权和收益分配权的条款实例如下：

第×.××条　表决权和分红权

各方一致确认，本次转让和增资完成后，尽管丙方和丁方对公司溢价出资，各股东方仍按本协议第×.××条所列各方在公司注册资本中所占比例在股东会行使表决权，在公司股东会决议批准的年度利润分配中享有分红权。

（四）董事席位和高管产生

1. 董事席位分配

董事席位分配和高管产生关系到各方对人事权的划分。董事席位通常参照股东的出资比例来划分，有四个参数需要各方商定：董事总人数，各方提名人数，经理层代表人数，在设外部董事的情况下外部董事人数。

有限责任公司董事的法定总人数是 3 至 13 人，股份有限公司董事的法定总人数是 5 至 19 人。实际总人数是各方面来源的董事人数的汇总平衡结果。

各股东提名人数大致按照出资比例分摊。中外合资经营企业的董事由各方直接委派；股份有限公司的董事由股东提名，股东大会选举，其中上市公司的董事由单独或合并持有 3%以上表决权的股东提名，股东大会可以采用累积投票制选举产生董事；普通有限责任公司的董事可以由股东提名，股东会选举，也可以由股东直接委派；一人有限责任公司的执行董事则可以由股东自任。

通常应有经理层代表进入董事会，即至少由公司经营管理团队的第一负责人（总经理、总裁或首席执行官）兼任董事。关于董事产生的条款实例如下：

第×.××条 增资后的董事席位和董事长产生

本协议各方同意，经本次增资后，公司董事会将由五（5）名董事构成，其中甲方提名二（2）名，乙方、丙方和丁方各自提名一（1）名董事，由股东会选举产生。董事长由董事会选举产生。

2. 高管产生

高管聘任是资本控制权向运营控制权的延伸。目标公司高级管理人员包括总经理、副总经理、财务负责人和董事会秘书，以及由董事会任免并决定待遇和予以考评奖惩的其他管理人员。中外合资经营企业的高管由合资各方直接委派，除此以外，股东通常只决定公司高管的总人数和职位设置，各岗位一般与出资比例没有直接关系。股份有限公司的总经理和董事会秘书通常由董事长提名，其他高管由总经理提名，董事会聘任产生；普通有限责任公司的高管一般也如股份有限公司一样经过有权提名人提名和董事会聘任产生；一人有限责任公司的高管则可以由股东直接任免。

关于高管产生的条款实例如下：

第×.××条 增资后的经营管理机构产生

本协议各方同意，经本次增资后，公司经营管理机构由增资后的董事会聘任，但原则上保持职位设置和人员的稳定。公司设总经理一名、副总经理三名、财务总监一名。总经理由董事长提名，副总经理由总经理提名，财务总监由丁方提名，以上人员均由董事会聘任并决定薪酬待遇。

（五）预决算和考评奖惩

财务预决算和考评奖惩关系到各方对财权的划分。但由于预算的制订、通过、执行、反馈、修订、决算和考评奖惩过于技术化，因而，通常股东层面只掌握批准预算和决算（即预算执行情况的报告）的权力，特别是批准年度基本财务指标（例如销售收入总额和利润总额）的权力，以及根据财务指标完成情况决定对经营管理团队进行奖惩的总指标和基本政策的权力，更细化和更具体的权力则由董事会来行使。

如果交易文件涉及目标公司财务预决算和考核奖惩事宜，则通常会与业绩预测和业绩对赌条款相结合。

（六）重大交易批准

通常股东层面只决定目标公司进行重大交易和重大事项的宗旨、方针、政策和战略，而不具体决定交易和事项本身，但随着预防控股股东及实际控制人滥用控制权和保护中小投资人利益意识的强化，公司尤其是上市公司和有财务投资人股东的有限公司，越来越倾向于将直接涉及中小股东权益或者直接涉及公司财务风险的重大交易和重大事项提交到股东会层面审议，而且涉及资本交易的事项还要求较高比例的表决权票数才能获得通过。

关于重大交易批准的条款实例如下：

第×.××条　重大事项批准

本协议各方同意，目标公司如下事项，须经董事会过半数以上董事同意（其中至少包括一名丁方提名董事），始得通过，其中第（1）项至第（8）项，董事会通过后须报目标公司股东会审议批准：

（1）修改章程；

（2）对外收购或投资或合伙经营另一家企业；

（3）发行债券（包括可转换债券）；

（4）增加或者减少注册资本；

（5）公司合并、分立；

（6）拟制年度财务预算、决算、利润分配方案；

（7）开展主营业务范围之外的新业务；

（8）变更董事会组成人数；

（9）预算外支出单笔超过100万元的非投资类资金使用；

（10）12个月内出售目标公司资产价值达到目标公司资产总价值的10%，或者对占目标公司资产价值5%以上额度的债务提供担保；

（11）决定和批准总经理提出的重要报告；

（12）决定聘用总经理、副总经理、财务总监等高级管理人员，并批准高级管理人员的聘用合同；

（13）目标公司聘任会计师事务所。

本协议各方同意，应在本次增资后目标公司经修订的公司章程中，对于上述约定内容作出相同规定。

（七）清算时剩余财产分配

清算时的剩余财产分配权是股东对公司能够行使的最后控制权。股东按照出资比例行使剩余财产分配权。交易各方可以约定某些股东对某些剩余财产具有优先购买权，购买所得按出资比例向股东分配。

关于剩余财产分配的条款实例如下：

第×.××条　剩余财产分配

各方一致同意，本协议附件×所列资产及公司不时取得/所有的同类资产，在清算分配前应当出售给甲方，除非甲方在接获清算委员会书面通知后10个工作日内书面回复明确放弃购买权。甲方应按清算委员会聘请的独立审计师/评估师对该等资产进行评估确定的评估价值支付资产购买对价。清算委员会应当将资产出售价款列入剩余财产。

（八）重大事项知情

知情权是股东行使控制权的基础。根据公司法规定，股东具有在股东（大）会上获悉信息、在法定期日通过获得专业报告（例如在会计年度终了后获得公司年度报告和年度财务审计报告）来获悉信息，以及随时自负成本查询公司非保密信息的权利。

关于股东知情权的条款实例如下：

第×.××条　股东知情权

各方一致同意，公司必须按如下规定向董事及各方提供信息：

每会计年度结束后90天内，提供年度审计报告，及总经理工作报告；

每季度结束后30天内，提供季度财务报表；

每季度结束后30天内，提供增资资金使用情况和董事会通过的重大项目的进展信息。

各方进一步同意，丙方有权自付费用对公司及其子公司的经营管理情况进行了解，包括但不限于：在公司董事会秘书的陪同下查阅公司相关资料，与公司及子公司的董事、管理人员、雇员、会计人员、法律顾问沟通公司业务、财务和法律情况。

二、运营控制权分配

运营控制权是一种基于经济学上的代理而产生的控制权，既依附于资本控制权又独立于资本控制权，这种控制权的分配和博弈比资本控制权的分配和博弈更为复杂和微妙，既包括股东背景延伸到董事会内部的博弈、延伸到经营管理团队内部的博弈，也包括董事会整体与股东之间、董事会整体与经营管理团队之间的博弈，还包括董事长与总经理之间的博弈、董事长与董事会之间的博弈，以及总经理和其他高级管理人员之间的博弈。运营控制权的分配和博弈主要发生在以下事项上：运营规则的制定，机构和岗位的设置，任务指标和考评奖惩，资产调拨（内）和合同签署（外），岗位行为流程和向上级机构提交的提案。

关于运营控制权的分配和博弈通常不记载于股东权益交易文件中，而通过股东的代理人在董事会和经营管理团队层面进行博弈、协商和妥协后，记载于公司的内部治理文件中。

三、依赖性控制权分配

依赖性控制权也是依附于资本控制权但能够单独发生影响力的控制力量，它使得公司的经营管理活动必须直接依赖股东甚至与股东发生混同，例如，股东的管理机构垂直管理公司的对口管理机构，股东直接管理公司的资金，公司技术依赖股东提供，公司产品使用股东许可的商标，公司的购销活动依赖股东的渠道，公司的经营业绩依赖公司与股东之间的关联交易，等等。

交易文件关于依赖性控制的约定通常包括两类：一是如本章第六节“对价外义务”所述，明确规定股东对公司应履行的义务；二是作出关于关联交易的约定，例如：

第×.××条　重大关联交易

公司租用如本协议附件×所述的甲方位于×××的厂房，首个租期为期3年，首个租期内的年租金为××××万元，于每年第一季度末前缴付。以后租期的租赁条件届时由各方另行协商确定。公司据此与甲方签署厂房租赁协议。

除前款规定以外，公司与任何股东或其关联方（不包括本公司的子公司）发生单次超过××××万元、年度累计超过××××万元的关联交易时，均需提交公司董事会审议批准，表决时关联方提名董事回避；公司与任何股东或其关联方（不包括本公司的子公司）发生单次超过××××万元、年度累计超过××××万元的关联交易时，均需提交公司股东会审议批准，表决时关联股东回避。

尽管有前款规定，若公司与股东发生性质相同的持续关联交易时，该等关联交易的年度计划已提交年度股东会依前述回避机制表决通过，公司无须就每次关联交易再履行董事会和股东会审批程序，但若实际发生的交易金额超过计划金额的15%，则需另行提交董事会依前述回避机制表决通过，若实际发生的交易金额超过计划金额的30%，则需再次提交股东会依前述回避机制表决通过。

第九节　募集资金使用

在增资交易中，增资方投入资金可能是以接受资金投向方案为前提的，此时，交易各方对募集资金（即增资资金）的用途通常会作出明确约定，以控制资金挪用风险。

关于募集资金使用的条款实例如下：

第×.××条　增资资金的用途

各方同意，增资方注入公司的增资资金将承担本协议附件×《×××××××××项目可行性研究报告》所载的“×××××××××项目”（以下简称项目）的研发和生产任务：首期增资现金××××万元将用于项目的研究开发，首期增资投入的土地使用权将用于项目产品生产基地的建设；第二期增资现金××××万元将用于项目产品生产基地建设的启动资金。

各方进一步同意，项目资金必须按照《×××××××××项目可行性研究报告》规定的具体进度、金额和方式投入使用。根据项目研发、生产的实际进程和宏观环境变化，经董事会提议，公司股东会可以对于上述增资资金和增资资产的使用方案进行适时调整。

第十节　盈利预测和业绩对赌

交易文件记载目标公司盈利预测，通常是作为非实际控制人的溢价出资人（包括溢价受让方和溢价增资方）对实际控制人的制约和对自己出资行为的风险控制，因此，盈利预测往往与业绩对赌相结合，常见的是财务投资人与控股股东的业绩预测及对赌，也有股东与管理层之间进行的业绩预测和对赌安排。

关于盈利预测和业绩对赌条款的实例如下：

第×.××条　业绩确保

本协议各方确认并同意：投资人对于目标公司本次投资意愿及出资金额的确定，系依赖于甲方、乙方、目标公司所提供的目标公司经营预期，且投资人除通过股东会、董事会行使相关权利外，目标公司主要经营活动系由甲方、乙方负责。为此，在2013年度及2014年度：

（1）若目标公司2013年经投资人认可的审计师审计后净利润没有达到2 000万元人民币，则甲方将对投资人以货币方式进行补偿，补偿款的计算方式为：

$$X=C-(P/2\,000)\times C$$

其中：X为现金补偿额，C为投资人本次实际缴付的出资金额，P为目标公司2013年审计后净利润。

（2）若目标公司2014年经投资人认可的审计师审计后净利润没有达到2 500万元人民币，则甲方将对投资人以货币方式进行补偿，补偿款的计算方式如上。

根据前款约定计算确定的补偿款（如有），应在审计师出具当年度正式审计报告后的15个工作日内，由甲方支付到投资人指定的账户。

第十一节　关联交易

关联交易是目标公司与股东（包括各股东的实际控制人及这些实际控制人控制的所有企业——不包括目标公司和目标公司的子公司），与股东及实际控制人的董事和高管，与目标公司的董事和高管，以及与上述所列自然人各方的近亲属发生的商业交易，包括日常经营性重大关联交易、非经营性重大关联交易和持续关联交易。关联交易有其存在的合理性，在目标公司追求产业规模扩大和产业链延伸的过程中，关联交易都是节约成本和节省资源及提高效率的有效选择。另外，在公司需要支持的时候，关联交易可能是最有效的来源。

为了避免股东（尤其是实际控制人）、董事和高管滥用控制权，利用关联交易将公司的利益输送给自己，或把自己的损失、风险和责任输送给公司，交易文件和公司治理文件将规定公司与关联方开展关联交易的程序规则和实体规则。程序规则的要点有两条：一是达到预定量化标准的关联交易必须提交董事会及股东会审议批准，二是关联方代表在董事会和股东会表决时必须回避。实体规则的要点是关联交易的作价条件应当公允，即关联方向公司提供的交易条件不应显著劣于关联方向无关联第三方提供的类似交易的交易条件。

关于关联交易条款的实例见本章第八节三“依赖性控制权分配”实例。

第十二节　案例——出资意向书或备忘录

交易流程的发端是交易各方确定交易意向，其主要任务是搭建交易结构和确定交易的商务条件，其标志是各方签署交易意向书或交易备忘录。

交易备忘录的实体条款原则上都没有约束力，这些交易意向需要在尽职调查完成后，通过各方协商订立交易文件时逐项确认。

以下是私募投资机构拟增资于一家种业公司时，投资机构与种业公司及其控股股东和实际控制人达成的投资意向书，该意向书原则上确定各项交易的商务条件。

天津创富产业投资基金有限合伙与北京富源创业投资有限公司

关于向北京盛康种业有限公司投资的意向书

××××年××月××日

本投资意向书中的各条款为天津创富产业投资基金有限合伙及北京富源创业投资有限公司与北京盛康种业有限公司及其控股股东和实际控制人就公司增资扩股的相关事项进行协商的主要条款。

1. 条款各方	● 北京盛康种业有限公司（以下简称公司）； ● 北京盛康（集团）有限公司（以下简称盛康集团）； ● 张××先生　（以下简称创始人或实际控制人）； ● 天津创富产业投资基金有限合伙（以下简称创富基金）； ● 北京富源创业投资有限公司或其关联机构（以下简称富源投资）。
2. 公司	一家根据《中华人民共和国公司法》及相关法规在北京市工商局登记注册的有限责任公司，注册资本××××万元，是盛康集团的全资子公司。主营业务：杂交玉米等高科技农作物种子、种苗的培植、繁育、推广、生产、销售和服务。
3. 盛康集团	一家根据《中华人民共和国公司法》及相关法规经北京市工商局登记注册的有限责任公司，注册资本××××万元，股东由北京盛元农业技术开发有限公司及自然人刘××组成，持股比例分别为65%、35%，实际控制人为张××先生。
4. 创始人	张××先生，中国公民，身份证号：××××××××××××××××××；现居住地：北京市××区××××里××楼×××号。张××先生为公司的创始人和实际控制人，持有北京盛元农业技术开发有限公司100%的股权。
5. 创富基金	创富产业投资基金有限合伙是专注投资于现代农业的有限合伙形式的产业投资基金，在天津市滨海新区工商局注册。
6. 富源投资	一家根据《中华人民共和国公司法》及相关法规经北京市工商局登记注册的有限责任公司，其实际控制人为张××先生。
7. 投资团	由创富基金和富源投资或其关联机构组成。

续前表

8. 增资方案	公司拟通过增资扩股的方式共募集1亿元人民币，其中创富基金用于本次增资的资金不超过6 000万元人民币，约占公司本次增资扩股后总股本的26.44%；富源投资用于本次增资的资金不超过4 000万元人民币，约占公司本次增资扩股后总股本的17.63%。
9. 公司估值	公司本次增资扩股后的估值不超过××××亿元人民币，该估值是依据公司2010年审计后净利润××××万元人民币，模拟2011年净利润××××万元人民币的××倍市盈率确定的含权价格。 最终数据将根据审计师正式出具的2011年审计报告计算。
10. 保值机制	若公司2012年经投资团认可的审计师审计后实际净利润没有达到××××万元人民币的90%，则盛康集团将对投资团以现金方式进行补偿，补偿款的计算方式为： X=10 000万元−P/［××××］×10 000万元 其中：X为现金补偿额，10 000万元为投资团本次投资金额，P为公司2012年审计后实际净利润。 若公司2013年经投资团认可的审计师审计后实际净利润没有达到××××万元人民币的90%，则盛康集团将对投资团以现金方式进行补偿，补偿款的计算方式如上。
11. 资金用途	公司本次募集的资金只能用于××××××项目建设等的主营业务发展。若公司在没有得到投资团书面同意的情况下，将本次募集资金用于××××××项目外的业务或事项，则本次投资自动终止，投资团有权要求公司及实际控制人在约定时间内全部回购投资人持有的公司股权，并保留向公司及其实际控制人申请赔偿的权利。回购价格为投资团本次投资金额加按年复合利率15%计算的自投资日至回购日的利息金额。
12. 监管账户	本次增资募集的10 000万元资金将放入公司与投资团共同指定的监管账户，按新董事会批准的预算计划执行。预算外支出单笔超过100万元的资金使用需取得投资团委派董事的书面同意方可使用。
13. 尽职调查	投资团在作出投资决策前将对公司及其关联公司进行尽职调查工作，包括聘请外部律师协助对公司进行尽职调查，聘请会计师对公司进行财务审计，并根据需要对公司的管理层、供应商和客户进行实地访谈。在尽职调查过程中，公司应配合投资团及其聘请的专业机构的工作，并及时提供尽职调查所需的完整、真实的资料和信息。
14. 交易费用	投资团将聘请律师、会计师协助进行尽职调查和交易的执行。在本次增资扩股完成的情况下，公司将承担并支付投资团所聘请的律师和会计师的全部费用；在未能完成交易的情况下，律师费和审计费将由公司和投资团队分担。
15. 需要正式签署的交易文件	公司、公司股东、投资团将签署《增资协议》；公司股东、投资团、创始人将签署《股东协议》；公司股东、投资团将签署公司《章程》修正案；主要条款将以本《投资意向书》为依据，最终条款由上述各方商定后签署。
16. 交易文件签署的前提条件	各方签署上述条款中约定的交易文件时，应同时满足包括但不限于以下前提条件： 公司股东会作出同意本次增资方案的决议； 投资团取得满意的商业尽职调查结果； 律师完成法律尽职调查，未发现关于本次增资和未来上市的实质性障碍； 审计师出具公司2009年、2010年和2011年的审计报告； 盛康集团对公司2011年审计确认净利润不足××××万元的差额部分用现金补足到公司； 投资团各自的投资决策委员会批准本次投资方案； 其他经条款各方协商同意的条件。

续前表

17. 交易交割的前提条件	完成本次增资的交割，即投资团按约定的条件向公司指定账户注资前，应同时满足包括但不限于以下前提条件： 条款各方已签署上述条款中约定的交易文件，并完成交易条件； 上述交易文件签署至投资团入资时，公司未发生重大的可导致不能继续完成本次增资交割工作的情形；若发生投资团认为不能继续完成交割工作的重大事件，则投资团有权取消或延迟本次交割； 公司的××××××项目获得北京市××区发改委核准； 其他经投资团与公司协商同意的条件； 所有的交割条件将在正式签署的法律文件中作出详细的约定。
18. 交易的时间安排	2012年3月1日前，完成交易文件的签署； 2012年3月31日前，完成本次增资的交割工作。 最终的时间安排可由各方商定后在交易文件中约定。
19. 董事会	本次增资后，公司董事会将由5名董事构成。投资团将有权分别提名2名股东董事。现有股东提名其余董事。董事长由创始人担任。 在投资团所持全部股权完全退出公司之前，必须保证创富基金在公司中至少拥有一位董事席位。 公司应向董事偿付因与公司有关的董事会活动而产生的所有正常的费用。 盛康集团应在股东会中对投资团提名的董事投赞成票。
20. 监事会	本次增资后，公司监事会将由5名监事构成。投资团将分别提名2名监事，现有股东提名其余监事。监事会主席由监事会选举产生。 在投资团所持全部股权完全退出公司之前，应保证创富基金在公司中至少拥有一位监事席位。 公司应向监事偿付因与公司有关的监事会活动而产生的所有正常费用。 盛康集团应在股东会中对投资团提名的监事投赞成票。
21. 信息知晓和监督权	投资团有权获取公司及其关联公司的涉及运营、财务和其他商务活动的信息。 公司将采用中国的会计制度及标准进行财务核算，并实行严格的财务管理制度。投资团将推荐专业的有证券从业资格的会计师事务所，经公司股东会同意聘请后成为公司的审计机构，审计费用由公司承担。 同时，公司必须向投资团提名的董事及时提供以下信息： 每会计年度结束后120天内，提供年度审计报告，以及年度经营报告总结； 每季度结束后30天内，提供季度财务报表； 不时根据需要要求公司合理提供的其他信息。 投资人享有对公司及其子公司的检查权，包括但不限于：与公司及其子公司的董事、管理人员、雇员、会计人员、法律顾问等商讨业务、运作情况等。
22. 少数股东权益保护条款	公司董事会对下述事项进行审议时，均采取以董事会三分之二以上票数批准的方式： 修改公司的章程； 公司对外收购，或合资，或合伙经营另一家企业； 公司发行债券（包括可转换债券）、增加或者减少注册资本、合并、分立； 12个月内出售公司资产价值达到公司资产总价值的10%，或者对占公司资产价值3%以上额度的债务提供担保； 决定和批准公司管理部门提出的重要报告（如总经理工作报告，公司发展和投资规划等）； 批准年度财务预算、决算、利润分配方案； 决定聘用总经理、副总经理、财务负责人等高级管理人员，并批准高级管理人员的聘用合同； 开展经营范围之外的新业务，或是开展预期经营计划之外的商业活动；

续前表

22. 少数股东权益保护条款	变更公司外聘会计师事务所。 本条款内容将在公司在国内申请首次公开发行并上市完成时，根据监管部门上市合规性的要求作出必要和适当的调整。
23. 分红政策	自完成本次增资后的两年内（含交割当年），投资团有权利要求公司在不影响正常运营的情况下将不超过当年可分配利润的30%用于现金分红。 若公司在2014年年末前未能实现在国内证券市场的首次公开发行并上市，则投资团有权利要求公司从2014年度起将年可分配利润按照不低于50%的比例用于现金分红。
24. 公开发行并上市	在条件具备的情况下，公司应积极寻求尽快实现在国内证券市场包括创业板的公开发行股票并上市。投资团将协助公司准备并完成上市工作。各方将尽其所能促成公司市场价值的最大化。
25. 退出权	如果因公司经营原因（例如业绩下滑）、盛康集团不支持上市工作造成公司在2013年年底前未能实现向中国证监会递交首次公开发行并上市的申报材料，则投资团有权要求盛康集团协议受让本次投资后拥有的股份，协议收购价格不低于投资团本次投资额加每年15%的资金回报减去投资团已累计从公司获得的分红总额。
26. 审批事项完善	根据国家法律、法规及上市要求，结合公司项目核准状况、土地使用现状和环保审批现状，若2012年12月31日前未完成项目核准、土地使用规划和环保评价手续，投资团有权要求盛康集团协议受让本次投资后拥有的股份，协议收购价格不低于投资团本次投资额加每年15%的资金回报减去投资团已累计从公司获得的分红总额； 若2013年12月31日之前因公司未完善上述任何手续至符合法律、法规规定，造成不能申报上市材料，投资团有权要求盛康集团协议受让本次投资后拥有的股份，协议收购价格不低于投资团本次投资额加每年15%的资金回报减去投资团已累计从公司获得的分红总额。
27. 盛康集团的承诺与保证	盛康集团承诺并保证： 自2012年3月31日起，除盛康集团和公司业务外，实际控制人和管理层不从事种业相关业务； 在本次交易交割日后，投资团发现公司应在交割日前披露而未披露的诉讼、担保、产品质量赔偿等或有事件，对于该等事件给公司造成的损失，则由盛康集团承担； 在本次交易交割日前，公司根据中国证监会关于首次公开发行并上市的要求而需要补交的税款由盛康集团承担； 在本次交易交割日前，因公司经营、土地、环保等方面存在不符合国家相关规定或根据中国证监会关于首次公开发行并上市的要求而产生的需要补缴的各类款项由盛康集团承担； 承诺将其拥有的与公司经营业务相关的知识产权，包括但不限于：商标、专利、专有技术、商业秘密等，无偿转至公司名下；在转让完成之前，盛康集团承诺公司将无限期地无偿使用； 除了在本次交易的交割日前已向投资团披露的关联公司以外，(1) 没有从事或将要从事任何与公司存在竞争业务的主体或机构；(2) 没有在任何与公司存在业务竞争的法人单位中拥有任何直接或间接的利益；(3) 没有对公司的任何供应商或客户拥有任何直接或间接的利益；该承诺将在本次交易的交割日后持续有效； 在本次交易交割日后盛康集团及其关联方发生的与公司之间的任何关联交易，均按照市场原则，在平等、自愿、有偿的基础上订立，关联交易不存在任何损害公司及其股东利益的情况； 在本次交易交割日后盛康集团及其关联方发生的任何借用公司资金的行为均需要事先征得投资团的书面同意。 除本条款另有约定外，本条中所述的承诺与保证在公司首次公开发行并上市前均有效。

续前表

28. 股权转让限制	在征得投资团书面同意前，或在投资团持有的公司股份完全退出公司之前，盛康集团不能将其持有的公司股份通过各种方式对外转让、质押或在获得流通后对外质押或出售。
29. 同等出售优先权	在公司实现在国内证券市场首次公开发行并上市前，投资团有权以与盛康集团同等的条件优先参与股份的售出转让行为。
30. 反稀释	本轮增发完成后，公司公开上市成功前，未经投资团书面同意，公司不得以低于投资团此轮投资时的估值增资或新增任何形式的股东权益及可转换为股东权益的任何证券、票据、凭证。如果届时投资团同意公司以较此轮增资价格更低的价格增加注册资本，则盛康集团有义务向投资团转让相应的股权，转让价格和数量应足以使得投资团在获得盛康集团转让股权后的总体投资价格不高于届时新增注册资本的价格。 如果公司在未来融资中给予任何新投资者的新权利或条款优于投资团已获得的，公司应给予投资团相同的权利条款。
31. 保密	除非适用的法律有相反的规定，条款各方应对本意向书的全部内容保密，不得泄露给任何第三方，且在未经对方同意情况下不得对外披露。除非披露对象为双方的管理层、董事、专业顾问和其他有合法需求的人员，以及法律有要求的情况。如果任何一方确定法律规定须公开本主要条款的信息或须将本主要条款交中国政府相关部门备案，应当在实施公开或备案前的一段合理时间内，就公开或备案事宜与其他方进行商讨，并根据其他方提出的要求在可能的范围内对拟公开或备案的部分采取保密措施。
32. 有效期	本意向书自签署日起1年内均有效。在有效期内，无论公司以什么样的方式引入新的投资者，投资团均有权参与，并以本意向书中约定的条件和公司商谈投资合作事宜。
33. 排他性	本意向书自签署日起3个月内，在没有获得投资团的书面同意前，公司均不得与其他投资者商谈本意向书中约定或各方共同理解的投资事件。
34. 约束力	本意向书不具备强制约束力，但尽职调查、保密条款、有效期和排他性条款除外。

以下各方同意本意向书并于2012年1月19日签署本文件：

天津创富产业投资基金有限合伙

授权代表：_________________________

北京富源创业投资有限公司

授权代表：_________________________

北京盛康种业有限公司

授权代表：_________________________

北京盛康（集团）有限公司

授权代表：_________________________

张××先生：_________________________

本章练习和测验

1. 请指出本章所附案例意向书中哪些条款是商务条款，请按你的理解对这些条款进行重要性排序。

2. 请指出第五章所附案例的《出资协议书》中的商务条款有哪些，《出资协议书》和《章程》是怎样分配东方润康生物医药有限责任公司的控制权的。另请解释为什么这份《出资协议书》要附三个附件。

3. 请指出第四章所附股权转让案例中买卖双方（清源水务投资有限公司和东海水务集团有限责任公司）在交付/支付环节各自面临的风险，请为双方设计控制交付/支付风险的协议条款。

4. 请列出你认为最常见的5种股权对价财产或财产权，再列出你认为最有争议的3种股权对价。

本章总结

本章讲了两方面内容：第一，“交易方案”和“交易结构”体现在交易文件中就是商务条款；第二，律师参与设计和论证交易方案和交易结构的主要任务是确认各方对交易标的、交易对价和标的转移、对价支付的设计安排是合法的，是可以执行及风险可控的。

小贴士

交易文件或许多达数百页，但对交易当事方而言，真正有意义的就是寥寥数条商务条款。这些就是他们所要的交易。通常，在进行全面尽职调查的前后，律师都需要和财务顾问一同制作一份不是法律文件的重要文件——对当事人而言或许是最重要的文件——图文并茂的“交易方案”或“交易结构”。这份文件讲解由谁和谁发生交易（主体）、交易什么及价值如何（标的和对价）、怎么交易（标的转移和对价支付）。律师和财务顾问通常会提出主体、标的及对价的不同组合，形成不同的交易方案和结构供当事人选择。要注意的是，此时体现律师价值的第一个重要时刻来临了：律师要指出每种组合下的成本、风险和执行的不确定程度，由此协助当事人筛选和确定交易方案。本书第七章第二节会对并购交易中的各类基本交易结构进行直观的详细讲解。

还记得第一章案例中律师任务的第一条吗？现在知道为什么把它列为第一条了吧。

第四章

公司交易的法务条件

本章要点

法务要件在股东权益交易中的地位；

交易前提条件、过渡期、声明和承诺、补救条款的内容设计；

合同附件的设置。

学习目标

能够熟练运用各种格式法务条款，同时能够根据交易特点将通用的格式条款改造、完善成为有个性的格式条款；

起草股东权益交易文件时明了文件的完整结构，知道商务条款、法务条款和附件对交易的作用和意义。

引言

“花开两朵，各表一枝”。如前所述，法务要件是股东权益交易结构中与商务要件并列的另一构成要件，这种要件是为了确保交易各方预期的经济利益安全、有效且可执行的各项条件，这些条件通常可以套用在同类交易当中，在交易法律文件中体现为法务条款，常为通行的格式条款，包括：鉴于条款、定义和解释、前提条件、政府管制和法律环境、过渡期、公司僵局、同业竞争和竞业禁止、声明和承诺、反稀释、退出机制、补救措施、约定无效的法律后果、适用法律和管辖法院/仲裁机构、通知、保密、不可抗力、应披露信息等。

我们曾在本篇前言提到，最基本的公司业务法律文件包括出资协议书、公司章程、股权转让协议和增资协议，实践中最常见的公司业务是公司股权转让业务。本章我们附上一个股权转让的实例，看看这个交易实例中的律师工作成果在哪些方面超出了你的原有经验和知识范围。当然，你会立即看出来这个交易的商务条件非常清晰和简单，但法务条件却非常细致和复杂，尤其是你大概不会想到这个合同会有这么庞杂的附件。

第一节 鉴于条款

鉴于条款是用来交代交易背景的说明性条款，本身不具有约束力，但具有交易各方确认了作为交易背景的若干法律事实的意义。

关于鉴于条款的实例如下：

1. 甲方系依照中华人民共和国法律成立并有效存续的有限责任公司。

2. 乙方系依照中华人民共和国法律成立并有效存续的外商独资企业。

3. 上海××××××有限公司（以下简称目标公司）现注册资本为人民币10 000万元，甲方持有其80%的股权，南通××××××（集团）有限公司持有其20%的股权。在本次股权转让之前，甲方将完成受让南通××××××（集团）有限公司持有的20%的股权，从而使目标公司成为甲方的全资子公司。

4. 根据甲乙双方另行签署的《关于上海××××××有限公司之增资协议》（以下简称增资协议），甲乙双方应将目标公司注册资本增加至人民币××××万元，其中甲方对目标公司注册资本出资为××××万元，持有目标公司全部股权的65%；乙方对目标公司注册资本出资为××××万元，持有目标公司全部股权的35%。

5. 在上述目标公司增资事宜完成的同时，甲方拟向乙方转让部分目标公司股权，乙方同意受让部分目标公司股权。

经双方友好协商，现双方就股权转让事宜达成本协议，以资共同遵守。

第二节　定义和解释

严谨的协议应当对反复出现的概念以专有名词进行定义，并严格执行对同一概念使用同一名词，以避免歧义。同时，还要对交易文件的行文做一些必要解释。

关于定义条款的实例如下：

第×.××条　定义

“直属子公司”指附件×所列公司以及合营公司在本协议完成后不时拥有的其他子公司，而且：(i) 合营公司在该等子公司中直接持有或控制50%以上的投票权；或 (ii) 该等子公司被合营公司直接控制；前面第 (ii) 点中的“控制”的含义是有权选出或指定多数董事。

“物权限制”指存在被查封、扣押、冻结等任何索赔要求，被设置担保物权，所有权保留安排，以及存在第三方优先权、出卖权等产权负担。

“知识产权”指针对以下任何一项所拥有的权利：发明、发现、改进、实用新型、外观设计、有著作权的作品、工业设计或印模、算法、数据结构、商业秘密或专有技术、保密资料或具有商业价值的想法。知识产权还包括商标、服务标识、商号、域名，以及表明或突出某一货物或服务源于某一实体或受某一实体控制的其他标记。知识产权包括所有针对计算机软件及数据的任何性质的权利。知识产权包括在世界任何地区与上述权利性质类似的所有无形权利或特权，还包括上述权利的申请权以及登记权。

“出资证明书”指根据第×.××条的规定，由合营公司向合营公司的出资人签发的证明。

“管理人员”指合营公司的总经理、副总经理、财务总监以及其他由董事会任命的人员。

“重大不利影响”指对集团财务状况或经营业绩的任何重大不利影响。

“重大僵持事项”应具有第×.××条×款×项所给出的含义。

“实质性修改”指由有关政府部门对本合营合同、公司章程或合营公司预期的经营范围或双方已同意的或合理期待的税收减免作出的修改（包括通过增加其他条款或修订现有条款和条件或其他方式），而任何一方合理认定该修改会对合营公司实现双方的经济和运营目标的能力产生重大不利影响。

关于解释条款的实例如下：

第×.××条　解释

1. 本合同中提及的相关法律或任何立法，或相关法律或任何立法的条款，也包括其修订后的版本。

2. 本合同中提及的“人”根据上下文包括任何个人或实体（包括任何公司或其他企业或实体、合营企业、机构、国家或政府部门）。

3. 本合同中提及的合同、协议或其他文件也包括其修订后的版本。

4. 本合同中提及的任何中国政府机关或部门包括国家、省、市及其他级别的政府机关或部门。

5. 在本合同中所使用的男性称谓也包括女性，单数也包括复数，反之亦然。

6. 在本合同中各款标题仅为方便查阅而设，对本合同的理解或解释并无影响。

7. 本合同中提及的任何一方或任何合同、协议或文件的一方包括该方的继受者及各方允许的受让人。

8. 在本合同中，“包括”指“包括但不限于”。

9. 在本合同中，“通讯设备”包括但不限于电话会议、电视会议以及其他常用的商务通讯手段。

第三节　前提条件

交易的前提条件包括三类：交易文件成立的前提条件，交易文件生效的前提条件，交易交割的前提条件。

一、交易文件成立的前提条件

交易文件成立的前提条件是指交易各方已经就交易达成一致，但由于预定期日没有到来、预计政策法律可能发生改变、预测可能发生重大事项，以及为规避信息披露的管制要求，各方同意由代理人草签全部交易文件，待预定期日到来，或预计发生的政策法律改变确定，以及预测发生的重大事项实际发生或确定不发生，再由双方正式签署交易文件。当事人关于交易文件成立的条件的约定通常不记载于交易文件中。

二、交易文件生效的前提条件

交易文件生效的前提条件是指交易各方已经正式签署交易文件，但由于需要取得的批准尚未取得、需要弥补的瑕疵尚未弥补、需要履行的义务尚未履行完毕等原因，各方同意交易文件暂时不发生效力，待取得约定的全部批准、瑕疵得到弥补或特定义务履行完毕时，交易文件才发生效力。

注意：各方可以约定交易文件中的一些特定条款，例如定义、保密、不可抗力、通知等，一经签署交易文件即具有约束力，而且在约定期间持续具有效力，而不论交易文件本身是否生效或者效力终止。

关于交易文件生效条件条款的实例如下：

第×.××条　交易生效的前提条件

本《增资协议书》生效的前提条件是已经取得以下文件或批准或以下全部事项已经成就，且成就上述条件的时间不晚于《增资协议书》签署日后30个工作日：

1. 已经取得所有前置许可主管机关或部门对交易和交易文件的明文核准/许可/备案，而且没有对本次增资的交易结构、交易条件和交易文件作实质性变动；

2. 附件×所列需要完备的程序均已完成且获投资人认可；

3. 附件×所列质押担保均已解除且获工商登记文件确认。

三、交易交割的前提条件

交易交割的前提条件是指交易各方已经正式签署交易文件且交易文件已经生效，但由于预期发生的事实尚未发生、预定期日尚未到来、需要弥补的瑕疵尚未弥补、需要履行的特定义务尚未履行完毕等原因，各方同意待预期发生的事实发生、预定期日到来、需要弥补的瑕疵弥补完毕、需要履行的特定义务履行完毕时，交易各方再办理交易标的和交易对价相互移交、交易标的和对价的财产权属转移的手续。

关于交易交割前提条件条款的实例如下：

第×.××条　缴付首期出资的前提条件

投资人缴付首期出资的前提条件是以下全部事项已经成就，且成就上述条件的时间不晚于《增资协议书》签署日后60个工作日：

1. 本《增资协议书》生效；

2. 甲、乙方都已书面同意本交易，并且与投资人就目标公司的新章程草案以及目标公司治理结构重要规则的修改草案、董事会和监事会的人选方案以及经营管理机构的设置方案和高级管理人员的人选方案达成了一致；

3. 目标公司及甲、乙方的陈述与保证和额外保证在其作出之日及本协议履行之日在所有重大方面均为真实、准确且不具误导性；

4. 目标公司及甲、乙方没有违反关于过渡期的约定；

5. 目标公司已获得北京××××××有限公司55%的股权，且该事实已获得工商登记文件确认；

6. 目标公司没有出现重大不利变化；

7. 对本交易具有优先购买权的所有第三方已经出具明确放弃其优先购买权的同意书；

8. 对本交易具有限制权的所有第三方已经出具明确放弃其对交易的限制权的同意书。

第四节　政府管制和法律环境

政府管制和法律环境有两层含义：一是政府部门的行政许可行为和行政许可程序，二是作为交易合法有效性依据的法律规范。政府管制和法律环境包括三类：第一类是对交易的生效和履行具有管辖权的政府部门对交易的行政许可行为和行政许可程序（包括但不限于公司登记管理部门对目标公司的登记行为和登记程序），以及政府部门从事行政许可所依据的法律、行政法规和行政规章等规范性文件；第二类是目标公司具备从事预定主营业务主体资质所需要获得的行政许可，以及行政许可所依据的规范性文件；第三类是目标公司开展某项特定业务项目所需要获得的行政许可，以及行政许可所依据的规范性文件。

在交易文件签署前，律师的重要工作之一就是及时向当事方提示交易所需要获得的行政许可和可能成为交易方案障碍或限制的禁止性法律规定。

交易文件中关于政府管制和法律环境的约定，通常载于“交易前提条件”条款和“管辖法律”条款。

第五节 过渡期

在股东权益转让交易中，股权转让协议签署日至转让对价支付日与股权变更登记完成日之后者的期间为过渡期。在增资交易中，增资协议签署日至增资资金缴付日与注册资本变更登记完成日之后者的期间为过渡期。在过渡期内，如果目标公司发生重大事项，则可能造成情势变更而改变交易各方达成妥协的基础。为保证交易的安全，交易各方都希望除了正常的日常经营活动以外，除非各方事先协商一致，否则，目标公司不应当发生任何实质性重大变化。

为此，交易各方通常会约定：

第×.××条 过渡期

出让方/目标公司现有股东应尽合理的商业努力来确保在协议签署日后、交易完成之日前，除（i）本协议有明文规定，（ii）出于正常及通常业务的合理要求或计划，或(iii）经受让方/认购方书面同意之外，出让方/目标公司现有股东和派出董事在参与目标公司和目标公司的附属企业投票时，应不同意：

（1）对目标公司和附属企业的章程、三会议事规则或类似组织文件进行修订；

（2）对标的股份或股权设定任何限制物权；

（3）目标公司变更注册资本或进行利润分配；

（4）目标公司和附属企业改变主营业务，或改变主营业务的定价标准和定价机制；

（5）目标公司和附属企业签订或修改任何重大合同，从而导致其承担异常的义务或责任；

（6）目标公司和附属企业出售、处置、出租、许可使用、抵押、质押其名下的任何重大资产；

（7）目标公司和附属企业以出资、合资、收购等方式对外投资，或收购任何第三人的资产或业务；

（8）目标公司和附属企业变更其拥有的土地使用权现状；

（9）目标公司和附属企业改变现有的会计政策和财务管理制度；

（10）目标公司和附属企业的经营管理机构作出重大调整；

（11）目标公司和附属企业改变员工薪酬和福利政策；

（12）目标公司和附属企业与董事、监事和/或高级管理人员签订使前者承担义务和后者享有权利的协议。

另外，如果受让方的转让对价采先予支付方式，而从支付日至股权变更登记完成日可能需要经历较长期间，则双方可能会约定在此过渡期出让方将其股权质押给受让方并委托受让方管理，由受让方实际行使股东权利，实例如下：

双方一致同意，自受让方向出让方支付完毕转让对价总额的50%之日起，出让方应将其在目标公司所持有的股权不可撤销地质押给受让方，双方共同向工商登记行政管理机关以及其他任何受理部门申请办理股权质押登记或/和备案手续，同时双方通知公司在公司存档的股东名册上进行质押登记。同时，出让方不可撤销地委托受让方行使原由出让方行使的所有股权权利和权益。上述股权质押和股权委托管理，直至出让方将所持股权按照本协议约定不附其他条件地办理完毕相关工商变更登记手续，即出让方将所持股权过户至受让方名下之日。

为此，双方将另行签署《股权质押协议》和《股权委托管理协议》作为本协议之附件。

第六节　公司僵局

公司僵局是指因权力对峙导致无法形成决议，甚至无法开展正常运营的状态，包括资本控制权之间的对峙、资本控制权与运营控制权之间的对峙和运营控制权内部对峙导致的僵局。

一、资本控制权的对峙僵局

股东表决权之间出现对峙会造成股东会或董事会无法通过决议，甚至无法召开会议，构成资本控制权的对峙僵局。在任何一方股东及其一致行动人没有获得过半数表决权的情况下，股东会和董事会存在陷入僵局的可能。在通常情况下，资本控制权的对峙僵局影响重大交易决策但不影响公司的日常经营活动。如果资本控制权对峙延伸到公司经营管理层，或者因为资本控制权对峙导致公司无法制订经营计划和年度预算并向各部门和各岗位分解任务，则公司可能因为资本控制权对峙的僵局而最终走向解散清算之路。

应对因资本控制权对峙产生的僵局的条款可能包含以下内容：

（1）不论因何种原因导致股东会或董事会会议上不能就某事项形成有效决议，并在双方一致认为如不就该事项形成有效决议将导致公司无法正常存续经营时，双方讨论这些事项的股东会或董事会会议应在×个工作日内重新召集。如果在重新召集的会议上仍不能达成一致决议，则一方股东有权以书面形式向另一股东宣布已经发生了僵局。

（2）如果僵持事项与年度预算（不包括投资预算）或年度业务计划的批准相关，则前一年的预算或业务计划应继续执行，直至新的预算或业务计划被股东会/董事会批准。

（3）关于其他所有僵持事项，提交的决议事项应被视为未获批准，现状应予维持。

（4）如果发生重大僵持事项，双方应将该事项交由各自的最高执行官讨论决定。如果双方的最高执行官能就该重大僵持事项作出一致决定，则双方应促使其委派的董事/股东代表迅速批准相对应的决议。如果各方的最高执行官无法在交其讨论之日起××日之内解决该事项，任一方均有权提出按照公司聘请的有资质的评估机构确定的评估价格收购或指定第三人收购对方所持公司股权。如果各方对评估事宜也不能达成一致，则应按照公司最近一期审计报告所记载的公司净资产确定股权收购价格。

（5）如果在×××日之内经过以上程序仍未能解决僵局，且公司业务已经陷入停止状态，则任何一方股东有权提出解散和清算公司，不同意解散公司的其他股东可以按前款所述定价机制收购提议解散公司的股东所持有的全部股权。如果在收到提议之日起××日之内，其余股东没有与提议股东共同作出解散公司的股东会决议，也未收购提议股东所持有的全部股权，则提议股东有权向人民法院提起解散公司的诉讼。

（6）在僵局持续期间，处理公司的事务应当遵循《公司章程》和既有的、通常的和审慎的实践以及为了公司的最大利益的原则。

（7）在任何情况下股东均不试图，不符合通常商业惯例地拒绝同意需获得董事会或股东（大）会批准的有关事项，从而不合理地启动僵局条款，危及公司的业务或运营。

二、资本控制权与运营控制权的对峙僵局

在公司经营管理完全受经营团队控制，尤其是公司的主营业务从技术或管理方面依赖于经营团队，且经营团队同时是公司小股东，而大股东不能介入公司经营管理活动的情况下，若存在不符合管理团队意愿的情形，则股东会或董事会就无法通过决议，甚至无法召开，如此便构成资本控制权与运营控制权对峙的僵局。在通常情况下，资本控制权与运营控制权的对峙僵局不影响公司的日常经营活动，甚至都不会影响公司的重大交易活动，因为管理团队通常会事先在公司章程等内部宪章性文件中尽可能弱化公司董事会和股东会的决策职能。如果因为资本控制权与运营控制权的对峙导致公司必须通过但又无法实际通过重大决策方案，进而导致公司业务停顿或管理团队威胁停顿业务时，解决僵局的出路可能是管理团队股东及其一致行动人以外的其他股东退出公司，少数情况下也可能由大股东接管公司，收购管理层持有的公司股权，同时更换经营管理团队。

交易各方（尤其是财务投资人）应对资本控制权与运营控制权对峙僵局的常见手段，是在交易文件中约定如本章第十节所述的优先退出条款。

三、运营控制权内部的对峙僵局

和资本控制权与运营控制权对峙相类似，在公司经营管理完全受经营团队控制，而经营团队内部存在对峙力量，以及大股东又不介入公司经营管理活动的情况下，容易造成股东会或董事会决议无法在经营管理团队中执行，如此则构成运营控制权内部僵局。运营控制权的内部对峙僵局影响公司的日常经营活动，也影响公司的重大交易活动，进而导致公司业务停顿。解决僵局的出路大多只能是由大股东更换经营管理团队部分成员甚至全部成员。

预防和控制运营控制权内部僵局的条款通常不会出现在交易文件中，而会记载于公司治理文件中。

第七节　同业竞争和竞业禁止

公司股东开展与公司有竞争性的业务构成同业竞争。公司的董事和高管开展与公司相竞争的经营性活动构成竞业行为。

一、同业竞争

同业竞争的构成要素有两个，一是竞争人，二是竞争行为。通常，竞争人的范围是持有目标公司约定比例股权的股东、该等股东的实际控制人，以及该等实际控制人控制的所有企业（不包括目标公司和目标公司的子公司）。竞争行为是指在同一细分市场分享相同的消费者。

关于禁止同业竞争的条款实例如下：

第×.××条　同业竞争

增资方以及持有公司30%以上股权的任何一方股东及其关联方不得自行或以第三人的名义，直接或间接地进行或从事或参与在约定地域范围内提供与公司相同或相似的产品或服务，或从事与公司构成竞争的营利性活动或在其中有任何利益，除非：

1. 该方事先获得公司董事会的书面同意；

2. 该方在本合同签署之日之前已在从事此类活动并已向其他方充分披露其活动；

3. 相关项目是根据政府、行业主管部门等正式或非正式的规定、通知要求只能由与该方类似性质的企业从事的项目；

4. 该方曾经向公司提供与合营服务有关的竞争性服务的机会，而公司未在30日或其他根据项目性质所需必要的合理期限内以书面方式予以接受。

除非获得公司董事会事先书面同意，增资方以及持有公司30%以上股权的任何股东及其关联方不得直接或间接地聘用或雇用下列人员：公司现任的任何雇员、管理人员或部门经理，或在此前两年曾为公司的雇员、管理人员或部门经理，但从一方派遣或借调到公司，在借调期满后又返回派遣方或借出方的原目标公司雇员除外。

二、竞业禁止

竞业禁止包括三层含义：一是董事和高管对公司的勤勉尽责义务，包括《公司法》第148条规定的公司董事和高管的禁止性义务；二是义务主体，狭义者为目标公司的董事和高管人员，广义则另外包括控股股东及实际控制人的董事和高管人员；三是期限，不仅包括董事和高管人员的在任期间，还可以包括董事和高管离任后的约定期间。

竞业禁止通常不是股东权益交易文件的约定内容，而是公司治理文件和公司与董事及高管签署的聘任合同规定的内容，但在董事和高管人员兼任公司股东的情况下，交易文件可以约定竞业禁止条款，例如：

第×.××条　竞业禁止

丙方和丁方承诺，且甲方同意约束其董事和高级管理人员承诺，在下列期日及后者2年内，不直接或间接投资于与目标公司属同类业务的企业，也不在该等企业担任高级管理职务，或为该等企业提供服务：

1. 出售所持目标公司股权之日；或

2. 不再担任目标公司董事或高级管理职务之日；或

3. 不再担任各方之董事或高级管理职务之日。

第八节　声明和承诺

声明和承诺也称为陈述与保证，通常分为三类：第一类是适用于所有交易方的通行声明，目的是确保交易各方的资格具备安全性；第二类是个别交易方基于其交易地位的特殊性或基于交易对方尽职调查产生的疑虑而作出的只适用于该方的特别声明，目的是确保该方四大要素（资本控制、主营业务、财务、运营控制）具备安全性；第三类是个别交易方基于其已被尽职调查确认的瑕疵作出的对瑕疵细节的声明及对消除瑕疵所作的特别承诺。

一、第一类声明和承诺

无论是股东权益转让交易还是增资交易，第一类声明和承诺的内容都至少包括：

第×.××.×条　各方的声明与承诺

任何一方分别向其余各方陈述并保证，于签署日和转让对价支付之日：

1. 根据适用的管辖法律，该方为独立法人、依法定程序设立、有效存在且相关手续完备。

2. 该方已经获得全部同意、批准并已实施所有使本协议签订及生效所必需的行为，且该方拥有所有必要的权利和授权订立本协议并履行本协议项下义务。

3. 该方的法定代表人或以正当程序授权的代表已获得代表该方签署本协议的授权，一旦签署本协议，从生效日开始，本协议的条款有效、合法，并对其具有法律约束力。

4. 无人启动或威胁采取任何措施或任何法律程序申请其解散，申请宣布其破产或资不抵债，或者指定清算委员会或管理人管理其资产或业务。

5. 该方签署本协议以及履行本协议项下义务：(1) 不会违反其营业执照、成立协议、章程或类似组织文件的任何规定；(2) 不会违反相关法律或任何政府授权或批准；(3) 不会违反或导致违反其作为当事人一方的其他任何合同或协议，也不会导致其在该合同项下违约，或违反受之约束的任何单方许诺或保证，或赋予任何第三方对其提起诉讼的权利；并且 (4) 不违反对其作出的任何判决或仲裁机构仲裁裁决，或任何政府或主管机构的决定或规定。

6. 不存在将影响该方履行本协议项下义务的能力的未决诉讼、仲裁或其他司法或行政程序，且据其所知无人威胁将采取上述行动。

7. 该方已披露在其了解的范围内的、在披露给对方后将对对方订立本协议的意愿产生重大影响的一切重大信息。该方向另一方提供的任何信息在重大方面不含有任何虚假的或具有误导性的重大陈述。

二、出让方/现有股东的第二类声明和承诺

转让交易中的卖方和增资交易中的现有股东作出第二类声明和承诺的实例如下：

第×.××.×条　出让方/现有股东的声明与承诺

出让方/现有股东各方陈述并保证，于签署日和转让对价/增资对价支付之日：

1. 目标企业的所有股东对目标企业的出资均已实际足额缴清，不存在任何可能限制股东行使权力或使股东身份处于不确定状态的事实；

2. 目标企业取得了按所有相关法律开展其主营业务所必需的所有执照、授权、核准、许可、同意和资质，并且，上述所有执照、授权、核准、许可、同意和资质在本次交易生效日均有效存在。在取得所有执照、授权、核准、许可、同意和资质的过程中，目标企业及其股东和实际控制人遵守了所有的相关法律并履行了所有必需的法定程序，交付了所有必需的法定税金或费用。上述所有执照、授权、核准、许可、同意和资质不会因为目标企业或其董事、监事和高级管理人以及目标企业的股东或实际控制人的行为而被中止、变更或撤销；

3. 所有价值超过人民币××××万元的重要合同或对公司正常开展业务有实质性影响的其他重要合同，均是合法有效且具执行力的，且不会因本次交易而被违反或以其他方式受到不利影响。目标企业和其他当事方均未违反任何此类重要合同项下的义务；

4. 目标企业提供了一份清单（如附件×），是目标企业为当事一方的所有贷款和担保协议的完整清单，其内容是完整、真实及准确的，不具有误导性。目标企业未违反其在上

述协议项下的义务。该等贷款和担保协议不包含任何非正常条款，也并不在其他方面使目标企业承担非正常的责任或风险。同时，附件×还列出就目标企业的股东或股权结构变更以及控制权变化等事宜须取得贷方或其他任何第三方同意的贷款和担保协议项目；

5. 目标企业提交了一份清单（如附件×），该清单真实、准确、完整地描述了目标企业所拥有和所使用的物业和租赁物业的状况。目标企业已经就该等物业和对应的土地使用权取得合法、有效和完整的权属证明或依法进行了所有必需的登记，或者已经签署合法、有效的租赁使用协议，目标企业有权按照该等物业的权属证书和相关协议的记载占有、使用、收益和处分该等物业及对应的土地使用权，而不受任何禁止、限制、对抗或争议；

6. 没有发生任何事件或存在任何原因，可能致使目标企业合法拥有的知识产权受到撤销、强制许可、注销或更改，或可能阻碍有关机关根据现有申请授予或注册知识产权。据目标企业所知，没有任何第三方实际或可能侵犯其持有或使用的任何重大知识产权、专有技术和保密信息，目标企业亦没有默许任何第三方未经授权使用上述任何重大知识产权、专有技术和保密信息；

7. 目标企业提交了一份结构图（如附件×），该结构图真实、准确、完整地描述了目标企业所直接和间接拥有权益的所有企业及其相互之间的持股关系。目标企业均已按约定履行了所有对外股权投资所涉及的全部出资义务，并且不存在目标企业还需要承担其他任何义务或责任的任何情形；

8. 除非另有特别注明，目标企业的所有会计报表均按在整个报表期间一贯采用的通用会计准则编制，这些报表公允地反映了目标企业在报表期间和相应报表日期的财务状况和经营业绩，并且对目标企业在相应报表日期的所有重大的债务、或有债务以及坏账、呆账和损失均根据相关会计准则计提了充足的准备金，并且给予了完整的披露；

9. 不存在任何虚假或虚构的交易或安排以试图逃避、推迟或减少目标企业的纳税；

10. 目标企业至本合营合同签署之日及生效日享受的政府补贴和税收优惠均系有权机关依照适当的法定程序合法有效地授予，并且符合有效的法律及政策。截至本合营合同签署之日及生效日，目标企业从政府获得的该等补贴和优惠未曾中断；

11. 没有任何针对目标企业或其实际控制人以及各自的董事或高级管理人员的政府调查或质询。并且，目标企业或其实际控制人以及各自的董事或高级管理人员没有因为任何原因受到政府部门或检察机关的任何追究、起诉或处罚；

12. 不存在目标企业的董事、监事、高级管理人员和/或雇员给予任何一方以任何正当业务之外的利益，从而造成目标企业违反任何法律、法规或政策要求，并将面临政府部门或检察机关的任何调查、追究、起诉或处罚；

13. 目标企业始终遵守所有现行关于安全生产、环境保护和卫生质量方面的法律、法规和政府要求，没有遭受或面临政府部门的任何调查、追究或处罚，也没有遭受与此有关的任何民事追索；

14. 目标企业没有任何安排、协议或计划在未来对其任何董事或员工的任何聘用合同进行变更且对目标企业产生不利影响或承担不正常的支出。目标企业与其任何董事、管理人员或员工之间的所有现存的服务协议或其他协议或合同均可通过事先通知而合法终止，而且这种终止除了法定的经济补偿之外，不会产生任何其他损失索赔或补偿主张；

15. 目标企业遵守所有劳动法律、法规和劳动合同的条款和条件，遵守关于员工工作健康和安全的所有相关法律所规定的各项义务，已足额提取和支付了所有养老保险金、医疗保险金、住房补贴、工伤保险金、失业保险金和其他津贴，并按照有关地方政府实施的所有相关规定已支付各项应拨付的工会经费和应缴款项；

16. 目标企业的全部公司记录与纪要簿册均是真实且完整的，包含其股东（大）会、董事会、监事会和经理办公会一切会议的准确纪要，而且该等记录、纪要的所有复印件与经签署的原件一致；

17. 所有在本次交易生效日之前，由目标企业或其股东或实际控制人及其顾问，向出资/收购方及其顾问披露的有关目标企业及其股东和实际控制人的所有重要信息和文件，在披露之时以及生效日都是真实、准确和完整的，且不具有误导性或重大遗漏；

18. 尽管已有上述，目标企业不存在对本次交易的协议签订、审批、生效和履行构成重大不利影响的任何事实，也不存在对目标企业的设立、存续和运营构成重大不利影响的任何事实。

三、受让方/增资方的第二类声明和承诺

转让交易中的受让方和增资交易中的增资方也会作出额外声明与承诺，通常主要围绕其资信能力和受让目的，例如：

第×.××.×条　受让方的声明与承诺

1. 为本次股权转让而向出让方支付的转让对价的资金来源合法，且有充分能力按本股权转让协议的约定方式、期限履行付款义务；

2. 尽全力协助出让方和目标公司办理所有必需的前置许可手续和登记、备案手续；

3. 取得目标公司股权以后×年内，不向任何第三人再转让，也不委托任何第三人管理所持股权。

第九节　反稀释

反稀释（或反摊薄）是财务投资人参与交易时特有的交易条件，目的是确保投资人的两项权益，一是确保投资人占有股东权益的比例不被减小或摊薄，二是在本次溢价出资（无论针对转让还是增资）后，目标公司不会以更优惠的条件吸引其他投资人。

常见实例如下：

第×.××.×条　反稀释

本协议各方同意：本次增资完成后至目标公司公开发行股票并上市成功前，未经投资

人书面同意，目标公司不得以低于投资人本次增资时的目标公司估值条件，接受任何人（包括自然人和法人）认购新的股权/股份或与公司权益挂钩或可以转换为公司权益的任何出资（以下简称新出资），甲方和乙方亦不得以低于投资人本次增资时的目标公司估值条件向投资人以外的任何人出让股权。

如果届时投资人同意公司新募集较本次增资价格更低的新出资，则甲方及乙方有义务向投资人无偿转让相应的股权/股份，转让股权/股份的价格和数量应足以使得投资人本次增资实际出资金额××××万元与其获得甲方及乙方转让股权/股份后所持目标公司出资的溢价比，不高于届时新出资的溢价比。关于溢价比比较的示例如下：

投资人本次增资实际出资额××××美元，折合人民币××××万元，持有对目标公司出资合计××××万元，溢价比为3.53。

如果本次增资后，新出资方实际出资金额为××××万元，认缴目标公司新增注册资本××××万元，则该新出资方持有的目标公司出资的溢价比，为3.00。

在此情形下，按照新出资所适用的溢价比3.00，投资人本次增资实际出资额××××××万元对应的目标公司出资应为××××万元。为此，甲乙双方应向投资人无偿转让目标公司注册资本××××万元，使得投资人持有的目标公司出资增加至××××万元。

甲方或/和乙方以低于投资人本次增资时的目标公司估值条件向投资人以外的任何人出让股权的，参照前款约定处理。

除前述规定外，如果在目标公司未来融资中，任何新的投资人就认缴目标公司新出资所享有的权利或条件、条款，优于投资人本次增资所享有的权利或条件、条款，则目标公司还应给予投资人与该等新投资人所享有权利或条件、条款相同的权利或条件、条款。

第十节　退出机制

退出机制也是财务投资人参与交易时特有的交易条件，通常包括两方面含义，一是限制现有股东退出，二是保证财务投资人优先退出。

建立退出机制的缘由有三：一是财务投资人本不以长期持有公司股权为出资目的，而是以合理期限持有、优先退出及获得投资价差收益为出资目的；二是财务投资人不参与公司经营管理，更不能控制公司；三是财务投资人必须要以退出机制作为抵御实际控制人滥用控制权的避险手段之一。

一、限制现有股东退出

现有股东相较于财务投资人具有信息优势和控制优势，而且负责经营管理公司，发展主营业务，持续增加公司业绩，因此，现有股东的退出可能会损害公司利益，损害投资人对公司的信心。

常见的限制现有股东退出的条款如下：

第×.××.×条　甲方和乙方的退出限制

1. 在投资人持有目标公司任何部分出资（如目标公司为有限责任公司，该出资指目标公司股权；如目标公司改制为股份公司，该出资指目标公司股份，下同）的情形下，未经投资人事先书面同意，甲方和/或乙方不得将其持有的目标公司任何部分出资，以转让、赠与、质押或其他任何方式（包括但不限于信托）进行处置或在其上设置第三人权利。

2. 本协议各方共同确认且同意：甲方和/或乙方保持其对目标公司的股东及/或实际控制人地位，是确保目标公司按照本协议约定的上市进程顺利实现在国内证券市场首次公开发行并上市的重要条件，且投资人系基于该等条件而对目标公司进行本次增资。

为此，甲方及乙方明确承诺：在目标公司实现在国内证券市场首次公开发行并上市之前，未经投资人事先书面同意，则甲方及/或乙方不得向第三方转让其持有的目标公司任何部分出资。

如果甲方及/或乙方拟向第三方转让其对目标公司的出资，则经投资人要求，甲方及/或乙方应促使该第三方按照其与甲方及/或乙方商定的相同转让条件，优先受让投资人对目标公司的全部或部分出资。在投资人要求进行转让的目标公司出资向该第三方转让完毕之前，甲方及/或乙方不得向该第三方转让其对目标公司的任何出资，且其对该第三方转让目标公司出资的价格条件，不得高于投资人向该第三方转让目标公司出资所适用的价格条件。

如果甲方及/或乙方向第三方转让目标公司出资实际适用的价格条件，高于投资人向第三方转让目标公司出资实际适用的价格条件，则投资人有权按照该等较高价格条件，计算并确定其向第三方转让出资的应得转让价款，该应得转让价款与投资人向第三方转让出资的实际转让价款之间的差额，应由甲乙双方共同向投资人补足。

3. 如果甲方及/或乙方违反上述承诺，则经投资人要求，甲方、乙方及/或目标公司，应按照本协议第×.××条约定的方式及价格，受让及/或回购投资人持有的目标公司出资。

如果届时甲方、乙方及/或目标公司拒绝按照本条约定受让及/或回购投资人持有的目标公司出资，则投资人有权以合法方式向第三方转让该等目标公司出资。投资人就该等转让所获转让价款如不足前述甲方、乙方应支付的受让金额或目标公司应支付的回购金额，则甲方、乙方及目标公司应共同向投资人补足该等差额。

二、财务投资人优先退出

常见的财务投资人优先退出的条款如下：

第×.××.×条　投资人优先退出

如果因（1）目标公司未经投资人同意而将本次增资资金使用于本协议规定用途之外的业务或事项，或（2）目标公司经营原因（包括但不限于业绩下滑）、甲方及/或乙方不支持上市工作，导致目标公司在××××年年底时仍未能向中国证监会递交首次公开发行股票并上市的申报材料，投资人有权要求甲方及乙方协议受让或目标公司回购届时投资人持有的对目标公司的出资。

在此情形下，甲方、乙方受让投资人持有的目标公司股权的转让对价，或目标公司回购投资人对目标公司出资的应付价款，或两者合计（在受让与回购同时发生情形下）应支付的全部价款，为投资人本次实际出资金额××××万元，及该等金额按年复合利率15%计算的利息（计息期间自投资人实际缴付出资之日起，至投资人收到该等金额全部本息之日，但应扣除投资人在持有目标公司出资期间累计从目标公司获得的分红总额），应向投资人支付受让价款或回购价款。

如果届时甲方、乙方及/或目标公司拒绝按照前段约定受让及/或回购投资人持有的目标公司出资，则投资方有权以合法方式向第三方转让该等目标公司出资。投资人就该等转让所获转让价款如不足前述甲方、乙方应支付的受让金额或目标公司应支付的回购金额，则甲方、乙方及目标公司应共同向投资人补足该等差额。

第十一节　补救措施

补救是指在发生违约行为的情况下，守约方应当得到的补偿和救济。

一、补救措施的种类

补救措施通常包括5类：违约方继续履行协议义务，创设附属交易以使本协议的目的得以继续实现，违约方向守约方支付违约金，违约方赔偿守约方因违约行为而遭受的损失，守约方解除协议并要求违约方赔偿损失。

补救条款实例如下：

第×.××.×条　补救

除非本协议另有规定，如果一方（“违约方”）未能履行其在本协议下的任何重大义务或如果任何保证的重大方面在作出时为不真实和不正确，则另一方（“守约方”）除依据适用法律、法规和规章享有其他有关权利之外，可选择：

1. 给予违约方书面通知，说明有关违约的性质和范围，并要求违约方在通知规定的合理期限（“补救期”）内自行承担有关费用纠正该违约行为（但是如果一方在第××条及附件×项下所作的任何陈述和保证在作出时在任何重大方面不真实、不准确，则没有补救期）；

2. 若违约方未能在补救期内（或，如未规定期限，则在该违约发生后的任何时间）纠正违约行为，守约方可就违约，要求违约方支付违约金、损害赔偿金。逾期支付对价的违约金=应支付对价金额×万分之五/天×逾期天数，违约金不足以弥补守约方损失的，违约方应继续对守约方进行损害赔偿；针对其他违约行为，守约方可直接要求违约方支付损害赔偿金；及

3. 若甲方违约且未能在补救期届满后30日内纠正违约行为，丙方可以单方通知本协议其他各方和目标公司，依照本协议第×.××条要求甲方回购丙方所持全部股权。

二、违约责任限制

为了锁定因违反声明和承诺等情形而赔偿的风险，各方可以约定对违约责任的限制。

实例如下：

第×.××.×条　违约责任限制

1. 出让方/现有股东就所有陈述、声明、保证、承诺承担责任受以下条件限制：

（1）期间：除非有关索赔因出让方/现有股东的欺诈、故意隐瞒或不诚实而引起，否则受让方/投资人提起索赔的时限以自本协议签署之日起××年为限；

（2）金额：受让方/投资人对于出让方/现有股东违反单项陈述、声明、保证、承诺的索赔金额以人民币××××万元为限；无论基于何种原因和理由，受让方/投资人对于出让方/现有股东累计索赔总额以人民币××××万元为限；

（3）信息披露除外：若引起索赔的事实、事项、事件或情形已通过公开披露信息、披露函公平、合理地予以披露而在本协议签署日已经为受让方/投资人所获悉。

2. 无论本协议其他条款有何规定，任何一方均不向对方承担因本协议的履行或不履行而造成的收入或利润丧失、商誉丧失或任何间接或后果性损失的赔偿责任。

第十二节　约定无效的法律后果

为了确保交易目的得以实现，关于协议条款相互之间的效力影响和制约以及排除制约，各方可以约定交易文件中各条款的效力优先顺序，从而对协议部分无效的后果作出处理。

实例如下：

第×.××.×条　条款效力

1. 本协议一经签署即对各方具有约束力，各方即应依照协议第×.××条和第×.××条的规定，执行启动内外部报批程序/向增资方移交资料等项事务，而不得以协议尚未生效为由予以对抗。

2. 本协议部分条款/附件/附录的无效并不影响其他条款/附件/附录的有效，也不影响本协议整体的有效性。各方可以协商删除该等无效条款/附件/附录，也可以对其进行修改而使之变为有效。

3. 无论任何原因，即使本协议未生效、无效或终止，本协议第×.××条、第×.××条……和第×.××条规定的双方陈述与保证及额外陈述与保证、责任限制、过渡期的安排、定义、保密、违约责任、适用法律、争议解决、文本等条款的效力将持续存在。

第十三节　适用法律和管辖法院/仲裁机构

一、适用法律

适用法律是指依据哪一国家/地区的法律来解释交易文件和解决交易各方之间的争议。

目标公司在中国境内的交易一般都适用中国法律。外国当事人之间就其在中国境内目标公司的股东权益达成交易可以适用当事人选择的法律，但与中国法律发生冲突的规定和约定在中国境内不发生效力。目标公司在中国境外适用目标公司所在国或所在地区的法律。

通常中国籍当事人（中国籍自然人和在中国注册的法人）之间就在中国境内目标公司的权益发生交易的交易文件无须约定管辖法律；中、外籍当事人之间就在中国境内目标公司的权益发生交易的交易文件通常约定：

第×.××.×条　适用法律

本协议的效力、解释、履行和争议解决适用中华人民共和国法律。

二、管辖法院/仲裁机构

管辖法院或仲裁机构是指发生争议时，交易当事方向什么裁决机构提出裁判申请。交易各方可以选择法院管辖或仲裁机构管辖。

选择法院管辖表明各方一致同意，一旦发生争议和纠纷，各方将向有管辖权的法院提起诉讼。目标公司在中国境内的交易一般由中国法院管辖，各方可以选择目标公司所在地、协议签署地（在中国境内）、某一方当事人所在地（在中国境内）或被告所在地（在中国境内）的法院，按照级别管辖标准受理起诉。对于目标公司在中国境外的交易，各方可以选择目标公司所在地、协议签署地或其他与交易有最密切联系的所在地法院管辖。

选择仲裁管辖表明各方一致同意，一旦发生争议和纠纷，各方将向各方一致同意的仲裁机构提出仲裁申请。中国籍当事人（中国籍自然人和在中国注册的法人）之间就在中国境内目标公司的权益发生交易，选择中国境内的仲裁机构，适用该仲裁机构的仲裁规则。有外国籍当事人参与的涉外交易（无论目标公司是否为在中国注册的公司），各方可以选择中国境内或境外的仲裁机构，适用该仲裁机构选择的仲裁规则。

涉外交易的仲裁条款实例如下：

第×.××.×条　争议解决

如果发生由本协议（或其违反、终止或无效）引起或与之相关的任何争议、纠纷或者索赔（“争议”），双方应首先争取通过友好协商来解决争议。

如果该等争议未在一方首次书面提出进行磋商之日后六十（60）日内友好协商解决，则任一方可将该争议提交中国国际经济贸易仲裁委员会（“贸仲会”）在×××按照依当时有效的国际商会仲裁规则（“国际商会仲裁规则”）修订的贸仲会仲裁规则（“仲裁规则”）进行仲裁。如果贸仲会仲裁规则为强制性的，则应适用该规则，且就此作出的该仲裁庭决定应为最终的。此外，各方同意：

1. 仲裁庭应由三名仲裁员组成，三名仲裁员的报酬应根据国际商会仲裁规则支付。仲裁申请人与被申请人各自选择一（1）名仲裁员。如果申请人或被申请人未在被申请人收到贸仲会的仲裁通知（“仲裁通知”）之日后十五（15）日内选择一（1）名仲裁员，则贸仲会主席应为申请人或被申请人（根据具体情况）指定一名仲裁员。根据上述规定指定的两（2）名仲裁员应指定第三名仲裁员，但是如果他们不能在被申请人收到仲裁通知后十五（15）日内就第三名仲裁员的选择达成一致，则应由贸仲会主席指定第三名仲裁员。

2. 仲裁程序应当以英文进行（如需要可提供中文翻译），且应以英文制定每日笔录并提供给双方。

3. 所有仲裁费用（包括但不限于仲裁费、仲裁员费用、提供翻译和笔录所发生的费用以及其他法定费用和支出）应由败诉方承担，除非仲裁庭另有决定。

4. 仲裁裁决是终局的，并对双方具有拘束力。

第十四节　通　知

通知条款约定交易各方传递意思表示并使其发生效力的渠道。

实例如下：

第×.××.×条　通知

1. 本协议一方向对方发出的通知或书面函件（包括但不限于本协议项下所有要约、书面文件或通知）均应以中文和英文制作，并通过以下方式交付相应一方：

（1）当面递交；

（2）专递信函；

（3）传真；或

（4）电子邮件。

2. 在以下时间通知被视为已经送达：

（1）如果以当面递交方式发送，送达指定地址并签署回执或其他送达证明；

（2）如果是以专递信函的方式发送，则为递交之日后的第五个工作日；

（3）如果是以传真方式发送，为发送传真方的传真机发送的报告确认书（表明已向相关传真号码发送完整的、未中断的传真）上标记的日期之后的一个工作日；以及

（4）如果是以电子邮件方式发送，为发送电子邮件的通讯终端确认的发送时间于送达地的当地日期，但如发送时间为送达地16：00以后，则为该日期之后的一个工作日。

3. 各方通讯方式为

甲方：

[甲方名称]

[通讯地址]

传真号码：

电子信箱：

收件人：　　　　　职务：

乙方：

[乙方名称]

[通讯地址]

传真号码：

电子信箱：

收件人：　　　　　职务：

第十五节 保　密

交易涉及商业秘密，保密是应有之意。交易文件应约定保密人、保密范围和保密责任的例外等事项。常见的保密条款如下：

第×.××.×条　保密

一方（“披露方”）已经或者可能不时向另一方（“接受方”）披露该方的保密信息，双方也不时获得目标公司的保密和专有信息。收到该等信息的各方必须：

1. 除为履行其职责而确有必要知悉保密信息的该方或其关联方的雇员、律师、会计师或其他顾问（上述人员须已签署书面保密协议）外，不向其他任何人披露；并且

2. 不为本协议目的之外的其他目的使用保密信息。但是下列情形不适用：

(1) 接受方有书面记录证明在披露方向其披露前其已经掌握；

(2) 目前或将来并非由于接受方违反本协议而进入公有领域；

(3) 接受方从对该信息无保密义务的第三方获得；或

(4) 接受方依法必须向有管辖权的法院或政府机关披露。

各方进一步同意制定相应的规章制度，约束该方（及该方的关联机构）董事、高级职员以及其他雇员遵守本协议规定的保密义务。

3. 在本协议终止时，接受方应向披露方归还或经披露方要求销毁。

第十六节 不可抗力

不可抗力条款是为应对超出各方意志之外的事实，对各方在此情形下的协议义务履行和责任限制进行事先约定。

关于不可抗力条款的实例如下：

第×.××.×条　不可抗力

本协议签署后，如果发生各方不能预见、其发生和后果不能克服或避免的不可抗力事件（包括但不限于地震、台风、水灾、火灾、严重疫情等自然事件，或战争、国家法律法规或产业政策、行业政策的重大变化、市场条件严重恶化等社会事件），导致一方或各方不能依本协议规定履行义务或目标公司经营环境发生重大不利变化，则本协议任何一方有权立即通知其他协议各方，要求延迟履行本协议，并附发生不可抗力的证据。

如果上述不可抗力事件影响持续满九十天而仍未消除，遭遇不可抗力的一方或虽未遭遇不可抗力但因目标公司遭遇不可抗力而导致该方不能履行协议义务的一方，有权通知协议其他各方和目标公司，要求解除本协议。如果协议其他方一致决定继续履行本协议，则应免除该通知方于本协议项下的责任与义务，不得追究其违约责任。

第十七节　应披露信息

股东权益交易通常可以通过交易文件的如下附件披露保障交易安全所需要的信息：

（1）目标公司股权结构图；

（2）公司最近一期的经审计的财务报告；

（3）公司净资产评估报告；

（4）增资资产清单及非货币增资资产的资产评估报告；

（5）在支付增资对价日或之前及之后公司向增资方提交资料清单；

（6）需要增资方/受让方补偿的人员清单；

（7）需要增资方/受让方提供担保或清偿的债务清单；

（8）需要增资方/受让方/出让方履行的其他义务事项；

（9）出让方/原股东的额外陈述与保证或承诺；

（10）出让方/原股东声明其额外陈述与保证或承诺之例外情形的特别披露函。

第十八节　案例——股权转让协议

一、交易背景和律师工作重点

东海水务集团有限责任公司（以下简称东海集团）是一家有数十年历史的国有企业，负责东海市自来水供应和污水处理，随着经营体制改革，东海集团拟进行一系列重组改制，其中包括剥离出工业水处理、市政水处理业务和资产进行改制重组，主要方案和步骤为：东海集团以工业水处理、市政水处理经营性资产出资设立全资子公司东海水务有限公司（以下简称东海水务）；东海集团向经考察的投资人出让东海水务50％的股权，股权转让收入用于解决东海集团离退休职工安置等历史遗留问题，东海水务主要由投资人负责经营；股权转让过户后三年内，如果东海水务保持持续盈利，则投资人有权选择单方增资，成为东海水务的控股股东。

律师受投资人清源水务投资有限公司（以下简称清源水务）委托，担任法律顾问参与本次股权转让。在协商谈判和拟制交易文件环节，律师主要关注交易的两个要点，并将其体现于股权转让协议当中，一是交易的实施流程，二是交易过程中的风险控制。

根据本次股权转让的特点，律师确定的交易实施流程为：

1. 双方签署《股权转让协议》；

2. 清源水务支付股权转让预付款；

3. 交易双方各自批准《股权转让协议》，东海集团及东海水务职工代表大会批准本次股权转让；

4. 东海集团报市政府及其国资管理部门和水务管理部门，确认清源水务的股权受让人主体资格，批准本次股权转让以协议转让方式进行；

5. 东海水务备齐移交资料，清源水务进场了解和跟踪目标公司运营情况；

6. 东海水务备齐资料，向东海市工商局申请办理股权转让变更登记手续；

7. 清源水务向东海集团一次性付清股权转让款。

为了保证上述流程安全实施，律师在合同中设置了六个特别合同条款和六个合同附件来防控交易中的风险。

合同第 2.2 条中预付款的约定用于约束买方，保障卖方的安全；过户完成后一次性支付股权转让款的约定用于保护买方的安全；特别强调“本条项下甲方之付款义务受制于本协议第四条所规定的所有先决条件均已得到满足，或者获得甲、乙双方的豁免”是对交易安全和交易双方利益安全的保障。

第 4 条先决条件的约定是第 2.2 条约定的细化和延伸。

第 5 条约定双方关于对价外的义务安排，以便目标公司能够顺利地由卖方负责经营管理转变为由买方负责经营管理。

第 6 条约定过渡期的安排，确保买方接手目标公司时情形与尽职调查时大致相同而没有发生重大不利变化。

第 10 条约定协议终止的处理，主要目的是对在意外终止协议时预付款的处理和一方对对方的合理补偿预先做好安排。

第 17.3 条约定合同条款效力，主要是为使双方在就合同解释和合同效力发生争议时也有章可循。

附件Ⅱ和Ⅳ是指引性的，指导双方开展资料和业务交接。其余附件是约束性的，主要约束卖方进行无误导性的信息披露。

二、交易文件——股权转让协议

按照上述思路，律师草拟了股权转让协议，经过双方协商，达成了一致。

清源水务投资有限公司
与
东海水务集团有限责任公司
关于
【东海水务有限公司】

股权转让协议

20××年××月××日

甲方：清源水务投资有限公司（以下简称甲方）
地址：上海市××区××路××号
法定代表人：××先生
营业执照注册号：××××××

乙方：东海水务集团有限责任公司（以下简称乙方）
地址：东海市××区××路××号
法定代表人：××先生
营业执照注册号：××××××

鉴于：

1. 东海水务有限公司（“目标公司”）系由乙方在东海市合法设立并有效存续的全资子公司，持有注册号为××××××的《中华人民共和国企业法人营业执照》，其主营业务为工业水处理、市政水处理、固体废弃物处理，注册资本为人民币××××万元，且已足额缴齐。

2. 为谋求目标公司更好的发展，乙方拟根据本协议的条款条件转让给甲方、甲方拟根据本协议的条款条件受让乙方所持有的目标公司百分之五十（50%）的股权（“本次股权转让”或“协议拟定的交易”），本次股权转让完成后，双方将各自持有目标公司百分之五十（50%）的股权。

有鉴于此，就目标公司股权转让事宜，本协议双方依据中华人民共和国相关法律法规，经友好协商一致，签订本协议，以兹共同遵守：

第一条　股权转让

1.1　根据协议条款约定之条件，乙方应当向甲方转让且甲方应当从乙方受让目标公司百分之五十（50%）的股权以及其他所有与之相关的权利和利益（“权益”），该等权益和权属应当免于任何和所有权利负担，亦不受任何第三方权益的制约或限制。

1.2　自本次股权转让所需工商变更登记手续办理完成之日（“过户日”）起，双方各自按所持目标公司股权比例享有相应的股东权利、承担相应的股东义务。

第二条　转让对价及其支付

2.1　协议双方同意，作为乙方向甲方转让股权的对价，甲方将向乙方支付共计人民币××××元的购买价格（“转让对价”），该转让对价系以具有相应评估资格的××××××评估有限公司于 2011 年 2 月 27 日出具的××××××号《资产评估报告》（如附件Ⅱ）为依据，以净资产评估值为基础协商而确定。

2.2　转让对价由甲方于过户日起三（3）个月内向乙方一次性支付，而自本协议生效之日起五（5）个工作日内，甲方应预付人民币××××万元。

协议双方一致确认，本条项下甲方之付款义务受制于本协议第四条所规定的所有先决条件均已得到满足，或者获得甲、乙双方的豁免。甲、乙双方的授权代表应当在付款日以前确定日期，与目标公司共同确认本协议第四条所述先决条件全部成就或被甲、乙双方明确放弃。

2.3　甲方向乙方支付完毕股权转让对价以后三（3）个工作日内，目标公司重新向甲、乙双方颁发《出资证明书》。

第三条　股权过户和资料确认

3.1　目标公司应当在本协议和修订章程均已签署、向工商行政管理部门办理变更登记所需文件已经齐备后，立即向原主管登记的工商行政管理部门就本次股权转让办理相应的变更登记手续。

3.2　甲、乙双方应当尽力协助并敦促目标公司尽快办理完成工商变更登记手续。

3.3　甲、乙双方的授权代表应当在办理工商变更登记手续以前确定日期，与目标公司共同确认：

（1）向工商行政管理部门办理变更登记所需文件已经齐备；

（2）公司所有必备印鉴和资料（包括但不限于印鉴资料、组织机构资料、人员资料、财产资料、财务资料、业务资料、技术资料和目标公司的子公司资料，如附件Ⅲ）已经在目标公司备置、存管妥当。

第四条　先决条件

双方同意，下列条件得到满足或被甲、乙双方明确放弃构成本次股权转让之先决条件：

（1）与本次股权转让相关的或与目标公司性质变更相关的，无论是实质性还是程序性的所有法定要求和程序（包括但不限于所有必需的政府批准、核准、许可、备案、登记，以及所有必需的债权人确认）均已得到满足和履行；

（2）并不存在政府或司法指令或意见阻止、撤销、终止协议拟定的交易，或者要求对协议进行修改，而所述修改将会对拟定的交易的条款产生实质改变或影响，以及并不存在可能导致该等阻止、撤销、终止或要求的正在进行的程序和过程；

(3) 本协议后附的附件Ⅲ中资产清单所定义及涵盖资产的所有利益、权利和权属已经完整及不受限制地转让给目标公司且获得甲、乙双方一致之确认；

(4) 无论在协议拟定的交易完成前或完成后，目标公司均有权独立经营和管理前项所列资产，而不受任何第三人权益（包括但不限于供应商、客户、雇员和其他债权人利益）的阻止或撤销；

(5) 本协议后附的附件Ⅳ中乙方的所有陈述和保证及附件Ⅴ中披露的事项于协议签署日、过户日和付款日均为真实、完整及准确；

(6)《资产评估报告》及其评估结果已得到甲、乙双方的认可；

(7) 乙方已履行并且已经促使其雇员或关联公司履行协议中的所有约定和承诺；

(8) 由乙方转入目标公司的雇员（“转移雇员”）已与乙方终止聘用关系并且已与目标公司签订了新的劳动合同，且令甲、乙双方满意；

(9) 目标公司于本协议附件Ⅵ所标明的区域（“区域”）内享有的污水处理独家经营权；

(10) 完成为使目标公司业务符合法律规定的法律程序，包括但不限于排污许可和安全设施的检测；以及

(11) 为完成协议拟定的交易和遵守协议条款而合理要求的其他条件。

第五条　各方责任与义务

5.1　乙方责任与义务。除附件Ⅲ中乙方的所有陈述和保证及本协议其他条款明确约定的乙方责任外，乙方就本协议项下股权转让事项，承担如下责任与义务：

(1) 乙方的董事会批准本次股权转让、协议签署以及与本次股权转让相关的任何其他文件；

(2) 促使目标公司董事会批准本次股权转让、对原章程予以修订使修订章程于过户日已取代原章程、股权转让后的董事会组成以及与本次股权转让相关的任何其他文件；

(3) 促使目标公司最迟于过户日按照修订章程组建董事会和监事会；

(4) 善意地与公司诚信合作，适时与政府部门紧密合作，并及时采取所有必要或适当的措施以完成协议拟定的交易；

(5) 使公司可使用其雇员和代理人的服务，并为目标公司维系其与供应商、客户及与其具有业务关系的其他方的关系和商誉；

(6) 定期告知甲方会影响到资产或业务的所有事宜；以书面形式及时告知甲方所发生的乙方实质违反其在协议中作出的任何声明或保证、承诺或约定的情况；

(7) 使目标公司继承乙方与其所有现有客户和供应商之间的所有直接和间接关系和业务，以及在可行的情况下转让所有合同给目标公司；

(8) 如果任何资产享有制造商或原销售商提供的保证，则乙方将签署或促使签署必要

或适当的文件，及采取必要或适当的行动，以便将所述保证转让给目标公司；

(9) 尽力促使目标公司能够获得税务、政府补贴或资金方面的最佳待遇，及中国国家和/或地方法律所规定的所有其他有关权利和待遇；

(10) 尽力促使与目标公司业务有关的、可能被挑选的乙方员工与目标公司签订劳动合同；

(11) 为最迟于过户日甲方派遣人员进入目标公司履行目标公司相应经营管理职能提供必要协助与支持，包括但不限于为甲方该等人员履行职能提供必要的授权文件与指令；以及

(12) 甲方知晓任何事件、情形或事实，并不减轻或在任何方面影响乙方所负责任与义务，也不影响甲方基于该责任与义务所享有的任何权利和补救措施。

5.2 甲方责任与义务。除本协议其他条款明确约定的甲方责任外，甲方就本协议项下股权转让事项，承担如下责任与义务：

(1) 已采取所有必要公司行为，批准本次股权转让、协议签署以及与本次股权转让相关的任何其他文件；

(2) 促使目标公司董事会批准本次股权转让、对原章程予以修订使修订章程于过户日已取代原章程、股权转让后的董事会组成以及与本次股权转让相关的任何其他文件；

(3) 促使目标公司最迟于过户日按照修订章程组建董事会和监事会；

(4) 善意地与公司诚信合作，适时与政府部门紧密合作，并及时采取所有必要或适当的措施以完成协议拟定的交易；

(5) 为本次股权转让而向乙方支付的转让对价的资金来源合法，且有充分能力按本协议约定方式、期限履行付款义务；

(6) 以书面形式及时告知乙方所发生的甲方实质违反其在协议中作出的任何声明或保证、承诺或约定的情况；

(7) 尽力协助目标公司能够获得税务、政府补贴或资金方面的最佳待遇，及中国国家和/或地方法律所规定的所有其他有关权利和待遇；

(8) 按照修订章程和目标公司董事会决议，最迟于过户日派遣人员进入目标公司，履行目标公司相应经营管理职能；以及

(9) 乙方知晓任何事件、情形或事实，并不减轻或在任何方面影响甲方所负责任与义务，也不影响乙方基于该责任与义务所享有的任何权利和补救措施。

第六条 过渡期间安排

6.1 双方一致确认，自本协议签署日起至过户日止的期间，为过渡期间。

6.2 乙方同意，过渡期间，未经甲方事先书面同意，其将保证目标公司：

(1) 除非与甲方另有书面约定，目标公司应按照与往常惯例和程序一致的通常方式从事业务，使资产维持在良好的维护及工作状态下；

（2）在事先合理通知的情况下，甲方及其法律顾问、财务顾问、审计师和其他授权代表将被允许在正常工作时间合理地进入与业务有关的办公场所、经营场所，及查阅相关的公司账簿和记录，并将被允许获得甲方可能合理要求的、与资产或业务有关的信息；

（3）不存在或发生出售、转让、租赁、许可、赠与或以其他方式处置任何资产，或对所述资产进行抵押、质押或设置任何其他第三人权益；

（4）不存在或发生任何单笔或总金额超过人民币××××万元的借款负债或对该等借款负债提供担保；

（5）不存在或发生购入单笔或总金额超过人民币××××万元的任何形式的资产或财产；

（6）不存在或发生在与以往惯例相一致的业务经营之外的任何资本开支或资本开支承诺；

（7）除了通常的业务经营所需外，不存在或发生修改或改变任何商业合同的实质内容，或终止所述商业合同；

（8）不存在或发生签署、修改或终止通常的业务经营之外的任何聘用协议或任何集体合同；

（9）不存在或发生对其任何经理、董事、雇员、顾问、代理人或其他代表加薪或增加该等人士应得的任何其他报酬或奖金；

（10）不存在或发生对其任何经理、董事、雇员、顾问、代理人或其他代表支付或承诺支付任何离职或终止聘用补偿金，但按照与以往惯例相一致的业务经营需要支付或承诺支付的除外；

（11）不存在或发生向任何第三方转移公司任何业务与资源（包括但不限于财务资源、客户资源、市场资源、技术资源、人力资源等）；

（12）不存在或发生以任何其他不符合通常商业惯例、可能有损目标公司与目标公司未来股东利益的方式，处理公司经营与业务之情形；

（13）在过渡期满或协议终止两者中任一事项发生之前，乙方或其任何董事、经理、雇员、代理人、代表，或控制乙方的或受乙方控制的任何单位或个人均不直接或间接地与任何第三方接洽、探讨、谈判或商讨有关拟收购目标公司或与目标公司联合的任何事宜，以及目标公司的任何重组、解散、资本调整、合并或兼并事宜；

（14）乙方委派董事亦应遵守上述承诺，该等董事违反承诺行为，均将视同乙方违反该等承诺行为。

第七条　陈述和保证的存续

每一方同意其于协议项下的陈述和保证在过户日之后持续有效，除非法律另行强制规定及/或双方另行约定。

第八条 生效

本协议经协议双方合法签署并成就下列全部条件之日起生效：

(1) 东海市人民政府及其国资委和水务主管部门就同意包括本次股权转让在内的乙方重组方案作出相应批复；

(2) 乙方董事会批准本次股权转让；

(3) 甲方董事会批准本次股权转让；

(4) 目标公司董事会批准本次股权转让；

(5) 依法获得本次股权转让生效所需的其他必要的批准/核准/同意或备案。

第九条 补救和赔偿

9.1 任何一方在收到另一方关于其违约的通知后10日内，应当根据另一方的指示采取所有必要行动补救该等违约。

9.2 双方一致确认，对于因任一方或其任何关联公司实质违反其在协议项下的任何陈述与保证、责任与义务（“实质违约”），给目标公司所造成的或与之相关的任何和所有索赔、损失（包括利润损失）、损害和费用，该方应向另一方及/或目标公司作出赔偿，并且使其免受损害。

9.3 双方一致确认，除非双方另有约定并且在不限制守约方有权获得其他救济的情况下，因实质违约而应由违约方或其任何关联公司赔偿的数额应当是可经确认的实际损失额的百分之一百二十（120%），并且视情况而定，加上为执行本条规定或采取涉及任何第三方的必要的法律行为或回应而发生的任何合理律师费用。

第十条 终止及后续义务

10.1 协议可以在以下情形下终止、解除、失效或不再执行（“终止”）：

(1) 经双方书面同意；

(2) 在乙方实质违约时，被甲方予以终止，但双方另有约定的除外；

(3) 本协议第四条所列之任何先决条件未被满足或放弃或不能持续具备，由甲方终止；

(4) 甲方未能按本协议约定支付转让对价，由乙方终止。

10.2 如果出现上述第（2）（3）项所列的终止情形，甲方应有权向乙方发出书面通知，立即终止协议。在不影响甲方对乙方享有的任何其他权利和救济的前提下，甲方应有权自行决定将其在公司注册资本中的全部或任何部分的权益以转让对价加上××××××的价格出售给乙方或由乙方指定的第三方。如果在该等情形下，协议于甲方支付转让对价之前终止，则乙方应退还甲方已经支付的全部预付款，并向甲方支付人民币××××万元的补偿。

10.3 如果出现上述第（4）项所列的终止情形，则乙方将给予甲方三（3）个月的书面提示期，如甲方在该等期限届满后仍未能履行相应义务，则乙方应有权向甲方发出书面通知，立即终止协议。在不影响乙方对甲方享有的任何其他权利和救济的前提下，乙方应有权自行决定将甲方在目标公司注册资本中的全部权益收回或出售给由乙方指定的第三方。如果甲方已经支付部分转让对价，则乙方应退还甲方已经支付的全部款项（包括预付款和对价款），但无论甲方是否支付款项，甲方均应向乙方支付人民币××××万元的补偿金。

10.4　如果本协议的终止并非因可归结于任何一方的违约或行为所致，则在此情形下，双方互不承担违约及/或赔偿责任。

第十一条　协议文本

本协议文本原件六（6）份，由协议各方各执一（1）份，目标公司持有一（1）份，其余三（3）份分别报送审批机关、工商登记机关。

第十二条　通知

本协议要求或允许发出的所有通知、要求、指令或其他通讯往来，应以书面形式进行，且应以挂号信函，或传真方式（但随后应以挂号信函发送）发送至下述地址：

（1）致乙方：

通讯地址：××××××

邮　　编：××××××

电　　话：××××××

传　　真：××××××

收 件 人：××××××

（2）致甲方：

通讯地址：××××××

邮　　编：××××××

电　　话：××××××

传　　真：××××××

收 件 人：××××××

第十三条　保密

本协议双方（包括但不限于各自董事、雇员、中介机构），对于本协议签署、履行相关信息，及因此而获悉的有关协议他方的信息，包括但不限于有关协议各方产品、技术、经营状况、财务状况、客户资源、营销策略、人力资源事项等信息（以下简称保密信息），应承担严格的保密义务。非经法律要求或依法院判决、政府部门命令，任何一方未经协议他方的书面许可，不得向任何第三方泄露或提供该等保密信息。如违反本项义务，违约方赔偿协议他方因此所受损失。

第十四条　不可抗力

14.1　本协议签署时协议双方不能预见，其发生不可避免，其后果不能克服的自然事件与社会事件，构成不可抗力，包括但不限于地震、火灾等重大自然灾害，动乱、战争等重大社会事件。

14.2 本协议项下任何一方义务如因上述不可抗力事件影响而无法履行或须迟延履行，则该等无法履行或须迟延履行并不构成该义务方的违约情形。但该受影响一方应以书面方式立即通知协议另一方该等不可抗力情形，并应于该等不可抗力事件发生之日起五（5）日内，向协议另一方提供有关该等不可抗力事件的证明文件（如政府公告、新闻报道等），并应于不可抗力事件影响消除后立即恢复对本协议的履行。

14.3 如上述不可抗力事件的影响持续满六十（60）天仍未消除，致使受影响一方仍不能恢复对本协议的履行，则本协议任何一方有权终止本协议，而无须承担违约责任。

第十五条 协议的变更与解除

本协议一经签署，任何一方不得单方变更或解除，本协议或双方另有约定的除外。

第十六条 法律适用及争议解决

16.1 本协议的成立、效力、解释与履行，应遵从中国已公布之法律法规。

16.2 任何源于本协议或与本协议有关的争议，应由协议各方友好协商解决。该等协商应于协议一方以书面形式向协议他方发出进行协商的要求后立即启动。如果该等通知发出后满六十（60）天而不能通过协商解决争议，则经通知协议他方，该等争议应提交位于北京的中国国际经济贸易仲裁委员会依其仲裁规则解决。

16.3 仲裁裁决是终局的，对于双方具有约束力。仲裁费用由仲裁裁决中裁定的协议一方或双方承担。

第十七条 附则

17.1 本协议由双方于2011年3月16日在东海市签署。

17.2 协议双方应按照中国现行法律法规规定，各自承担与本次股权转让有关的税费。协议双方应各自承担其就本协议的准备、签署与履行，及本协议所包含的交易所发生的费用，包括但不限于代理、代表、法律顾问、会计、翻译、咨询等所有费用与支出。但为完成该等股权转让由审批机关及工商登记机关审批、登记而收取的费用，应由目标公司承担并支付。

17.3 如果本协议一条或多条约定无效或不具可执行性，则协议其余条款的效力及可执行性不受影响，除非该等无效或不具可执行性部分足以破坏本协议的基础目的。

17.4 本协议一经签署，本协议之第九条、第十条、第十一条、第十二条、第十三条、第十四条、第十五条、第十六条、第十七条及本协议附件均具有独立效力，不受本协议是否生效、失效、终止或解除的影响。

17.5　本协议附件包括：

附件Ⅰ　目标公司审计报告

附件Ⅱ　目标公司评估报告

附件Ⅲ　资料清单

附件Ⅳ　陈述与保证

附件Ⅴ　披露函

附件Ⅵ　污水处理独家服务区域图

（签字页，本页无正文）

甲方：清源水务投资有限公司　　乙方：东海水务集团有限公司

法定代表人或授权代表：×××　　法定代表人或授权代表：×××

附件Ⅰ　目标公司审计报告（略）

附件Ⅱ　目标公司评估报告（略）

附件Ⅲ　资料清单

一、印鉴清单（略）

二、组织机构资料清单（略）

三、高管、中层干部和骨干员工资料清单（略）

四、资产资料清单（略）

五、财务资料清单（略）

六、业务资料清单（略）

七、技术资料清单（略）

八、子公司资料清单（略）

附件Ⅳ　乙方的陈述和保证

第一部分　关于乙方的陈述和保证

1. 乙方的存续和权力

（1）乙方是依据中国法律设立并合法存续的一家有限责任公司。

（2）乙方的营业执照是完全有效的。

（3）在设立目标公司以前，乙方拥有为拥有并经营其目前所拥有和经营的资产所必需的所有公司权力以及所有政府执照、授权、许可、同意和批准。

（4）乙方对协议的签署和履行均在其公司权力范围内，并已获得合法授权。

（5）乙方对协议的签署和履行现在不会且将来也不会与适用于乙方或其所持股权的任何法律的任何条款发生抵触、冲突或构成违反；或者，构成乙方作为一方的任一合同的违约，或导致乙方作为一方的任一合同的终止、取消或提前履行；或者，导致对股权的任何部分形成或设置任何负担。

2. 乙方对目标公司的权益

(1) 乙方是目标公司注册资本（“股权”）100%的合法所有者，且该等注册资本已全部缴足；

(2) 乙方从未与其股权的任一部分的所有权、占有或控制权相分离，从未处置或同意处置其股权的任一部分，从未对其股权的任一部分授予或同意授予任何期权或优先购买权，亦从未要约出售其股权任何部分中的利益。

(3) 除在披露函（如附件Ⅴ）中已披露的之外，乙方所持股权的任何部分现在，或在本次股权转让之际，均未受制于任何第三方的利益，包括但不限于留置、抵押或任何其他形式的担保权益或任何对股权转让的法律或合约性的限制（总称为“第三方权益”），并且，任何中国政府机构、实体或者个人均没有实际或潜在的权利主张，声称其有权拥有、使用、占有或处置股权的任何部分。乙方拥有合法转让股权给甲方的完整权力，而不附加任何负担或第三方权益。

第二部分　关于目标公司及其子公司（“公司”）的陈述和保证

1. 公司的存续和权力

(1) 目标公司是依据中国法律设立并有效存续的由乙方全资拥有的有限责任公司，目标公司的子公司均是依据中国法律设立并有效存续的由乙方全资或控股的有限责任公司。

(2) 公司的营业执照完全有效。

(3) 公司拥有为从事其目前所从事业务、拥有并经营其目前所拥有和经营的资产所必需的所有公司权力以及所有政府执照、授权、许可、同意和批准。

2. 公司资产

(1) 公司是所有资产的合法的和登记的（如适用）所有者；

(2) 除在披露函中已披露的之外，资产的任何部分现在，或在交割之际，均未受制于任何第三方权益，并且，任何中国政府机构、实体或者个人均没有实际或潜在的权利主张，声称其有权拥有、使用、占有或处置资产的任何部分。

(3) 附表Ⅰ中所包括的所有有形资产在结构上均为完好的及/或处于良好的运营和维护状况（正常的损耗除外），并且适于其本身的用途。

3. 公司符合法律规定

公司对业务的运营和管理在所有实质方面符合中国所有法律的规定，并且目前没有任何违反，并且公司没有违反任何该等法律和法规，从而可能导致对业务的任何实质性不利影响。

4. 公司没有相应变化

除在披露函中已披露的外，自协议签订之日起，不存在以下形式的已经导致或合理预期可能产生实质性不利影响的任何事件、发展、情况或事实状态：

（1）业务的任何实质性不利改变；

（2）对资产或业务造成实质性不利影响的任何损失或破坏（无论是否投保）；

（3）涉及业务的销售、客户订单的积压、客户关系、存货来源，或供货商、分销商或者销售代表关系方面的任何实质性不利改变，包括但不限于任何关键客户或供货商的流失；或者

（4）与资产任何部分相关的或对资产任何部分有实质性不利影响的任何性质的任何其他交易、事件或状况。

5. 公司的诉讼或纠纷

（1）公司未进行影响业务或资产的任何部分的任何实质性诉讼或仲裁程序。

（2）就乙方所知，不存在任何政府、行政或监管机构采取的与公司、资产的任何部分或者业务有关的任何调查、质询或执行程序或过程，乙方也不知晓任何可能导致该等调查、要求或程序的任何事件。

（3）从未发生任何导致公司作为一方的对资产或业务产生影响的协议或安排可能会被另一方终止或者宣告无效的事件。

6. 破产

（1）公司具备偿还债务的能力，即不存在公司被视为无法偿还其债务的情况。

（2）从未就公司（包括任何资产）的全部或者部分资产、权利或业务指定过任何接管人或清算人。

（3）从未召开过任何会议就公司的清算或关闭提出决议，也从未就公司的清算或关闭通过任何决议、提出任何请求或作出任何判令。

7. 环保事项

（1）从未有业务的任何部分现在或将来被任何实质性污染或环境危险所影响，公司也从未收到任何中国主管部门、实体或者个人发出的与此相关的任何传票、通知或者要求。

（2）公司现在及将来在所有实质方面符合中国法律要求的所有安全和环境标准，公司也从未收到任何中国主管机关发出的要求其对资产任何部分进行整改、修理或拆除以符合中国法律的任何口头或者书面的警告、通知或者其他沟通。

（3）公司已经获得业务运营所必需的有关环境事项的所有执照、准许、同意、豁免、许可和授权（包括但不限于废物处理许可、合格环保设施证书、废物处理标准认证和环保检测报告）。

8. 业务关系

公司与其上游的供应商及主要客户的业务关系从未终止或者取消，且就乙方所知及所信，没有任何该等相对方意图终止或者取消该等业务关系。

9. 对不动产的所有权和地役权

（1）公司是作为注入公司的房屋的合法所有权人及土地使用权的合法拥有人，该等不

动产不存在任何形式的税费负担或第三方权益。

(2) 注资之后，公司对于维持和运营业务所需的但不为其所有的任何不动产均享有全部地上权和地役权。

10. 债务和责任

(1) 除于协议签署日之前已向甲方或其会计师或法律顾问披露的债务和责任之外，公司不存在可能对业务构成任何实质性不利影响的单笔或总计超过人民币××××万元的其他确定或或然义务，包括任何未记载于资产负债表的负债；

(2) 除在披露函中披露的之外，公司不存在可能对业务构成任何实质性不利影响的因尚未缴付的中央或地方税收而形成的实质性义务。于协议签署日当日或之前，公司已经申报其应当申报的所有重要应税收入，并且该等纳税申报在所有实质方面均为正确和全面的。

11. 账册

(1) 日期为××××年××月××日的账册：(i) 是根据中国通用的会计准则、企业会计制度和任何其他适用的中国法律准备的；并且 (ii) 真实、正确、准确地反映了相关日期内公司的财务状况、经营结果和其他信息；

(2) 账册对截至××××年××月××日的业务给予了真实和公正的反映；

(3) 在账目所署日期之后：(i) 业务一直按照正常合理的方式来运营；(ii) 公司从未签订任何与业务相关的或者违背其正常经营方式的异常合同或者安排。

12. 知识产权

附件Ⅲ列出了公司所有的或者作为许可人或被许可人所享有的所有知识产权，以及公司作为一方并因此被授权使用该等知识产权的所有实质性许可、再许可和其他书面协议。除在披露函中披露的之外，公司目前从事的业务活动并未侵犯任何第三方的任何知识产权。不存在任何正在进行的或就乙方所知威胁提起的，涉及主张公司对任何第三方的任何知识产权的侵权，对附件Ⅲ中所列任何知识产权的公司的所有权、使用权或有效性提出异议的任何权利主张、诉讼、行动或程序。

13. 合同

附件Ⅲ罗列了公司作为合同一方且持续至过户日仍为合同一方的所有重大合同的完整清单。乙方已向目标公司提供了所有该等合同的真实和正确的复印件。不存在影响或合理预期可能实质影响公司或产生对资产或业务的实质性义务的公司或任何第三方的任何实质性违约或有威胁的实质性违约。

14. 劳动

(1) 除转移雇员外，公司并无义务聘用乙方的任何其他现有员工或乙方推荐的候选人员。公司可以自由通过任何途径聘用其员工。

(2) 乙方已向甲方提供了公司与现有的管理人员、员工、股东和董事的所有合同的复印件。所有该等合同均为真实和正确的，并准确地反映了于该等合同所述期限内公司与该等人员的聘用条款、关系或共识。

第三部分　其他陈述和保证

1. 无论是协议、附于其后的任何附件还是乙方向甲方或其会计师或法律顾问所提供的任何信息，均不包含对重大事实的任何不真实陈述或为非误导性陈述所必需的一项重大事实的遗漏。乙方在协议签署日之前给予或提供的信息在所有方面是真实、准确和完整的。
2. 乙方知晓的并与甲方签订协议的决定相关的所有重要信息已经由乙方通过书面形式提供给公司。
3. 基于股权过户日和付款日之前发生的事实而使乙方或公司面临、遭遇的任何指控、索赔、争议、纠纷、调查和处罚，均由乙方自行负责解决，由此而使目标公司遭受的损失，均由乙方予以承担。

附件Ⅴ　披露函——应予披露的目标公司及其子公司的特定情况（略）

附件Ⅵ　污水处理独家服务区域图（略）

本章练习和测验

1. 请指出本章所附案例《股权转让协议》中哪些条款是法务条款；请解释这些法务条款对协议所述股权转让交易有什么作用或意义。

2. 请进一步指出本章所附案例中《股权转让协议》的附件属于交易的商务条件还是法务条件，每一份附件对协议所述股权转让交易各有什么意义。

3. 请解释交易的“前提条件”和“过渡期”有什么联系。

4. 请列出股东权益交易的 5 种补救措施。

本章总结

法务条款是律师服务的规范性、逻辑性、严密性、完整性和可操作性能力的大展示。通过本章学习，你可清楚了解如何在起草交易协议文件时熟练使用交易前提条件、过渡期、声明和承诺、补救、争议解决（管辖法院/仲裁）等最基本的法务条款来保障交易的安全性，同时知道如何适当使用合同附件来增强合同的严密性和可执行性。

小贴士

交易文件中的法务条款都是为保证商务条款得到安全、清晰、便捷、无歧义的执行而设置的，而且会预设可能影响商务条件执行的各种小概率事件发生的情形并相应设置对策，所以多达数百页的文件并不是律师故弄玄虚或为多收律师费而炮制出来的，而是执业经验的汇集，目的就是尽可能堵住所有可能出现的漏洞，尽可能避免出现对一个条款当事人各自解释的情形。

需要留意的是：法务条款当中有部分属于共性大于个性的格式条款，有部分属于个性大于共性的条款，前者如通知、保密、不可抗力等，后者如定义、交易前提条件、过渡期、声明和承诺、补救、争议解决（管辖法院/仲裁机构）等。可以看出，虽然法务条款整体属于格式条款，但绝大多数条款还是与交易的具体内容密切相关，具有个性色彩，所以对法务条款的使用不能简单地直接照搬其他文本。

还要留意的是：虽然对交易的政府管制和相关法律环境通常不体现为交易文件中的条款，但却是需要律师花费精力去落实的最重要法务要件之一。

另外，本章所附案例还直观地展现了合同附件对交易都有哪些意义，值得读者多多揣摩。

第五章

公司设立实务

本章重点

公司设立中的出资瑕疵识别；

公司出资协议书和章程起草；

公司名称预核准、前置许可和设立登记流程。

学习目标

熟练起草公司设立的出资协议书和公司章程；

熟悉公司名称预核准、前置许可和设立登记的流程和需要准备的文件资料；

熟悉验资报告和资产评估报告，熟悉常见的各类出资瑕疵，能够识别并对出资瑕疵提出补救措施建议。

引言

结束了交易要素的讨论，从本章开始，我们将介绍律师从事各项具体的公司业务所需要掌握的技能。

我们首先从公司设立业务开始。

公司设立是公司生命历程的开始。

公司设立包括新建设立和变更设立。前者是从无到有的过程，即出资人或发起人将商业上的公司要素组合在一起，构成登记意义上的公司要素，通过当事人的合意和登记机关的登记而使一个虚拟人格诞生；后者是将现有的公司或其他法人通过公司要素的变更或公司形式的变更而使原有的人格获得再生，例如外国投资者通过增资或股权转让并购内资企业而设立外商投资的有限责任公司或股份有限公司；公司经过新设合并或通过公司分立而设立；有限责任公司或股份有限公司变更组织形式而设立股份有限公司或有限责任公司；其他组织形式的企业法人经过改制而设立公司；等等。

律师在公司设立过程中的主要任务是：

1. 指导或协助当事人拟制出资协议书和公司章程；

2. 协助当事人和公司调查、核实出资人对公司的出资；

3. 指导或协助当事人完成登记程序；

4. 协助公司进行前置审批和后置审批；

5. 需要时，就公司设立的合法有效性发表法律意见。

公司设立的登记程序属于完全公开的程序性工作。律师可以从相关网站方便地查询到登记程序的内容、步骤和要提交的文件以及要完成的工作。

调查和核实出资人对公司的出资属于律师尽职调查工作的范围，本篇第二章已有描述，本章不再全面重复，但系统讲解出资瑕疵的识别则通常没有被包括在讲解公司设立业务的一般资料当中，这是本章的亮点。

由于并无实体或程序的实质性差别，因而本章不作有限责任公司设立和股份有限公司设立的区分，本章也不涉及股份有限公司的募集设立。

本章以较大篇幅列示了一个公司设立的实际案例，以及律师从事公司设立业务所贡献的三项主要成果——由律师制作的三个主要法律文件，即公司设立的《出资协议书》、公司《章程》和公司设立《法律意见书》。

这三个文件正好代表了公司交易的三类法律文件：协议性文件、组织性文件和独立法律意见。还记得作为律师工作成果的其他法律文件吗？

第一节　公司设立流程

公司的设立实务主要可以分为三个工作流程，一是协助当事人（出资人或发起人）协商发起设立公司，二是协助公司筹备机构落实当事人的出资，三是协助公司筹备机构办理申请登记，如果拟设立公司存在需要前置核准事项，则还包括申请核准。

一、协议发起设立

有限责任公司的设立都是通过出资人协议发起设立的，股份有限公司则存在发起人协议发起设立和向非发起人募集发起设立两种法定形式。

《公司法》第 77 条规定："股份有限公司的设立，可以采取发起设立或者募集设立的方式。发起设立，是指由发起人认购公司应发行的全部股份而设立公司。募集设立，是指由发起人认购公司应发行股份的一部分，其余股份向社会公开募集或者向特定对象募集而设立公司。"

《首次公开发行股票并上市管理办法》第 8 条规定："发行人应当是依法设立且合法存续的股份有限公司。经国务院批准，有限责任公司在依法变更为股份有限公司时，可以采取募集设立方式公开发行股票。"因此，股份有限公司向社会公众募集设立（包括有限责任公司整体变更为股份有限公司）的情形实际上很难发生，实践中股份有限公司都是发起设立（包括有限责任公司整体变更为股份有限公司），而后再向证券监督管理机关申请首次公开发行股票。

有限责任公司的出资人和股份有限公司的发起人负责协商确定公司的设立事宜，协商成果是有限公司的出资协议或股份公司的发起协议，以及目标公司的章程。协商事项主要包括：

1. 公司名称和住所；
2. 公司的股东各方；
3. 公司注册资本和实收资本；
4. 股东的出资方式、出资金额和出资期限；
5. 公司经营范围；
6. 公司组织机构；
7. 公司利润分配；
8. 营业期限。

（一）公司名称和住所

公司名称是公司登记的第一要项，是公司区别于其他任何民事主体的符号。

公司名称通常以实际控制人已有的字号为字号。

公司名称一旦确定，需要立即向拟办理设立登记的工商行政管理机关提出名称预先核准申请，经过预核准以后，公司名称才能正式使用。

公司住所也是公司登记的要项，是拟议中的公司主要办事机构所在地址。公司住所具有确定诸多管辖所在地的法律意义。实践中，股东对公司住所地的选择通常决定于投资环境，包括当地政府能够提供的优惠待遇、资源、动力、环境、交通、居民的商业成熟程度等。

（二）公司股东

公司股东是公司的来源，也是公司登记要项。

有限责任公司股东由 50 个以下出资人构成。股份有限公司应当有 2 人以上 200 人以下发起人，其中须有半数以上的发起人在中国境内有住所。

可以作为公司出资人/发起人的民事主体包括：所有企业法人、年满 18 周岁的完全民事行为能力自然人、合伙企业（包括非法人的中外合作经营企业）、股份合作制企业、依法成立的工会、职工持股会或其他类似组织、依法具有投资资格的事业单位法人和非党政机关所办社会团体法人。财政部和地方各级财政部门代表政府作为国有股权的所有权人担任金融企业的国有出资人，国务院国有资产监督管理委员会和地方各级政府的国有资产监督管理委员会代表政府作为国有股权的所有权人担任其他类型企业的国有出资人。

不享有出资人资格的组织和个人包括：党政机关、司法行政部门以及党政机关主办的社会团体、军队、武警部队；会计师事务所、律师事务所、资产评估事务所；不具有完全民事行为能力的自然人。

公司不得持有本公司的出资额。

（三）公司注册资本和实收资本

有限责任公司的注册资本为在公司登记机关登记的全体股东认缴的出资额。股份有限公司采取发起设立方式设立的，注册资本为在公司登记机关登记的全体发起人认购的股本总额；采取募集方式设立的，注册资本为在公司登记机关登记的实收股本总额。

公司注册资本目前是公司登记的重要项目之一，它确定了股东对公司及公司债权人承担财产责任的上限。

公司注册资本规模取决于公司经营规模、资金使用进度、股东的注资能力以及公司未来的融资环境。

之所以提及融资环境，是因为公司运营资产来自股东出资和公司负债。公司负债占公司资产的比率为资产负债率，在正常经营情形下，公司的负债率越高通常意味着股东的投资收益率越高，但公司的偿债风险也越高；公司的负债率越低通常意味着股东对公司出资资金的使用效率越低，但对债权人的安全保障越高。每个行业对在初创期、成长期和稳定期的企业通常会有公认的资产负债率适当指标，公司设立时注册资本的选定需要参考这个适当指标。

公司实收资本是股东已经向公司实际交付的出资额。自 2014 年 3 月 1 日起，公司实收资本不再作为公司登记事项之一。

（四）股东的出资方式、出资金额和出资期限

股东的出资方式和出资金额目前都是公司登记的组成部分。

股东的出资方式根据公司的经营需要和股东的资产状况来确定。根据公司法的规定，常见的出资形式包括货币（现金），厂房、设备、原材料、产成品等实物，土地使用权，专利权、商标权、著作权等知识产权（均包括申请权），非专利技术成果，以及其他公司股权。对公司的债权可以在公司设立以后转变为对公司的股权。虽然公司法还规定能够明确估值且依法可以转让的其他财产和财产权利都可以成为出资方式，但实践中，除了前面列举的以外，如果试图使用其他财产或财产权利作为出资方式，仍然会遇到很大障碍，例如专利权或商标权的许可使用权、房屋的租赁使用权。随着政府对工商登记管理体制的改革，股东对公司的出资方式选择权将会更大。

股东对公司的出资金额标明股东对公司及公司债权人的责任上限。股东缴付的货币金额为现金出资额，股东缴付的非货币财产或财产权的公允评估价值为非现金出资额。股东可以溢价出资而不得折价出资，即股东实际缴付对公司的出资金额不得低于他所认缴的对公司出资额，全体股东全部缴付的出资金额不得低于公司的注册资本额。全体股东在同一次出资中所支付的出资对价和出资条件应当相同。出资金额还引申出一个重要概念——出资比例，即各股东的出资金额占公司注册资本的比例。出资比例通常标明各股东承担出资责任、享有出资权利和未来在公司分享控制权的权重分配，在特定情形下，也决定了公司的特定身份，例如，中外合资经营企业的外方出资人的合计出资比例就不能低于 25%。

股东的出资期限由股东根据公司经营活动发展进程和对资金的需求进程协商确定，但是为了确保一些特定企业的偿债能力，行政规章也规定了一些强制性的出资期限，股东只能在符合这些规定的前提下协商。例如，2018 年 4 月 28 日公布的《外商投资证券公司管理办法》第十条就规定："股东应当自中国证监会的批准文件经发出日起 6 个月内足额缴付出资或者提供约定的合作条件。"

（五）公司主营业务和经营范围

股东对公司主营业务的确定就是对公司商业模式的确定，即确定公司组织、占有和运营哪些资源，通过哪些流程和工艺，制造出哪些产品和服务，再通过什么样的销售渠道提供给哪些消费者，满足他们哪些特定消费需求，以换取公司获得持续稳定的营业收入，从而让股东获得持续的投资回报。

公司经营范围是主营业务的所在行业领域。

《公司法》第 12 条规定："公司的经营范围由公司章程规定，并依法登记。公司可以修改公司章程，改变经营范围，但是应当办理变更登记。公司的经营范围中属于法律、行

政法规规定须经批准的项目，应当依法经过批准。”

律师应在审核公司经营范围时查询企业设立所在地政府公布的禁止和限制新增产业的负面清单。

（六）公司组织机构

公司组织机构是公司治理的载体，公司法定组织机构包括股东会（股份有限公司为股东大会）、董事会、监事会、经理和法定代表人。

股东（大）会是公司的最高权力机构，普通的公司通常都应当设立股东（大）会作为固定行使其出资人权利的机构和场合，不过事情也有例外。一人有限责任公司不设股东会；作为有限责任公司设立的中外合资经营企业可以依据《中外合资经营企业法》的规定不设股东会。出资人/发起人对股东（大）会的约定主要包括两类，一是股东（大）会表决权的分配，二是股东（大）会的主要职权及主要议事规则。在通常情况下，各股东是按各自的出资额占注册资本的比例（即出资比例或股权比例）行使在股东（大）会的表决权，即使股东没有明确约定，股东也是按出资比例在股东（大）会行使表决权的。但在全体股东一致同意并记入公司章程的情况下，有限责任公司可以执行全体股东一致约定的与出资比例不一致的股东会表决权分配比例。股份有限公司则严格执行“同股同权”的原则。公司法已经对股东（大）会的主要职权、议事规则作了较明确的规定，出资人/发起人对股东（大）会主要职权的约定，通常是确定一些重大交易事项在股东（大）会和董事会之间的决定权分配，对股东（大）会主要议事规则的约定，则通常集中于股东（大）会通过普通决议、特别决议分别所需要的最低表决权数。

在一般情况下，董事会是公司最高决策机构，依据《中外合资经营企业法》，作为有限责任公司设立的中外合资经营企业的董事会同时还是公司的最高权力机构。设置董事会的例外情形是股权结构简单的有限责任公司，股东可以决定公司不设董事会，而只设执行董事。出资人/发起人对董事会的主要约定也包括两类，一是董事席位分配，二是董事会的主要职权及主要议事规则。在通常情况下，各股东是按各自的出资比例分配董事席位，但在全体股东一致同意并记入公司章程的情况下，公司可以确定引入独立董事，并明确规定独立董事的产生方式，包括规定股份有限公司按照累积投票制选举董事。需要注意的是，两个以上的国有企业或者其他两个以上的国有投资主体投资设立的有限责任公司的公司董事会中，需要预留职工大会或职工代表大会推荐董事的席位。出资人/发起人对董事会主要职权的约定，通常是确定一些重大交易事项在股东（大）会和董事会之间的决定权分配，对董事会主要议事规则的约定，则通常集中于董事会的举行次数和董事会通过特别决议所需要的最低董事人数。

监事会是公司监督机构，但在实践中通常不被股东重视。出资人/发起人对监事会的主要约定也包括两类，一是监事会总人数，二是监事席位分配。监事会总人数的确定需要遵守职工代表监事不得低于监事总人数 1/3 的法律规定。设置监事会的例外情形是股权结构简单的有限责任公司，股东可以决定公司不设监事会，而只设监事。作为有限责任公司设立的中外合资经营企业依照中国公司法应当设监事会或监事。

经理是公司日常经营管理负责人，经理班子是公司的执行团队。出资人/发起人对经理的约定还是两件事，一是经理的产生来源，二是经理班子的职位设置。

法定代表人是公司对外行为的代表，也是公司法定登记事项之一。出资人/发起人对法定代表人的约定主要是确定，是由董事长（或执行董事）还是由经理来出任法定代表人。

（七）公司利润分配

出资人/发起人对利润分配的协商主要集中于两个问题，一是是否要特别约定各股东的利润分配比例，二是是否要规定公司在有可分配利润的情况下必须向股东分配利润，如果是，是否要规定一个可分配利润的最低分配率。依据《公司法》第 34 条规定，有限责任公司股东按照实缴的出资比例分取红利；但是，全体股东约定不按照出资比例分取红利的除外。《公司法》第 166 条也规定，股份有限公司按照股东持有的股份比例分配公司利润，但股份有限公司章程规定不按持股比例分配的除外。由于中国公司法迄今还没有关于优先股的规定（根据《优先股试点管理办法》，上市公司和非上市公众公司可以发行优先股），因而如果出资人约定部分股东有权不管公司经营业绩怎样都按照固定比例优先获得利润分配，那么这样的约定因为违背“共享收益、共担风险”的基本准则，将会被判定无效。作为有限责任公司设立的中外合资经营企业必须按照出资比例向合资各方分配利润。

另外，为了落实股东的投资收益权，出资人/发起人可以约定，在具有可分配利润的会计年度，公司都要将可分配利润当中一定比例的金额用来向全体股东实际分配利润。

公司明确作出通过具体利润分配方案的股东（大）会决议以后，又不实际分配利润的，股东有权提起诉讼，请求法院判决执行股东（大）会决议，按照决议实际分配利润。

（八）公司营业期限

公司营业期限是一项法定登记事项。对于能够明确股东间合作的确定期间的公司（通常是中外合资经营企业有限责任公司），出资人可以约定公司的固定营业年限，在大多数情况下，出资人/发起人选择约定无固定年限的长期营业期限。

二、注资

注资是出资人/发起人按照出资协议书或发起协议书的约定，实际向公司缴付出资的行为，是公司得以设立的基石。注资行为包括四大要点：出资方式、出资金额、缴付期限和缴付方式，其中尤以出资方式为重中之重。

（一）出资方式

出资方式是指出资人/发起人向公司缴付出资的财产或财产权种类。

我国公司法对出资方式的规定是列举加概括式的。关于对有限责任公司的出资，《公司法》第 27 条第 1 款规定："股东可以用货币出资，也可以用实物、知识产权、土地使用权等可以用货币估价并可以依法转让的非货币财产作价出资；但是，法律、行政法规规定不得作为出资的财产除外。"发起人对股份有限公司的出资方式同样也适用以上规定。

由此可见，按照公司法，出资方式必须满足三个定性实体要件、一个但书要件和一个定量要件。第一，出资方式必须是一种财产或财产权利，例如行政权力就不能作为出资方式；第二，必须能够经过价值评估而确认货币价值，例如普通空气就不能用货币评估价值；第三，能够依法转让，也就是说能够合法地移交实体和让渡财产权利，例如毒品就不能合法转让；第四，即使能够满足以上条件，如果法律或者行政法规明确规定了例外情形，那么法律或者行政法规明确规定不能作为出资方式的财产或财产权利也不能用于对公司出资，例如《公司登记管理条例》第 14 条规定，股东不得以劳务、信用、自然人姓名、商誉、特许经营权或者设定担保的财产等作价出资。

值得注意的是，股权正在逐步成为一种重要的出资方式。根据国家工商行政管理总局 2014 年 2 月 20 日公布的《公司注册资本登记管理规定》的规定，能够成为出资资产的股东权益只能是在中国境内设立的有限责任公司和股份有限公司（简称"股权所在公司"）的股权，并且该股权须排除如下情形：已被设立质权；股权所在公司章程约定不得转让；法律、行政法规或者国务院决定规定，股权所在公司股东转让股权应当报经批准而未经批准；法律、行政法规或者国务院决定规定不得转让的其他情形。

（二）出资金额

出资金额是出资人/发起人向公司缴付出资的货币量化值。无论以哪种出资方式对公司出资，股东的认缴出资金额和实际缴付金额都要以确定数额的货币值计量。

公司出资金额的总额不能低于法律的低限规定。经第十二届全国人大常委会第六次会议修订后的《公司法》第 26 条第 2 款规定："法律、行政法规以及国务院决定对有限责任公司注册资本实缴、注册资本最低限额另有规定的，从其规定。"第 80 条第 3 款规定："法律、行政法规以及国务院决定对股份有限公司注册资本实缴、注册资本最低限额另有规定的，从其规定。"

以货币出资的，货币面值即出资金额值。如果出资现金不是人民币，则不同货币应当按照中国外汇管理机关在出资日公布的汇率进行折算。

以非货币财产或财产权利出资的，必须对该财产或财产权利进行估值。在平价缴付出资（即股东实际缴付的 1 元出资额等于认购的 1 元出资额）的情况下，出资人/发起人实际缴付的出资金额为实缴出资额，公司收到的是实收资本额。此时，如果公司章程规定股东为一次性出资的，则公司的实收资本额应当与公司注册资本额相等；如果公司章程规定股东为分期出资的，则公司从全体股东实际收取的出资金额应当等于公司当期的实收资本额，而在最后一期出资缴付完毕之前，该实收资本额应当小于注册资本额。

在溢价缴付出资（即股东认购 1 元出资额需实际缴付大于 1 元出资金额）的情况下，

出资人/发起人实际缴付的出资金额为实缴出资额，公司收到的是实收资本额加资本公积金。此时，如果公司章程规定股东为一次性出资的，则公司的实收资本金额应当与公司注册资本金额相等，公司从全体股东实际收取的出资金额应当等于公司注册资本（也即实收资本）与资本公积金之和；如果公司章程规定股东为分期出资的，则公司从全体股东实际收取的出资金额应当等于公司当期的实收资本金额加当期资本公积金。

（三）缴付期限

公司股东应当按照出资协议书或发起协议书的约定按期足额缴付出资。2013 年，第十二届全国人大常委会第六次会议修改的《公司法》取消了对缴付期限的最低要求，但保留了如果法律、法规或国务院的决定有关于交付期限的规定则从其规定的要求，也保留了股份有限公司在发起人缴足其所认购的股份前不得向他人募集股份的要求。

（四）缴付方式

股东以货币出资的，应当将货币出资按期足额存入公司在银行开设的临时账户；以非货币财产出资的，一方面应当移交财产实体或载体，另一方面要在公司设立后按照出资协议书或发起协议书的约定，及时依法办理财产权利的转移手续。以股权出资的，被投资公司应当在申请办理设立登记时办理股权认缴出资的出资人姓名或者名称，以及出资额、出资方式和出资时间登记。投资人实际缴纳股权出资后，股权公司应当办理股东变更登记，被投资公司应当申请办理实收资本变更登记，被投资公司属于有限责任公司或者以发起设立方式设立的股份有限公司的，还应当申请办理有关投资人实际缴纳出资额、出资时间等的变更登记。已设立的公司增加注册资本时，投资人以股权出资的，应当在被投资公司申请办理增加注册资本变更登记前实际缴纳。股权公司应当办理股东变更登记，被投资公司应当申请办理注册资本和实收资本变更登记。被投资公司属于有限责任公司的，还应当申请办理有关投资人姓名或者名称，以及认缴和实际缴纳的出资额、出资时间等的变更登记。

股东缴纳出资后，股东可以自由约定是否聘请依法设立的验资机构验资并出具证明。

另外，股东以技术成果投资入股还可以享受选择性税收优惠政策。根据《关于完善股权激励和技术入股有关所得税政策的通知》（财税［2016］101 号）的规定，企业或个人以技术成果投资入股到境内居民企业，被投资企业支付的对价全部为股票（权）的，企业或个人可选择继续按现行有关税收政策执行，也可选择适用递延纳税优惠政策。选择技术成果投资入股递延纳税政策的，经向主管税务机关备案，投资入股当期可暂不纳税，允许递延至转让股权时，按股权转让收入减去技术成果原值和合理税费后的差额计算缴纳所得税。企业或个人选择适用上述任一项政策，均允许被投资企业按技术成果投资入股时的评估值入账并在企业所得税前摊销扣除。

注意：个人从任职受雇企业以低于公平市场价格取得股票（权）的，凡不符合递延纳税条件，应在获得股票（权）时，对实际出资额低于公平市场价格的差额，按照“工资、薪金所得”项目，参照财政部、国家税务总局《关于个人股票期权所得征收个人所得税问题的通知》(财税〔2005〕35 号）有关规定计算缴纳个人所得税。

三、登记

公司设立登记是指公司出资人或发起人按法定程序向有管辖权的工商行政管理机关（即各级公司登记管理机关）申请并提交法定资料，经公司登记机关审核并将法定事项予以记载、将法定资料留存备案，以供社会公众依法查询的行为。

公司设立登记业务主要涉及登记事项、登记管辖、公司名称预核准、验资、设立登记的资料准备和提交等事宜。

（一）登记事项

1. 公司名称：经登记机关预先核准的名称。

2. 股东或发起人：有限责任公司设立登记出资人，股份有限公司设立登记发起人。

3. 住所：公司主要办事机构所在地，可以是出资人/发起人向公司出资的房产，也可以是公司通过租赁而获得使用权的房产。

4. 法定代表人：根据公司章程规定，公司的董事长（设董事会）、执行董事（不设董事会）或经理都可以担任公司法定代表人。

5. 注册资本：公司全体股东约定认缴的出资金额。

6. 公司类型：有限责任公司或股份有限公司。

7. 设立方式：只有股份有限公司区分发起设立和募集设立两种设立方式。

8. 经营范围：公司依法可以从事营业活动的领域或行业，包括许可经营事项和一般经营事项。

9. 营业期限：包括长期和公司章程规定的确定年限。

任何工商行政管理机关都会通过办公现场告示、互联网信息公示等方式向，社会公布各类工商登记主体办理登记手续的详细程序、应提交文件资料和应注意事项，律师可以从管辖的工商行政管理机关的官方网站方便地查询到相关的“办事指南”或“告知书”。

（二）登记管辖

关于公司登记的级别管辖机制，执行《公司登记管理条例》的各项具体规定，各级工商行政管理部门亦会在其官网的“办事指南”中予以公示。

（三）公司名称预核准

设立公司，应当向公司登记机关申请公司名称的预先核准。申请公司名称预先核准时，应当提交下列文件：

(1）公司全体股东或全体发起人签署的公司名称预先核准申请书；

（2）股东或发起人的法人资格证明或自然人的身份证明；

（3）公司登记机关要求提交的其他文件。

经公司登记机关核准的公司名称，应当签发企业名称预先核准通知书。

公司名称必须含有足以与其他民事主体相区别的标记。在同一公司登记机关辖区内，同一行业的公司不允许有相同或类似的名称，并不得使用反不正当竞争法所禁用的标记；公司名称中必须冠以公司所在地的地名，若须冠以“中国”、“中华”或“国际”字样的公司，则必须经国家工商行政管理总局核准；公司名称必须表明公司的法律性质，如实标记“有限责任公司”或“股份有限公司”的字样。公司名称受法律保护，任何人不得擅自使用他人的公司名称。

对于符合规定准予使用的名称，公司登记机关发给公司《企业名称预先核准通知书》。预先核准的名称保留期为6个月，在保留期内，该名称不得用于经营活动，也不得转让。

（四）验资

第十二届全国人大常委会第六次会议修正的《公司法》取消了公司登记中的验资要求（以募集方式设立股份有限公司的除外），自2014年3月1日起执行。

（五）设立登记的资料准备和提交

为设立公司而准备并向登记机关提交的文件资料包括三大类：登记机关预置格式文件包、第三方出具的法定资料和出资人/发起人协商文件。

公司登记机关预置的主要法定文件为《公司设立登记申请书》，该申请书系格式文件包，内含《企业设立登记申请表》《公司股东（发起人）出资信息》《法定代表人信息》《董事会、监事、经理信息》《投资人股权认缴出资承诺书》（如以股权出资）等表格。《公司设立登记申请书》可随时在各地工商行政管理机关领取，也可以在工商行政管理机关官方网站下载。律师可以先在互联网上通过搜索引擎查找管辖登记的工商行政管理机关的官方网站，然后在对应栏目中找到可下载的格式文件，如果在当地工商行政管理局不便领取或在相关网站不能下载，则可以在国家工商行政管理总局的“中国企业登记网”网站（http：//qyj. saic. gov. cn）的“网上下载”栏目中找到并下载。上述文件为定制文件，即当事人只能按照格式要求如实填写，不能拒绝填写其中的任何部分，不能删改格式内容，也不能添加新内容。

在提交《公司设立登记申请书》的同时，当事人还需要提交公司住所使用证明和企业名称预先核准通知书等由第三方（包括登记机关）出具的法定文件资料。

工商行政管理机关通常也置备公司章程格式、发起人协议书等文件格式供当事人参考。这些文件为非定制文件，在满足必须具有法定内容且不能与法律、法规、规章的规定相冲突两大前提下，当事人可以自主协商拟定。

四、登记后事项

根据《公司法》第 31 条，有限责任公司成立后，应当向股东签发出资证明书。出资证明书应当载明下列事项：（1）公司名称；（2）公司成立日期；（3）公司注册资本；（4）股东的姓名或者名称、缴纳的出资额和出资日期；（5）出资证明书的编号和核发日期。出资证明书由公司盖章。根据《公司法》第 32 条，有限责任公司应当置备股东名册，记载下列事项：（1）股东的姓名或者名称及住所；（2）股东的出资额；（3）出资证明书编号。记载于股东名册的股东，可以依股东名册主张行使股东权利。

公司应当将股东的姓名或者名称向公司登记机关登记；登记事项发生变更的，应当办理变更登记。未经登记或者变更登记的，不得对抗第三人。

五、注册资本登记制度改革

（一）注册资本登记体制改革的主要内容

根据 2013 年 10 月 25 日国务院常务会议的决定和 2013 年 12 月 28 日第十二届全国人大常委会第六次会议《关于修改〈中华人民共和国海洋环境保护法〉等七部法律的决定》（以下简称《修改公司法的决定》)，公司注册资本登记体制改革的主要内容包括：取消对公司注册资本最低限额的法定要求，取消对公司实收资本的登记且公司登记无须提交验资凭证，取消对（首期）认缴出资额、出资方式和出资期限的法定限制，股东对公司注册资本的认缴出资额、出资方式和出资期限由股东自主约定，并对缴纳出资情况的真实性、合法性负责。

1. 取消对公司注册资本最低限额的法定要求。根据全国人大常委会《修改公司法的决定》，《公司法》修改了原第 23 条第 2 项、第 26 条、第 59 条、第 77 条第 2 项、第 81 条和第 178 条第 3 款，删除了关于有限责任公司（包括一人有限责任公司）和股份有限公司最低注册资本限额的规定，保留了如果法律、行政法规以及国务院决定对公司的注册资本实缴、注册资本的最低限额另有规定则从其规定的但书条款。

2. 取消对公司实收资本的登记。根据全国人大常委会《修改公司法的决定》，《公司法》修改了原第 23 条第 2 项、第 29 条、第 30 条、第 33 条第 3 款和第 84 条第 3 款，删除了关于公司应当登记其实收资本额的规定，也删除了关于股东缴纳出资后，必须经依法设立的验资机构验资并出具证明，并且在公司办理实收资本登记时必须向公司登记机关提交验资证明的规定。

3. 取消对股东认缴出资额、出资方式和出资期限的法定限制。根据全国人大常委会《修改公司法的决定》，《公司法》修改了原第 26 条、第 27 条第 3 款、第 59 条、第 81 条第 1 款和第 84 条第 1 款，删除了关于有限责任公司（包括一人有限责任公司）和股份有限公司分期出资时首期出资的最低比例、现金出资方式的最低比例以及最长出资期限等规定。

（二）律师应有的理解和应当关注的主要问题

1. 关于取消注册资本的法定最低限额。这项改革的根本意义是投资人可以根据业务需要、自身条件和市场环境，自主决定需要向公司认缴的出资金额——极端情况下单一投资人可以认缴1元人民币的出资额，开办如通俗所言的“1元公司”。这有利于创业投资人尤其是服务业的创业投资人、高新技术企业的创业投资人以及其他小微企业的创业投资人开办企业，使大众不因法定投资门槛而与投资创业无缘。不过，律师需要留意：首先，取消注册资本的法定最低限额并不意味着取消注册资本，即不意味着取消出资人对公司、对公司其他股东和对公司债权人的出资承诺，也不意味着取消公司对债权人的资本承诺。公司以其所有的财产对债权人承担有限责任，股东以其认缴的出资额对公司、对公司其他股东和对公司债权人承担有限责任的根本体制没有改变。其次，注册资本仍然需要全体股东一次性足额认缴（但不需要一次性足额实缴），记载于章程，登记于工商机关，公示于社会；注册资本的每次增加或减少仍然需要履行严格的批准程序和登记程序。再次，由于受减少出资承诺责任的避险驱动，公司的注册资本额会呈现普遍降低趋势，负债率则会呈现普遍升高的趋势，公司债权人的风险会普遍加大。但由于过高的负债比率会加大公司的财务成本和运营压力，增加资金链断裂风险，因而股东需要合理规划负债比，合理确定公司的注册资本额，而不是一股脑地走极端，都开办“零成本”“零首付”的空壳公司。复次，由于投资人更倾向于增加与公司之间的债权债务交易，减少投资交易，股东之间、股东与公司之间的控制权关系和治理结构将会进一步复杂，关联交易对公司的影响比重将会显著增加，实际控制人作为最大股东和最大债权人并存的可能性会显著增大，为逐利避害，实际控制人滥用控制权，损害公司、公司其他股东及公司债权人利益的风险也会明显上升。最后，取消对公司注册资本最低限额的普遍限制，并不意味着取消对特定类别公司注册资本的最低限额要求，对于关系社会公共安全的公司（例如商业银行），仍然应当严格规定其注册资本的法定最低限额。

2. 关于取消对公司实收资本的登记。这是本次改革中最具实质意义的部分。从程序上而言，这项改革举措使内资企业与外商投资企业一样，获得了“先注册后注资”的待遇；从实体上而言，这项改革举措将注资行为的监管体制由政府监管改为股东自律，这会简化公司的登记程序，提升投资资金的使用效率，但也会进一步增加公司债权人的风险。对此，律师应当留意：首先，不监管不等于豁免责任，取消实收资本登记和豁免提交验资证明并不意味着减轻甚至豁免股东的实际出资义务。本次对公司法的修改并没有涉及“法律责任”一章，没有对有关股东出资责任的条款进行任何修改，“虚报注册资本、提交虚假材料或者采取其他欺诈手段隐瞒重要事实取得公司登记”“虚假出资，未交付或者未按期交付作为出资的货币或者非货币财产”“抽逃出资”仍然属于明文规定的违法行为，仍然属于出资瑕疵，仍然需要承担民事责任、行政责任，甚至承担刑事责任。不仅公司法规定的法律责任应当被坚持，最高人民法院关于公司法的司法解释中就股东瑕疵出资规定的民事责任应当被坚持，刑法中“虚报注册资本罪”、“虚假出资罪”、“抽逃出资罪”和“提供虚假财务会计报告罪”规定的刑事责任也应当被坚持，这是正确的。在市场信用仍然低下的经济环境当中，在政府放弃事前监管的同时，如果不强化契约的约束力，如果当事人不信守自己的承诺，政府不强化事中监管和事后处罚，公允、安全和便捷的市场秩序不仅得不到维护，甚至会走向崩溃。其次，公司实收资本由政府监管改为股东自律将加大公司催缴出资的难度，尤其会加大公司对控股股东和实际控制人控制的股东催缴出资的难度。此外，股东实际缴付出资的方式、金额和期限的多样性也进一步加大了公司股东表决权和利润分配权行使的复杂性，增加了公司治理的复杂性。再次，公司登记豁免实收资本事项加上股东出资缴付条件的多样性和隐蔽性，将加大公司债权人识别公司股东出资瑕疵情形进而追索股东出资责任的难度。最后，普遍性取消实收资本登记和豁免提交验资证明并不意味着取消对特定类别公司实收资本缴足的法定要求，对于关系社会公共安全的公司（例如商业银行），仍然应当在严格规定其注册资本法定最低限额的同时，严格规定缴足实收资本、提交验资证明的各项条件。

3. 关于取消对股东认缴出资额、出资方式和出资期限的法定限制。这是对前两项改革举措的补充和落实。法律将公司设立中的注册资本和实收资本事项放手交由投资人自律，自然就需要将投资行为中的认缴出资额、出资方式和出资期限等执行事项也交由股东自主确定，否则取消注册资本的法定最低限额和取消对实收资本的登记就失去了实际意义。律师应当留意：第一，关于认缴出资额、出资方式和出资期限的约定在坚持效率优先原则的同时，还应当坚持公允、平等和一致原则，出资条件的设定对各股东不应区别对待。第二，应当明确约定各股东实际交付出资的验证方式和验证程序。第三，应当明确规定股东没有按照约定的金额、方式或期限实际交付出资的后果，以及对应的补救措施。第四，关于认缴出资额、出资方式和出资期限的约定以及违反约定的后果及补救措施均应当记载于公司章程，并予以公示，以作为公司、公司股东和公司债权人行使权利的依据。第五，关于股东认缴出资额、出资方式和出资期限约定的执行情况应当记载于公司年报及其他定期报告当中，并予以公示，以作为公司、公司股东和公司债权人识别股东出资瑕疵情形的依据。第六，对于关系社会公共安全的公司（例如商业银行），法律、法规或中央政府应当在严格规定其注册资本法定最低限额，严格规定缴足实收资本、提交验资证明各项条件的同时，对股东的认缴出资额、出资方式和出资期限作出必要的限制性规定。

4. 整体理解。本次注册资本登记体制的改革属于现有法定资本制范围内的定量性改革，即由实缴资本登记监管向认缴资本登记监管转变。就改革措施的放权程度而言，政府放弃对公司设立的资本门槛限制，放弃对股东注资行为的事先监管，但没有放弃对股东认缴出资行为的事中和事后监管，没有放弃对股东出资自律的强制性要求，自然也没有放弃法定资本制而改为彻底放弃注册资本、放弃对股东认缴出资进行监管的授权资本制。这是因为，一方面我国在商法领域一直秉承大陆法系传统，在公司法领域坚持资本确定、资本维持和资本不变三原则；另一方面我国经济还不具备真正意义上的市场精神和市场原则，市场主体的商业信用还十分低下，在这样的情况下过分采行市场化的监管体制外壳，将会放大市场经济活动的不公允性、不安全性和不便捷性。就改革措施的利益取向而言，政府放弃对公司设立的资本门槛限制，放弃对股东注资行为的事先监管，较有利于激发投资人的投资热情和保护投资人的利益，而较不利于保护公司和公司债权人的利益。就改革措施的可执行性而言，本次登记体制改革的成功取决于对“股东对缴纳出资情况的真实性、合法性负责”的落实，落实的措施就是建立和健全公司的信息披露制度。在历经二十余年，我国上市公司的信息披露仍广受诟病的情况下，非上市公司的年度报告制度的建立和完善，尤其是年度报告当中关于公司注册资本、股东出资金额、出资方式和出资期限约定的披露规则以及关于这些约定实际履行情况的披露规则的完善，将是一项十分艰巨的任务，将会对本次改革的成败具有至关重要的影响。就改革措施对微观意义的公司设立和运营活动而言，本次改革所带来的股东对公司注资条件约定的复杂多样性和注资行为结果的复杂多样性，以及股东与公司之间投资关系和债权债务关系的复杂多样性，也将带来对公司治理和债权人利益保护更大的挑战。

第二节　出资瑕疵识别

出资瑕疵识别是指律师应当对常见的瑕疵出资情形及其对应的法律后果和法律责任有所了解，由此发现和识别目标公司控制权要素和财务要素的瑕疵，进而控制股东权益交易的风险。

一、八种常见出资瑕疵及其法律后果和当事方法律责任

（一）以犯罪（贪污、受贿、侵占、挪用等）所得货币出资

发生以犯罪（贪污、受贿、侵占、挪用等）所得货币出资情形的，公司设立后果为设立合法有效；瑕疵出资人出资性质及所持股权性质为出资不合法，后果为股权应经拍卖或变卖处置；瑕疵出资人承担的后果和责任为丧失股东身份，丧失全部股东权益，包括已获分配股利分配等股权孳息应予追缴；其他发起人和公司董事、高管则均不承担责任。

（二）以不享有处分权的财产出资

发生以不享有处分权的财产出资情形的，如果其他发起人均为善意、财产按合理对价估值、财产已交付或已过户，则公司设立合法有效；瑕疵出资人出资合法有效，股权合法有效持有；但瑕疵出资人应向享有处分权的财产权利人赔偿损失；其他发起人和公司董事、高管则均不承担责任。

发生以不享有处分权的财产出资情形的，且没有同时具备其他发起人均为善意、

财产按合理对价估值、财产已交付或已过户三项条件，则公司设立合法有效，但应由财产权利人取回所出资财产，瑕疵出资人对公司构成未出资或未全面出资，瑕疵出资人所持股权构成瑕疵股权；瑕疵出资人在未出资本息范围内对公司补足出资，在未补足出资而遭遇公司债权人追索的情况下，以未出资本息为限，对公司债务不能清偿部分承担补充赔偿责任。公司设立时发生此项瑕疵的，其他发起人与瑕疵出资人承担连带责任；公司增资时发生此项瑕疵的，不尽责董事和高管按过错程度承担对应赔偿责任。

（三）未经法定程序或虚构交易/虚构会计结果抽回出资（抽逃出资）

发生未经法定程序或虚构交易或虚构会计结果抽回出资情形的，构成抽逃出资，公司设立合法有效；瑕疵出资人构成未出资或未全面出资；其所持股权构成瑕疵股权；瑕疵出资人在抽逃出资本息范围内返还出资；在未返还出资而遭遇公司债权人追索的情况下，以抽逃出资本息为限，对公司债务不能清偿部分承担补充赔偿责任；协助抽逃出资的其他股东或实际控制人承担连带责任；协助抽逃出资的董事和高管承担连带责任。

（四）以划拨土地使用权或设定权利负担的土地使用权出资

发生以划拨土地使用权或设定权利负担的土地使用权出资情形的，如果在指定期限内办理土地变更手续或解除权利负担，则公司设立合法有效；出资人未构成瑕疵出资，出资合法有效，股权合法有效持有；所有出资人以及公司董事和高管对公司和公司债权人均不承担任何责任。

发生以划拨土地使用权或设定权利负担的土地使用权出资情形的，如果在指定期限内未办理完毕土地变更手续或解除权利负担，则公司设立仍合法有效；瑕疵出资人构成未出资或未全面出资；其所持股权构成瑕疵股权；瑕疵出资人在未出资（瑕疵土地使用权的出资作价金额）本息范围内对公司补足出资；在未补足出资而遭遇公司债权人追索的情况下，以未出资本息为限，对公司债务不能清偿部分承担补充赔偿责任；公司设立时发生此项瑕疵的，其他发起人与瑕疵出资人承担连带责任；公司增资时发生此项瑕疵的，不尽责董事和高管按过错程度承担对应赔偿责任。

（五）以房屋、土地使用权或需要办理权属登记的知识产权等财产出资，已经交付公司使用但未办理权属变更手续

发生以房屋、土地使用权或需要办理权属登记的知识产权等财产出资，已经交付公司使用但未办理权属变更手续情形的，如果在指定期限内办理了权属变更手续，则公司设立合法有效；出资合法有效，股权合法有效持有；所有出资人及公司董事、高管对公司及公司债权人均不承担责任。

发生以房屋、土地使用权或需要办理权属登记的知识产权等财产出资，已经交付公司使用但未办理权属变更手续情形的，如果在指定期限内未办理权属变更手续，则公司设立合法有效；但瑕疵出资人构成未全面出资；其所持股权构成瑕疵股权；瑕疵出资人在未出资本息范围内对公司补足出资；在未补足出资而遭遇公司债权人追索的情况下，以未出资本息为限，对公司债务不能清偿部分承担补充赔偿责任；公司设立时发生此项瑕疵的，其他发起人与瑕疵出资人承担连带责任；公司增资时发生此项瑕疵的，不尽责董事和高管按过错程度承担对应赔偿责任。

（六）以房屋、土地使用权或需要办理权属登记的知识产权等财产出资，已办理权属变更手续但未交付公司使用

发生以房屋、土地使用权或需要办理权属登记的知识产权等财产出资，已办理权属变更手续但未交付公司使用情形的，公司设立合法有效；但瑕疵出资人构成未全面出资；其所持股权构成瑕疵股权；瑕疵出资人应在指定期限内将财产交付公司，但对公司债权人不承担任何责任；其他发起人及公司董事、高管对公司和公司债权人均不承担任何责任。

（七）以非货币财产（包括其他公司股权）出资未依法评估作价，现经评估确定的价额显著低于公司章程所定价额

发生以非货币财产（包括其他公司股权）出资未依法评估作价，现经评估确定的价额显著低于公司章程所定价额情形的，则公司设立合法有效；但瑕疵出资人构成未全面出资；其所持股权构成瑕疵股权；瑕疵出资人在未出资（即出资价差金额）本息范围内对公司补足出资；在未补足出资而遭遇公司债权人追索的情况下，以未出资本息为限，对公司债务不能清偿部分承担补充赔偿责任；公司设立时发生此项瑕疵的，其他发起人与瑕疵出资人承担连带责任；公司增资时发生此项瑕疵的，不尽责董事和高管按过错程度承担对应赔偿责任。

（八）以其他公司股权出资存在瑕疵

出现以其他公司股权出资存在瑕疵情形的，如果在指定期限内补正，则公司设立合法有效；出资合法有效，股权合法有效持有；所有出资人及公司董事、高管对公司及公司债权人均不承担责任。

出现以其他公司股权出资存在瑕疵情形的，如果在指定期限内未补正，则公司设立合法有效；但瑕疵出资人构成未全面出资；其所持股权构成瑕疵股权；瑕疵出资人在未出资（未变更权属财产的出资作价金额）本息范围内对公司补足出资；在未补足出资而遭遇公司债权人追索的情况下，以未出资本息为限，对公司债务不能清偿部分承担补充赔偿责

任；公司设立时发生此项瑕疵的，其他发起人与瑕疵出资人承担连带责任；公司增资时发生此项瑕疵的，不尽责董事和高管按过错程度承担对应赔偿责任。

二、三种特殊瑕疵出资及其法律后果和当事方法律责任

（一）股份有限公司的认股人未按期缴纳所认股份的股款，发起人对该股份另行募集

发生股份有限公司的认股人未按期缴纳所认股份的股款，经公司发起人催缴后在合理期间内仍未缴纳，发起人对该股份另行募集情形的，原募集行为解除，另行募集行为有效；瑕疵出资人未出资则丧失原募集认购项下的出资权，且对延期缴纳股款给公司造成的损失承担赔偿责任；发起人不承担责任；公司董事和高管也不承担责任。

（二）非货币出资财产因客观原因贬值

出资人以符合法定条件的非货币财产出资后，因市场变化或者其他客观因素导致出资财产贬值，公司全体股东约定贬值财产出资人承担补足出资责任，发生上述情形的，公司设立合法有效。瑕疵出资人股东身份有效，股东权利出现瑕疵，瑕疵出资人承担补足责任，即对公司：补足贬值部分出资；对公司债权人则不承担赔偿责任；其他发起人及公司董事、高管均不承担任何责任。

（三）瑕疵股东转让股权，受让人知道或应当知道的

发生有限责任公司的股东未履行或者未全面履行出资义务即转让股权，受让人对此知道或者应当知道情形的，公司设立合法有效；瑕疵出资人股东身份有效，股东权利出现瑕疵，瑕疵出资人承担补足责任，即对公司为全面履行出资义务；对公司债权人为以未出资本息为限对公司债务不能清偿部分承担补充赔偿责任；受让人承担连带责任；其他发起人和公司董事、高管均不承担责任。

三、对瑕疵股权的权利限制

（一）股东权利限制

股东未履行或者未全面履行出资义务或者抽逃出资，根据公司章程或者股东会决议，瑕疵股东利润分配请求权、新股优先认购权、剩余财产分配请求权等股东权利将受合理限制，瑕疵股东对此限制的抗辩不获支持。公司、其他股东对瑕疵股东有补足/归还出资请求权；公司债权人对瑕疵股东有就公司不能清偿债权部分的补充赔偿请求权（以应补足或归还出资本息为限）；三者均有对发起人（限于设立时的瑕疵出资）、对协助抽逃股东、实

际控制人和董事、高管的连带责任请求权，对过错董事、高管（限于增资时的瑕疵出资）的过错责任请求权。

（二）股东身份丧失

有限责任公司的股东未履行出资义务或者抽逃全部出资，经公司催告缴纳或者返还，其在合理期间内仍未缴纳或者返还出资，该瑕疵股东的股东资格可以因股东会决议而被解除，瑕疵股东对公司股东会通过的解除其股东资格的决议的抗辩不获支持。

在办理法定减资程序或者其他股东或者第三人缴纳相应的出资之前，公司债权人有权请求公司其他发起人（仅限公司设立出资）、协助抽逃的股东、实际控制人、董事、高管以未出资/抽逃出资本息为限，承担连带清偿责任；请求对公司增资行为中的未出资有过错的董事、高管按过错承担相应赔偿责任。

（三）时效

公司股东未履行或者未全面履行出资义务或者抽逃出资，瑕疵股东以诉讼时效为由的抗辩不获支持。公司或者其他股东有权请求瑕疵股东向公司全面履行出资义务或者返还出资。公司债权人在债权未过诉讼时效期间，有权请求瑕疵股东承担赔偿责任。

（四）举证责任

当事人之间对是否已履行出资义务发生争议，若原告提供了对股东履行出资义务产生合理怀疑的证据，则被告股东就其已经履行出资义务承担举证责任。

四、股东身份识别

（一）实际出资人与名义股东因投资权益的归属发生争议

有限责任公司的实际出资人与名义出资人订立合同，约定由实际出资人出资并享有投资权益，以名义出资人为名义股东，若实际出资人与名义股东因投资权益的归属发生争议，则合同有效，投资权益归属于实际出资人。实际出资人获签发出资证明书、被记载于股东名册、记载于公司章程并办理公司登记机关登记，获得出资权益对应的实际利益。

（二）经有限责任公司其他股东半数以上同意，实际出资人请求公司变更股东

实际出资人请求获支持，名义股东丧失股东身份。实际出资人获签发出资证明书、记载于股东名册、记载于公司章程并办理公司登记机关登记。其他股东就是否变更股东拥有

表决权，半数以上同意的，公司办理股权变更手续。

（三）实际出资人请求认定名义股东处分股权行为无效

名义股东将登记于其名下的股权转让、质押或者以其他方式处分，实际出资人以其对于股权享有实际权利为由，请求认定处分股权行为无效的：(1) 参照《物权法》第 106 条处理，若处分对方为善意、股权按合理对价估值且处分行为已经登记，则处分行为生效；名义股东承担处分行为全部后果，同时赔偿给实际出资人造成的损失；实际出资人丧失对应股东权益，但获得损失赔偿；股权处分对方承担处分行为后果。(2) 若不具备上述全部条件，则股权处分行为可撤销，名义股东恢复处分前原状，同时赔偿给实际出资人造成的损失；实际出资人不丧失股东权益，有权获得损失赔偿。

（四）公司债权人请求名义股东赔偿

公司债权人以名义股东未履行出资义务为由，请求其对公司债务不能清偿的部分在未出资本息范围内承担补充赔偿责任，名义股东保有股东身份，承担补充赔偿责任。名义股东以仅为名义股东而非实际出资人为由的抗辩不获支持，但承担赔偿责任后，有权向实际出资人追偿。实际出资人不具备股东身份，不向公司债权人承担责任，但对名义股东的追偿承担责任。债权人可以向名义股东、其他发起人（限于设立）、有过错董事、高管（限于增资）、协助抽逃出资的股东、实际控制人和董事、高管请求赔偿。

（五）受让股东请求认定原股东在办理变更登记前再转让行为无效

股权转让后尚未向公司登记机关办理变更登记，原股东将仍登记于其名下的股权转让、质押或者以其他方式处分，受让股东以其对于股权享有实际权利为由，请求认定处分股权行为无效的：(1) 参照《物权法》第 106 条处理（处分对方为善意、股权按合理对价估值、处分行为已经登记）则处分行为生效；原股东承担处分行为全部后果，同时赔偿给受让股东造成的损失；受让股东丧失股东身份和对应股东权益，但获得损失赔偿；股权处分对方承担处分行为后果；有过错的董事、高管就未及时登记承担相应责任。(2) 若不具备上述全部条件，则股权处分行为可撤销；原股东恢复处分前原状，同时赔偿给受让股东造成的损失；受让股东不丧失股东身份和股东权益，同时获得损失赔偿；有过错的董事、高管就未及时登记承担相应责任。

（六）冒用他人名义出资并将该他人作为股东在公司登记机关登记

冒用他人名义出资并将该他人作为股东在公司登记机关登记的，冒名出资行为和冒名登记行为无效。冒名登记行为人承担相应责任。被冒名登记为股东的第三人不承担冒名人的瑕疵出资责任。

第三节　公司设立所需的前置及后置审批

公司在向工商行政管理机关申请办理设立登记前，先向其他行政机关或部门申请核准、许可、同意或备案的程序为前置审批程序。公司在设立登记完成、取得企业法人营业执照之后，为取得经营项目的许可而向行业主管部门申办业务许可的程序为后置审批程序。

前置审批程序和后置审批程序属于行政许可法的范畴，不是我们阐述的重点，但律师对此应有基本了解，对其中的与公司主营业务有关的前置审批程序需要重点了解。

一、与公司登记有关的前置审批

实务中与公司登记有关的前置审批主要有以下六类：

1. 国资审批，即国有资产的持有人以国有资产出资设立公司，出资行为须先获得批准，出资资产的评估立项和评估报告须获得备案或核准，出资形成的国有产权需进行登记。一般情形下国有资产分两级管理，即国有独资公司（或同级别的国有企业）对国有产权的管理和设立，由国有独资公司的国有资产监督管理部门对国有产权进行管理；在重要产权的原国有控制权改变的情形下，需要报同级人民政府批准。另外，涉及上市公司国有股权的出资事项，需要报国务院国有资产监督管理部门批准。涉及国有资产出资的审批程序、审批依据和报批文件等，可以通过查询各级国有资产监督管理部门的官方网站了解。

2. 外商投资审批，即设立外商投资企业的有限责任公司或股份有限公司，公司的章程、合同是否符合有关外商投资企业的法律、法规和规章，公司的主营业务是否符合我国引进外资的产业政策，是否构成外资的行业垄断等，均由商务部门进行审核，审核确认符合我国法律的，颁发外商投资企业批准证书。涉及外商投资的审批程序、审批依据和报批文件等，可以通过查询各级商务部门或外经贸管理部门的官方网站了解。

3. 发展和改革部门核准，即当公司设立同时涉及投资项目时，该投资项目是否符合国家产业发展政策和产业发展规划，须经发展和改革部门予以核准。涉及投资项目的核准程序、核准依据和报批文件等，可以通过查询各级人民政府的发展和改革委员会的官方网站了解。

4. 土地管理审批，即当对公司的出资涉及土地性质变更或土地用途变更时，须经国有土地管理部门批准。涉及土地管理的审批程序、审批依据和报批文件等，可以通过查询各级土地管理部门的官方网站了解。

5. 股份募集行为审批，即当股份有限公司以募集方式设立时，须经国家证券监督管理部门核准。

6. 行业管理审批，即当公司的主营业务涉及特定行业时，须先经行业主管部门核准、同意、许可或批准。

二、与公司主营业务有关的若干前置审批

之所以特别突出与公司主营业务有关的前置审批，是因为该项前置审批涉及公司的所有构成要素：

1. 可能涉及公司股东的身份限制、持股比例限制和控制权限制；

2. 可能涉及公司开展特定行业的业务所需要具备的所有实体条件、公司的供应商、消费者、公司的业务模式，也涉及公司的重大业务合同、重大资产和重大债务的类别和特点；

3. 可能涉及公司的注册资本规模限制，以及净资产、净资本或其他财务指标限制；

4. 可能涉及公司董事、监事、高级管理人员的任职资格和从业人员的从业资质。

为此，建议律师对于与公司主营业务有关的前置审批给予较多的关注。

工商行政管理机关会根据公司申报的经营范围，公示公司应当取得的前置审批。律师可以查询对应的法律、法规、行政规章及工商行政管理部门网站，核对公示的公司登记前置行政许可项目目录，同时向有管辖权的当地或国家的相关行业管理部门查询有无地方性的配套规定，以及该主管部门具体的审批程序和申报要求。

随着国务院工商登记体制改革措施的落实，公司设立登记前的前置审批事项将会持续减少，或转变为后置审批。

三、与公司登记有关的后置审批

后置审批往往是前置审批的自然延续，即公司设立前由发起人、出资人或筹备组织申请取得前置审批的原则批复，在公司设立登记办理完毕、取得企业法人营业执照以后，以公司作为申报的法律主体正式申请获得需要的核准、许可和批准。

律师在协助当事人办理前置审批手续时即需要关注随后的后置审批工作。

四、公司登记的“先照后证”改革

“先照后证”系由“先证后照”改革而来，将前置许可尽可能改革为后置许可，即从事需要行政许可经营项目的市场主体，除非国务院明确规定需要先获得前置行政许可的项目，均先向工商部门申请办理营业执照，再到许可审批部门办理许可审批手续。

根据国务院《关于“先照后证”改革后加强事中事后监管的意见》（国发〔2015〕62号）的规定，各地按照职责法定、信用约束、协同监管、社会共治的原则，全面落实“先照后证”改革。

国家工商行政管理总局负责公布工商登记前置审批事项目录。法律、行政法规、国务院决定新增前置审批事项、取消行政审批事项、将前置审批事项改为后置审批事项的，实施审批的国务院相关部门应当及时通知工商总局对目录进行更新，并向社会公布。除法

律、行政法规和国务院决定外，一律不得设定工商登记前置审批事项，也不得通过备案等方式实施变相前置审批。

经营者从事工商登记前置审批事项目录中事项的，应当依法报经相关审批部门审批后，凭许可文件、证件向工商部门申请登记注册，工商部门依法核发营业执照。经营者从事工商登记前置审批事项目录外事项的，直接向工商部门申请登记注册，工商部门依法核发营业执照。

各省级人民政府于 2015 年年底前依法制定工商登记后置审批事项目录，并向社会公布。

在办理登记注册时，工商部门要根据省级人民政府公布的工商登记后置审批事项目录告知申请人需要申请审批的经营项目和相应的审批部门，并由申请人书面承诺在取得审批前不擅自从事相关经营活动。

在办理登记注册后，工商部门要运用信息化手段，对经营项目的审批部门明确的，将市场主体登记注册信息及时告知同级相关审批部门；对经营项目的审批部门不明确或不涉及审批的，将市场主体登记注册信息及时在企业信息共享平台上发布，相关审批部门或行业主管部门应及时查询，根据职责做好后续监管工作。

工商总局于 2016 年 10 月和 2018 年 2 月都发布了《关于调整工商登记前置审批事项目录的通知》，分别公布了需要前置许可的 34 项和 28 项法定事项。

五、公司登记的“五证合一、一照一码”改革

1. “五证合一、一照一码”改革的主要内容

“五证合一、一照一码”改革系由“三证合一”和“一照一码”改革发展而成，基本上与“先照后证”改革同步配合进行。

三证合一就是将企业依次申请的工商营业执照、组织机构代码证和税务登记证三证合为一证；一照一码则是在此基础上更进一步，通过“一口受理、并联审批、信息共享、结果互认”，实现由一个部门核发加载统一社会信用代码的营业执照。

一照一码改革后，所有商事主体均可凭借标注了统一社会信用代码的营业执照，在政府机关、金融机构等部门证明其主体身份和办理相关业务；公众可通过统一社会信用代码在政府和其他信用信息公示平台上查询商事主体的信用信息；社会各界都可以利用统一社会信用代码实现信息共享、数据挖掘和业务协同。以统一社会信用代码为唯一标识建立并关联商事主体的相关信用信息，可与居民身份证一起实现“两码管两人”（自然人和法人），拓宽商事主体信用信息的征信范围，与“先照后证”等改革相配合，实现信用监督的信息化和便利化，在法人和其他组织违法违规和失信惩戒机制的逐渐健全完善后，可在真正意义上实现“一处违法，处处受限”，促进社会信用体系建设。

2016 年 6 月 30 日，国务院办公厅发布了《关于加快推进“五证合一、一照一码”登记制度改革的通知》（国办发〔2016〕53 号），从 2016 年 10 月 1 日起正式实施“五证合

一、一照一码”，在全面实施工商营业执照、组织机构代码证、税务登记证“三证合一”登记制度改革的基础上，再整合社会保险登记证和统计登记证，实现“五证合一、一照一码”。

2. 公司申请“五证合一”流程

1）提交资料

市场监管登记窗口收到申请人申请资料后，经审核，申请资料齐全并符合法定形式的，应向申请人出具《“五证合一”受理通知书》，并及时将相关申请信息录入企业注册登记系统，进入联合审批流程；申请资料不齐全的，市场监管登记窗口应当场一次性告知申请人需要补正的全部内容，并出具《补办通知书》。同时，综合窗口对受理的相关资料进行拍照或扫描，并及时传至平台。

2）部门审核

市场监管登记窗口在承诺时间（内资 2 个工作日，外资 3 个工作日）内完成营业执照审批手续后，将申请资料和营业执照信息传至平台。

质监窗口收到平台推送申请资料和营业执照信息后，要在 0.5 个工作日内办理组织机构代码登记手续，并将组织机构代码发送至平台。

税务（目前包括国税和地税）、统计和人力社保等部门窗口收到平台推送的申请资料、营业执照和组织机构代码信息后，要在 0.5 个工作日内分别办理税务登记证、统计登记证和社会保险登记证相关手续，并分别将税务登记证号、统计登记证号、社会保险登记证号发送至平台。

3）打印“一照”

综合窗口收到各相关部门核准（或确认）登记信息后，在“五证合一”系统平台上打印出载有注册号、组织机构代码、税务登记证号、社会保险登记证号和统计登记证号的营业执照。

4）窗口发照

申请人凭《“五证合一”受理通知书》或有效证件到综合窗口领取“五证合一”营业执照。申请资料原件由市场监管部门保存，在申请人需要向有关部门提交资料原件时，可向市场监管部门查询、复印。

第四节　案例——律师在公司设立过程中的主要业务工作

一、案例背景

钟先生是归国技术专家，在海外多年从事生物医药技术的研发工作，现携多项技术成果及数名创业团队人员（统称钟先生）归国，经过多方考察，准备在东方市设立企业开始创业。东方市高新技术开发区管理机构对钟先生的技术才能和技术成果非常感兴趣，对钟先生的创业热情非常支持，遂引荐钟先生与开发区内的东方市润康资产管理有限责任公司（以下简称润康资产）协商，润康资产随后又引入东方耀明药业有限公司（以下简称耀明药业），共同协商出资设立一家从事将钟先生的技术成果转化为可批量生产产品的集生物医药新药研发、生产、销售、服务功能于一体的高新技术企业。

润康资产是一家国资背景的投资性公司，与开发区管理机构有良好的联系渠道，而且有意以新公司为突破口，进军生物医药产业，因此愿意承担主要出资义务并希望成为新公司的资本控制人。由于润康资产没有直接从事生物医药业务的经历，也没有投资管理过生物医药企业，而钟先生也没有在中国经营管理企业的经历，因而，润康资产在扮演好产业投资人兼资本控制人的同时，需要放手让钟先生及其团队开展技术研发和技术成果商业化活动，还要引进耀明药业协助新公司对外开展业务。

耀明药业是一家药品研发、制造、销售和服务企业，具有药品研发、制造和经营管理的丰富经验和渠道。耀明药业经润康资产引荐投资于新公司，并无意成为新公司的资本控制人或运营控制人，而只是谋求与润康资产保持良好关系，同时获得一些与新公司业务合作的机会。由于耀明药业是新公司三方股东中唯一在中国实际经营医药业务的出资人，因而需要它在润康资产和钟先生之间协调关系，协助公司开展业务，同时自己还要能获得预期的关联交易机会。

钟先生是技术成果拥有者，也将是新公司的运营管理者，但钟先生不是新公司的大股东，也没有企业经营管理的经验，因此，需要自己率领团队努力做好产品研发工作和技术成果商业化工作，同时在外部经营环境方面尽可能争取得到润康资产的支持，在经营渠道的建设方面尽可能得到耀明药业的帮助。因钟先生及其团队以往约定整个团队的技术成果登记注册以钟先生一人名义进行，故以技术成果对外投资等商业活动也以钟先生一人名义进行。

二、律师工作成果

律师系由钟先生聘请，秉持防范交易风险、平衡各方利益和促成交易的原则开展工作，赢得三方的共同信任，得以作为新公司设立项目的法律顾问（也即新公司筹备组的法律顾问），参与三方的协商，拟制三方交易文件，核实三方的投资资格，查验三方出资财产的法律属性，并应润康资产的邀请为其出具专项法律意见书。

（一）参与出资方案协商论证并拟制出资协议书

律师参与三方关于新公司注册资本、各方出资金额、出资方式、出资期限、公司管理机构的设置和权力分配、各方与新公司的关联交易等设立方案的协商，协助三方尽快达成一致，并为三方拟订了出资协议书。

出资协议书的主要内容通常包括：

1. 出资各方；

2. 设立公司；
3. 公司名称和住所；
4. 公司注册资本；
5. 各方出资方式、出资金额和出资期限；
6. 公司经营范围；
7. 出资各方在设立公司过程中的权利和义务；
8. 出资各方在公司股东会中的表决权安排；
9. 出资各方在公司董事会中的席位分配；
10. 公司高级管理人员的产生方式；
11. 出资各方的利润分配比例安排；
12. 公司经营期限；
13. 违约及补救；
14. 保密；
15. 不可抗力；
16. 争议解决；
17. 公司设立不成的后果。

出资协议书是股东之间的契约，虽然其约定了新公司的所有重要事项，其内容在所有实质性方面都与公司章程一致，但出资协议书不是公司的宪章文件，对公司和公司董事、公司监事及公司高级管理人员都没有拘束力。出资协议书也不需要登记，不产生对抗任何第三人的效力。

三方达成的《出资协议书》如下：

出资协议书

合同编号：

本出资协议书于××××年××月××日在中国东方市签订。

出资各方为：

甲方：东方市润康资产管理有限责任公司

企业法人营业执照号：××××××

法定住址：东方市×××路×××号润康大厦9层

法定代表人：郑××，职务：总经理

乙方：东方耀明药业有限公司

企业法人营业执照号：××××××

法定住址：东方市×××路×××号

法定代表人：刘××，职务：董事长

丙方：钟××

身份证号：××××××××××××××××××

法定住址：上海市静安区×××路×××号

签约各方经充分协商，一致同意共同出资设立东方润康生物医药有限公司（以下简称公司或本公司），各方依据《中华人民共和国公司法》等有关法律法规，签订如下协议，作为各方发起行为的规范，以资共同遵守。

第一条　公司概况

公司名称拟定为“东方润康生物医药有限责任公司”，以公司登记机关核准的为准。

公司住所拟设在×××地。

本公司的组织形式为：有限责任公司。

第二条　公司宗旨与经营范围

本公司的经营宗旨为：以合适的商业形式研发、生产、销售新型生物制品和生物工程产品，为社会提供优质、健康的医药保健产品，打造世界知名新型生物医药类品牌。

本公司的经营范围为：主营生物制品和生物工程产品的研发、生产、销售和服务，兼营医疗保健产品、医疗器械等。

第三条　注册资本和各方持股比例

本公司的注册资本为人民币 1 000 万元整，其中：

甲方：出资额为 600 万元，以现金方式出资，占注册资本的 60%；

乙方：出资额为 200 万元，以工业设备方式出资，占注册资本的 20%；

丙方：出资额为 200 万元，以专利技术和非专利技术方式出资，占注册资本的 20%。

第四条　出资时间

各方对公司注册资本的出资缴付依照本协议的约定在公司设立后一次性全部缴足。

甲方自公司取得营业执照之日起 30 个工作日内将全部现金出资一次性足额划拨到公司的基本账户中。

乙方自本协议签署之日起 30 个工作日内向公司筹备组提交附件一（《设备和仪器出资清单》）所列实物出资的权属证明和资产评估报告，经公司筹备组书面确认后，乙方自付运费将清单设备和仪器运输到公司筹备组指定的场所移交给筹备组或公司。

丙方自本协议签署之日起 30 个工作日内向公司筹备组提交附件二（《知识产权出资清单》）所列的技术资料和权属证明并附资产评估报告。自公司营业执照领取之日起 10 个工作日内丙方将清单所列的专利权、专利申请权到国家知识产权局等相关部门办理向公司过户的手续，将所有权转移到公司。

第五条　出资评估

附件一《乙方出资设备、仪器清单》和附件二《丙方出资知识产权清单》所列非货币出资资产均应经过各方一致同意的合格资产评估机构评估作价。各方根据评估报告确认的评估价值一致同意该等资产的出资作价，不得高估或者低估作价。作价高于认购出资额的部分列为公司资本公积金，不足部分由出资方以现金补足。

第六条　公司组织结构

1. 公司设股东会、董事会、监事会、总经理。

2. 公司董事会由5名董事组成，其中甲方委派3名，乙方委派1名，丙方委派1名，董事长即法定代表人由甲方委派的董事担任。

3. 公司监事会由3名监事组成，其中乙方委派1名，丙方委派1名，职工代表大会或职工大会选举1名，监事会主席由乙方委派的监事担任。

4. 公司设总经理1名，由丙方提名；设副总经理2名，由甲方和乙方各提名1名；设财务负责人1名，由甲方提名；总经理、副总经理和财务负责人均由董事会聘任。

第七条　关联交易

1. 各方同意公司向甲方承租经营用房，公司设立三年内的租金不超过同区域同等房屋同类租金平均标准的50%。具体租赁条件在公司设立后由公司与甲方签署相关租赁协议约定之。

2. 各方同意乙方向公司提供新药研发及测试服务，公司设立三年内，乙方向公司提供服务的服务费标准，不超过乙方向第三人提供同类服务收费标准的70%。具体条件在公司设立后由公司与乙方签署相关服务协议约定之。

第八条　发起各方的权利

1. 随时了解本公司的设立工作进展情况；

2. 签署本协议书和公司章程以及公司设立过程中的其他法律文件；

3. 审核设立过程中筹备费用的支出；

4. 公司成立后，按照国家法律和本公司章程的有关规定，行使股东应享有的权利；

5. 如公司设立不成，有权收回所认缴的出资。

第九条　发起各方的义务

1. 及时提供/签署本公司申请设立所必需的文件材料；

2. 按照本协议约定按时足额缴纳出资；

3. 为筹备组的设立工作提供一切必需的协助和便利；

4. 在本公司成立后，按照国家法律和本公司章程的有关规定，履行股东应履行的义务；

5. 如公司设立不成，承担发起人的法定及本协议约定义务和责任。

第十条　筹备费用

1. 本公司筹备设立所需费用由甲方垫付。

2. 公司设立后，筹备设立公司所支付全部费用经各方确认后列入本公司的开办费用，由公司承担。

3. 如设立公司不成且非发起人过错所致，则经各方确认，已支付筹备费用按本协议第三条所载各方出资比例进行分摊。

第十一条　筹备组

1. 各方分别指定一名人员共同组成筹备组，代表各方协调处理公司筹办中涉及各方权利、义务的重大事项；

2. 各方共同委托甲方指定的专人具体经办公司设立申请事宜；

3. 筹备组和经办人员名单如附件三。

第十二条　公司设立不成的后果

1. 自本协议签署之日起180日内若公司仍未领取企业法人营业执照，则各方同意终止本协议（以下简称“公司设立不成”）。

2. 为筹备公司而发生的债权由各方按出资比例分享，所发生的债务由各方向债权人连带承担清偿责任，各方之间按出资比例分摊。

3. 为筹备公司而签署的合同由与合同履行有最密切关系的出资方负责具体履行，履行所获得的收益由各方按出资比例分享，所发生的损失和责任由各方按出资比例分担。

第十三条　违约责任

1. 如未按本协议第三条所规定的金额、期限或方式履行出资义务，每逾期一日，违约方应向公司交付0.5‰的违约金；若逾期超过180日仍未提交，其他股东可以一致确定该出资方丧失出资协议项下的权利，由其他守约方补充完成出资。

2. 除上款所述以外的其他违约行为致使其他出资方和公司损失的，由违约方承担损失赔偿责任。

3. 由于一方违约致使公司设立不成的，违约方应当赔偿其他各方按照本协议第十二条承担后果后所发生的全部损失。

第十四条　合营期限

公司经营期限为永久。

第十五条　声明和保证

各方声明和保证：

1. 各方均为具有独立民事行为能力的自然人，并拥有合法的权利或授权签订本协议。

2. 各方投入本公司的资产，均为各发起人所拥有的合法财产。

3. 各方向公司筹备组提交的文件、资料等均是真实、准确和完整的。

第十六条　保密

合同各方保证对在讨论、签订、执行本协议过程中所获悉的属于其他方的且无法自公开渠道获得的文件及资料（包括商业秘密、公司计划、运营活动、财务信息、技术信息、经营信息及其他商业秘密）予以保密。未经该资料和文件的原提供方同意，其他方不得向任何第三方泄露该商业秘密的全部或部分内容。但法律、法规另有规定或各方另有约定的除外。

第十七条　争议处理

本合同在履行过程中发生的争议，由各方当事人协商解决，协商不成的，任何一方均可向本协议第一条所载公司住所地人民法院提起诉讼。

第十八条　其他

1. 本合同自各方或各方法定代表人或其授权代表人签字并加盖公章之日起生效。

2. 本协议一式5份，甲方、乙方、丙方各执1份，留置公司2份，具有同等法律效力。

3. 本合同的附件和补充合同均为本合同不可分割的组成部分，与本合同具有同等的法律效力。

4. 未尽事宜由各方签署补充协议。

附件一：乙方出资设备、仪器清单

附件二：丙方出资知识产权清单

附件三：筹备组和经办人员名单

甲方（盖章）：东方市润康资产管理有限责任公司

法定代表人/授权代理人（签字）：__________

__________年______月______日

乙方（盖章）：东方耀明药业有限公司

法定代表人/授权代理人（签字）：__________

__________年______月______日

丙方（签字）：钟××

__________年______月______日

（二）制定公司章程

公司设立阶段最重要甚至可以说唯一重要的法律文件就是公司章程。章程经股东（大）会通过后对公司、公司股东、公司董事、公司监事和公司高级管理人员及员工都具有拘束力。章程需要在公司登记机关备案登记，备案后的章程具有对抗第三人的效力。

公司章程的内容可简可繁，只要具备《公司法》第 25 条规定的法定必备条款即可。各级公司登记机关都备置了格式文本供出资人选用。结合国家工商行政管理总局推荐的公司章程指引和中华全国律师协会推荐的律师开展公司章程制定业务指引，规范的有限公司章程应当包括如下要点：

1. 章程的宗旨、依据和约束力

2. 公司名称（行政区划＋字号＋行业＋组织形式，应经工商行政管理机关预先核准）

3. 公司住所（登记住所，通常也是管理机构所在地）

4. 公司经营范围（以主营业务为核心，参照《国民经济行业分类》；需要取得前置行政许可的，以许可范围为限；最终以登记为准）

5. 公司注册资本金额和币种

6. 注册资本的缴付方式（一次缴付或分期缴付）

7. 注册资本的变更（包括增资、减资、公司合并分立情形）

8. 股东转让股权的程序

9. 股东资格的继承

10. 股东姓名/名称、出资金额和持股比例

11. 各股东出资方式和出资期限（分期缴付注册资本的，记载每期出资各股东的出资金额、出资方式和出资时间）

12. 非货币资产或权利出资的评估作价

13. 公司首次出资股东各自的出资金额、出资方式和出资期限（如分期缴付）

14. 公司首次/本次出资后的实收资本（如分期缴付）

15. 股东名册的记载事项和名册备置（由公司备置和管理股东名册）

16. 股东的基本权利和义务

17. 公司股东会的设置和地位

18. 股东会的职权（至少包括 10 项法定职权）

19. 股东会定期会议的次数和举行时间

20. 股东会临时会议的举行前提

21. 股东会会议举行方式（现场会议、通讯会议）

22. 股东会会议的召集（主体和程序）

23. 股东会会议的通知（包括但不限于主体、对象、提前期限、方式、内容、附件）

24. 非召集人提交股东会会议提案的条件、方式和程序

25. 股东会会议的主持

26. 股东会会议的表决权行使方式（按注册资本/实收资本缴付比例或其他一致约定方式）

27. 普通决议和特别决议的设置及通过决议所需最少表决权数

28. 股东会会议其他议事规则（包括但不限于出席和委托、会议流程、会议记录、会议费用、会议投票方式和投票监督）

29. 董事人数和董事产生及更换方式

30. 董事任期

31. 董事长/执行董事和副董事长的设置

32. 公司董事会的设置和地位

33. 董事会/执行董事的职权（至少包括 10 项法定职权）

34. 董事会定期会议和临时会议

35. 董事会会议举行方式（现场会议、通讯会议）

36. 董事会会议的召集（主体和程序）

37. 董事会会议的通知（包括但不限于主体、对象、提前期限、方式、内容、附件）

38. 非召集人提交董事会会议提案的条件、方式和程序

39. 董事会会议的主持

40. 普通决议和特别决议的设置及通过决议所需最少表决权数

41. 董事会会议其他议事规则（包括但不限于出席和委托、会议流程、会议记录）

42. 董事长的职权（日常职责和紧急情形处置权）及董事平等行使投票权（一人一票）

43. 公司经理的设置和地位

44. 经理的产生及更换方式

45. 经理任期

46. 经理职权（包括8项法定职权）

47. 公司其他高级管理人员的职位设置、产生、任期和职责确定

48. 公司监事/监事会的设置和地位

49. 监事人数和监事产生及更换方式（关注法定职工代表监事）

50. 监事任期

51. 监事会/监事的职权（至少包括6项法定职权）

52. 监事会议事规则和表决程序

53. 监事兼任限制

54. 公司法定代表人的产生和职权

55. 公司基本财务会计制度

56. 公司股利分配（分配前提和分配方式）

57. 公司财务审计及财务会计报告提交

58. 公司基本劳动制度

59. 公司其他重要管理制度

60. 公司营业期限（固定期限或永久存续）

61. 固定期限届满时公司延续营业的方式和程序

62. 公司解散条件

63. 清算组成员的产生

64. 清算组职责

65. 清算程序

66. 剩余财产分配

67. 名词定义和解释

68. 章程的生效、修改和解释

以上内容通常分为15章，第一章（第1项）为总则，第二章（第2～3项）为公司名称和住所，第三章（第4项）为经营范围，第四章（第5～9项）为注册资本，第五章（第10～16项）为股东和股东出资，第六章（第17～28项）为股东会，第七章（第29～42项）为董事会，第八章（第43～47项）为经理，第九章（第48～53项）为监事会，第十章（第54项）为法定代表人，第十一章（第55～57项）为财务会计、利润分配，第十二章（第58～59项）为劳动管理和其他管理制度，第十三章（第60～61项）为营业期限，第十四章（第62～66项）为解散和清算，第十五章（第67～68项）为附则。

东方润康生物医药有限责任公司的三方股东一致表示要制定一份规范完备的章程，考

虑到三方股东的特定背景，尤其希望在公司治理方面作出相对严谨的规定，为此，律师按照前述体系为公司草拟了《章程》(内容略)。

（三）对非现金出资进行尽职调查并出具法律意见书

为了协助出资人/发起人尽快完成设立登记前的各项筹备工作，律师需要完成一些法律尽职调查工作，主要包括对股东各方出资资格的核查，对所有非现金出资财产的调查，对公司前置审批和后置审批事项的核查，确保公司设立筹备工作安全有序进行，在需要时就公司设立筹备的合法有效性提交法律尽职调查报告或发表法律意见。

律师就公司设立发表的法律意见通常包括以下内容：

1. 出资各方是否具备法定出资资格；
2. 公司股东人数是否符合法定要求；
3. 约定的公司注册资本是否符合法定要求；
4. 约定的出资方式是否符合法律规定；
5. 约定的各方出资比例是否符合法定要求；
6. 约定的出资期限及每期出资金额是否符合法律规定；
7. 公司拟就任的董事、监事和高级管理人员是否具备法定资质要求；
8. 公司章程的内容是否有与法律规定相冲突之处，是否为出资各方的真实意思表示；
9. 出资资产是否存在法律瑕疵，是否存在财产移交和权利转移的障碍；
10. 出资各方是否履行了设立公司所必需的所有内外部审批程序，截至法律意见发表日尚有哪些审批程序没有完成，是否存在不能获得批准的风险。

本案中，润康资产拟以现金出资，耀明药业拟以检测设备和仪器等实物出资，钟先生拟以技术成果出资，新公司拟从事生物医药产品的研发、生产、销售和服务，律师进行法律尽职调查和发表法律意见的重点主要集中于股东对新公司的非现金资产出资和新公司设立所需要获得的许可核准上面。

律师发表的法律意见如下：

嘉道律师事务所关于

东方润康生物医药有限责任公司设立之法律意见书

致：东方市润康资产管理有限责任公司

嘉道律师事务所（以下简称本所）受东方市润康资产管理有限责任公司（以下简称贵公司）委托，根据《中华人民共和国公司法》(以下简称《公司法》)、《中华人民共和国公司登记管理条例》(以下简称《登记条例》)，以及中华人民共和国其他法律法规和中国政府机关有关规范性文件（以下统称规范性文件）的规定，按照中国律师行业公认的业务标准、道德规范和勤勉尽责精神，就贵公司与东方耀明药业有限公司（以下简称耀明药业）和钟××先生（以下简称出资人、出资方或出资各方）拟共同出资设立（以下简称本项设立）从事××××因子等生物医药新药研发、生产、销售、服务之主营业务（以下简称生物医药业务）的东方润康生物医药有限责任公司（以下简称润康生物医药或公司）事宜出具本法律意见书。

本法律意见书基于出具日以前所发生的事实或存在的事实而出具。本所律师声明，出资各方向本所及本所律师所作出的任何承诺或确认之事项的准确性、真实性及提供的信息构成本所律师出具本法律意见书的支持性材料，将被本所律师所信赖，出资各方对其承诺或确认之事项的真实性、准确性及完整性承担责任。

本所就本项设立所涉事实独立进行了法律调查，对所涉法律文件进行了适当审阅和核查。在上述调查和核实过程中得到出资各方的如下保证：其所提供且为本法律意见书所依据之文件中的所有签字、印章和戳记均为真实、有效；传真件或复印件均与原件一致；文件中的所有签署方均有权签署该等文件，并且任何签署人均已获得适当授权以签署该等文件；文件中所作任何事实陈述在所有方面均为真实、完整。

本法律意见书并不对有关审计、资产评估、投资决策和技术研究等专业事项和报告发表意见。本法律意见书中对有关资产评估报告和技术研究报告中某些数据和结论的引述，并不意味着本所对这些数据、结论的真实性和准确性作出任何明示或默示的保证，对于该等数据、报告的内容，本所并不具备核查和作出评价的适当资格。

润康生物医药的设立系有限责任公司的设立。

本法律意见书仅供润康生物医药设立之目的使用，不得用作任何其他用途。

基于上述，本所现出具法律意见如下：

一、出资各方的主体资格

拟出资设立润康生物医药的股东分别是：

1. 贵公司，系一家依据中国法律设立并有效存续的有限责任公司。其企业法人营业执照系由东方市工商行政管理局于××××年××月××日签发，注册号为××××××。贵公司注册资本为60 000万元人民币，住所为东方市×××路×××号润康大厦9层，经营范围为城市建设、商业、农业、教育投资、投资咨询服务、金融信息（不含中介服务）；电子产品、计算机数据处理，法定代表人为郑××先生。另查，贵公司系国有独资公司，贵公司实际控制人为东方市人民政府国有资产监督管理委员会。

2. 耀明药业，系一家依据中国法律设立并有效存续的有限责任公司。其企业法人营业执照系由东方市工商行政管理局于××××年××月××日签发，注册号为××××××。耀明药业注册资本为50 000万元人民币，住所为东方市×××路×××号，经营范围为许可经营项目：医药制造、医药经销；一般经营项目：新技术和新产品的研究、开发、制造、销售和服务，法定代表人为刘××女士。

3. 自然人钟××先生，为中国公民，其身份证号为××××××××××××××××××，住址为上海市××××××。

经查，润康生物医药的出资人共为三方，符合《公司法》第24条关于有限责任公司股东人数的规定。出资各方中，贵公司和耀明药业均为合法设立并有效存续的企业法人，不存在依法或依其章程应当终止、解散的情形；钟××先生为中国公民；所有出资人均具备完全的民事权利能力与行为能力，符合《公司法》及《登记条例》关于有限责任公司股东资格的规定。

另查，润康生物医药拟从事生物医药业务，而中国法律、法规等规范性文件并未就从事生物医药业务公司的股东资格或身份进行限制性规定，故润康生物医药的出资各方亦符合中国法律关于从事生物医药业务公司的股东资格的规定。

根据出资各方的声明和陈述，出资各方中法人机构的章程、出资各方参与签署的合同、协议和其他法律文件均不禁止或限制其出资设立润康生物医药。经本所律师适当核查，没有发现与上述声明和陈述相冲突的情形。

基于上述，本所认为，出资各方依法具备出资设立润康生物医药的合法及适当资格。

二、出资各方的出资

（一）关于出资方式

经查，贵公司拟以现金出资，耀明药业拟以检测设备和仪器等实物出资，钟××先生拟以技术成果出资，各方出资方式符合《公司法》第 27 条第 1 款关于公司出资方式的规定。

（二）关于注册资本、货币出资比例和各方出资比例

经查，出资各方约定润康生物医药的注册资本为 1 000 万元人民币，各方出资金额和出资比例为：贵公司拟现金出资 600 万元，占注册资本 60％；耀明药业拟以设备、仪器等实物作价 200 万元出资，占注册资本 20％；钟××先生出资 200 万元，为 SW—1、SD—1 和 SMBS 三项发明创造的技术成果，其中，SW—1 和 SD—2 具有中国专利申请权，SMBS 为非专利技术，该等出资占注册资本 20％。出资各方关于润康生物医药注册资本的约定符合《公司法》的规定。另外，《公司法》及其他规范性文件均未就有限责任公司股东的出资金额及出资比例作出其他限制性规定，故出资各方的出资金额、出资比例以及润康生物医药的注册资本符合规范性文件的规定。

（三）关于出资期限

根据出资各方在《出资协议书》中的约定，各方的出资将在润康生物医药设立后一次性缴清。故各方的出资符合规范性文件的规定。

（四）各方出资的适当性

1. 根据贵公司的声明和陈述并经本所律师适当核查，贵公司用于出资的货币资金为贵公司自有资金，该等资金来源合法有效。

2. 根据耀明药业的声明和陈述以及本所律师的适当核查，耀明药业用于向润康生物医药出资的实物为电子检测设备和电子仪器等，上述实物均为耀明药业购买取得。电子设备所附运行软件、计算机程序等均在购买设备实物同时购买了使用权。

上述实物的所有权权属清晰、完整，并由耀明药业独立及完整地控制、占有、使用和受益，不存在共有等其他任何形式的权属争议或瑕疵，亦不存在质押、抵押、被查封、遭保全或其他任何形式的第三人权益。

根据××××××号《资产评估报告》，经出资各方一致认可，衡臻资产评估有限公司受耀明药业委托，对耀明药业用于出资的上述电子设备和仪器等实物进行了资产评估。

上述实物于评估基准日××××年××月××日的评估值为214.0927万元。

3. 根据钟××先生的声明和陈述并经本所律师适当核查，钟××先生用于出资的SW—1和SD—2为钟××先生独立研究取得的技术成果，由钟××先生分别于××××年××月××日和××××年××月××日向中国国家知识产权局专利局申请发明专利，专利申请号分别为××××××和××××××，上述专利申请已经于××××年××月××日和××××年××月××日公布。钟××先生用于出资的发明创造SMBS亦为钟××先生自主开发形成的技术成果，为非专利技术。上述具有发明专利申请权的发明创造和非专利技术的发明创造均为开展生物医药研发、测试等业务所需技术。上述发明创造的权属清晰、完整并由钟××先生独立及完整地控制、占有、使用和受益，不存在共有、拟转让、欠缴专利申请费或其他任何形式的权属争议或瑕疵；迄今没有第三人向专利局提出该等申请不符合专利法规定的意见，也没有第三人向钟××先生提出侵权索赔；上述发明创造的专利申请权和非专利技术的技术秘密权没有遭到第三人的侵犯，亦不存在许可使用、质押、抵押、被查封、遭保全或其他任何形式的第三人权益。

根据××××××号《资产评估报告》，经出资各方一致认可，衡臻资产评估有限公司受钟××先生委托，对钟××先生用于出资的上述发明创造进行了资产评估。上述发明创造于评估基准日××××年××月××日的评估值分别为：专利申请号为××××××的技术成果SW—1价值为120万元，专利申请号为××××××的技术成果SD—2价值为49万元，SMBS非专利技术价值为31万元。

基于上述，本所认为，出资各方对润康生物医药的出资合法、适当，出资各方对润康生物医药的出资财产进行财产移交和权属变更均不应存在法律障碍。

三、出资协议、润康生物医药章程和出资各方的其他安排

1. 润康生物医药的出资各方于××××年××月××日就设立润康生物医药签订了《出资协议书》及协议附件一《乙方出资设备、仪器清单》，附件二《丙方出资知识产权清单》和附件三《筹备组和经办人员名单》，该协议及其附件均为出资各方关于设立润康生物医药的真实意思表示，该协议及其附件不存在违反规范性文件或损害任何一方当事人合法权益的情形，该协议的形式及内容均为合法有效。

2. 润康生物医药的出资各方于××××年××月××日签署了润康生物医药《章程》(草案)，该章程具备所有法定必备条款，为润康生物医药全体股东的真实意思表示，其形式和内容符合规范性文件的规定。

3. 出资各方提名的润康生物医药首届董事会、监事会成员不存在《公司法》第146条规定的情形，具备担任润康生物医药董事、监事的适当资格。

四、设立润康生物医药的授权和批准

(一)关于主营业务许可的前置批准

1. 鉴于东方润康的经营范围为生物医药的新药研发、制造、销售和服务，如果实际拟从事药品生产业务，则需要获得东方市食品药品监督管理局核发的《药品生产许可证》；如果实际拟从事药品批发业务，则需要获得东方市药监局核发的《药品经营许可证》；如

果仅从事药品的研制，则该等业务依照规范性文件的规定不需要取得前置行政许可。

2. 根据国家药品监督管理局《药品研究机构登记备案管理办法（试行）》［国药管安（1999）324号］的规定，为申请药品临床试验和生产上市而从事药品研究的机构，都必须在省级药监局办理登记备案。

3. 根据国家食品药品监督管理总局《药物非临床研究质量管理规范认证管理办法》［国食药监安（2007）214号］，药物非临床安全性评价研究机构必须向国家药监局申请对其组织管理体系、人员、实验设施、仪器设备、试验项目的运行与管理等进行检查，并对其是否符合药物非临床研究质量管理规范（GLP）作出评定认证。

（二）润康生物医药设立的其他批准

1. 经查，贵公司于××××年××月××日通过第××××××届第××××××次董事会会议决议，批准贵公司出资600万元参与设立润康生物医药，批准贵公司签署《出资协议书》和润康生物医药《章程》（草案），并授权贵公司投资管理部代表贵公司组织办理与设立润康生物医药有关的一切事宜。贵公司根据规范性文件和贵公司章程规定的权限和程序，合法有效地通过了设立润康生物医药的决议，决议内容合法有效。

2. 经查，耀明药业于××××年××月××日通过第××××××届第××××××次董事会会议决议，批准耀明药业出资200万元参与设立润康生物医药，批准耀明药业签署《出资协议书》和润康生物医药《章程》（草案），并授权耀明药业之经营管理机构代表耀明药业办理与设立润康生物医药有关的一切事宜。耀明药业根据规范性文件和耀明药业章程规定的权限和程序，合法有效地通过了设立润康生物医药的决议，决议内容合法有效。

3. 出资各方已经办理了申请润康生物医药的名称预先核准手续，东方市上行区工商行政管理局已于××××年××月××日，签发了第××××××号《企业名称预先核准通知书》。

五、结论性意见

综上，本所律师认为，贵公司等出资各方设立润康生物医药，法定条件均已具备，润康生物医药的设立符合中国法律的规定。

本法律意见书一式××份，具有同等效力。

嘉道律师事务所

经办律师：

××××年××月××日

本章练习和测验

1. 请从北京市工商行政管理局海淀分局（或其他任何工商局）网站下载一份有限责任公司章程格式文本，然后与本章案例所述章程目录进行比较，指出两份章程结构的差异，并对这些差异进行评价。

2. 你能解释出资协议书和公司章程的差异吗？它们对出资交易各有什么意义呢？

3. 如果你是案例中投资公司聘请的律师，你能列出一份为这项公司设立业务提供法律服务的工作计划吗？请复习一下第一章的内容。

4. 如果案例中作为创业团队出资财产的专利申请权逾期不能过户到目标公司名下，作为投资公司的律师，你有什么解决方案？

5. 案例中的创业团队仅以钟先生一个人的名义作为知识产权的申请人、所有权人和拟设立的目标公司的出资人。你知道团队其他成员同意隐名的重要原因吗？如果团队其他成员请求你帮助设计保障他们权益的方案，你有什么建议？

本章总结

律师操作公司业务大致可以分为六个主要步骤：

根据全体股东对拟设立公司的筹划、商业计划或可行性研究，提炼出拟设立公司的四大要素，并进一步提出关于拟设立公司的注册资本、各股东的认缴出资额、各股东的出资方式和出资期限的建议，这是操作公司设立业务的第一步；

结合商务条件和法务条件，为设立公司的各方股东或发起人准备一份完善的出资协议书，这是操作公司设立业务的第二步；

从为公司治理结构奠基的高度和广度，起草目标公司章程，这是第三步；

审视出资过程、审视资产评估报告等出资文件，识别出资瑕疵，提出补救这些瑕疵的要求和建议，这是第四步；

指导当事人顺利完成公司设立登记手续和前置许可、后置许可手续，这是第五步；

在当事人或政府部门要求的时候，就公司设立发表法律意见，这是第六步。

小贴士

学习到这里，就到了把前面全部基础知识和技能融会贯通、综合运用的时候了。

你需要既站在受托人的立场工作（例如起草出资协议书和章程），也要站在客观中介机构的立场工作（例如识别出资瑕疵和发表法律意见）；你既需要完成实体工作（例如论证方案、起草文件），也需要完成程序工作（例如指导申请公司名称预核准、申请公司设立登记）；你既需要协助当事人处理能够协商自治的事项（例如协商确定目标公司的登记要素和交易要素），也需要协助当事人处理不完全能够自主确定的事项（例如就特定业务资质申请获得前置许可）。

第六章

公司维持实务

本章要点

公司组织机构及各自职能；

公司的宪章性文件；

公司的激励机制。

学习目标

熟悉公司宪章性文件和基本管理制度的主要内容；

熟练起草公司重大事项决策制度、管理层和员工激励制度、重大信息报告制度、合同管理制度等规范性文件；

熟悉公司业务流程和管理流程。

引言

公司设立后即进入公司维持期。公司维持的使命是通过持续经营实现实业投资人的投资目的，即通过组织、占有和使用资源，生产出满足消费者特定消费需求的产品和服务，换取价款和报酬，由此保证公司获得持续增长的经营盈利。要实现这一目的，公司必须建立一套完整的组织机构体系和一套完整的游戏规则，在公司和公司的内外部利益关系人之间确定权利、义务和责任边界，协调各方的利益冲突，防范和控制风险，提高资源配置的效率。这样一套机构体系和一套游戏规则的总和，就是公司治理结构。

公司治理的任务是在公司与股东、管理层、员工、下属企业、政府、业务伙伴、消费者、社区和社会公众等利益关系人之间建立相互促进成长的和谐关系。公司业务律师在治理结构完善方面的任务是协助客户设计公司组织结构，制订公司内部规范性文件体系，以体现公允对待所有利益关系方，平衡保障所有利益关系方的利益，合理分配各利益关系方权利和义务，同时尽可能实现：

（1）消除系统性缺陷和不确定性；

（2）防范和控制或然性风险；

（3）提高资源配置和使用效率；

（4）避免目标公司内部任何一方利益关系人擅权或各方利益关系人陷入僵局。

为此，律师应当建立一些关于公司治理的基本概念，掌握一些基本技能。本章讲述的就是律师应当了解的关于公司治理结构的一些基本观念和基本技能。

第一节 公司治理完善

对于完善公司治理，有两类公司利益关系人掌握着最大主动权：公司股东和公司经营层。这两类主体关于公司治理的价值观是不完全一致的。

资本家（即公司股东）关注公司治理结构的出发点是投资风险控制，落脚点是公司运营管理的风险防范能力与风险控制能力，包括：

1. 公司面临的可预见的主要风险因素有哪些，公司在制度建设、机构设置和流程设计中采取了哪些措施来防范和控制这些风险；

2. 公司业务的持续成长对股东、业务交易伙伴、公司管理当局和骨干员工、地方政府等利益关系人的依赖程度；

3. 公司运行的效率主要依赖制度还是依赖管理当局的个人魅力；

4. 公司的股权结构是否有利于股东对公司的支持，控股股东是否与公司存在同业竞争，存在重大的或持续的关联交易；

5. 公司管理当局和员工对公司组织机构的设置、组织机构的职能定位、岗位工作流程的评价如何。

企业家（即公司经营层）关注公司治理结构的出发点是企业价值的提升和企业规模的扩大，落脚点是公司运营管理的效率，包括：

1. 持续扩张企业的市场价值和规模，包括投资人规模、资本规模、资产规模、业务交易规模、员工队伍规模等；

2. 在机构设置和制度建设方面保障交易安排的自主性、灵活性和自己对交易决策和交易执行的控制力；

3. 整合企业资源，协调好公司与政府、股东、银行、员工、客户和供应商的关系；

4. 实现企业管理者和雇员的价值，实现对管理者和员工的激励；

5. 防范和控制企业运营风险。

无论站在何种立场，公司治理的主要任务都包括：制度完善，机构设置论证，激励约束机制完善，风险评估和应对，企业集团管理，重大交易论证，内部信息整理、报告和披露，股东关系管理，其他利益关系方协调，发展战略规划制定，企业社会责任承担等内容。

一、制度完善

公司治理的两大载体之一为成文的治理规则，包括章程、议事规则、重大事项规则和一般管理制度四个层级的规则文件。

公司章程是公司的根本宪章，是公司所有制度和规范的依据，具有最高效力。章程主要通过股东（大）会、董事会、经理和监事会等章节来确定公司治理结构的基本组合。

公司议事规则包括股东（大）会议事规则、董事会议事规则、监事会议事规则、总裁工作守则、总裁办公会议事规则等，是公司权力机构、决策机构、监督机构和执行机构的组织规则和行为规范。

公司重大事项规则亦称公司基本管理制度，是决定公司非日常经营性重大事务的单项规则，包括预算管理规则、重大投融资行为管理规则、重大关联交易管理规则、员工激励约束制度、企业集团管理制度、投资人关系管理制度、公司内外部信息报告和披露制度，等等。

公司经营管理制度是规范公司日常经营管理活动的规则，包括财务管理制度、人事管理制度、合同管理制度、采购管理制度、销售管理制度、固定资产管理制度、知识产权管理制度、印鉴管理制度，等等。

二、机构设置论证

公司治理结构的另一大载体为公司机构，也分为四大类：权力机构、决策机构、执行机构和监督机构，即公司股东（大）会、董事会、经营管理机构和监事会。

治理规则和公司机构相结合可以确定：

（1）公司机构的职能、职权、利益和责任；

（2）公司运营管理过程中各类重大事项所涉及的机构和岗位；

（3）机构和岗位执行其职能的流程；

（4）各岗位执行职能所应获得的薪酬、奖励或惩罚。

（一）股东（大）会

股东（大）会是公司的权力机构，其职能是管理与股东权利和股东利益直接关联的事项，包括但不限于：

1. 任免董事和股东代表监事；
2. 批准财务预决算和利润分配方案；
3. 批准公司经营方针和投资计划；
4. 批准数额巨大的重大交易；
5. 决定增资、减资；
6. 决定合并、分立、清算；
7. 批准章程及其修订。

以上职能是股东（大）会的固有职能，股东（大）会不可放弃，也不可委托公司其他机构执行这些职能。反过来说，股东（大）会也不能因为是公司权力机构就可以行使其他机构的固有职能，例如代替董事会任免高级管理人员。

股东（大）会的基本运行机制是利益推动、权益主导，即股东基于自身利益驱动作出意思表示，决议结果取决于资本的表决力量。因此，股东（大）会决策的特点是对议案说通过或不通过，说是或不是，而不是参与议案的具体内容的形成。

股东（大）会的具体职能和运行流程由公司章程和股东（大）会议事规则规定。

（二）董事会

董事会是公司的决策机构，事实上决定了本公司所有的重大事项，包括但不限于：

1. 拟制供股东（大）会审议通过的所有议案，提出这些议案并执行股东（大）会决议；
2. 任免公司高级管理人员；
3. 决定公司经营管理机构的设置；
4. 制定或批准章程和三会议事规则以外的所有重大事项规则和基本管理制度；

5. 批准按权限划分应由董事会批准的重大交易和重大事项。

以上职能是董事会的固有职能，不得放弃也不得转授。

董事会的运行机制是智慧推动、多数成员主导，即依赖大多数成员的智慧作出决定。董事会不仅要对所审议的议案说是或不是，还要说为什么是或为什么不是，更重要的，董事会还要对议案说应该怎样才算是，即要参与议案内容的确定。为此，推动董事会决策的是董事的智慧，是董事对风险因素的把握，对公司利益和其他关系人利益的平衡。

一个谋求持续发展的公司，应当考虑从四个层面产生董事会成员：来自股东（尤其是实际控股人）的股东代表董事，来自经营管理机构的执行董事，来自战略投资人的非执行董事，以及来自社会的独立非执行董事。

另外，除了会议审议以外，董事会的职能需要从三个方面作日常化分解：

1. 董事长：董事会召集人和主持人、董事会议案的主要预审人、董事会决议的执行监督人；

2. 董事会专门委员会：董事会议案论证人；

3. 董事会秘书（包括董事会日常工作机构）：信息搜集、整理和提供人，董事和董事会专门委员会工作的技术支持人。

（三）经营管理机构

以经理（总经理、总裁、首席执行官）为核心的经营管理机构是公司的执行机构，组织公司的日常经营管理活动。与股东会和董事会主要通过会议履行职能相区别，经营管理机构主要是通过处理日常事务来履行职能，包括：

1. 提名并组成经营班子，决定经营班子的分工和工作目标；

2. 任免中层以下人员并决定被任免人员的薪酬和奖惩；

3. 设计经营管理组织结构及其职能；

4. 制定日常经营管理制度；

5. 向董事会提出关于公司经营管理的议案；

6. 组织实施董事会决议；

7. 安排部署产供销经营计划的执行；

8. 调拨资金、资产；

9. 对外代表公司与利益关系方洽商经营交易。

以上职能是经营管理机构的固有职能。

经营管理机构的运行机制是首长负责制，即主管领导人自己作出决定，自己承担责任。运行要求是在正确的时间向正确的下属下达正确的指令，持续组织和指挥整个经营管理过程。

（四）监事会

监事会是公司的监督机构，代表股东和员工监督、约束董事和经理，避免内部人控制，其职能主要包括：

1. 监督董事，并向股东（大）会报告监督结果；

2. 监督经营班子并向董事会通报监督结果；

3. 听取股东的意见和建议；

4. 向股东（大）会报告，并且在董事会怠于履行职责时履行召集股东（大）会的职能。

监事会的运行机制是列席跟踪、集体报告，即监事主要通过列席董事会会议和经理办公会议，审阅董事审议的文件，来监督董事和经营管理机构履行职能的行为，然后由监事集体评议，再由监事会召集人代表监事会作出报告或发表集体意见。

（五）各类公司的机构设置特点

各种主要类型的公司关于公司机构的设置特点可以参考表 6－1：

表 6－1

公司类型	股东会/股东大会	董事会/执行董事	监事会/监事	经营管理机构
有限责任公司（不包括一人有限公司及外商投资有限责任公司）	股东会为权力机关，由全体股东组成，分为定期会议与临时会议。所有股东按表决权表决，原则上按出资比例分配表决权	设董事会，为决策机关，成员 3 人至 13 人，由股东会选举或股东委派，每届任期不超过 3 年；设董事长 1 名，可以设副董事长。按一人一票表决。若股东人数较少可设立 1 名执行董事	设监事会，成员不少于 3 人，其中职工代表比例不少于 1/3，设主席 1 人。若股东人数少可只设 1 至 2 名监事。董事、高管不得兼任监事	经理为执行机构第一负责人，由董事会聘任或解聘。列席董事会会议。根据需要设副经理及其他高级管理人员若干名。董事可兼任经理或其他高管职务
一人有限公司	不设股东会，股东行使公司权力机关职权	大型企业设董事会；中小型企业可设 1 名执行董事	大型企业设监事会；中小型企业设 1 至 2 名监事（包括职工监事）	设董事会时同以上有限责任公司的规定。设执行董事时可由执行董事兼任经理，也可由执行董事任免经理及其他高管
股份有限公司	设股东大会，由全体股东组成，为公司权力机关，应当每年召开一次年会，可以根据需要随时召开临时会议。按到会股东的表决权表决，一股一票表决权，同股同权	设董事会，其成员为 5 人至 19 人，由股东大会选举，每届任期不超过 3 年；可以有公司职工代表；设董事长 1 名，可以设副董事长。每年度至少召开两次会议。按一人一票表决	设立监事会，其成员不得少于 3 人，应当包括股东代表和适当比例的公司职工代表（不少于 1/3）。设主席 1 人，可以设副主席。董事、高级管理人员不得兼任监事。每 6 个月至少召开一次会议	经理和其他高管由董事会聘任或者解聘。原则上设董事会秘书，为高管，由董事会任免。其他规定同有限责任公司的规定

续前表

公司类型	股东会/股东大会	董事会/执行董事	监事会/监事	经营管理机构
中外合资经营企业（形式为有限责任公司）	不设股东会	设董事会，为公司权力机关，其人数组成由合营各方参照出资比例协商确定，但不得少于3人，由合营各方委派和撤换，每届任期4年。董事会会议应当有2/3以上董事出席方能举行。有四类法定重大事项须董事会一致通过	原则上适用《公司法》，按照关于有限责任公司的规定设立监事会	与普通有限责任公司相同。另，合资公司总经理处理重要问题时，应当同副总经理协商
中外合作经营企业（组织形式为有限责任公司）	不设股东会	设董事会，是合作经营企业的权力机构，人数组成由合作各方参照出资比例协商确定，不得少于3人，由合作各方委派和撤换，每届任期不得超过3年。中外合作者的一方担任董事长的，副董事长由他方担任。有五类法定重大事项须董事会一致通过	原则上适用《公司法》，按照关于有限责任公司的规定设立监事会	同上。委托合作各方以外的其他人经营管理的，必须经董事会一致同意，并应当与被委托人签订委托经营管理合同

三、激励约束机制的完善

公司经营层和员工作为企业战略的执行人，在生产经营管理第一线为消费者提供产品和服务，也为投资人创造价值和财富，但经理层的利益最大化与投资人的利益最大化不是完全一致的，而且经理层和投资人关于公司治理的价值观也不是完全一致的。协调这种不一致的手段就是激励约束机制，即公司投资人与经理层达成一项协议，投资人为经理层设立任务目标，并对经理层完成任务的情况进行评价考核，而后对经理层予以奖励或惩罚，由此来促使经理层的长期利益与股东长远利益趋于一致。

激励约束机制必须三位一体：以目标责任制为前提、以绩效考核为手段、以奖励惩罚为结果。

（一）目标责任制

在激励约束体系中，目标责任制是激励约束机制建立和实施的前提和依据。

目标责任制有定性和定量两方面的意义。根据公司的主营业务定位，公司各内部机构、各岗位层层分解落实机构职能和岗位职责，这是定性分解。根据公司的主营业务的期间量化目标（例如年度主营业务收入额、净利润额或净资产收益率），公司各内部机构、各岗位层层分解落实期间机构和岗位必须完成的量化任务指标，这是定量分解。

律师在协助公司董事会设计公司高级管理人员职位设置和管理部门的设置时，应当以公司的盈利模式为基础，以公司发展战略为导向，明确这些职位和部门的职能分工，明确这些职位和部门的权限边界，明确这些职位和部门的行为流程，既要避免职能冲突，也要避免职能空白；既要保证权限平衡，也要保证执行效率；既要保证流程简洁清晰，也要保证流程完整。

律师在协助公司董事会建立预算管理体制，确定年度预算管理目标时，应当注意年度目标横向在高级管理人员当中的分解和在各业务板块之间的分解，还要注意目标纵向在高层、中层和基层各层级和各岗位之间的分解。

目标的制定和分解的依据一是外部客观环境，二是公司自身主观条件。

目标制定和分解以经理层为枢纽经历自下而上和自上而下两个流程。首先是经理层根据外部环境和内部条件提出公司整体经营目标，通过年度工作会议等形式与各业务板块进行论证、博弈和修正，形成经营层对年度任务目标的设置；然后经营层将目标提交董事会审议，经过决策层与执行层的讨价还价，确定董事会认可的经营目标，提请股东（大）会批准，这是完成了自下而上的流程。股东（大）会批准以后，董事会向经营层下达具有约束力的任务指标，这些任务指标将成为董事会对高级管理人员绩效考核的依据。经营层再将任务指标向所有经营管理机构和岗位逐一分解落实，成为高级管理人员对其他经营管理人员绩效考核的依据，这是完成了自上而下的流程。

注意：随着宏观环境因素的变化，公司经营的任务目标应当适时跟踪修订。通常公司在半年度终了时评价半年度目标完成的实际结果，检讨年度目标设置的可行性，必要时对年度目标进行修正，以使年度绩效考核具有实际意义。

（二）绩效考核

绩效考核是联结目标责任制与激励约束机制的中间环节，是认定目标责任完成情况的主要手段，也是正确实施奖励惩罚的依据。绩效考核是否科学合理，直接关系到对目标责任完成情况的评价和认定，也关系到整个激励约束机制是否得以顺利贯彻执行以及能否达到预期目的。

绩效考核机制包括考核主体、考核依据、考核方式、考核程序和考核结论五项内容。

1. 考核主体

考核主体大致可以按高级、中级、基层三个层面划分。高级层面的考核主体：考核人为董事会，被考核人为公司高级管理人员。中级层面的考核主体：考核人为高级管理人员，被考核人为公司管理部门和业务板块以及全体中层管理人员。基层层面的考核主体：考核人为中层管理人员，被考核人为基层员工。

注意：对高级管理人员的考核可以通过董事会的考核委员会来进行，对中层部门和人员以及对基层员工的考核可以由人力资源管理部门牵头进行，还可以进行部门和岗位间的横向考评，以及下级部门和岗位对上级部门和岗位的反向考评。

2. 考核依据

通常下列文件资料构成考核依据：

（1）公司考核制度规范文件；

（2）被考核人员的岗位职能和任务目标描述；

（3）公司当期主要财务指标和经营目标完成情况资料；

（4）被考核人本人对岗位任务设置的意见、工作总结和自我评价；

（5）职能关联部门和/或岗位对被考核人的评价；

（6）外部环境情况调研结果。

3. 考核方式

考核方式包括自我总结与评价、对职能相关部门和岗位的评价、访谈，以及外部环境情况调研。

自我总结和评价是被考评人对本人岗位职能、本人任务目标设置、本人完成任务情况陈述事实，并对本人岗位职能设定的合理性、本人任务目标设置的可行性以及本人完成任务的绩效性进行评价。

对职能相关部门和岗位的评价是所有被考评人对与自己的职能和任务相关联的部门和岗位，或对自己履行职能流程所涉及的部门和岗位进行事实陈述和业绩评价。所有业务板块和职能部门之间可以相互进行评价，公司总部和下属公司可以相互进行评价。

访谈是考评人与被考评人以及关联部门及岗位的直接交流，主要是为澄清自我总结和评价以及相互评价中的疑问，确保考核信息的真实、准确和完整。

外部调研是对同行业其他企业目标设置及任务完成情况的了解，由此确定考核在同行业中的公允性。

4. 考核程序

绩效考核通常经历如下程序：

（1）准备和汇总考核所依据的文件资料及信息；

（2）被考核人提交自我总结和评价；

（3）被考核人提交对职能关联部门和岗位的评价意见；

（4）访谈和会议；

（5）外部环境情况调研；

（6）作出评价结论；

（7）实施奖惩。

5. 考核结论

考核结论包括微观结论和宏观结论。

（1）微观结论。微观结论是针对具体岗位或部门作出的考核结论，包括：

1）被考核岗位或部门职能设定的合理性；

2）被考核岗位或部门当期任务目标设置的可行性；

3）被考核岗位或部门履行职能和完成任务的绩效性；

4）对被考核岗位或部门进行具体奖励或惩罚的意见。

（2）宏观结论。宏观结论是针对整个公司绩效的评价意见，包括：

1）公司当期薪酬计划（或方案）是否符合现行法律；

2）公司当期考核体制是否符合现行有关法律、法规的规定，是否发挥激励约束机制并切实可行；

3）公司薪酬计划与竞争对手相比是否具有竞争力；

4）公司当期薪酬计划和考核体制的执行情况总结，以及是否符合公司的人才发展战略要求；

5）公司薪酬计划和考核体制的修改建议。

（三）奖励惩罚

奖励惩罚措施（即激励措施）是以经济手段来兑现对经营管理人员和员工绩效考核的结果。

常见的激励措施包括年薪制和股票期权制。

1. 年薪制

年薪制是以年度为单位，依据企业的生产经营规模和经营业绩，确定并支付经营者年薪的分配方式。年薪包括基本年薪和风险年薪。

年薪制有如下常见模型：

（1）单一挂钩型。单一挂钩型的年薪结构为：与某一经营目标挂钩的固定数额报酬，例如，与 12.5％的公司净资产利润率挂钩的 160 万元单一年薪。

适用对象：公司经营第一负责人（总经理）以及通过任务分解能够独立核算经营业绩的部门负责人。其他经营管理人可以按照与经营第一负责人的折算系数确定各自年薪。

适用企业：适用于任何企业。

激励机制：指标明确，兑现便捷，容易理解，方便操作。激励作用的有效性取决于任务指标的选择，如果是平稳运行的企业，通常设置多指标的复合任务，如果是需要尽快完成某类重点任务或解决某种特定问题的企业，通常设置单一任务指标。不过，无论怎样设置任务指标，都很难防止经营管理人为实现本期目标而罔顾公司长期发展目标和长期利益。

（2）货币复合挂钩型。复合挂钩型的年薪结构为：基本工资＋固定岗位津贴＋风险收入（如绩效工资）＋养老金计划。

适用对象：公司经营第一负责人（总经理）以及通过任务分解能够独立核算经营业绩的部门负责人。其他经营管理人可以按照与经营第一负责人的折算系数确定各自年薪。

适用企业：适用于任何企业。

激励作用：复合收入结构与复合指标挂钩。确定基本工资、岗位津贴和养老金计划时要依据公司的资产规模、销售收入规模、员工平均薪酬水平和所在行业平均水平等指标；确定风险收入时，要考虑公司所处发展阶段，与净资产增长率、销售收入增长率、营业利润增长率、职工工资增长率等权重不同的综合指标挂钩，比单一指标挂钩型更为全面，更为注重长期约束，但激励效果不如单一挂钩型明显。

（3）退休福利保障型。退休福利保障型的年薪结构为：基本年薪＋浮动岗位津贴＋养老金计划。

适用对象：公司高、中层管理人员。

适用企业：经营进入平稳期的大中型企业，尤其是大中型国有企业和国有控股公司。

激励机制：以浮动岗位津贴激励完成任务指标，以退休福利来约束短期行为。

（4）增资权挂钩型。增资权挂钩型的年薪结构为：基本工资＋强制转换为增资权的风险收入。

适用对象：所有经营管理人员和员工。

适用企业：适用于成长型企业。

激励作用：确定基本工资要依据公司员工平均薪酬水平和所在行业平均水平；确定风险收入时，要与净资产增长率、净利润增长率等增长指标挂钩，在年终绩效考核完成货币化的风险收入额确定以后，不以货币兑现，而是强制转换为对公司新增注册资本的认购。风险收入与公司成长指标直接挂钩，激励效果更为明显，强制转换为股权也更为注重长期约束，较为适用于快速成长期的中小企业。

（5）认股权挂钩型。认股权挂钩型的年薪结构为：基本工资＋认股权计划＋养老金计划。

适用对象：所有经营管理人员和员工。

适用企业：适用于所有企业。

激励作用：属于增资权挂钩型的改进。确定基本工资同样要依据公司员工平均薪酬水平和所在行业平均水平；同时制定公司认股权计划或股票期权计划，按照计划确定经营管理人的股份认购权。其激励效果与增资权挂钩型的相同，但扩大了适用范围，既适用于快速成长期的中小企业，也适用于稳定期的大中型企业。

2. 股票期权制

（1）主要类型。实施股票期权激励机制的类型主要包括：

1）业绩股票

业绩股票指在年初确定一个较为合理的业绩目标，如果激励对象到年末时达到预定的目标，则公司（通常是上市公司）按约定的优惠价格向其发售一定数量的股份或提取一定的奖励基金购买公司股份。业绩股票的流通变现通常有时间和数量限制。另一种与业绩股票在操作和作用上相类似的长期激励方式是业绩单位，它和业绩股票的区别在于业绩股票是授予股份，而业绩单位是授予现金。业绩股票属于限制性股票（股份）的一种。

2）股票期权

股票期权是指公司授予激励对象的一种权利，激励对象可以在规定的时期内以事先确定的价格购买一定数量的本公司股份（包括上市公司的流通股票和非上市公司的非流通股权），也可以放弃这种权利。股票期权的行权也有时间和数量限制，且需激励对象自行为行权支出现金。目前在我国有些上市公司中应用的虚拟股票期权是虚拟股票和股票期权的结合，即公司授予激励对象的是一种虚拟的股票认购权，激励对象行权后获得的是虚拟股票。

3）虚拟股票

虚拟股票是指公司授予激励对象一种虚拟的股份，激励对象可以据此享受一定数量的分红权，但没有所有权，没有表决权，不能转让和出售，在离开企业时自动失效。

4）股份增值权

股份增值权是指公司授予激励对象的一种权利，如果公司股价（无论是上市公司股价还是非上市公司的转让价或增资价）上升，激励对象可通过行权获得相应数量的股价升值收益，激励对象不用为行权付出现金，行权后获得现金或等值的公司股票。

5）限制性股票

限制性股票是指事先授予激励对象一定数量的公司股份，但对股份的来源、抛售等有一些特殊限制，一般只有当激励对象完成特定目标（如扭亏为盈）后，激励对象才可出售股份并从中获益。

6）延期支付

延期支付是指公司为激励对象设计一揽子薪酬收入计划，其中有一部分属于股权激励收入，股权激励收入不在当年发放，而是按公司股票公平市价折算成股份数量，在一定期限后，以公司股份形式或根据届时股票市值以现金方式支付给激励对象。

7）账面价值增值权

账面价值增值权具体分为购买型和虚拟型两种。购买型是指激励对象在期初按每股净资产值实际购买一定数量的公司股份，在期末再按每股净资产期末值回售给公司。虚拟型是指激励对象在期初不需支出资金，公司授予激励对象一定数量的名义股份，在期末根据公司每股净资产的增量和名义股份的数量来计算激励对象的收益，并据此向激励对象支付现金。

8）股权（股份或股票）奖励

股权奖励是指企业无偿授予激励对象一定份额的股权或一定数量的股份。

（2）关键要素。实施股票期权制的关键要素包括：

1）激励对象的确定

股权激励是为了激励员工，平衡企业的长期目标和短期目标，特别是关注企业的长期发展和战略目标的实现，因此，确定激励对象必须以企业战略目标为导向，即选择对企业发展战略最具有价值的人员。实践中既有对经营管理人员的股权激励，也有对普通员工的全员持股计划，还有以股票支付董事报酬。

2）购股资金的来源

由于激励对象是自然人，因而资金的来源成为整个计划过程的一个关键点。购买资金通常源于激励对象的基本工资、津贴或奖金等货币化收入、公司设置的奖励基金、公司股东从可分配利润中让渡的现金。

3）考核指标设计

股权激励的权利授予和行权通常与业绩挂钩，包括企业的整体业绩情况和被激励者的业绩考核指标。

4）股份购买及出售条件

购买和出售股份应当符合预定条件，包括购买和出售价格、期限、数量以及是否允许放弃购股等。上市公司的购股价格和出售价格一般参照购买和出售当时的股票市场价格确定，其他公司的购股价格则参照公司估值确定。

5）股东权利

需要对股票期权计划所获得的股份是否享有分红收益权、股票表决权和如何承担股权贬值风险等权利义务作出规定。

6）股权管理

需要确定公司实施股票期权计划的管理体制，包括管理机构、管理内容、管理方式以及股票期权的权利确定、授予、行使、丧失等重大行为的操作程序等。

（3）税收优惠

根据《关于完善股权激励和技术入股有关所得税政策的通知》（财税［2016］101号）的规定，同时符合下列全部条件的股票期权、限制性股票和股权奖励，经向主管税务机关备案，可实行递延纳税政策，即员工在取得股权激励时可暂不纳税，递延至转让该股权时纳税；股权转让时，按照股权转让收入减除股权取得成本以及合理税费后的差额，适用“财产转让所得”项目，按照20%的税率计算缴纳个人所得税［股权转让时，股票（权）期权取得成本按行权价确定，限制性股票取得成本按实际出资额确定，股权奖励取得成本为零］：

1）属于境内居民企业的股权激励计划；

2）股权激励计划经公司董事会、股东（大）会审议通过。未设股东（大）会的国有单位，经上级主管部门审核批准。股权激励计划应列明激励目的、对象、标的、有效期、各类价格的确定方法、激励对象获取权益的条件、程序等；

3）激励标的应为境内居民企业的本公司股权。股权奖励的标的可以是技术成果投资入股到其他境内居民企业所取得的股权。激励标的股票（权）包括通过增发、大股东直接让渡以及法律法规允许的其他合理方式授予激励对象的股票（权）；

4）激励对象应为公司董事会或股东（大）会决定的技术骨干和高级管理人员，激励对象人数累计不得超过本公司最近6个月在职职工平均人数的30%；

5）股票（权）期权自授予日起应持有满3年，且自行权日起持有满1年；限制性股票自授予日起应持有满3年，且解禁后持有满1年；股权奖励自获得奖励之日起应持有满3年。上述时间条件须在股权激励计划中列明；

6）股票（权）期权自授予日至行权日的时间不得超过10年；

7）实施股权奖励的公司及其奖励股权标的公司所属行业均不属于《股权奖励税收优惠政策限制性行业目录》范围。公司所属行业按公司上一纳税年度主营业务收入占比最高的行业确定。

注意：个人从任职受雇企业以低于公平市场价格取得股票（权）的，凡不符合递延纳税条件，应在获得股票（权）时，对实际出资额低于公平市场价格的差额，按照“工资、薪金所得”项目，参照财政部、国家税务总局《关于个人股票期权所得征收个人所得税问题的通知》（财税〔2005〕35 号）有关规定计算缴纳个人所得税。

四、风险防范和控制

公司在设立和持续经营过程中，甚至在变更和解散过程中都会遭遇各种各样的风险，这些风险将导致：公司或股东资源流失或无效使用，财产减少，市场竞争失败，引发诉讼，招致行政或刑事调查和处罚，经营停止。公司治理要防范和控制的是因滥用权力或舞弊而发生的风险、因缺失论证主体和论证程序而发生的风险，以及因缺少信息而发生的风险。

治理结构对公司风险的防范和控制是通过三个层面的机构设置及运行流程来实现的：股东和股东会层面、董事会（及监事会）层面、经营层层面。

（一）股东和股东会层面风险防范和控制

1. 实体防范和控制

就股东之间而言，股东和股东会层面风险防范和控制的目标是公允地对待所有股东的股东权利，确保股东按照与其对公司贡献和承担责任相适应的程度行使权利和履行义务，以及原则上按照出资比例行使表决权和受益权等可以量化的股东权益，同时以确保公司利益和股东整体利益为目标公允行使知情权、质询权、检查权等非量化权益。风险防控重点是防范和控制控股股东及实际控制人滥用资本控制权损害公司及公司其他股东利益，尤其是落实公司对重大关联交易的回避表决机制。

就股东与管理层之间而言，股东和股东会层面风险防范和控制的目标是防范公司出现内部人控制，即防范和控制经营管理层滥用运营控制权，损害股权的利益。风险防控重点是落实股东（大）会和董事会的职能，尤其在董事和监事的委派或选举方面，在公司发展战略、经营计划和投资策略方面，在公司经营目标、财务预决算和利润分配方案审批方面，在公司重大事项批准方面，落实股东（大）会的批准权。

2. 程序防范和控制

实体权利的享有和行使以及实体义务的承担和履行都依赖程序。股东和股东会层面的风险防范和控制的程序措施就是完善和严格履行股东（大）会会议制度，通过会议的提议、召集、通知、举行、审议和表决、作出决议、下发等程序安排，将所有股东的权益和权利落实在每一项具体的行为流程当中，使公司、股东、董事、监事和管理层不仅明了股东有什么权利，而且知道怎样行使权利。

根据《中华人民共和国公司法》第 22 条和 2017 年 8 月 25 日发布的最高人民法院《关于适用〈中华人民共和国公司法〉若干问题的规定（四）》第 5 条的规定：

（1）存在下列情形之一的，构成股东（大）会决议不成立：

1）公司未召开会议的，但依据《公司法》第 37 条第 2 款或者公司章程规定可以不召开股东会或者股东大会而直接作出决定，并由全体股东在决定文件上签名、盖章的除外；

2）会议未对决议事项进行表决的；

3）出席会议的人数或者股东所持表决权不符合公司法或者公司章程规定的；

4）会议的表决结果未达到公司法或者公司章程规定的通过比例的；

5）导致决议不成立的其他情形。

（2）股东（大）会决议的内容违反法律或行政法规的强制性效力规范规定的，构成决议无效。

股东会或者股东大会、董事会的会议召集程序、表决方式违反法律、行政法规或者公司章程，或者决议内容违反公司章程的，构成决议可撤销，公司股东、董事、监事以及其他有直接利害关系的当事人可以自决议作出之日起 60 日内，请求人民法院撤销。

注意，可撤销决议和不成立决议大多由程序瑕疵而导致，可撤销决议的瑕疵要比不成立决议的瑕疵轻微且可事后补救。可撤销协议的程序瑕疵如果仅限于会议召集程序或者表决方式，并且没有妨碍股东公平地参与决议意思的形成，没有妨碍股东获知对其作出意思表示所需要的信息，则构成“轻微瑕疵”，在该程序瑕疵的存在不改变决议的既定结果的前提下，该决议可以不予撤销。对于决议的轻微瑕疵还可以通过追认等补救手段予以治愈——而不成立的决议则不能通过补救予以治愈。对于已经被“治愈”的可撤销决议，如果股东事后再提起决议撤销之诉，则人民法院不予支持。股东也不得以公司对其他股东的会议召集程序存在瑕疵为由，提起决议撤销之诉。另外，股东提起决议撤销之诉的 60 日除斥期间不得中断、中止或延长，而提起决议不成立或决议无效之诉则按普通诉讼时效，股东等当事人可以在二年内进行。

人民法院判决股东会或者股东（大）会决议不存在、决议无效或者撤销决议的，该决议的效力按照内外有别的原则予以认定。如果决议内容涉及内部关系，原则上判决具有溯及力，即决议自始没有法律约束力。如果公司已经执行该决议而与公司以外的他人建立、变更或终止相应的法律关系，为了保证商事秩序，公司依据该决议与善意相对人形成的民事法律关系不受影响。

3. 风险防范和控制的规范性文件

律师协助公司完成股东和股东会层面风险防范和控制工作，主要是协助公司制定下列规范性文件：

（1）公司章程；

（2）公司股东（大）会议事规则；

（3）公司投资者关系管理制度。

（二）董事会（及监事会）层面风险防范和控制

企业会计准则将控制董事会视为控制公司的标志。因此，董事会层面的风险防范和控制是公司战略意义上的风险防范和控制。

1. 实体防范和控制

董事会层面风险防范和控制的目标有两个方面，一是延续股东和股东会权利，防范公司出现内部人控制，即防范和控制经营管理层滥用运营控制权，损害股权的利益；二是防范决策失误。防范内部人控制的重点是明确董事会与经营层的分工，落实董事会的职能，尤其在高级管理人员的聘任、职能设置、薪酬待遇、考核、奖惩方面，在公司发展战略和经营计划方面，在公司财务预决算和利润分配方案制订方面，在公司重大事项审批方面，落实董事会的决策权。防范决策失误的重点是落实决策的科学化、民主化和程序化。董事会的决策机制是智慧驱动型，决策的实体要件是知情，因此，要在董事构成（吸收外部专家董事）、董事会内部机构设置（董事会专门委员会、董事会秘书及董事会参谋机构）、经营层前期可行性研究督导、外部专业咨询机构论证等方面，最大限度地向董事会汇集决策智慧。

在董事会会议决策期间，监事会成员列席并全程监督，协助董事会纠正失误。另外，监事会要独立举行监事会会议，对股东、董事、董事会、高级管理人员和经营机构的行为进行评价，发现风险因素，应当形成监事会决议，报告股东（大）会，知会董事会和经营管理机构。

在董事会会议决策期间，主要经营负责人也列席会议，了解重大决策的产生过程，必要时向会议进行解释说明，以使决策更具有可执行性。

2. 程序防范和控制

董事会层面的风险防范和控制的程序措施就是完善和严格履行董事会会议制度和监事会会议制度，通过会议的提议、召集、通知、举行、审议和表决、作出决议、下发等程序安排，将董事和监事的职责落实在每一项具体的行为流程当中。

董事会决议层面的风险与如前所述的股东（大）会决议相似，同样面临决议被判定不成立、无效和可撤销的风险。

3. 风险防范和控制的规范性文件

律师协助公司完成董事会（及监事会）层面风险防范和控制工作，主要是协助公司制定下列规范性文件：

（1）公司章程；

（2）董事会议事规则；

（3）董事会各专门委员会工作规则；

（4）董事守则；

（5）董事会秘书工作守则；

（6）监事会议事规则；

（7）监事守则。

（三）经营层层面风险防范和控制

企业日常经营层面的风险防范和控制是企业发展战略执行环节的重要组成部分，经营层面的风险防范和控制措施是完善企业的内部风险控制体系，又称内部控制或内控制度、内控体系。

1. 实体防范和控制

推行企业内部控制的实体要点是：

（1）授权

授权是指在开展各项经营活动的过程中，企业最高管理者是执行权力的来源，他必须通过合理授权的方式，使其他高级管理人员和各中间管理层以及员工以所授权力作为开展工作的依据。管理层进行授权控制时要注意授权的范围、授权的层次与责任，保证指令有效下达执行，制度有效贯彻，权力有效制衡。

（2）预算控制

全员预算控制是企业财务管理的重要组成部分，也是对企业经济业务规划的某种授权。科学地编制和执行预算，控制有关经营行动，以合理配置所拥有的经济资源，促进企业经营管理目标的实现。

（3）信息系统管理

无论是否建设了有形的信息系统，公司都必须建立健全信息生成、处理、流转、汇集、反馈和归档的体制，确保经营负责人依据真实、准确、完整和及时的信息（即有效信息）下达指令，执行人在授权范围内依据有效信息接收并执行指令。

2. 程序防范和控制

生产经营活动的井然有序依赖管理流程，每一项具体的经营管理活动（也即每一项具体的内部控制活动）都必须有明确的作业流程，最简单的譬如公司印鉴使用流程、公司项目投资立项流程，等等。

3. 风险防范和控制的规范性文件

律师协助公司完成经营层面风险防范和控制工作，主要是协助公司制定内部控制制度文件，包括但不限于：

（1）总经理工作守则；

（2）总经理办公会议议事规则；

（3）预算管理制度；

（4）资金管理制度；

（5）信息管理制度；

（6）固定资产管理制度；

（7）投资立项管理制度；

（8）采购及付款流程管理制度；

（9）销售及收款流程管理制度；

（10）成本费用管理制度；

（11）合同管理制度；

（12）人力资源管理制度；

（13）知识产权管理制度；

（14）行政办公管理制度。

五、发展战略规划

企业战略是对企业各种战略的统称，其中包括发展战略这样根本性、整体性的战略，也包括营销战略、品牌战略、融资战略、并购战略、技术开发战略、人力资源战略、资源开发战略等局部性战略。企业战略的根本核心是企业发展战略。

企业发展战略有四个特征。在这四个特征中，本质特征是发展性，着眼于企业长期持续发展；第二个特征是整体性，着眼于企业的整体性问题而非局部性问题；第三个特征是长期性，着眼于企业的长期性问题，而不是短期性问题；第四个特征是基本性，着眼于企业的基本性问题，而不是具体性问题。

公司业务律师协助公司制定发展战略的主要任务是：协助设计战略制定方式和程序；论证战略草案可能遇到的法律障碍；论证战略执行可能遇到的风险和对应的防范控制措施。如果需要，律师应当向公司提交如下咨询意见：

1. 公司是否制定了关于战略规划的制度并设立了相应机构；

2. 公司是否建立了中长期发展战略；

3. 公司中长期发展战略是否存在法律障碍；

4. 公司发展战略的当期落实情况；

5. 公司当期进行的重大交易是否符合公司发展战略；

6. 公司是否建立健全了内部控制制度以确保在战略制定和执行过程中风险控制和防范机制能够发挥作用；

7. 公司所处宏观法律环境分析；

8. 公司决策机构委托发表的其他论证意见。

律师可以围绕公司的融资战略、投资扩展计划、风险防范、现金流控制、人力资源发展、技术研发、营销组织和客户资源管理、战略伙伴关系的建立、原料基地建设、生产组织、股东关系协调和企业文化建设等诸方面，发表自己对设计和完善企业发展战略的咨询意见。

六、重大交易决策和论证

重大交易决策包括公司内部的决策和公司外部的论证。

（一）重大交易的内部决策

重大交易的内部决策包括股东会层面的批准性论证、董事会层面的控制性论证和经营层的执行性论证。这些决策的关键要素在实体方面是权限，在程序方面是流程。

（二）股东会层面的决策

股东会层面的决策机制是通过股东各自内部提前自行论证并形成决策立场和意见，在会议现场汇集同意或不同意的意见，然后按照表决权决定股东会的最后立场和意见。

股东层面的决策权限分为特别和普通两个级别。

1. 股东会特别决策

股东会特别决策针对特别重大的资本性事项，要求按照较为严厉的标准作出决策结论，《公司法》规定的最低要求是就有限责任公司而言，需要获得所有股东所持全部表决权的 2/3 以上同意，就股份有限公司而言，需要获得参加会议股东所持全部表决权的 2/3 以上同意。公司章程可以规定更高的表决权标准。

《公司法》规定的特别重大资本性事项包括：

（1）公司增加或者减少注册资本；

（2）发行公司债券；

（3）公司分立、合并、解散和清算或者变更公司形式；

（4）修改公司章程。

公司章程可以追加规定其他特别重大资本性事项，例如拟完全更换公司商业模式和主营业务，或拟进行超过一定规模的资产买卖交易，等等。

2. 股东会普通决策

股东会普通决策针对除特别重大资本性事项以外的资本性事项，例如：通过公司三会议事规则等宪章性文件，聘任董事，决定公司财务预决算和利润分配方案，批准未达到特别重大级别的资本性事项。股东会作出普通决策，就有限责任公司而言，需要获得所有股东所持全部表决权的过半数同意，就股份有限公司而言，需要获得参加会议股东所持全部表决权的过半数同意。公司章程可以规定更高（但比特别决策低）的表决权标准。

3. 股东会决策的程序要求

股东会决策在程序方面关键是会议的召集程序，其中尤为重要的是会议通知的提前时间和通知内容。

由于股东会审议的都是公司重大事项，因而应当保障股东有充分的时间研究和论证审议的提案。公司章程和股东会议事规则必须明确规定召集股东会会议发出通知的最短期限，而且，原则上应当规定召集作出特别决策的股东会议需要提前更长的时间向股东发出通知，并且，此类股东会不得以通讯方式作出决策。

同时，由于股东自行论证依赖的是会议召集人提交的提案，因而，股东会议事规则必须明确规定会议通知内容的格式以及所附提案内容的最低要求或提案格式指引。

（三）董事会决策

董事会层面的决策机制是董事汇集经营机构的可行性研究、董事会专门委员会的论证、中介机构的论证形成自己的决策立场和意见，在会议现场进行充分沟通交流，最后产生董事会的决策立场和意见。与股东（大）会的决策不同的是，董事会的论证和决策不仅决定是或不是，而且还要决定怎么做，而且还可以对审议提案进行任何部分内容的修订。

1. 决策实体

除了通常每年两次定期会议对常规重大事项的决策以外，董事会的主要任务是通过临时会议对公司重大交易事项进行专项决策。

董事会与股东（大）会在重大交易方面的权限边界通常按下列标准划分：

（1）交易涉及的资产总额（同时存在账面值和评估值的，以高者为准）占公司最近一期经审计总资产的某一比例（例如50%）以上；

（2）交易的成交金额（包括承担的债务和费用）占公司最近一期经审计净资产的某一比例（例如50%）以上，且绝对金额超过某一指标（例如3 000万元）；

（3）交易产生的利润占公司最近一个会计年度经审计净利润的某一比例（例如50%）以上，且绝对金额超过某一指标（例如500万元）；

（4）交易标的（如股权）在最近一个会计年度相关的主营业务收入占公司最近一个会计年度经审计主营业务收入的某一比例（例如50%）以上，且绝对金额超过某一指标（例如3 000万元）；

（5）交易标的（如股权）在最近一个会计年度相关的净利润占公司最近一个会计年度经审计净利润的某一比例（例如50%）以上，且绝对金额超过某一指标（例如500万元）。

注意：利润指标涉及的数据如为负值，取绝对值计算。

“交易”指的是日常生产经营活动之外的资产或资本类交易，包括：

（1）购买或者出售资产；

（2）对外投资（含委托理财、委托贷款等）；

（3）提供财务资助（包括但不限于借款和提供担保）；

（4）租入或者租出资产；

（5）委托或者受托管理资产和业务；

（6）赠与或者受赠资产；

（7）债权、债务重组；

（8）签订许可使用协议；

（9）转让或者受让研究与开发项目。

注意：增加或减少注册资本、公司合并、分立或解散、公司变更组织形式等特别重大类资本性交易事项，也属于董事会的审议范围，但董事会进行的是形成提案性质或可行性论证性质的审议决策，即就董事会提请股东（大）会审议而言，董事会的决策是同意提出提案；就股东提请股东（大）会审议而言，董事会的决策是可行性论证决策。

2. 决策程序

董事会决策是会议制决策机制，因此，公司章程和董事会议事规则应当明确规定会议的提议、召集、通知、出席、举行、审议和表决、作出决议、下发等程序安排，其中最为重要的也是通知提前时间的充足性和通知内容及所附提案的完整性。

公司监事应当列席董事会。

不兼任董事的公司第一经营负责人应当列席董事会，其他高级管理人员由会议主持人决定是否列席会议。

注意：需要股东（大）会决策的所有重大事项（包括但不限于重大交易事项）必须首先经过董事会的决策，经董事会通过后由董事会提请股东（大）会审议批准。对于股东向股东（大）会提出的提案，董事会也应当事先审议，确定是否属于股东（大）会审议范围，是否应当召集股东（大）会进行审议，以及是否可以将股东提案列入股东（大）会议程。

（四）经营机构决策

经营机构的决策包括两类不同性质的决策，一类是日常经营重大事项决策，另一类是拟提请董事会审议的非日常经营重大事项的可行性研究决策。

1. 日常经营性决策

日常经营性决策事项包括：

（1）公司年度经营计划和预算的实施方案及各部门绩效考核目标分解方案；

（2）公司内部经营机构设置方案；

（3）聘任或解聘中级管理人员；

（4）公司员工的工资、福利、奖惩制度和具体方案；

（5）生产经营资金或资产调拨；

（6）拟与供应商、销售商等业务对象洽商的经营交易方案。

2. 非日常经营性重大事项的可行性研究决策

凡资产性或资本性事项均属非日常经营事项，经营管理机构无权决定，但涉及公司主营业务要素（而非仅仅为资本控制要素）的资产性或资本性重大事项，经营管理机构原则上都应当进行可行性研究，提出经营管理机构的论证意见，或直接由经营管理机构提出提案（并附可行性研究报告及资料），提请董事会审议。

资产性或资本性重大交易事项如本章第一节六（三）第1项所列。

3. 决策程序

经营管理机构的决策程序以经营决策负责人在职能范围内直接决定为主，以第一经营负责人（总裁）召集办公会议决策为辅。

总裁办公会议由本公司高级管理人员组成。总裁办公会议应通知公司监事会，以便监事会安排监事列席会议。董事会秘书列席总裁办公会议。

即使举行会议，最后决策仍然由第一经营负责人在听取与会者意见后自主作出。

（五）外部中介机构论证

通常提交公司董事会审议的重大交易事项需要聘请外部中介机构进行论证。

常见的中介机构论证包括投资银行的论证、律师论证、会计师论证和评估师论证。论证范围包括对目标公司的尽职调查论证、对交易方案的可信性论证以及对交易文件的论证。

投资银行的论证围绕目标公司的主营业务和交易对目标公司盈利模式的影响。

律师围绕目标公司资本控制权、主营业务、财务和运营控制四大要素的法律风险识别和论证，围绕交易方案的持久安全性与可执行性论证，以及围绕交易文件的真实、准确、完整和公允性论证。

会计师主要围绕目标公司会计信息的真实、准确、完整性论证，以及交易方案所涉及交易成本（包括但不限于税费）论证。

评估师主要围绕交易标的和交易对价估值的公允性进行论证。

七、内部重大信息整理、报告和披露

公司内部重大信息包括常规重大信息、按预定程序批准的重大信息以及突发重大信息。

公司内部重大信息涉及高度商业秘密，所以内部重大信息的整理、报告和披露不是向股东及社会公众的报告和披露，而是指信息生成和整理岗位或部门向流程内的其他岗位和部门以及公司高级管理人员乃至公司董事报告和披露的行为。

（一）常规重大信息的报告和披露

1. 常规重大信息的构成

常规重大信息包括本公司及控股子公司的如下信息：

（1）月度、季度、半年度和年度财务报表及相关分析报告；

（2）公司相关职能管理制度规定提交的关键经营指标和信息，尤其包括业务、市场、技术研发、人力资源、公司业绩排名等方面的指标和信息；

（3）本公司及控股子公司的经理办公会、控股子公司的董事会、监事会和股东会的会议材料，包括会议议程、提案及附件、会议决议和会议记录。

2. 常规重大信息的报告和披露

常规重大信息的生成岗位或部门是信息性质对应的岗位或部门；整理部门就财务类信息通常为公司财务部，非财务信息通常为总经理办公室；报告对象为公司高级管理人员、董事会秘书和董事长。

（二）按预定程序批准的重大信息的报告和披露

1. 按预定程序批准的重大信息的构成

按预定程序批准的重大信息包括按预定程序批准的重大交易信息和按预定程序批准的其他重大事项信息。

按预定程序批准的重大交易信息是指公司及控股子公司拟进行的应由董事会审议的重大交易事项，具体内容如本章第一节六（三）第1项所列。

按预定程序批准的其他重大事项信息是指本公司及控股子公司拟进行的如下事项：

（1）变更公司章程、注册资本、组织形式、机构名称、注册地址、主要办公地址和联系方式等；

（2）变更经营方针、经营策略、主营业务或盈利模式；

（3）财务预算、决算及利润分配/亏损弥补方案发生重大变动或调整；

（4）变更大额资金用途；

（5）新、改、扩建具有重大环境影响的建设项目等重大投资行为；

（6）原经董事会批准的重大规章制度发生变更；

（7）变更会计政策或者会计估计；

（8）控股公司他方股东变更或变更其在该公司的持股比例；

（9）控股子公司董事长、总经理、财务负责人、销售负责人发生变动；

（10）员工编制或实际人数发生重大变化；

（11）重大非经常性项目变动或调整；

（12）聘任或者解聘为公司审计的会计师事务所。

2. 按预定程序批准的重大信息的报告和披露

按预定程序批准的重大信息的生成岗位或部门是信息性质对应的岗位或部门；整理岗位为公司主管高级管理人员，报告对象为公司总经理、董事会秘书和董事长，随后由董事长决定向董事、监事披露。

（三）突发重大信息的报告和披露

1. 突发重大信息的构成

突发重大信息是指本公司及控股子公司就可能导致生产经营停顿或造成重大损失或损害的事项所报告的如下信息：

（1）遭到请求额巨大的起诉或仲裁申请；

（2）控股公司他方股东宣布撤出控股公司或他方董事全部宣布辞职，或宣布解除本公司派出董事、董事长和/或总经理职务或本公司派出财务负责人职务；

（3）重大资产或资本性交易的对方宣布变更或解除现有协议；

（4）控股公司他方股东或当地政府或第三人宣布或采取行动实际接管了控股公司的财务、业务、人员和资产；

（5）主要资产被查封、扣押、冻结或者被抵押、质押；

（6）发生火灾、泄漏、坍塌、中毒、感染暴发性流行病等重大安全事故；

（7）因任何不可抗力或突发事故导致的生产经营停顿；

(8) 人员在执行职务过程中发生意外导致重大人员伤亡事故；

(9) 主要债务人宣布破产或清算；

(10) 因参与波动巨大的高风险投资或交易而面临重大亏损；

(11) 涉嫌违法被有权机关调查或被责令限期治理、停产、搬迁、关闭或暂停营业；

(12) 董事长或总经理无法履行职责或者因涉嫌违法违规被有权机关调查或遭受处罚；

(13) 公司经营场所被宣布存在重大安全或环保隐患；

(14) 公司被国家环保部门列入污染严重企业名单；

(15) 公司产品被宣称存在重大质量缺陷或隐患。

2. 突发重大信息的报告和披露

突发重大信息的生成岗位是遭遇突发事件机构的第一负责人，信息整理岗位为公司主管高级管理人员，报告对象为公司总经理和董事长，随后由董事长决定向相关人员披露。

八、企业集团管理

企业集团是基于持股关系和其他一致行动关系，在融资关系、人员派遣、原材料供应、产品销售、制造技术等方面建立紧密关系而协调行动的多家企业。

治理结构处理的通常是母公司对子公司的管理控制。

（一）企业集团的“六分开”

公司既可以是其他公司的股东甚至控股股东，同时也可能是由其他公司投资甚至控股的子公司，关联企业通过实际控制人的控制关系构成了企业集团，企业集团中的成员既要发挥自己的个体作用，又要发挥集团组成部分的作用，此时，处理母公司与子公司治理结构的基本准则首先是保证独立法人间的“六分开”，即母公司和子公司各自作为独立法人和利益主体，必须在经营管理人员任职、组织机构、业务、资产、财务管理和法律责任等六个方面保持独立。

1. 人员独立。企业的劳动、人事及工资管理必须完全独立。公司的总经理、副总经理、财务负责人、董事会秘书等高级管理人员不在关联企业担任除董事、监事以外的其他职务，也不得在关联公司领取薪酬；财务人员不能在关联企业兼职。

2. 机构分开。企业的董事会、监事会及其他内部机构应独立运作。控股股东及其职能部门与企业及其职能部门之间没有直接上下级关系。控股股东及其下属机构不向企业及其下属机构直接下达任何有关企业经营的计划和指令。

3. 业务独立。企业独立开展业务，独立签署业务合同并独立履行业务合同，为此企业应具有完整的业务体系和直接面向市场独立经营的能力，属于生产经营企业的，应具备独立的产、供、销系统，无法避免的关联交易必须遵循市场公正、公平的原则。

4. 资产完整。企业应具有开展生产经营所必备的资产。主要由企业使用的生产系统、辅助生产系统和配套设施、知识产权等资产，应当由公司独立拥有而非借用、租用或依赖股东或关联方的资产。

5. 财务独立。企业应设置独立的财务部门，建立健全财务会计管理制度，独立核算，独立在银行开户，不得与关联企业共用银行账户，应依法独立纳税。

6. 独立承担法律责任。企业就自己的经营管理行为以自己所有的财产独立承担法律后果，独立承担法律责任，公司不因为持股关系、控制关系或关联关系而代股东或任何关联方承担法律责任。“六分开”的终极是法律责任分开，独立承担民事责任是公司独立法人主体制度和公司有限责任制度的基本要求。

母公司对子公司的控制不应在人员、机构、业务、资产、财务和债务等方面出现混同；母公司不应与子公司同业竞争；子公司不应受母公司操纵而直接向母公司转移利益或资产；以及子公司不应受母公司操纵进行不公平的或不正常的关联交易等。

为保证“六分开”的实现，一般而言，母公司或实际控制人控制子公司或成员企业的正常途径为：

（1）提名董事、监事；

（2）推荐高级管理人员；

（3）提出股东会、董事会和监事会提案；

（4）参与股东会、董事会、监事会表决；

（5）母、子公司之间按照合法、通行的商业规范和形式进行关联方的商业交易。

（二）企业集团的“六统一”

尽管企业集团成员企业之间须保持“六分开”关系，但企业集团的特点就是发挥协同优势，提高资源整合效率，因此，还要实现企业集团运行的“六统一”，即在规章制度和企业文化建设、预算制定、市场开拓和划分、信息共享、人才培养和调遣、资金投放等六个方面争取协调一致。

为确保实际控制人的战略规划得以真正贯彻实施，为建立和实施统一的内控制度体系，防范和控制经营风险，保障整个企业集团实现健康、可持续发展，维护投资人的合法权益，实际控制人需要在其所控制的所有成员企业中建立并完善统一的制度体系，包括但不限于：

1. 控股子公司章程格式和参股子公司章程的必备条款；

2. 母公司向控股、参股子公司推荐派出人员的推荐、更换、考核和奖惩的方式、标准和程序；

3. 派出人员对本公司承担的职责和履行职责的方式和程序；

4. 母公司向控股、参股子公司股东会、董事会提出提案和表决意见的方式和程序；

5. 控股子公司纳入母公司经营发展战略和年度经营计划的方式和措施；

6. 全集团绩效考核体系；

7. 全集团预算控制体系；

8. 全集团信息体系；

9. 全集团人力资源管理体系；

10. 全集团资产管理体系；

11. 控股子公司重大经营管理活动和事项纳入母公司决策体系的方式和程序。

（三）合并会计报表

企业集团管理在会计系统管理的途径之一是合并报表制。合并会计报表视企业集团为一个会计主体，反映其所控制的资产、承担的负债、实现的收入及发生的费用等信息。合并报表包括合并资产负债表、合并损益表、合并现金流量表、合并财务状况变动表等，综合反映整个企业集团财务状况、经营成果和现金流量。

组成集团的母公司、子公司均是独立核算，有各自独立的财务与经营体系，并可以独立对其股东出具财务报告的经济实体。集团内的各个母公司、子公司等均有效地支配着各自报表所展示的资源，并运用各自报表所披露的资源取得各自的财务成果。整个机构内的母公司与子公司之间，以股权关系为纽带，有机地联系在一起。但是，并不存在一个支配合并会计报表所列示的资源，并通过对这种资源的有效运用或支配来谋求经济利益的“集团”的会计主体。这种会计意义上的“主体”不是法律意义上的会计主体，并不反映任何现存企业的财务状况和经营成果。个别会计报表反映的则是单个的独立企业法人的财务状况和经营成果，反映的对象是企业法人，是法律意义上的会计主体。

相对于个别会计报表而言，企业集团合并财务报表主要有如下特点：

1. 提供反映由母子公司组成的企业集团整体经营情况的会计信息

母公司和子公司都是独立的法人实体，分别编制自身的会计报表，分别反映企业本身的生产经营状况，这些会计报表并不能够有效地提供反映整个企业集团的会计信息。为此，要了解控股公司整体经营状况，就需要将控股公司与被控股公司的会计信息综合起来编制会计报表，以满足企业集团管理当局强化对被控股企业管理的需要。

2. 避免利用内部控股关系人为地粉饰会计报表

企业集团的发展也带来了一系列新的问题，一些控股公司利用对子公司的控制和从属关系，运用内部转移价格等手段，如低价向子公司提供原材料、高价收购子公司产品，出于避税考虑而转移利润；再如通过高价对企业集团内的其他企业销售，低价购买其他企业的原材料，转移亏损。通过编制合并会计报表，可以将企业集团内部交易所产生的收入及利润予以抵消，使会计报表反映企业集团客观真实的财务和经营情况，有利于防止和避免控股公司人为操纵利润，粉饰会计报表现象的发生。

3. 合并财务报表的外在表现具有弹性

一方面，受编制合并财务报表理论（母公司理论、实体理论、所有权理论）的影响，不同国家、同一国家的不同企业有可能选择不同的合并范围和合并会计报表编制方法；另一方面，在一个集团内部可能存在业务性质完全不同的子公司，例如既有经营房地产的子公司，又有经营制造业务的子公司，还有经营金融业务的子公司。对于这样的集团，不但各子公司的业务性质不同，而且各子公司的会计制度也很可能有较大差别，这样就容易使企业集团所编制的合并会计报表选用不同的合并范围和合并会计报表编制方法，从而使合并会计报表有不同的外在表现。

4. 合并财务报表具有其编制过程逻辑关系的正确性

企业集团合并财务报表是母公司以合并范围内的母公司、子公司的会计报表为基础编制的（在编制过程中除了对投资、债权和债务、所有者权益项目进行相应的调整外，对其余大部分项目都是直接相加）。在个别报表的条件下，企业的会计报表与账簿、凭证以及实物等有“可验证性”的对应关系，会计报表编制的正确与否，可以通过这种“可验证性”来检验。但是，在合并会计报表条件下，由于在编制过程中集团内部交易的抵消，合并会计报表与分散在企业集团各个企业的账簿、凭证以及实物不可能存在个别企业会计报表的那种“可验证性”关系，合并会计报表的正确性也仅仅具有逻辑关系正确与否的意义。

九、股东关系管理

公司四大要素中的资本控制要素和运营控制要素的协调，在很大程度上表现为公司与股东的关系管理，包括公司与控股股东的关系管理、公司与财务投资人股东之间的关系管理，以及公司与其他投资人股东之间的关系管理。

（一）股东关系管理原则

股东关系管理应当遵循以下基本原则：

1. 公允性原则。即公正对待所有股东，按照公司章程和其他宪章性规范文件的规定保护所有股东的权利和利益，同时敦促他们履行对公司的义务。

2. 相关性原则。即根据各类股东的特质确定股东关系管理中的重点，对于控股股东，应当尊重他们对公司的实际控制人地位，同时防止他们滥用实际控制权损害公司和其他股东的合法权益；对于财务投资人股东，应当尊重他们的检查权、重大资本性事项的否决权和优先退出权等特别权利；对于其他投资人股东，应当尊重他们的知情权、表决权和收益分配权。

（二）控股股东关系管理

控股股东关系管理与本书第 6 章第一节第八部分所述企业集团管理是一个问题的两个方面。就公司而言，控股股东关系管理的要点是关联交易管理和同业竞争限制。

1. 关联交易管理

关联交易管理的要点是关联方确定、关联交易定义、关联交易的批准规则和关联交易的定价机制。

（1）关联方确定

从控股股东关系管理的角度看关联交易，公司的关联方包括：

1）持股超过章程或其他宪章性文件规定比例的股东；

2）上述股东的最终实际控制人；

3）上述最终实际控制人控制的所有企业（不包括本公司及本公司的控股子公司）；

4）上述所有企业的法定代表人和高级管理人员及其近亲属。

注意：每个单独的国有资产出资人代表机构为公司国有产权股东的实际控制人，行政区划的上下级关系并不在各自国有资产出资人代表之间形成公司法意义上的控制关系。

（2）关联交易界定

从控股股东关系管理的角度看，公司的关联交易是指达到公司章程或其他宪章性规范文件规定金额或比例的下列交易：

1）购买或销售商品及购买或销售商品以外的其他财产；

2）提供或接受劳务；

3）代理；

4）租赁；

5）提供资金（包括现金或实物形式）；

6）研究与开发项目的转移；

7）许可；

8）赠与；

9）债务重组；

10）共同投资。

（3）关联交易批准规则

通常公司实行对关联交易逐级审批、关联方回避表决制度，即按照关联交易的性质和规模大小，划分董事会和股东（大）会审批的范围，同时可以确定董事会通过和股东（大）会批准所需要的表决票数。

对于股权相对平均的公司，股东各方可以在章程中规定关联交易的回避表决机制。即与审议事项有关联关系的董事或股东可以出席董事会会议或股东大会，并可以依照会议程序阐明其观点，但在投票表决时必须回避，而且不得干预表决。董事会表决时，关联方提名或委派的董事回避，股东（大）会表决时，关联股东回避。

公司向股东提供借款或担保事项必须实行股东（大）会回避表决批准制。

（4）关联交易的定价机制

关联交易实行与第三方相比定价公允机制，即公司与关联方之间的交易定价条件和公司与无关第三方之间的同类交易相比，或关联方与无关第三方之间的同类交易相比，不能：

1）关联方获得的利益或权利显著较高；

2）关联方承担的义务或责任显著较低；

3）关联方承担的风险显著较低。

2. 同业竞争限制

公司章程应当规定持有公司股权达到约定规模的股东及其关联方，不能在约定时间、约定区域、约定细分市场或约定产品及约定消费对象等方面与公司开展同类业务，除非股东（大）会在相应股东回避表决的情况下同意公司放弃开展同类业务。如果该等股东及其关联方已经开展了竞争性业务，公司有优先收购权；如果该等股东及其关联方今后有机会开展竞争业务，应当优先向公司推荐该业务机会。

（三）财务投资人股东关系管理

财务投资人股东关系管理的要点包括：特定事项的否决权、反稀释和退出机制。

财务投资人股东对公司特定事项的否决权必须记载于公司章程、股东（大）会议事规则和董事会议事规则等宪章性文件中，确保公司董事会和股东（大）会审议重大资本性交易、重大资产性交易和重大关联交易，以及审议公司的主营业务和基本商业模式的变更时，必须获得财务投资人股东的同意，方能作出决议。

反稀释（或反摊薄）是财务投资人股东参与出资交易时特有的交易条件，通常记载于股东协议当中，而不一定记载于公司章程或其他宪章性文件中，但应当获得公司的承认和尊重，确保财务投资人股东的两项特定权益，一是投资人占有股东权益比例不被减少或摊薄，二是在本次溢价出资（无论针对转让或增资）以后，目标公司不会以更优惠的条件吸引其他投资人。

退出机制也是财务投资人股东参与交易时特有的交易条件，通常包括两方面含义：一是限制现有股东退出，二是保证财务投资人优先退出。退出机制应当记载于公司章程关于股东转让股权的章节中。

（四）其他投资人股东关系管理

其他投资人股东关系管理的要点是按照公司法和公司章程的规定，公正地对待股东的知情权、表决权、收益分配权等各项股东权利。

其他投资人股东（包括财务投资人）的知情权包括法定基本知情权、附条件知情权和限制性特定知情权。

股东法定基本知情权由《公司法》第 33 条和第 97 条明确规定，公司不得通过章程、股东协议、股东（大）会决议或董事会以及公司规章制度予以剥夺或限制，为股东的基本身份权利，权利标的范围包括：公司章程及其他制度规范、股东（大）会和董事会决议、公司会计报告以及公司向登记机关提交的所有文件资料。

股东附条件知情权的行使以“目的正当”为前提条件，所谓“目的正当”，应当是为维护股东的合法利益，且不存在下列情形：1）股东自营或者为他人经营与公司主营业务有实质性竞争关系业务的，但公司章程另有规定或者全体股东另有约定的除外；2）股东为了向他人通报有关信息查阅公司会计账簿，可能损害公司合法利益的；3）股东在向公司提出查阅请求之日前的三年内，曾通过查阅公司会计账簿，向他人通报有关信息损害公司合法利益的；以及 4）不正当目的的其他情形。股东附条件知情权的权利标的范围包括：股东（大）会会议记录、董事会会议记录、监事会会议记录、会计账簿等。

股东受限制的知情权为公司有权通过《章程》、股东协议、股东（大）会决议或董事会以及公司规章制度予以限制甚至禁止的属于高度商业机密的信息知悉权，其标的范围包括商业合同、经营机构的内部记录和通讯、会计凭证等。

通常而言，应当首先推定会计人员的专业行为合法，会计报表合法、真实、公允地反映了公司的资产负债情况和经营成果，只有在有证据证明或有合理理由怀疑会计报表真实性时，股东才可以在行使无条件知情权，查阅公司会计报表等文件资料以后，申请行使附条件的知情权或受限制的知情权，进一步查阅公司账簿甚至原始凭证等包含商业秘密的文件资料。

股东依据人民法院生效判决查阅公司文件材料的，在该股东在场的情况下，可以由会计师、律师等依法或者依据执业行为规范负有保密义务的中介机构执业人员辅助进行。

股东行使附条件知情权或受限制知情权后泄露公司商业秘密导致公司合法利益受到损害，公司有权请求该股东赔偿相关损失，也有权诉请人民法院判令受权辅助股东查阅公司文件材料的会计师、律师等就其泄露公司商业秘密导致公司合法利益受到的损害，承担损失赔偿责任。

如果公司董事、高级管理人员等未依法履行职责，导致公司未依法制作或者保存公司法第 33 条（股东名册）、第 97 条（公司章程、股东名册、公司债券存根、股东大会会议记录、董事会会议记录、监事会会议记录、财务会计报告）规定的公司文件材料，给股东造成损失，股东有权依法请求负有相应责任的公司董事、高级管理人员承担民事赔偿责任。

十、其他利益关系方协调

除了本章第一节第九部分所述股东关系管理以外，公司还需要对内进行经营团队关系管理、员工关系管理、子公司关系管理，对外进行政府关系管理、经营业务伙伴关系管理、消费者关系管理、社区关系管理和社会公众关系管理。

（一）经营团队关系管理

公司与经营管理人员或称经营团队关系管理的核心是激励约束，方法是绩效考核，重点是风险内部控制。内容请参见本章第一节第三部分、第四部分。

（二）员工关系管理

公司与员工关系管理的核心同样也是激励约束，方法也是绩效考核，重点还是风险内部控制。除此以外，员工关系管理还需要关注劳动合同管理、劳动保障管理和劳动安全管理。

1. 劳动合同管理

劳动合同是员工与公司之间确立劳动关系，明确双方权利和义务的协议。根据协议，劳动者加入企业成为企业员工，承担约定的岗位或职务工作，遵守公司内部劳动规则和其他规章制度；公司安排员工工作，按照员工提供劳动的数量和质量支付劳动报酬，并且根据劳动法律、法规规定和劳动合同的约定提供必要的劳动条件，保证员工享有劳动保护及社会保险、福利等权利和待遇。

公司与员工因订立、履行、变更、解除和终止劳动合同发生的争议，依法由劳动争议仲裁委员会仲裁裁决。劳动争议由劳动合同履行地或者公司所在地的劳动争议仲裁委员会管辖。双方当事人分别向劳动合同履行地和公司所在地的劳动争议仲裁委员会申请仲裁的，由劳动合同履行地的劳动争议仲裁委员会管辖。当事人对发生法律效力的调解书、裁决书，应当依照规定的期限履行。一方当事人逾期不履行的，另一方当事人可以依照民事诉讼法的有关规定向人民法院申请执行。

注意：在劳动争议纠纷案件中，因公司作出开除、除名、辞退、解除劳动合同、减少劳动报酬、计算劳动者工作年限等决定而发生劳动争议的，由公司负举证责任。

2. 劳动保障管理

劳动保障管理是指公司按照政府关于社会保障的法律和政策，为员工提供的医疗保险、工伤保险、失业保险、养老保险、生育保险以及住房公积金（合称“五险一金”）等保障待遇。其中，医疗保险、养老保险和失业保险由企业和个人共同承担保费缴纳义务，工伤保险和生育保险则完全由企业承担保费缴纳义务。住房公积金由企业和员工共同缴存。

企业应当按照住所地政府和社保部门的规定和要求，按时足额为员工缴纳“五险”保费并缴存住房公积金。

3. 劳动安全管理

劳动安全卫生（即劳动保护或职业安全卫生）是指劳动者在生产和工作过程中应得到的生命安全和身体健康基本保障的制度。劳动安全卫生是员工实现法律赋予的生命权、健康权的具体保障。劳动安全与卫生，既相互联系又彼此独立，共同组成劳动者劳动保护的屏障。劳动安全是指公司应保证劳动场所无危及员工生命安全的伤害事故发生。劳动卫生是指公司应保证劳动场所无危及员工身体健康的慢性职业危害发生。

为保障劳动安全卫生，公司应在制度、技术、设备、机构、教育等方面采取相应措施。

（三）子公司关系管理

子公司关系管理是企业集团管理的组成部分，内容参见本章第一节第八部分所述企业集团管理。

（四）政府关系管理

公司因主体身份、业务资质、特定资产、特定行为、特定项目和社会公共责任而与政府部门发生行政管理关系，包括行政许可关系、行政监督关系和行政处罚关系。

公司律师应当特别关注政府对公司的行政许可关系。

（五）经营业务伙伴关系管理

公司与经营活动中的业务伙伴关系即业务合同关系。业务合同关系管理包括单一业务合同关系和持续业务合作伙伴关系两个层面的关系管理。对于单一业务合同伙伴关系管理，公司应当坚持诚实信用的基本准则；对于持续业务合作伙伴关系管理，公司既要关注业务维持，又要关注业务依赖问题，保证公司产、供、销、研的持续发展。

（六）消费者关系管理

公司的消费者关系管理的核心是公司产品质量管理，即公司依据特定的标准，对产品规划、设计、制造、检测、计量、运输、储存、销售、售后服务、生态回收等全过程所进行的品质管理，使产品具有功能性、安全性、可用性、可靠性、可维修性、经济性和环境友好性。

产品的功能性是指产品在一定条件下，实现预定目的或者规定用途的能力。任何产品都应当具有其特定的使用目的或者用途。

产品的安全性是指产品在使用、储运、销售等过程中，保障人体健康和人身、财产安全免受损害的能力。

产品可用性是指特定用户在特定的使用情景下，使用产品实现其功能的有效性、效率和满意度。

产品的可靠性是指产品在规定的条件和规定的时间内，完成规定功能的程度和能力。一般可用功能效率、平均寿命、失效率、平均故障时间、平均无故障工作时间等参量进行评定。

产品的可维修性是指产品在发生故障以后，能迅速维修恢复其功能的能力。

产品的经济性是指产品的设计、制造、使用等各方面所付出或所消耗成本的程度；同时，亦包含其可获得经济利益的程度，即投入与产出的效益能力。

产品的环境友好性是指产品的制造、存储、运输、使用、回收不会引起环境条件污染或恶化。

（七）社区关系管理

公司社区关系管理的要点是维护公司所在社区的环境友好，控制环境污染，同时为社区居民提供力所能及的公益服务。

（八）社会公众关系管理

社会公众关系管理即公司的社会性形象管理。公司通过经营管理活动树立负责任的社会形象，需要在社会责任承担方面作出努力。

十一、企业社会责任承担

企业社会责任承担是指企业在承担为股东创造利润责任的同时，还要承担对员工、消费者、社区和环境的责任。企业的社会责任要求企业必须超越把利润作为唯一目标的传统理念，强调要在生产过程中对人的价值的关注，强调对消费者、对环境、对社会的责任和贡献。这些责任和贡献主要包括：

1. 确保产品质量的责任；
2. 确保环境保护和环境友好的责任；
3. 确保员工劳动安全和劳动环境卫生的责任；
4. 确保以资源节约方式保持可持续发展的责任；
5. 确保公司文化建设与经营活动同步健全的责任；
6. 确保为社区提供公益服务的责任。

第二节　常年法律顾问服务

公司设立后，除了重大交易事项需要律师提供专项法律服务以外，日常经营管理中遇到法律问题也需要律师提供常规的法律服务，这种服务通常体表现为律师对公司提供的常年法律顾问服务。

常年法律顾问的工作职能主要包括：协助制定公司规章制度，为公司经营管理遇到的法律问题提供咨询意见，起草或审阅合同等经营活动中的法律文件，参加经营协商谈判，代理诉讼仲裁，协助公司制订发展战略，提供法律培训辅导，办理其他委托事务等。

一、常年法律顾问的职能

（一）协助制定公司规章制度

如前所述，制度体系是公司治理的两大载体之一，公司从开始筹备设立时就面临制定章程的任务，设立以后更是需要尽快完善包括章程、议事规则、重大事项规则和一般管理制度四个层级的成文的治理规则。律师尤其要了解公司主营业务的特征和主营业务经营管理可能发生的风险点，帮助企业完善内部控制体系，建立健全预算管理制度、资金管理制度、信息管理制度、固定资产管理制度、投资立项管理制度、采购及付款流程管理制度、销售及收款流程管理制度、成本费用管理制度、合同管理制度、人力资源管理制度、知识产权管理制度、行政办公管理制度等内控制度。

（二）为公司经营管理活动提供法律意见

公司的经营管理过程是公司与十余个利益方建立、变更和解除法律关系的过程，涉及各类法律问题，需要律师在全面了解事实和有关的法律、政策之后，针对具体问题发表法律意见，提出法律建议，包括进行合法性论证、可预见风险分析和对策建议。

律师可以以口头形式发表法律意见，对于重大事项，应当发表书面意见。

（三）起草或审阅经营活动中的法律文书

公司对外签署的经营合同是公司经营行为对外发生法律效力的基本依据，是公司对外经营行为的法律表现形式，直接关系到企业的切身利益。因此，凡是对企业有重大影响的经营合同，律师通常应当自行拟定，以专业能力确保合同条款合法、公允、执行便捷，保障公司的合法利益；对于常规合同，可以指导企业有关人员先行起草，然后再加以审查和修改，对于反复使用的合同，应当帮助公司拟制标准文本。

（四）参加经营活动的协商谈判

经营活动包括协商谈判，谈判的目标是将各方权利、义务和责任固定化。律师参加重大经济活动谈判的职能作用就是为此提供法律帮助。律师应在谈判前做好谈判的准备工作，如收集与谈判项目有关的法律、政策资料，草拟、审查谈判所需要的各种法律文书，协助公司制订谈判方案等。在谈判过程中，律师应当与公司密切合作，根据谈判情况，及时提供法律意见。在谈判后，律师应当综合各方面的意见，制作有关法律文书，并协助办理好合同的审批、公证等手续。

（五）代理参加诉讼、调解或仲裁活动

公司在对内、对外活动中发生纠纷后，常年法律顾问可作为聘请方的代理人参加诉讼、调解或仲裁活动。律师代理的案件主要涉及两方面的内容：一是对外经济活动中发生的经济纠纷，主要是合同纠纷；二是对内管理中发生的纠纷，主要是涉及劳动法方面的纠纷。纠纷的解决有多种方式，律师可根据具体情况，权衡各方面的利弊，协助公司选择适当的纠纷解决方案。

（六）协助公司制定发展战略

在圆满完成上述顾问任务，对公司的资本控制权、主营业务、财务状况和运营控制四大要素充分了解的基础上，律师可以通过列席总经理办公会议、董事会会议和股东（大）会会议，参与公司重大事项的决策论证，为公司的重大事项提供法律支持，并且可以进一步协助公司的最高经营管理层和决策层乃至实际控制人，筹划公司的整体发展战略和各单项发展战略，尤其在融资战略、并购战略、知识产权战略、人力资源激励约束战略、风险控制战略等方面发挥律师的专业技能的作用。

（七）提供培训辅导

律师应当根据企业的具体情况，结合企业决策层、经营层和普通员工的法律知识水

平，有计划、有步骤地提供与他们的岗位职责及对应决策行为、经营管理行为相适应的法律培训，提高他们的法律水平，同时要帮助企业适时建立内部法律事务职能机构。

（八）办理公司委托的其他法律事务

在市场经济条件下，作为法律顾问的律师受公司委托办理的其他法律事务内容很多，如帮助企业转换经营机制，落实企业经营自主权，帮助企业进行清产核资、界定产权，帮助企业进行股份制改造，帮助企业进行资信调查、工商登记、商标注册、专利申请和转让，办理公证、抵押、信托、租赁，帮助企业进行业务宣传，发表启事、声明等。

二、常年法律顾问需要对公司进行的了解

律师在接受公司聘请担任常年法律顾问之前，应当对公司进行“尽职调查”，通过进行访谈、查阅资料和现场实地参观等，做到对顾问单位的各大要素都了然于心，包含以下内容。

1. 公司的基本情况，包括公司名称、住所，法定代表人的姓名，公司联系方式；
2. 公司经营范围和主营业务，公司的行业地位，公司服务对象与竞争对手；
3. 公司投资总额、注册资本，资产，负债，主营业务收入；
4. 公司历史沿革；
5. 公司的控股股东乃至实际控制人的资本控制权关系；
6. 对公司经营活动有直接许可权、监督权和处罚权的行政机关；
7. 公司的产、供、销业务伙伴关系和主要经营合同；
8. 公司主营产品、主要资产、主要技术和其他主要资源；
9. 公司董事、主要经营团队人员；
10. 公司主要规章制度；
11. 公司目前的经营发展规划；
12. 公司的主要项目。

本章练习和测验

1. 请为第三章案例中的盛康种业有限公司起草批准增资交易的董事会决议。

2. 如果第五章案例中的投资公司咨询你目标公司设立后需要马上建立哪些制度，你能列出清单并解释理由吗?

3. 还是第五章那个案例。请为目标公司起草股东会议事规则、董事会议事规则、管理层激励制度和“三重一大”事项报告制度，并提示这些制度当中可能引起投资公司与创业团队争议的条款。

本章总结

第一，公司治理结构是关于公司与利益关系人关系的制度总和，同时也是关于流程的制度总和；

第二，理顺公司与利益关系人的关系首先要理顺内部关系，核心是资本控制权与运营控制权的关系，即实际控制人与经营团队的关系；

第三，完善流程意味着完善所有机构和所有岗位的工作流程，核心目标是分清责任、控制风险、提高效率；

第四，随着社会文明的发展，公司外部关系的重要性与日俱增，产品质量、劳动安全、环境保护、社会公益都成为公司治理的重要组成部分。

小贴士

接受委托提供完善治理结构的法律服务，是一项需要做好平衡的工作。实际控制人可能委托律师，公司的经营团队也可能委托律师，他们的价值目标和关注点并不完全一致。实际控制人的价值目标是投资利益最大化，经营团队的价值目标是自我实现最大化；实际控制人关注的是全集团“六统一”，经营团队则关注怎样保持独立灵活性；实际控制人有长远打算，经营团队有任期；实际控制人的兴奋点在于发展战略，经营团队的则在于操持日常经营。所以，无论是接受董事会的委托（通常代表实际控制人利益）还是接受经营团队的委托，律师都不能忘记“平衡”二字。只有平衡的治理结构才能提供正能量。大家好才是真的好。一定要记住这句话。

第七章

公司变更实务

- 第一节　公司变更主要项目
- 第二节　并购实务：图解十九种基本并购交易

本章要点

股权转让和公司增资各自的特点；

股权和非股权资产成为交易标的的适用范围；

保障股权转让和增资交易如约履行的风险控制措施。

学习目标

熟练运用主体（交易各方）、标的（目标股权或非股权资产）、方式（转让、增资、合并或分立）和对价（现金、股权或非股权资产）的不同组合，设计不同的并购模型和方案；

熟练起草股权转让协议和增资协议；

熟悉控制交易风险的各种措施和条款。

引言

公司维持不是意味着一成不变，而是一个动态发展的过程。

本章所涉及的公司变更特指与公司资本有关的变更，包括公司的股权转让、公司增资、公司减资、合并和分立、公司组织形式变更等事项，它们是律师开展的最常见的公司业务活动。

投资于公司是一项以盈利为目标的自愿性质的民事行为，既要有"有限责任"的保底保障，还要有退出投资和处分投资的自由，这样才能更大程度地激发投资人的投资热情，但投资人退出投资或处分自己的投资不能导致公司营业活动的停止甚至终结，也不能导致其他投资人的投资受到损失，否则就违背了公平、自愿、安全、活跃、高效的市场运行原则。因此，投资人将通过公司变更的途径来安全、有效地实现处分自己投资的利益。

本章主要提示律师从事公司变更业务应当注意的实体事项和程序事项。公司变更业务涉及的公司尽职调查业务请参阅本书第二章。

公司变更业务涉及的商务条件的确定请参阅本书第三章。

公司变更业务涉及的法务条件的确定请参阅本书第四章。

本章所描述的公司变更的公司范围特指：

1. 有两名或两名以上股东的有限责任公司；或

2. 禁售期届满以后发起设立且尚未进行股份公开发行的股份有限公司。

上述公司的股东、出资人或发起人都简称为股东，他们对公司持有的出资、股权、股份、股东权益都简称为股权。

并购被称为公司变更业务乃至整个公司业务的明珠，这是因为并购业务能够在交易结构设计上最大限度地满足当事人和中介机构（当然包括律师）的想象力和创造性。本章列出19种并购实务模型进行逐一阐释，这是本章甚至本篇的亮点，值得向读者推荐。

第一节 公司变更主要项目

广义的公司变更应该涵盖公司四大要素的变更，就律师从事的公司变更业务而言，公司变更业务应当特指操作公司资本控制权变更的业务，根据所导致的公司工商登记变更项目来分，律师公司变更业务主要包括股权转让业务、公司增资业务、公司减资业务、公司合并业务、公司分立业务和公司组织形式变更业务。

一、股权转让

股权转让是股东处分自己所持公司股权的最常见方式，也是律师参与的最常见的公司业务之一。股权转让包括股东间的转让和股东向第三人转让两种情形。

（一）股东之间的股权转让

股东之间相互进行股权转让是公司要素变动最小的一种公司变更，因为在这种变更活动中，股东处分自己投资的自由和公司的安全有序以及其他股东的优先投资自由都得到了尊重和保障，公司的债权人和公司员工的利益也不会受到损害。

1. 实体特点

律师在参与设计股东间股权转让方案时，应当把握如下实体特点，提示公司及相关股东注意。

（1）确定新的股权比例结构

在股东之间转让股权并不改变公司原有的人合基础，不改变公司的股东要素和净资产要素。在不同时发生资产出售、收购、置换或处置等重大交易的情况下，也不改变公司的主营业务要素。此时可能发生的，主要是公司管理当局要素的改变。

律师尤其需要注意，由于股东间转让股权，公司股权结构发生改变，将导致：

1）股东（大）会将根据股权转让后的股权比例调整董事会和监事会的组成，重新选举董事和/或监事，使董事会和监事会的席位安排与股东的股权比例大致相同。随之，新的董事会可能会重新聘任总经理、副总经理等高级管理人员。如果股东间股权转让将导致公司实际控制人和实际控制权发生变动，则公司管理当局的变动将会成为转让活动中最关键的部分。此时，律师还应当关注，根据聘用合同以及公司管理规章，在任期内解聘高级管理人员的后果。

2）如果公司为有限责任公司，而且章程对股东在股东会上的表决权以及股东的利润分配权作出了特别规定，原各股东并不按照出资比例行使表决权和享有利润分配权，则股东会应当就新股权结构下的表决权和利润分配权安排重新进行审议并作出决议，以确定是否修改章程以及如何修改章程的相应规定。

3）如果股东间股权转让将导致公司实际控制人和实际控制权发生变动，受让方律师将需要审视公司现有的关于公司治理的规则是否完备以及是否继续适用。

（2）确定转让对价

除国有股权的转让具有特殊性以外，股东相互转让股权原则上以意思自治为主导，包括转让对价的确定。转让的当事各方可以选择按照公司的会计报表记载的公司净资产值作为转让对价的基准，也可以共同聘请审计师和评估师进行财务审计和资产评估，以审计报告和评估报告确认的净资产值作为转让对价的基础；当然，当事各方还可以基于自己的商业判断甚至公司业务、资产和管理团队的价值，自由协商确定转让对价。

通常，如果股东之间的股权转让导致公司实际控制权发生转移，受让方将会聘请中介机构对公司进行尽职调查并出具专业报告，转让各方会基于这些专业报告协商确定转让对价。

（3）安排好三个期日之间的财务指标关系

如果股权结构的变动时间，与会计年度期末有相当的时间间隔，则会有三个期日具有实体意义，可能影响转让对价和各方的利益。

1）审计和评估基准日：即审计师和评估师确认公司净资产的基准期日，通常是距离中介机构进场开展尽职调查工作最近的月份的月末日。

2）对价交付日：即受让方向出让方实际支付转让对价的期日，是所转让股权对应的公司股东权益实际发生移交的期日，自此期日后的股东权益（尤其是表决权和利润分配权）应当归于受让方。

3）年末日：即完成转让对价支付和公司变更登记的当年 12 月 31 日。

律师需要协助当事人考虑好这三个期日对当事人的利益影响：审计和评估基准日对转让对价的确定具有实质意义，对价交付日对权利和利益的转移起始时点具有实质意义，年末日对结算当年度的利润分配有实质意义。本着精益求精的原则，如果公司净资产值和年度利润值都很高，对价交付日与审计和评估基准日间隔较远而公司内部未经审计报表，与审计报表的差异程度又不可忽略不计时，需要考虑以对价交付日为基准日再做财务审计，以便既帮助确认实际支付的转让对价是否有必要进行调整，也帮助确认公司年度税后利润中多少属于出让方、多少属于受让方。不过，精益求精的原则也需要因地制宜。如果公司业务收入的实现具有很强的期间性（例如主营收入主要实现在第四季度），则划分三个时点并由此设计对价调节机制和利润分配划分机制的实际意义就不大了，此时，各方可以简单约定年末利润均属出让方或受让方，受让方向出让方支付的转让对价也不作调整，除非审计和评估基准日至对价交付日期间公司净资产的变动超过了双方约定的幅度。

（4）安排好过渡期的公司管理

如果股东间股权转让的结果导致公司实际控制人和实际控制权发生变动，则自转让各方签署转让协议之日起，至公司股权变动完成相应的工商变更登记之日和受让方向出让方支付转让对价完毕之日的后者止，公司进入过渡期间。过渡期间公司业务、资产、团队、治理结构的安全和持续正常，对股权转让交易能否成功实现具有重要意义。律师如何在交易文件中注意避免过渡期风险，我们将在股东向第三人转让股权部分详述。

2. 程序特点

律师应当提示公司和股东注意履行转让所需要经历的程序。

（1）内部批准

除非公司原有股东非常重视公司现有股权结构的持续稳定性，在公司章程中自愿对股东间的股权转让作出实体的或/和程序的限制性规定，股东之间转让股权并不需要公司内部履行审批程序，但转让各方应当协商确定适当的时间，共同正式通知公司和其他股东股权转让事实，并提议召集股东（大）会，改选董事和监事，修改公司章程；如果需要，董事会将同时举行会议，选举新任董事长，任命新的高级管理人员。律师需要及时通知公司在收集资料齐备以后，向工商行政管理部门申办变更事宜。在转让对价交付以后，通知公司向出让方收回原《出资证明书》或股权证明，同时，向受让方签发新的《出资证明书》或股权证明。此外，律师要适时通知公司对股东名册进行相应变更。按照相关规章需要履行外部批准程序的，转让股东应当适时通知公司，并且按照规定提交文件资料，以便公司进行相应的申报工作。

（2）外部批准

股东之间股权转让需要履行外部批准手续的情形包括：

1）基于行业管理而进行的外部审批。国家行业主管或监管部门颁布行政规章对公司股东身份、持股比例、股权转让条件有限制性规定的，即使是股东之间的股权转让也需要符合行业管理规章的规定。管理规章明确规定公司股权变动需要主管部门批准的，无论股权转让是否在原股东之间进行，公司都应当报原许可公司设立的主管部门批准。针对常见的相关行业的管理规章和行业主管机关的情况，律师需要根据相关规章，提示公司作为申报主体办理相应的报批事宜。

2）基于外商投资管理而进行的外部审批。外商投资企业股东之间转让股权将会导致原批准的出资比例发生变更，同时可能导致公司由中外合资经营企业或中外合作经营企业变更为内资企业或外商独资企业，还可能导致外资持有的股权低于或高于法律、法规、规章规定的比例。律师应当提示公司作为申报主体按照商务部门公示的程序办理相应的报批事宜。

3）基于国有产权管理而进行的外部审批。公司的国有独资公司股东、国有企业股东以及所持股权属于国有产权性质的其他股东（主要是国有控股或参股公司中登记为国有产权的股权持有人）在出让或受让公司股权时，必须对公司的净资产（实质是对拟出让或受让的股权）履行资产评估手续，资产评估立项和评估报告应当报同级国有资产管理部门备案或核准。国有独资公司转让所持股权应当经过同级国有资产监督管理部门审批，转让所持公司股权导致国有产权丧失控股地位的，还要由国有资产监督管理部门转报同级人民政府批准。律师应当提示公司作为申报主体按照国有资产监督管理部门的要求办理相应的报备事宜。除上述审批体制外，律师还需注意，《中华人民共和国企业国有资产法》（自 2009 年 5 月 1 日起施行）规定了一些特别管理制度。《企业国有资产法》第 11 条第 2 款规定：“国务院和地方人民政府根据需要，可以授权其他部门、机构代表本级人民政府对国家出资企业履行出资人职责。”第 34 条规定：“重要的国有独资企业、国有独资公司、国有资本控股公司的合并、分立、解散、申请破产以及法律、行政法规和本级人民政府规定应当由履行出资人职责的机构报经本级人民政府批准的重大事项，履行出资人职责的机构在作出决定或者向其委派参加国有资本控股公司股东会会议、股东大会会议的股东代表作出指示前，应当报请本级人民政府批准。本法所称的重要的国有独资企业、国有独资公司和国有资本控股公司，按照国务院的规定确定。”第 38 条规定：“国有独资企业、国有独资公司、国有资本控股公司对其所出资企业的重大事项参照本章规定履行出资人职责。具体办法由国务院规定。”

(3) 产权交易场所

一般而言，资合性较强且信息披露比较充分和规范的公司的股权相对适合在公开的交易市场进行公开竞价交易。在公开的交易场所竞价交易有限责任公司的股权和非上市股份有限公司的股份是我国资本市场的一种创新，主要是为了解决国有产权出售时的市场价格发现机制的问题。根据《企业国有资产法》《企业国有资产监督管理暂行条例》以及国有资产管理的行政规章的规定，国有股权的转让应当通过招标、拍卖或协议的方式进行，通过协议方式转让的，应当经过国有资产监督管理部门批准。而无论通过招标、拍卖方式还是协议方式进行国有股权转让，都需要以国有资产监督管理部门确定的产权交易机构作为交易场所，履行委托经纪会员、提出转让申请并经审查和受理、公开披露信息征集意向受让人、意向受让人委托经纪会员、提出受让意向申请并经审查和受理、交易场所组织招投标/拍卖/竞价/协商、签署产权转让合同、通过交易场所支付转让对价、确认成交等九项程序。经公开征集只产生一个意向受让方的，可以采取协议方式进行转让；产生两个或两个以上意向受让方的，则采取拍卖、招投标或产权交易场所组织的其他竞价方式进行转让。交易价款将通过产权交易场所开立的独立结算账户统一结算。值得律师注意的是，实践中，有些地方的工商行政管理部门将产权交易场所的成交确认文书或凭证列为所有公司办理股权转让变更登记都需要提交的前置文件，从而在事实上要求所有身份的股东转让所有性质的股权都需要进入产权交易场所。无论此要求是否值得争议，律师都需要注意事先向当地工商行政管理部门核实，如果工商行政管理部门明确要求即使拟进行的非国有身份股东间的股权转让也需要通过产权交易场所的交易程序，取得产权交易成交确认书或凭证，则律师应当提醒出让股东告知产权交易场所，在相关信息披露中注明现有股东有行使优先购买权的意向，同时由产权交易场所及时通知拟受让股东确认是否行使优先购买权。另外，建议律师在具体开展转让工作之前，先查询清楚主管登记的工商行政管理机关及相关的国有资产监督管理部门确认的产权交易场所制定的产权交易流程和对参加交易各方的各项要求。

（二）股东向第三人转让

与上文所述股东之间股权转让的实体和程序特点相比较，股东向第三人转让股权有如下要点需要掌握。

1. 股东的优先购买权

现有股东对其他股东拟出让的公司股权具有优先购买权，这适用于有限责任公司，而不适用于股份有限公司，因为有限责任公司具有比较强的“人合”性质，也就是说，在公司各要素中，股东要素的重要性显得相对突出。股东优先购买权的行使具有下列特点。

（1）通知其他股东

股东拟出让所持公司股权应当首先通知公司和公司的各股东方，表达自己拟出售所持股权的意愿和拟接受的转让条件以及其他股东拟行使优先购买权的回复期。如果其他股东在期限内回复拟出让股东，原则上接受出让条件，则本次股权转让转变为股东间的股权转让。如果其他股东在期限内回复拟出让股东明确表示放弃优先购买权，或未作回复，则拟出让股东可以与第三人洽商股权转让。此时，律师应当留意程序上的完整性，即建议拟出让股东或公司董事会在通知回复期限届满后立即召集股东会，通过同意拟出让股东向第三人转让公司股权、现有股东均放弃优先购买权的决议。

（2）向出让方的关联企业转让的特殊性

企业集团的实际控制人会基于业务和治理需要，适时整合集团内各成员企业的结构和持股关系。另外，为了便于购买和出售业务和资产，以持股公司（或称“壳公司”“特殊目的公司”）或项目公司的方式持有股权也是国际投资业务中普遍采用的方法。因此，公司股东向自己的实际控制人或实际控制人控制的其他关联企业转让股权属股东自主权范围，没有影响股东间的实质性关系，没有影响公司的治理结构，也没有影响公司原有的人合特征，因此，公司现有股东不应当以优先购买权对抗拟出让股东向其关联企业转让股权。通常，完备的公司章程都会规定，股东向其关联企业转让股权属其他股东可以行使优先购买权的例外情形，其他股东应当无条件同意该项转让。

不过，由于拟出让股东与其关联企业毕竟是不同的法律主体，为了避免因形式和程序的瑕疵而产生实体争议，律师应提示拟出让股东履行通知公司和其他股东、提议召集股东会并作出同意决议的程序。

另外，值得律师注意的是，如果公司股东是一家持股公司，则其他股东应当被赋予一项实质性的优先购买权，即，如果A是M公司的股东且为一家持股公司，而X是该股东A公司的实际控制人，X不希望直接由A转让所持M公司的股权，而是间接地转让A公司的股权从而实现转让所持M公司股权的目的，虽然形式上M公司的股东没有发生变化，但其实际控制人已经发生变更，从而影响M公司的治理结构和人合特征。因此，M公司的章程可以规定，股东为持股公司的，其实际控制人拟向第三人转让所持股东的股权，应当事先通知公司其他股东，其他股东可以对持股公司身份的股东所持有的M公司的股权行使优先购买权。

除非公司章程另有明确规定，自然人股东的继承人凭继承事实发生的证据直接办理股权转让所需要的变更或过户登记手续；法人股东的承继人凭该股东已经有效发生公司合并、分立、改制变更或清算事实的证据，直接办理股权转让所需要的变更或过户登记手续。

（3）股东行使部分优先购买权的操作要点

在获悉股东拟出让公司股权的通知以后，其他股东的反应可能是：

1）行使全部优先购买权，全部购买拟出让的所有股权；或

2）行使部分优先购买权，实现自己取得公司实际控制权或维持与其他留存股东持股比例不变的格局；或

3）不行使优先购买权，也不处分自己所持的股权；或

4）考虑到新的公司控制格局和治理结构可能对自己不利，也表示同时部分或全部出让自己所持公司股权。

现有股东行使部分优先购买权的，应当以拟出让股东能够完整地出售其全部拟出让股权为前提，包括现有股东均行使部分优先购买权或现有股东与第三人均行使部分购买权，其结果都是拟出让股东全部出售了拟出让股权。另外，两名以上现有股东均有意愿行使优先购买权，出现竞购时，先协商确定各自的购买比例，协商不成时，竞购股东按照相互之间现有的持股比例行使部分优先购买权。在这里律师可以事前在制定公司章程时，对出现的竞购情形提示当事各方事先约定处理办法，减少当事各方在该问题上出现纠纷乃至僵局的风险。而且，公司章程中的约定可以不必按照现有的持股比例行使部分优先购买权。

例如，甲、乙、丙、丁为公司股东，持股比例分别为：30%、30%、30%和10%。甲拟出让其所持30%的股权，乙和丙都愿意收购其中的21%而成为绝对控股股东，丁则表示可以考虑行使优先购买权，但要先观望乙和丙的竞购进程。对此，行使部分优先购买权达成的转让结果可能是：

A. 乙和丙都行使部分优先购买权，各购买15%的股权，丁放弃优先购买权，新的股权结构为：乙占45%，丙占45%，丁占10%；或

B. 乙、丙和丁都行使部分优先购买权，乙和丙各购买12%的股权，丁购买6%的股权，新的股权结构为：乙占42%，丙占42%，丁占16%；或

C. 乙和丙都行使部分优先购买权，各购买10%的股权，丁放弃优先购买权，甲向第三人出售10%的股权，新的股权结构为：乙占40%，丙占40%，丁占10%，第三人占10%。

（4）如何在拍卖中行使优先购买权

实践中，无论是产权交易场所组织的拍卖还是人民法院委托的拍卖，委托方都应当通知公司将发生拍卖公司股权的事实，并要求公司现有股东确认是否行使优先购买权。有行使优先购买权意愿的，应当到达拍卖现场。拍卖师应当告知所有竞买人此项拍卖标的存在优先购买权人。在最高应价者产生以后，拍卖师应当询问优先购买权人是否在此价位行使优先购买权，如果优先购买权人表示行使，拍卖师应当再询问最高应价者是否继续加价。如果最高应价者不加价，则现有股东行使优先购买权成功。如果最高应价者继续加价，则加价后拍卖师继续询问优先购买权人是否行使优先购买权，如此反复，直至一方退出。在最高应价者退出竞价以后如果还剩下两个以上的现有股东表示愿意行使优先购买权，则他

们可以协商双方都行使部分优先购买权，共同购买拟出让股权，也可以在他们之间继续竞价，直至只剩下一名现有股东行使全部优先购买权。

（5）司法解释对有限责任公司股东股份转让权和现有其他股东优先购买权的平衡

2017 年 8 月 25 日公布的最高人民法院《关于适用〈中华人民共和国公司法〉若干问题的规定（四）》对有限责任公司股东股份转让权和现有其他股东优先购买权进行了平衡。

有限责任公司的股东向股东以外的人转让股权，在程序上应当就其股权转让事项以书面或者其他能够确认收悉的合理方式通知其他股东征求同意。其他股东半数以上不同意转让，不同意的股东不购买的，转让股东有权请求人民法院确认该等不同意的股东"视为同意转让"。

经股东同意转让的有限责任公司股权，在同等条件下，转让股东以外的其他股东可以主张优先购买权。"同等条件"包括转让股权的数量、价格、支付方式及期限等交易的商务要件因素。转让依法通过拍卖程序进行的，"同等条件"应该符合《拍卖法》及拍卖相关司法解释的规定。国有股权转让依法在产权交易场所进行的，"同等条件"可以采用交易场所的交易规则。

2017 年 8 月 25 日公布的最高人民法院《关于适用〈中华人民共和国公司法〉若干问题的规定（四）》对现有股东主张优先购买权的时限进行了明确规定。有限责任公司的股东主张优先购买转让股权的，应当在收到通知后，在公司章程规定的行使期间内提出购买请求。公司章程没有规定行使期间或者规定不明确的，以通知确定的期间为准，通知确定的期间短于 30 日或者未明确行使期间的，行使期间为 30 日。转让依法通过拍卖程序进行的，相关通知及其时限应该符合《拍卖法》及拍卖相关司法解释的规定。国有股权转让依法在产权交易场所进行的，相关通知及其时限可以采用交易场所的交易规则。

为了平衡转让股东的股权处置权与其他股东的优先购买权，司法解释规定，有限责任公司的转让股东，在其他股东主张优先购买后又不同意转让股权的，对其他股东优先购买的主张，人民法院不予支持，但公司章程另有规定或者全体股东另有约定的除外。其他股东主张转让股东赔偿其损失合理的，人民法院应当予以支持。

为了限制转让股东恶意损害现有股东的优先购买权，司法解释进一步规定，有限责任公司的股东向股东以外的人转让股权，未就其股权转让事项征求其他股东意见，或者以欺诈、恶意串通等手段，损害其他股东优先购买权，其他股东主张按照同等条件购买该转让股权的，人民法院应当予以支持，但其他股东自知道或者应当知道行使优先购买权的同等条件之日起 30 日内没有主张，或者自股权变更登记之日起超过一年的除外。并且，如果该等其他股东仅提出确认股权转让合同及股权变动效力等请求，没有同时主张按照同等条件购买转让股权，则人民法院不予支持，但其他股东非因自身原因导致无法行使优先购买权，请求损害赔偿的除外。股东以外的股权受让人，因股东行使优先购买权而不能实现合同目的的，可以依法请求转让股东承担相应民事责任。

2. 买卖双方的尽职调查

拟出让股东与第三人达成转让意向以后，第三人可以自行对目标公司开展尽职调查，也可以聘请中介机构对目标公司开展尽职调查。如果第三人支付的股权转让对价不是现金，则拟出让股东可以自行对作为转让对价的第三人的非现金资产开展尽职调查，也可以聘请中介机构去开展尽职调查。

值得律师注意的是，通常，双方开展前述尽职调查的前提是已建立交易意向或签署交易备忘录，至少由拟出让股东将要求拟受让方就交易对价提出最低报价，并确认接受拟出让方提出的最低转让条件；而拟受让方会要求与拟出让方确定一个排他期间，在此期间内，拟出让方不再与其他任何第三人接触协商本项股权转让事宜。

3. 股权转让协议的重要条款

股权转让协议是转让各方实现各自商业目的的意思表示，也是各方自己或中介机构开展尽职调查工作以后的成果体现，更是律师参与股权转让交易的方案设计并将交易方案落实为交易文件的主要成果，是股权转让活动中最重要的法律文件。

股权转让协议应当涵盖本书第三章所述的商务条件和本书第四章所述的法务条件，通常主要条款和主要附件如下：

股权转让协议书（主要条款）：

序言

鉴于条款

定义和解释

(1) 股权转让；

(2) 转让对价支付方式和时间；

(3) 转让对价外的安排；

(4) 股权过户登记；

(5) 对价支付和股权过户的前提条件；

(6) 出让方提名或委派董事、监事的更换；

(7) 股权过户登记前的股东会召集；

(8) 双方的陈述和保证；

(9) 出让方的额外陈述与保证；

(10) 受让方的额外陈述与保证；

(11) 过渡期安排；

(12) 对价调整机制；

(13) 年度利润的分享；

(14) 违约及补救；

(15) 责任限制；

(16) 通知；

(17) 保密；

(18) 不可抗力；

(19) 法律适用；

（20）争议解决；

（21）协议生效；

（22）条款及协议无效的法律后果；

（23）协议的变更和解除；

（24）附则。

股权转让协议的主要附件：

（1）公司股权结构图；

（2）公司最近的经审计的财务报告；

（3）转让标的的资产评估报告；

（4）在支付转让对价日或之前及之后出让方向受让方移交资料清单；

（5）需要受让方补偿的人员清单；

（6）需要受让方提供担保或清偿的债务清单；

（7）出让方的额外陈述与保证；

（8）出让方声明其额外陈述与保证例外情形的特别披露函；

（9）股权质押协议；

（10）股权托管协议；

（11）资金托管协议。

股权转让协议的实例请参阅本书第四章示例。

二、公司增资

公司增资是公司扩大自身实力与规模的最常见方式，包括现有股东自行增资和第三人向公司增资两种情形。

（一）股东自行增资

股东自行增资也是公司要素变动最小的一种公司变更，在这种变更活动中，股东的优先投资自由得到了尊重和保障，通常情况下，公司的债权人和公司员工的利益也不会受到损害。

1. 同比例增资

公司股东同比例增资除了产生增加注册资本的后果并进而可能导致公司资产构成发生变化以外，并不影响公司的其他要素，主要包括公司净资产不增加的同比例增资和公司净资产增加的同比例增资两种情形。

（1）公司净资产不增加的同比例增资

当公司以公积金或未分配利润增加注册资本时，公司股东权益不变，净资产也不发生变化。这在有限责任公司称为转增注册资本，在股份有限公司称为转增股本，在上市公司俗称“转”（用公积金增加股本）和“送”（以红股形式分配利润）。

(2) 公司净资产增加的同比例增资

当现有股东按照现有持股比例共同新出资增加公司注册资本时，公司股东权益增加，净资产也增加。这在有限责任公司就简称为增资，在股份有限公司称为向股东配售新股，在上市公司俗称“配”(公司向股东配售股份)。

(3) 同比例增资的操作要点

尽管股东自行同比例增资的情况比较简单，公司要素的变动不复杂，但建议律师仍留意：

1) 按照公司章程规定由董事会提请股东（大）会通过，在有限责任公司须经代表 2/3 以上表决权的股东通过，基准是全体股东；在股份有限责任公司则须经出席会议的股东所持表决权的 2/3 以上通过，基准是出席会议的股东。

2) 根据公司性质，在股东（大）会通过决议后，分别报国有资产监督管理部门、商务部门、公司主营业务的行业主管或监管部门、证券监管部门按照各自公示的法定权限和程序进行变更登记前的前置审批或核准。

3) 股东以非现金资产新出资的，公司应当自行或聘请中介机构对出资资产进行尽职调查，尤其需要聘请评估师进行资产评估。

4) 增资时的出资方式、期限与公司设立时的出资方式和期限应当符合法律、行政法规和国务院决定的规定以及行业主管部门及证券监管部门的实施性规定。

5) 增资后公司的注册资本等于增资前注册资本与增资额之和。

2. 不同比例增资

当公司股东（大）会作出以新出资方式增加注册资本的决议，而部分现有股东放弃新出资时，公司将出现现有股东不同比例增资的后果。与前述公司净资产增加的同比例增资情形相比，不同比例增资的特点是可能出现实际控制人和公司管理当局要素发生变动的后果。如果增资导致公司的控制权发生变动，通常被视为新取得控制权的股东实施了对公司的增资型收购，此项交易与导致控制权发生变动的股权转让具有更多的相似性。此时，律师除了需要留意公司净资产增加的同比例增资情形下值得留意的上述五项情节外，还需要参照前文所述“股东间转让股权”所介绍的实体特点，重点留意：

1) 确定不同比例增资后新的股权比例结构及该比例结构下的公司治理结构。

2) 确定增资的出资对价，即所有股东按照同等的折算比例（即公司注册资本与净资产的折算比例）向公司缴付出资并在注册资本和股东权益中占有对应比例，各股东按照各自的出资（包括在增资前股东权益中所占份额和新出资的金额）在公司净资产中所占份额确定自己在注册资本中的比例。

3) 安排好审计、评估基准日与增资缴付日及年末日各股东的权益关系。

4) 安排好控制权变动情况下公司过渡期的正常经营管理。

另外，在需要留意的内外部批准程序中，重点需要关注行业主管部门制定的行政规章对于不同身份的股东在公司的持股比例是否有限制性规定，以及候任董事、监事和高级管理人员是否符合关于任职资格的规定。

（二）第三人向公司增资

实践中第三人对公司增资的情形通常有两种，一种是意欲取得公司实际控制权的具有收购意义的增资，称为收购型增资或增资型收购；另一种是意欲获得稳定利润分配或获得再转让差价收益的具有财务投资意义的增资，可以称为财务型增资。

第三人对公司增资业务的操作要点如下。

1. 尽职调查

如果进行收购型增资，除了公司净资产增加以外，公司诸要素所受到的影响情形与第三人受让公司股权并获得公司控制权的情形更为相似。

公司股东或公司与第三人达成增资意向以后，第三人可以自行对公司开展尽职调查，也可以聘请中介机构对目标公司开展尽职调查。

如果第三人增资的出资方式并非全部为现金，或虽然全部是现金，但这些现金约定将用于购买第三人或其关联方的资产，则公司可以自行对拟作为出资或拟由公司购买的第三人的非现金资产开展尽职调查，也可以聘请中介机构去开展尽职调查。

律师如果受聘参与交易，需要留意，各方开展前述尽职调查的前提通常是以下内容。

（1）公司或公司股东与第三人达成增资的最低报价意向，例如：

公司注册资本为1 000万元，净资产为1 500万元，考虑到公司主营业务的垄断性或成长性等优势以及公司未来的持续盈利能力，各方初步达成意向，公司的商业价值为3 000万元，第三人出资3 000万元对公司增资，公司注册资本由1 000万元增加到4 000万元，净资产由1 500万元增加到4 500万元，但第三人在增资后的公司注册资本中只占51%，而现有股东则占49%。

在此情形下，各方达成的是溢价的增资报价意向；反之，如果公司主营业务不具有优势，甚至可能不具有持续经营能力，公司持续出现亏损，则各方可能达成的是折价而不是溢价的增资报价意向；无论如何，报价意向对各方最终的增资协议价格不具有约束力，最终成交价格取决于尽职调查的结果。

（2）公司或公司股东与第三人达成报价外的其他先决条件，例如：

第三人增资后在一定期间内不向其他方再转让公司股权，第三人须安置公司一定数量的职工，第三人为公司提供担保，第三人收购公司的非主营业务资产等。各方达成的所有先决条件通常对最终的协议没有约束力，而取决于尽职调查的结果。

（3）如果第三人主要以非现金资产作为增资的出资方式或者虽以现金出资但公司将再以现金收购第三人资产，则各方也会就拟出资资产或拟收购资产的报价达成意向。

（4）各方确认一个期间，在此期间内，公司不与任何其他方接触并洽商增资事宜，第三人也不与公司的业务竞争对手洽商资本或资产交易。

2. 增资协议的主要条款

增资协议是公司新老股东实现各自投资目的的意思表示，也是各方自己或中介机构开展尽职调查工作以后的成果体现，更是律师参与公司增资交易的方案设计并将交易方案落实为交易文件的主要成果，是增资活动中最重要的法律文件。

增资协议应当涵盖本书第三章所述的商务条件和本书第四章所述的法务条件，通常主要条款和主要附件如下。

增资协议书（主要条款和主要附件）：

序言

鉴于条款

定义

(1) 注册资本增加；

(2) 增资对价和股权比例的安排；

(3) 增资资金的出资期限和方式；

(4) 增资资金的用途；

(5) 增资对价外的安排；

(6) 增资履行的前提条件；

(7) 董事和监事席位的安排；

(8) 签约后股东会的召集；

(9) 股东会和董事会的僵局；

(10) 同业竞争；

(11) 关联交易；

(12) 各方的陈述和承诺；

(13) 原股东的额外陈述与保证；

(14) 增资人的额外陈述与保证；

(15) 违约方的责任限制；

(16) 过渡期安排；

(17) 增资对价的调整机制；

(18) 策略投资人退出的渠道和优先权；

(19) 通知；

(20) 保密；

(21) 不可抗力；

(22) 法律适用；

(23) 争议解决；

(24) 协议生效；

(25) 条款及协议无效的影响后果；

(26) 协议的变更和解除；

(27) 附则。

增资协议的主要附件：

(1) 公司股权结构图；

(2) 公司最近期的经审计的财务报告；
(3) 公司净资产评估报告；
(4) 增资资产清单及非货币增资资产的资产评估报告；
(5) 在支付增资对价日或之前及之后公司向增资方提交资料清单；
(6) 需要增资方补偿的人员清单；
(7) 需要增资方提供担保或清偿的债务清单；
(8) 需要增资方履行的其他义务事项；
(9) 原股东的额外陈述与保证或承诺；
(10) 原股东声明其额外陈述与保证或承诺之例外情形的特别披露函。

三、公司减资

《公司法》修改前，公司减少注册资本受到较大限制，难以操作。2005 年修订的《公司法》将减少注册资本设定为受债权人制约的股东意思自治事项。

（一）减资事由

1. 保护少数股东的合法权益

因为保护少数股东权益而减少公司注册资本的情形如《公司法》第 74 条和第 142 条第 1 款第 4 项所述，即，就有限责任公司的股东而言，因发生下述情形，对股东会的相关决议投了反对票的股东可以请求公司按照合理的价格收购其股权：公司连续 5 年不向股东分配利润，而公司该 5 年连续盈利，并且符合本法规定的分配利润条件；公司合并、分立或转让主要财产；以及公司章程规定的营业期限届满或者章程规定的其他解散事由出现，股东会会议通过决议修改章程使公司存续。就股份有限公司的股东而言，减资事由为股东因对股东大会作出的公司合并、分立决议持异议而要求公司收购其股份。

少数股东行使这些权利通常会在收到股东（大）会通知和相关议案时即明确表示将对决议投反对票，同时正式向公司董事会提出书面建议，将请求公司回购自己所持股权事项列入股东（大）会议程。如果公司董事会没有将此请求列为股东（大）会议程，或虽已列入，但其他股东在股东（大）会上投反对票而使该请求没有形成股东（大）会决议，则提出请求的少数股东可以向人民法院提起请求公司回购股权之诉。当然，其他股东也可以通过受让少数股东所持公司股权的方式解决双方的分歧。

2. 纠正大股东对公司利益的侵占

当公司大股东利用控制优势，在公司依法成立后，或者抽逃对公司的出资，或者长期占用公司资产，或者对公司形成大额负债，导致公司资产不实，而大股东又没有补足出资、归还占用资产或者清偿债务的，公司股东（大）会可以作出决议，回购该大股东所持股权并予以注销，从而实现大股东以股抵债。当然，大股东可能会通过其对公司尚存的控制，不将该议案列入股东（大）会议程，或行使否决权。此时，其他股东可以向人民法院提起请求公司回购大股东股权并予注销之诉。当然，其他股东也可以通过受让大股东所持公司股权、转让对价注入公司充实公司资本的方式解决这一问题。

3. 改变公司注册资本与净资产长期相差过大的状况

公司经过一段时间的经营，如果持续发生亏损，公司注册资本与净资产出现了较大差距，而公司又很难在短期内改变这种状况时，公司股东（大）会可以作出决议，减少公司注册资本，所有股东对公司的出资额和股东权益金额同比例减少，但所持股权比例不变。

4. 发生公司分立

当公司出现存续分立的情形时，现有公司将分立出去一个以上的新公司，存续公司的总资产、净资产和注册资本都将发生减少。如果不同意公司分立的少数股东请求公司回购其所持股权，则公司的注册资本将进一步减少。

（二）公司减资业务的操作要点

从登记的角度看，各地工商行政管理部门在其公示信息当中都会详细介绍办理减资变更的程序和所需要提交的文件，这里只强调以下几个需要律师关注的操作要点。

1. 要关注减资对公司股权结构的影响

律师应当提示公司在减资以前进行尽职调查，尤其要进行财务审计和资产评估，以便作出正确认定。

（1）公司回购少数股东股权的对价。例如，公司注册资本为 1 000 万元，股东股权结构为：甲占 50%，乙占 40%，丙占 10%，公司股东权益（净资产）经审计确定为 2 000 万元，少数股东丙要求回购的股权比例是 10%，则公司向少数股东支付的回购对价为 200 万元，公司注册资本由 1 000 万元减少到 900 万元，甲和乙分别持有的股权比例为 55.56%和 44.44%，所拥有的股东权益金额为 1 000 万元和 800 万元。

（2）公司回购侵占公司资产的大股东的股权将注销的大股东权益的金额和公司将减少的注册资本金额。如上例，假如甲占用公司的资产经评估为 500 万元且无法以其他方式归还或清偿，公司股东权益（净资产）经审计确定为 2 000 万元，则公司向大股东回购并注销的股东权益为 500 万元，注销的股权比例是 25%，公司的注册资本将由 1 000 万元减少为 750 万元，甲、乙、丙的持股比例分别为 33.33%、53.33%和 13.33%，拥有的股东权益金额分别为 500 万元、800 万元和 200 万元。

（3）公司减少的注册资本的金额。仍如上例，如果公司净资产经审计确认为减少到 500 万元，则公司注册资本可由 1 000 万元减少为 500 万元，各方的持股比例不变，拥有的股东权益金额分别为 250 万元、200 万元和 50 万元。

（4）分立后各公司的注册资本金额和所有股东各自所持比例。仍如上例，假如公司股东权益（净资产）经审计确定为 2 000 万元，全体股东同意以 500 万元的净资产分立出一个新公司，在新公司中乙和丙的股东权益分别为 400 万元和 100 万元，则原有公司的注册资本将由 1 000 万元减少为 750 万元，甲、乙、丙的持股比例分别为 66.67%、26.67%和 6.66%，拥有的股东权益金额分别为 1 000 万元、400 万元和 100 万元；新公司的注册资本为250万元，乙、丙的持股比例分别为80%和20%，拥有的股东权益金额分别为400万元和100万元。

2. 要关注减资对公司治理规则、管理当局和实际控制权的影响

除去少数股东请求公司回购其所持股权以外，其他情形都可能对公司的治理规则的修订、公司董事会、监事会和经营管理人员的构成等发生影响，甚至导致公司实际控制权的变动，律师应当针对该等情形提示公司做好章程及其他组织文件的修订工作。

3. 要及时通过股东（大）会决议

无论以哪种方式减资，公司必须首先通过股东（大）会的决议，才能启动后面的程序。对于有限责任公司，决议应当获得代表2/3以上表决权的股东同意，对于股份有限公司，决议应当获得代表出席会议的2/3以上表决权的股东同意。

4. 要依法通知债权人

律师需要提示公司作出减资的股东（大）会决议以后，及时通知已知的债权人，同时在全国发行的报纸上刊载公告。公司在到工商登记管理部门办理变更登记时，需要提供45天以前的刊载公司减资的公告报样。

5. 要关注行业管理规范对减资的限制性规定

由于公司减资导致治理结构受到影响，因而律师还需要关注公司所在行业的行政规章对于公司减资的限制性规定，以及对特定身份股东持股比例的限制性规定。

四、公司合并

公司合并分为吸收合并和新设合并。吸收合并可以被视同为公司增资，新设合并可以被视同为公司设立。本节主要概述律师如何参与合并方案的制订。

（一）从法律角度审视合并方案

合并各方需要共同聘请中介机构，对参与合并的所有公司进行尽职调查，这样的尽职调查是为了客观地确认拟合并公司的资本控制、主营业务、财务、运营控制等要素的定性和定量的特征，从而为合并方案的随后形成提供可靠的依据。律师开展法律尽职调查也是为了在审视合并方案时对下列事项心中有数。

1. 合并后公司中各股东应持有的股权比例，主要包括：

（1）参与合并的各公司的各股东在合并前所持有的真实的股东权益金额。

（2）合并后公司净资产总值。

（3）股权质押等股东持股瑕疵的补救措施。

（4）行政规章对股东持股比例的可能限制。

2. 合并后公司主营业务的持续性，主要包括：

（1）合并前公司开展主营业务所取得的所有资质、许可、批准、特许对于合并后公司的可继承性，以及继承的便利方式。

（2）合并前公司的业务合同向合并后公司的可转移性以及转移的便捷方式。

3. 合并后公司资产、债务的构成，主要包括：

（1）合并前资产和债务向合并后公司转移的便捷方式和程序。

A. 有权利登记证书的资产转移进入合并后公司需要履行的程序；

B. 无权利登记证书的资产向合并后公司移交的方式和程序；

C. 银行债务转移至合并后公司的方式和程序；

D. 合并后公司对主营业务债务承继的方法。

（2）土地使用权性质或土地用途变动所需要的批准程序和可能发生的费用。

（3）合并前各公司资产瑕疵的补救措施。

4. 合并后公司管理当局的构成、员工安置和公司基本治理规则，主要包括：

（1）合并后公司董事会、监事会的席位构成。

（2）合并后公司高级管理人员的组成和主要经营机构的设置。

（3）员工安置和解约补偿。

（4）合并后公司股东会表决权比例设置和利润分配权比例设置。

通过尽职调查，律师至少应当就上述问题向合并各方提供法律意见和建议。

（二）通知债权人并公告

参加合并的所有公司可以同时召开股东（大）会，通过关于合并的决议以后，应当同时在全国发行的报纸公告合并事项，同时各自书面通知自己的已知债权人。

（三）办理变更手续

办理公司合并的程序和需要提供的文件资料均可以在各地工商行政管理机关查询到。值得注意的是，工商行政管理机关在公告合并事项日期 45 天以后，方才受理各方的合并变更登记。

（四）合并后果

发生新设合并的，其后果是参与合并的所有公司的股东以其在各公司所拥有的净资产出资设立一家新公司。公司合并的同时，参与合并的所有公司终止，但他们的业务都不停止，而是自动由合并后的公司承继，他们的对外债权债务也自动由合并后的公司承继。

发生吸收合并的，其后果是参与合并的一家公司（“吸收方”）存续，其余各公司（“被吸收方”）均终止。被吸收的所有公司的股东以其在各被吸收方所拥有的净资产出资对吸收方增资。通常，所有被吸收方的业务也都不发生停止，而是自动转移给吸收方承继，它们的对外债权债务也自动由吸收方承继。在特殊情况下，母公司为了调整业务链，需要将子公司的业务、资产和业绩直接纳入母公司范围，而不是在财务上通过合并报表纳入，则母公司可以吸收合并子公司。通行的操作方式是，子公司的少数股东按照其在子公司所拥有的股东权益折算换股成为母公司的股东，子公司事实上成为母公司的全资子公司，而后该子公司将其业务、资产、债务、人员等全部转移给母公司承继，随即该子公司终止。TCL 集团吸收合并上市公司 TCL 通讯然后整体上市，就是最早的涉及上市公司吸收合并的成功案例。值得注意的是，在一个企业集团内部，一家子公司的终止是否属于吸收合并，最为实质性的判断标准是，该子公司的业务、资产、债务是否没有发生停止而自动转移给了母公司，如果是，则属吸收合并，如果不是，则属正常终止。

还需要注意：参与合并的各公司中对合并方案投反对票的少数股东可以要求公司回购自己的股权。

五、公司分立

进行公司分立的主要动因包括明晰主营业务和主营业务资产，不同类别的业务分别发展、分别管理和分别融资。

在公司分立的情况下，律师开展尽职调查、审视分立方案和分立协议、通知债权人并公告、办理工商登记手续等工作与公司合并情形下的相似。

发生解散分立的，可以看作是新设合并的反向操作，其后果是现有的公司终止，现有公司的业务、资产按照预先确定的标准分割成不同的资产包，每个资产包将构成对一个新设公司的出资，现有公司的股东按照预先确定的组合选择成为不同新设公司的股东。现有公司在新设公司成立的同时宣告终止，现有的业务将不发生停止，而是按照事先确定的搭配关系与不同的资产包相匹配，由对应的新设公司承继，现有公司的对外债权债务也将根据事先协商确定的匹配关系由对应的新设公司承继，就现有公司的债务而言，如果现有公司、新设公司与债权人没有达成一致，则尽管各新设公司按照分立方案和分立协议进行了资产和债务的匹配划分，但各新设公司对于现有公司的债务仍然要承担连带清偿责任。

发生存续分立的，可以看作是吸收合并的反向操作，其后果是现有的公司继续存在而不终止，现有公司的部分业务、资产构成一个或数个资产包，每个资产包将构成对一个新设公司的出资，现有公司的股东按照预先确定的组合选择成为现有公司和/或不同新设公司的股东。现有公司的业务将不发生停止，而是按照事先确定的搭配关系与不同的资产包相匹配，由现有公司继续开展或由对应的新设公司承继。同样，现有公司的对外债权债务也将根据事先协商确定的匹配关系由现有公司继续承担或由对应的新设公司承继。如果现有公司、新设公司与债权人没有达成一致，则尽管现有公司与各新设公司按照分立方案和分立协议进行了资产和债务的匹配划分，但各新设公司对于现有公司的债务仍然要与现有公司一同承担连带清偿责任。在特殊情况下，当有战略投资人对公司的某一项业务具有兴趣，拟对该项业务投资但不愿向整个公司的所有业务投资时，公司可以选择以经营该项业务的资产出资与战略投资人合资组建新公司；而如果存在专为该项业务或资产而发生债务不能继续保留在现有公司，必须与业务和资产一同转移到新设公司时，将要发生的就是公司分立而不再是普通的对外投资。例如，将手机通讯软件事业部或分公司法人化，成为全资子公司。有战略投资人增资而成为现有公司与战略投资人合资的子公司，就是一种常见的分拆融资性质的公司分立。

六、公司组织形式变更

（一）公司组织形式变更对公司要素的影响

公司组织形式变更包括有限责任公司变更成股份有限公司和股份有限公司变更成为有限责任公司。实际上，常见的是两名以上股东的有限责任公司整体变更成为两个以上发起人的发起设立的股份有限公司；次常见的是作为上市公司的股份有限公司因为收购人进行要约收购而被私有化，变成了收购人的子公司，包括单一收购人的全资子公司和一致行动收购人共同控股的子公司；另外也有未上市的发起设立的股份有限公司整体变更为有限责任公司的情形。有限责任公司通过吸收合并上市公司或在变更时直接申请公开募集股份从而变更成为募集设立的股份有限公司的情形则不多见。

无论是有限责任公司变更为股份有限公司，还是股份有限公司变更为有限责任公司，在通常情况下，公司的资本控制、主营业务、财务、运营控制等诸要素都不发生变更，公司、公司的出资人、公司的债权人和公司的员工等利益关系人的实体利益也没有受到影响，公司的营业活动不发生停止，因此，公司组织形式的变更对公司构成要素而言没有实质性影响。

不过，有限责任公司与股份有限公司人合程度的差异，以及股份有限公司多数股东持股较少而少数股东持股较多的特点，导致股份有限公司与有限责任公司之间存在一定的差异，这些差异将在本节后面部分进行概括归纳。

（二）公司组织形式变更操作要点

1. 变更程序

公司变更组织形式大致要经历以下程序：

（1）财务审计。公司将组织财务审计以确定拟变更成为股份有限公司的股本或有限责任公司的注册资本，可以进行资产评估，但公司变更过程中不基于评估价值调整账目，也不基于评估价值确定变更后公司的股本或注册资本或出资额或股份金额。

（2）股东（大）会决议。公司股东（大）会作出变更公司组织形式的决议，有限责任公司变更为股份有限公司的，由代表 2/3 以上表决权的股东通过；股份有限公司变更为有限责任公司的，由出席会议的股东所持表决权的 2/3 以上通过。

（3）通知和公告。公司股东（大）会作出变更公司组织形式的决议以后应当立即发布公告，同时书面通知已知的债权人；尽管《公司法》并不要求公司变更组织形式需要得到债权人同意，但如果公司与债权人的协议规定公司变更组织形式需要取得债权人同意的，还要获取债权人书面同意。

（4）签署发起人协议或出资协议。变更前的有限责任公司的股东应当签署变更后的股份有限公司的发起人协议；变更前的股份有限公司的股东应当签署变更后的有限责任公司的出资协议。

（5）修改章程。变更前公司的股东应当制定变更后公司的章程。

（6）变更后公司的股东（大）会决议。变更后拟设立的公司召集创立大会/首次股东会会议，审议通过变更后公司的筹建事宜、变更后公司的章程以及变更后公司组织机构及其人选等事项。

（7）前置许可申报。变更后公司按照股东身份特征、公司性质特征或所在行业管理特征，申报办理国有产权/股权管理、外商投资企业核准和/或行业管理等所有必需的前置许可、核准、登记和备案手续。

（8）办理工商变更登记。变更后公司按照工商登记行政管理机关公示的程序和要求办理变更登记，所需要的格式文件可以方便地从相关登记机关的官方网站上提前下载。

2. 不同组织形式的差异

在实践中，办理公司组织形式变更业务值得律师留意的其他问题主要是把握有限责任公司与股份有限公司的一些主要区别，例如：

（1）设立方式不同

有限责任公司的设立只有出资人发起设立一种方式，而股份有限公司的设立有发起设立和募集设立两种方式。

（2）增资扩股的方式不同

有限责任公司只能以接受特定的对象投资入股的方式筹集增资资金。

股份有限公司则可通过向不特定的对象公开发行股票的方式募集资金、增资扩股。

（3）股东（发起人）人数范围不同

有限责任公司的股东人数为 1 人以上 50 人以下，无住所限制要求；股份有限公司的发起人人数为 2 人以上 200 人以下，且半数以上的发起人在中国境内有住所。

（4）股权种类设置不同

有限责任公司所有股东出资所形成的股权种类只有一种，各股东所持股权的区别仅与出资额多少和持股比例高低有关。

股份有限公司可以根据需要设置普通股和优先股，可以有内资股和外资股，还可以有自由流通股和受限制流通股等不同种类。

（5）股权转让的限制程度不同

有限责任公司除股东之间可以自由转让股权外，股东向公司股东之外的他人转让须经其他股东过半数同意。现有股东对于股权转让拥有优先购买权。

股份有限公司不论是在股东之间还是股东向第三人转让股权，均无须其他股东同意，也不存在股东的优先购买权，但股份有限公司发起人或上市公司的董事、监事及高级管理人员所持有的股份转让有禁售期和限售期以及限售份额。

（6）表决权和利润分配权的意思自治程度不同

有限责任公司的全体股东可以在公司章程中规定各股东按照与出资比例不同的表决权

比例在股东会上行使表决权，经全体股东同意，公司可以按照与出资比例不同的分配比例向股东分配利润。

股份有限公司的股东只能按照所持有的股份比例行使表决权，同类股份同股同权。

（7）股东表决权基数不同

有限责任公司股东会表决权的计算基数为全体股东所代表的所有表决权。

股份有限公司股东大会表决权的计算基数为出席会议的全体股东所代表的所有表决权。

（8）董事会议事规则不同

有限责任公司董事会人数为 3～13 人，规模较小的，可只设执行董事 1 人，不设董事会；是否设独立董事和董事会表决方式均由公司章程根据法律和需要自行规定。

股份有限公司不论规模大小，均须设董事会，董事会人数为 5～19 人，董事会决议须经全体董事的过半数通过。公司趋向于设独立董事的，若为上市公司，则须设置董事总数 1/3 以上的独立董事。

（三）全民所有制企业改制为公司

根据国务院办公厅 2017 年 7 月 18 日公布的《中央企业公司制改制工作实施方案》，2017 年年底前，按照《中华人民共和国全民所有制工业企业法》登记、国务院国有资产监督管理委员会监管的中央企业（不含中央金融、文化企业），全部改制为按照《中华人民共和国公司法》登记的有限责任公司或股份有限公司。

1. 改制主要工作

（1）制定改制方案。中央企业推进公司制改制，要按照现代企业制度要求，结合实际制定切实可行的改制方案，明确改制方式、产权结构设置、债权债务处理、公司治理安排、劳动人事分配制度改革等事项，并按照有关规定起草或修订公司章程。

（2）完成审批程序。中央企业集团层面改制为国有独资公司，由国务院授权履行出资人职责的机构批准；改制为股权多元化企业，由履行出资人职责的机构按程序报国务院同意后批准。中央企业所属子企业的改制，除另有规定外，按照企业内部有关规定履行审批程序。

（3）确定注册资本。改制为国有独资公司或国有及国有控股企业全资子公司，可以上一年度经审计的净资产值作为工商变更登记时确定注册资本的依据，在公司章程规定的出资认缴期限届满前进行资产评估。改制为股权多元化企业，要按照有关规定履行清产核资、财务审计、资产评估、进场交易等各项程序，并以资产评估值作为认缴出资的依据。

2. 改制获得的政策支持

（1）划拨土地处置。经省级以上人民政府批准实行授权经营或具有国家授权投资机构资格的企业，其原有划拨土地可采取国家作价出资（入股）或授权经营方式处置。全民所有制企业改制为国有独资公司或国有及国有控股企业全资子公司，其原有划拨土地可按照有关规定保留划拨土地性质。

（2）税收优惠支持。公司制改制企业按规定享受改制涉及的资产评估增值、土地变更登记和国有资产无偿划转等方面税收优惠政策。

（3）工商变更登记。全民所有制企业改制为国有独资公司或国有及国有控股企业全资子公司，母公司可先行改制并办理工商变更登记，其所属子企业或事业单位要限期完成改制或转企。全民所有制企业改制为股权多元化企业，应先将其所属子企业或事业单位改制或转企，再完成母公司改制并办理工商变更登记。

（4）资质资格承继。全民所有制企业改制为国有独资公司、国有及国有控股企业全资子公司或国有控股公司，其经营过程中获得的各种专业或特殊资质证照由改制后公司承继。改制企业应在工商变更登记后1个月内到有关部门办理变更企业名称等资质证照记载事项。

3. 律师审查的改制法律文件

针对全民所有制企业改制为公司，律师需要审核或起草如下法律文件：

（1）法定代表人签署的《公司变更（改制）登记申请书》；

（2）主办单位出具批准改制文件，应包含：批准改制重组方案、对企业净资产评估价值和改制后企业股权结构确认、企业净资产处置。[改制方案至少应包含：改制前企业情况、参与改制其他投资方基本情况、资产处置（包括债权债务、土地使用权、专利、非专利技术以及商标等）、企业的组织形式、注册资本、股权结构、职工安置（含离休人员及费用管理方案）]；

（3）主办单位出具的原法定代表人免职文件；

（4）职工（代表）大会决议；

（5）涉及产权转让的应提交产权转让协议；涉及国有产权转让的，应提交北京产权交易所有限公司等法定产权交易场所出具的产权交易凭证或者国有资产管理部门出具的产权转让批准文件；

（6）改制后股东会决议；[改制为股份有限公司的，应提交股东大会会议决议，由发起人签署，同时提交股份有限公司设立时的董事会决议、监事会决议、职工（代表）大会决议]；

（7）公司章程（全体股东签署）；

（8）公司股东或发起人主体资格证明；

（9）涉及同时增加许可经营范围的，提交有关批准文件或者许可证复印件；

（10）涉及住所变更提交相应住所证明；

（11）《企业名称变更核准通知书》；

（12）法定代表人任职文件（有限责任公司提交股东会决议、董事会决议文件，股东会决议由股东签署，董事会决议由公司董事签字；股份有限公司提交董事会决议，由公司董事签字；国有独资公司提交国务院、地方政府或其授权的本级人民政府国有资产监督管理机构的批准文件或者由公司董事签字的董事会决议；一人有限公司提交股东签署的决定文件、由公司董事签字的董事会决议或其他文件）；

(13) 营业执照正副本（未办理五证合一登记企业，还需提交税务登记证、组织机构代码证正副本）。

第二节　并购实务：图解十九种基本并购交易

实践中的公司并购类型异彩纷呈，那么它们有没有规律可循呢？

并购基本类型的分类可以按照交易主体分，可以按照交易标的和对价类型分，也可以按交易方式分，还可以按照投资或融资区分。

这里我们以交易主体为基础，以交易标的和对价方式为线索，将基本并购交易分为三组共计19种类型，其中，交易主体包括股东和运营公司两大基本类别，交易标的和对价则包括股权、现金、非股权资产三大类，交易方式包括转让、增资和协议约定控制权三类。

每种交易类型的分析大致涵盖四方面的内容。一是交易概要（交易协议的类型、交易各方、交易标的、交易对价、目标公司）。二是交易特点：交易优缺点（围绕实际控制权变动、主营业务/盈利模式的发展前景、收购或融资、各方投资人控制的主营业务的关系和关联交易的可能性、合并报表的需要、保留资质或牌照的需要、设置平台公司的需要、交易的便捷性）和交易实质。三是交易风险（交易对交易各方和目标公司的利弊分析，交易各方和目标公司面临的交易前、交易中和交易后主要风险）和风险控制方法。四是交易使用范围：与类似交易类型的特点比较、进行本交易的背景或理由，适用于何种投资人及何种目标公司。

为便于进行交易分析，我们把交易的起点设置为结构最简单的两个交易方：G方和Z方，他们都是单一股东（G氏和Z氏），各自全资拥有一个公司（G公司和Z公司，见图7-1）。我们假设股东G氏和Z氏只持有股权和现金，可以理解为终极股东即实际控制人，也可以理解为管理下属企业的控股公司；而G公司和Z公司只持有非股权资产和现金，可以理解为没有下属企业的运营公司。我们进一步假设运营公司所持有的非股权资产都是可以独立开展特定业务的资产、团队和业务渠道的组合。现在，G方和Z方可以发生三组具有实务意义的并购交易，分别是：股东之间的交易、股东和公司之间的交易，以及公司之间的交易。

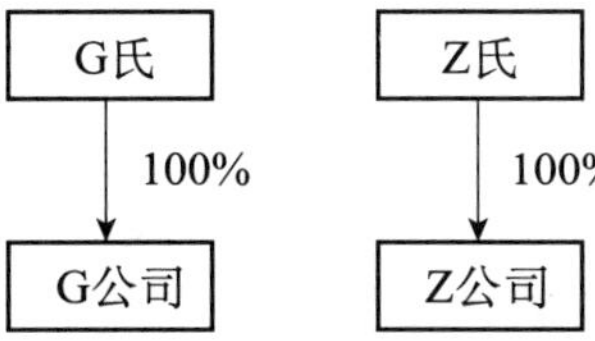

图7-1　并购交易起点

一、第一组交易

第一组交易发生在股东之间，主要包括：1A 型（横向）现金转让股权交易（G 氏以现金受让 Z 氏所持 Z 公司股权）；1B 型换股转让股权交易（G 氏和 Z 氏均向对方转让各自所持 G 公司和 Z 公司股权）；1C 型（横向）股权与现金合资交易（G 氏以所持 G 公司股权，Z 氏以现金出资新设 GZ 公司）；1D 型共同股权出资交易（G 氏和 Z 氏均以各自所持 G 公司和 Z 公司股权出资新设 GZ 公司）；1E 型新设合并交易（G 氏和 Z 氏将 G 公司和 Z 公司合并为新设的 GZ 公司）；1F 型（横向）股权托管交易（Z 氏将其所持 Z 公司股权委托 G 氏管理）。

（一）1A 型——（横向）现金转让股权

1. 交易概要

Z 氏向 G 氏转让其所持 Z 公司股权，G 氏向 Z 氏支付现金对价。交易发生在运营公司股东之间，交易的目标公司为 Z 公司（见图 7－2）。

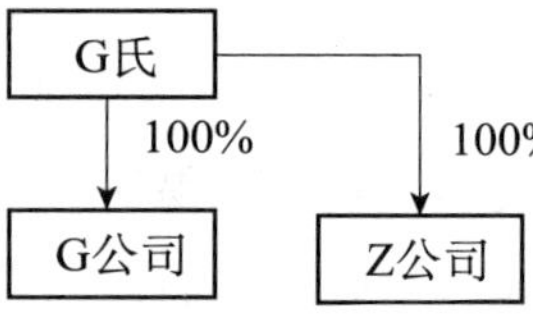

图 7－2　1A：G 氏以现金全额受让 Z 氏所持 Z 公司股权

2. 交易特点

交易发生在股东之间，所以对目标公司发生实际控制权变动的影响，目标公司不发生资本增减和现金流动。

交易对价为现金，所以本交易最大的特点是出让方实现套现。如果受让方通过支付现金取得目标公司实际控制权则构成收购（例如产业投资人为消灭竞争对手而现金赎买对手的业务并令其套现退出），如果没有取得实际控制权则构成参股（例如战略投资人为取得关联交易机会而参股或财务投资人为取得资本差价收益而参股）。

由于股东现金转让股权交易通常会保持目标公司主营业务不变，目标公司的资产、团队、业务、业绩、资质牌照和项目许可得以延续；相较增资交易而言，受让方支付较低的对价就可以获得较高的控制，交易对价本身也无须进行估值，所以这是一项便捷的并购交易。

交易完成后，受让方同时平行控制多项业务和资产，这些业务相互之间不需要建立母子公司关系，也不需要相互合并报表，关联企业呈扁平形态。

出让方通常希望受让方选择全额受让（针对产业并购）或小比例受让（针对战略/财务投资人入资）。相对而言，出让方处于较有利地位。

3. 交易风险

交易中的主要风险是支付不能（针对出让方）和过户不能（针对受让方）。防控支付不能的主要手段是分期支付和建立转让资金支付监管机制。防控过户不能（包括出让方不愿办理过户手续和第三人对标的股权采取保全措施）的主要手段是受让方在标的股权上设置质押权。

交易后的风险（针对受让方和目标公司）主要是两个：信息地雷引爆和实际控制权的落空。这也是并购交易不成功的两大主因。就控制力而言，即使受让方取得资本控制权，由于习惯的延续性，目标公司及其经营团队对原实际控制人会存在依赖性，因而受让人的资本控制权可能会受到限制。交易后风险的防控手段是交易前的“尽职”调查和交易后对管理团队的延伸赎买，使目标公司的管理团队确信这是一桩“善意收购”。

值得注意的是，当受让方是企业的内部人时，目标公司的估值（即转让对价的确定）就是非常容易引起争议的问题。以管理团队为代表的目标公司内部人士具有收购目标公司的最大便利和优势，有能力操纵交易对价和其他交易条件的确定，因此，目标公司的原股东必须引入第三方监管机制来约束受让方可能的便利滥用，最典型的情形就是政府对企业国有产权转让的控制和监管。在国企改制（主要表现为国有企业的内部人收购）以后，国有资产监管部门制定了强制性交易程序，通过行政许可（国有资产评估备案或核准）来确定交易对价，通过强制进入产权交易所挂牌交易来确定受让方，通过规定严苛的条件来限制管理人员收购目标公司股权。

4. 交易适用范围

如果出让方决意套现，受让方具有现金支付能力（如果以收购为目标的话还需要具有业务控制能力），目标公司业务稳定且不需要资本注入，股权结构简单，业务独立，对原股东依赖性较小，则各方都可以考虑这种并购交易。

（二）1B型——换股转让股权

1. 交易概要

Z氏向G氏转让其所持Z公司股权，G氏向Z氏支付其所持G公司股权作为对价。交易发生在目标公司股东之间，目标公司为G公司和Z公司（见图7-3）。

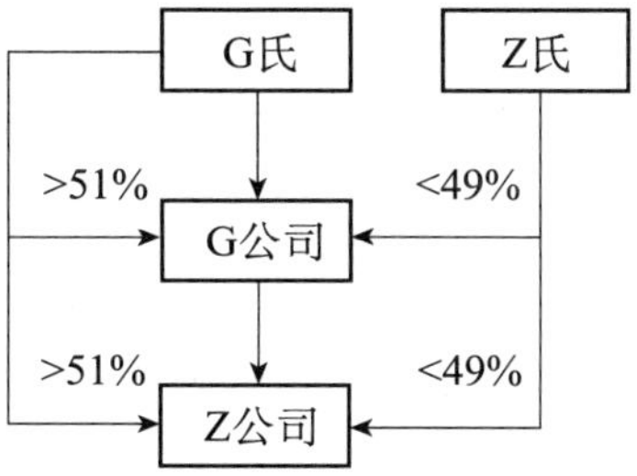

图7-3　1B：G氏和Z氏换股转让股权

2. 交易特点

交易发生在股东之间，所以两个目标公司均不发生资本增减和现金流动。

交易对价为股权，所以本交易最大的特点是交易双方交换业务和资产，而不发生现金支付。同时，交易结果是双方交叉持有原目标公司股权，共同持续经营原有业务和资产，没有发生任何一方退出。

在G公司的估值远高于Z公司估值的情况下，交易通常是一个目标公司（Z公司）的大比例（大于51%）股权和另一个目标公司（G公司）的小比例股权（小于49%）相交换，即G氏支付较小比例的G公司股权购得较大比例的Z公司股权，以换股方式实现对Z公司的收购；G氏既是G公司的大股东，也是Z公司的大股东，Z氏则既成为G公司的小股东，也成为Z公司的小股东。

作为变型，交易一方也可以用实物、票据、其他债权、土地使用权或知识产权等非货币财产作为支付对价。

3. 交易风险

交易中存在过户不能的风险，但风险程度较现金转让交易相对较低。防控过户不能风险的主要手段仍然是在标的股权上设置质押。

由于交易任何一方均不退出对原有业务和资产的持续经营，交易后的风险信息地雷引爆风险和实际控制权落空风险也会得到有效控制，至少一方（特别是被收购方）主观恶意设置信息地雷和阻挠收购方行使控制权的风险会受到很大限制。

4. 交易适用范围

由于股东换股交易无须动用现金，而且通常会更稳定地保持目标公司主营业务、资产、团队、运营管理、业绩、资质牌照和项目许可保持不变，所以相较现金转让股权交易更为便捷和安全。但由于交易的结果并没有使得G公司和Z公司两个目标企业的业务和资产整合在同一个企业平台之内，不能实现G公司和Z公司两个目标企业财务报表的合并，所以在成熟的市场环境中，股东之间的换股交易并不是主流的并购交易模式。

出让股东不想退出，而转让对价又恰好是他想要的其他公司的股权，没有比这个预期更小概率的事情了。何时能发生这种小概率事件呢？关联方需要人为转移利益和业绩的时候。

（三）1C型——（横向）股权与现金合资

1. 交易概要

G氏以其所持G公司股权、Z氏以现金共同出资设立GZ公司，GZ公司设立后，G氏和Z氏均成为GZ公司的股东，而GZ公司成为G公司的母公司。

2. 交易特点

本交易的显著特点有两个：一是有新公司设立发生，但以承接原有一方的业务和资产为主，原则上不发生交易各方之间的业务整合（但有可能是股权出资方内部的业务整合）；二是交易各方分别以股权和现金作为出资方式向新公司出资。交易结果是双方共同持有新设公司股权，共同经营交易一方的原有业务和资产，没有发生任何一方退出。

从控制权的变动情形看，新公司的实际控制权向估值较高的一方转移，也就是说，如果G公司股权估值较Z氏的现金出资额高，则新设公司实际控制权保留在G氏手中，交易实质是G氏透过G公司进行融资（见图7-4）；如果Z氏的现金出资额较G公司的估值高，则新设公司实际控制权转移到Z氏手中，交易实质是Z氏收购了G公司（见图7-5）。

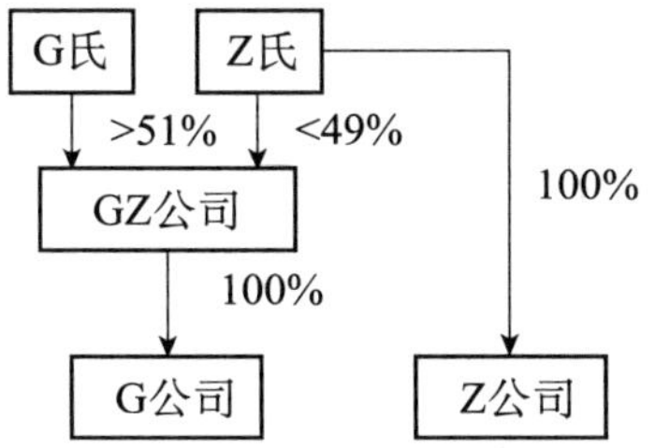

图7-4　1Ca：G方获Z方融资

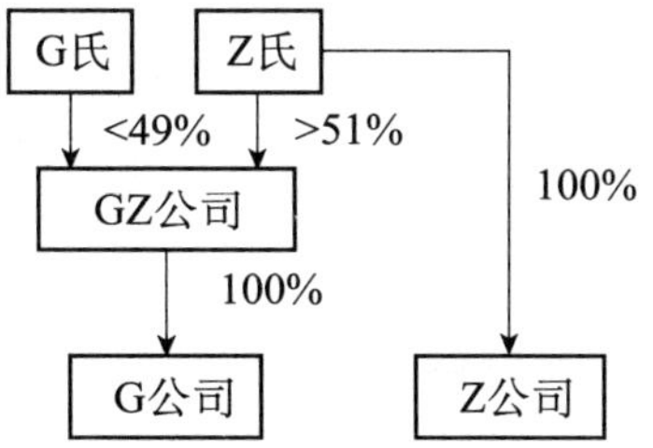

图7-5　1Cb：Z氏收购G公司

本交易与现金增资交易颇为相像，只是交易更为烦琐，设置了一个新的平台公司。在红筹公司上市的实务操作中，常见G氏（中国业务和资产的境内实际控制人）先以象征性现金在海外设立离岸GZ公司，GZ公司择机向G氏和Z氏（海外私募股权投资机构）增发新股，G氏以其所持G公司股权或G公司的海外持股公司以及需要整合进上市平台的所有运营公司股权为对价认购GZ公司发行的新股，Z氏则以现金认购GZ公司发行的新股，新股发行完成后，G氏和Z氏均成为GZ公司的股东，而GZ公司成为G公司的控股公司。

3. 交易风险

交易中的主要风险是注资不能（针对目标公司）和登记不能（针对现金出资方）。防控注资不能的主要手段是建立增资资金监管机制；防控登记不能的主要手段是分期出资。

交易后的风险（针对现金出资方和目标公司）主要是三个：实际控制权冲突、信息不实和融资资金投向变更。

就控制力而言，即使现金出资方取得资本控制权，由于习惯的延续性以及原实际控制人仍然持有目标公司权益，目标公司及其经营团队对原实际控制人会存在依赖性，因而出资方的资本控制权可能会受到原实际控制人及原管理团队的抵制，甚至发生资本控制权与运营控制权对峙的僵局。防控手段一是董事和董事会适当介入日常经营，强化董事会对目标公司运营的决策和督导力度；二是强化董事会对管理团队目标设定、考评奖惩和激励约束；三是适当更换经营管理人员。

由于目标公司的原实际控制人拥有延续控制力且目标公司引进融资以后可能会导致资产和业绩状况好转，从而可能掩盖目标公司在资产、业务、业绩、团队等方面的现存瑕疵甚至损害或损失，所以原实际控制人不向出资人真实、准确、完整披露目标公司信息的冲动对交易的危害较大，是导致交易失败的主要风险源之一。防控手段一是落实交易前尽职调查的“尽职”；二是落实交易后出资方对目标公司运营情况的知情权；三是约定信息披露瑕疵的损害赔偿机制。

尽管交易双方约定了目标公司增资资金的用途和投向，但由于外部环境变化、目标公司信息披露瑕疵或原实际控制人滥用其延续控制力，出资方注入目标公司的资金可能会改变投向甚至改变用途，或虽然没有改变投向，但实际投向所取得的业绩与预计目标产生重大差距。防控手段一是落实交易前尽职调查的“尽职”；二是加强对资金投向的直接监控。

4. 交易适用范围

由于能够结合交易双方的优势，原股东没有套现退出，并且目标公司能获得资金注入，从而获得跨越式发展的机会，因而1C型交易被普遍认为是各方共赢的交易模式。在实践中，只要目标公司的主营业务和业绩持续快速增长并能最终在细分市场占据领先地位，或者目标公司存在能够在3年至5年内进行首次公开发行股票并上市的现实可能性，财务投资人就非常乐意选择这种方式来完成其私募股权投资。

财务投资人之所以同意原实际控制人设立一个新的平台企业来接受私募股权投资，而不是直接向现有目标企业进行注资，实践中主要有两个原因：一是原实际控制人不是仅仅以一个企业进行融资，而是要把同一产业链上的所有关联企业整合到一个统一平台之内，然后通过这个平台企业统一进行私募股权融资和公开募股融资；二是在红筹重组中，原中国境内实际控制人需要和境外私募股权投资机构在海外建立平台企业，通过这个平台企业来完成私募股权融资、反向收购境内业务和资产以及境外公开募股融资三个格式动作。

新主体的出现代表了脱胎换骨的期望。股权出资是最经济的出资方式，而且最便捷地传承了历史。显然，掏出现金的人对此有信心。

（四）1D型——共同股权出资

1. 交易概要

G氏以其所持G公司股权、Z氏以其所持Z公司股权共同出资设立GZ公司，GZ公司设立后，G氏和Z氏均成为GZ公司的股东，而GZ公司成为G公司和Z公司的母公司。

2. 交易特点

本交易的显著特点有两个，一是有新公司设立发生，二是交易各方以股权作为出资方式向新公司出资。股东之间、公司之间以及股东和公司之间原则上不发生现金支付。在红筹公司上市的实务操作中，亦常见G氏和Z氏（可能是家族成员，也可能是合作密切的关联业务控制人）或其中任何一方先以象征性现金设立GZ公司，GZ公司再择机向G氏和Z氏增发新股，G氏和Z氏则以各自所持G公司股权和Z公司股权为对价认购GZ公司发行的新股，新股发行完成后，G氏和Z氏均成为GZ公司的股东，而GZ公司成为G公司和Z公司的控股公司。

交易对价为股权，交易结果是双方共同持有新设公司股权，共同持续经营整合后的原有业务和资产，没有发生任何一方退出。

从控制权的变动情形看，整合后业务的实际控制权向业务估值较高的一方转移，也就是说，如果G公司股权较高，则整合后的业务控制权和新设公司实际控制权转移到G氏手中，交易实质是G氏收购了Z公司（见图7-6）；如果Z公司估值较高，则整合后的业务控制权和新设公司实际控制权转移到Z氏手中，交易实质是Z氏收购了G公司（见图7-7）。

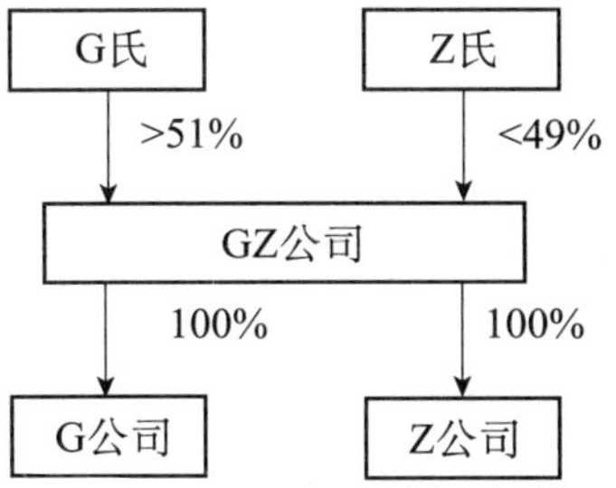

图 7-6　1Da：G 氏收购 Z 公司

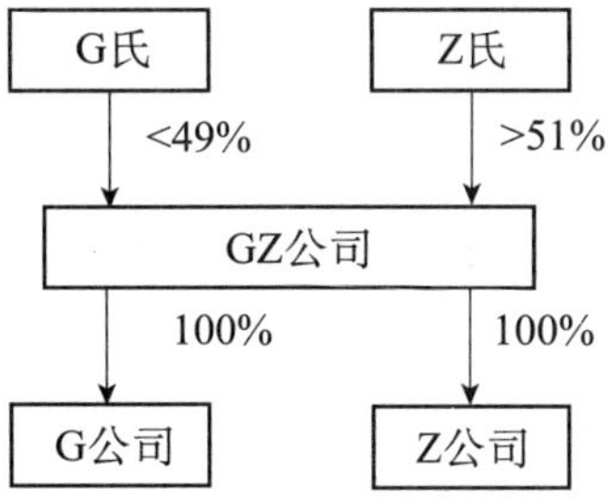

图 7-7　1Db：Z 氏收购 G 公司

3. 交易风险

交易中存在过户不能的风险。在行业领先者参与这项并购的情况下，这种风险就主要来自政府的反垄断调查和干预。

由于交易任何一方均不退出对原有业务和资产的持续经营，交易后的风险信息地雷引爆风险和实际控制权落空风险也会得到有效控制，但仍然存在控制权冲突和业务整合失败的风险。因为交易双方要共同经营管理新公司，所以新公司董事会内部、管理层内部、董事会与管理层之间形成僵局的风险较大，同时，由于 G 公司和 Z 公司急需存续，G 公司延续依赖 G 氏，Z 公司延续依赖 Z 氏的习惯，对于 GZ 公司作为平台公司的管控能力会是比较大的考验。

防控风险的主要途径是不仅要寻找业务关联程度高的交易伙伴，而且双方的管理理念和风格还要相互吻合。

4. 交易适用范围

在成熟的市场环境中，股权出资交易是非常主流的资本交易模式。

由于股东股权出资无须动用大额现金，而且通常会保持目标公司主营业务、资产、团队、运营管理理念和体制、业绩、资质牌照和项目许可不变，更由于 G 公司和 Z 公司两个目标企业的业务和资产整合在同一个企业平台之内，实现了 G 公司和 Z 公司两个目标企业财务报表的合并，所以凡业务和管理风格相似、市场互补（这一点尤其重要，否则就容易演变成内部恶性竞争），希望共同扩大市场资源的各方都可以考虑此种交易模式。

（五）1E 型——新设合并交易

1. 交易概要

G 公司和 Z 公司合并，新设 GZ 公司，GZ 公司设立后，G 氏和 Z 氏均成为 GZ 公司的股东，G 公司和 Z 公司注销。这个交易也可以看作是 G 氏和 Z 氏以各自所持 G 公司股权和 Z 公司股权为对价出资设立 GZ 公司以后，G 公司和 Z 公司再予以解散。

2. 交易特点

本交易的显著特点有两个：一是新公司设立的同时原有公司注销，二是新公司完全继承原有公司的业务、资产、人员和债务。

交易对价为股权，交易结果是双方共同持有新设公司股权，共同持续经营整合后的原有业务和资产，股东之间、公司之间以及股东和公司之间完全不发生现金支付，没有发生任何一方退出。

与1D型交易相比较，本交易在财务成本方面有较大优势。首先是交易各方无须动用现金；其次是交易完成后原有公司均注销，交易各方减少了纳税环节；最后是公司结构简化，节约了运营管理成本。

从控制权的变动情形看，与股东股权出资新设合资企业交易相同，整合后业务的实际控制权向业务估值较高的一方转移，即，如果G公司股权估值较高，则整合后的业务控制权和新设公司实际控制权转移到G氏手中，交易实质是G氏收购了Z公司（见图7-8）；如果Z公司股权估值较高，则整合后的业务控制权和新设公司实际控制权转移到Z氏手中，交易实质是Z氏收购了G公司（见图7-9）。

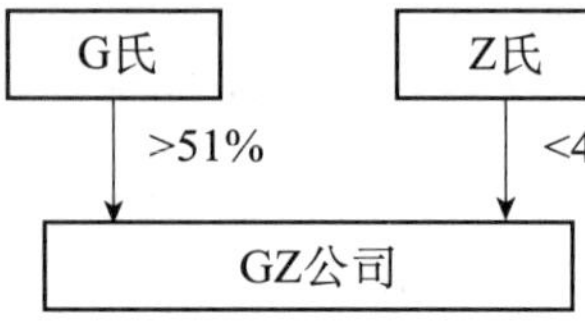

图7-8　1Ea：G方兼并Z公司

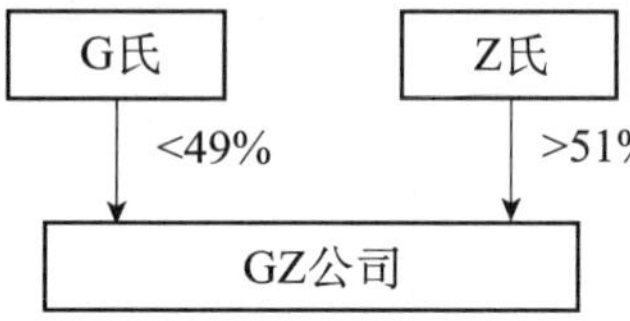

图7-9　1Eb：Z方兼并G公司

3. 交易风险

1E型交易的风险与1D型交易的风险基本相同。

交易后的风险除了控制权冲突和业务整合的失败以外，更重要的风险有两个：一是新设的GZ公司完全继承G公司和Z公司的债务、风险和责任，二是新公司可能完全丧失G公司、Z公司原有的所有资质、牌照和许可。

防控风险的主要途径：一是强化尽职调查，二是落实信息披露瑕疵的损害赔偿机制，三是寻找业务和资产结构简单的交易伙伴，四是预先落实合并前公司的资质、牌照、许可以及重大项目审批向新公司转移的方案。

4. 交易适用范围

1E型交易的适用范围与1D型交易的适用范围也基本相同。

由于新设公司完全继承合并前公司的债权债务、风险和责任，且新公司可能完全丧失合并前公司的所有资质、牌照和许可，所以，交易各方通常要在合并前先完成自己的业务和资产整合，即把需要整合在新公司平台内的业务、资产和人员梳理清楚并保留下来，把不需要整合进新公司平台之内的业务、资产和人员通过出售甚或分立的方式全部剥离出合并前公司，各方完成自身的整合剥离以后再进行企业合并。

1E型交易更适合合并后的业务对资质、牌照和许可依赖性较低的企业。

（六）1F型——（横向）股权托管交易

1. 交易概要

G氏与Z氏签署《股权托管协议》，约定Z氏将其所持有的Z公司股权委托G氏管理，即双方约定在一定的期限内，在不转让股权的前提下，受托方（G 氏）根据双方签订的《股权托管协议》以委托方（Z 氏）的名义行使表决权、受益权及其他约定项目的股东权益，但不得对托管的股权进行处置，如质押和转让（见图 7－10）。

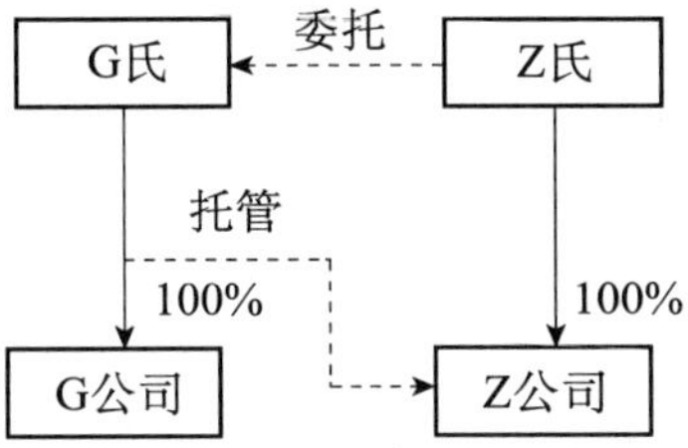

图 7－10　1F：G 氏托管 Z 氏所持 Z 公司股权

2. 交易特点

1F 交易的最大特点是在标的股权、业务和资产没有发生流动，股权流动所需要的对价无须支付的前提下，股权、业务和资产的实际控制权发生了转移。

控制权的转移是有限制的转移，即受托方只能行使管理权和收益权，而不能行使处分权。

控制权的转移是附期限或附条件的转移，约定期限届满或约定条件成就，股权和业务的完整实际控制权仍将归于委托方，除非双方进行了相反约定。

交易对价原则上由双方自由约定，可以是管理费报酬，也可以是股权收益分成。

3. 交易风险

1F 交易的风险需要分别针对委托方和受托方进行分析。

对于委托方，最大的风险是受托人滥用委托权，损害委托人和目标公司的利益。在相对健全的民事法律环境之下，委托人要滥用委托权以质押或转让方式处分标的股权并不容易实现，容易实现的权力滥用一是通过关联交易将目标公司的利益转移到自己名下或者把自己的债务、责任或风险转移到目标公司名下；二是为实现短期经营业绩目标而损害目标公司及其股东的长期利益；三是不受责任约束，例如盲目扩张；四是提高代理人成本。

对于受托方，主要风险有三项：一是委托人提供不实信息，导致受托人在作出是否接受委托以及如何设置委托目标的决定时，受到误导而进行了错误判断；二是代理权利不落实，受托方在代为行使股东权和目标公司的运营管理权时受到原股东的制约，而且在委托方与第三人发生争议和纠纷，第三人对目标股权采取保全措施时，受托方不能对抗第三人；三是如果受托经营效果很好，则在委托期满受托方有意受让目标股权时反而要付出比接受委托时更高的成本，原因正是自己对目标股权的有效管理。

无论委托方还是受托方，防控风险的主要途径是：第一，落实尽职调查；第二，确定年度和中期甚至长期的分项目标，包括主营业务收入、净利润、净资产和经营性现金净流入以及债务清偿和/或职工安置等指标的绝对值和增长率；第三，强化对受托方的激励约束，尤其是股权激励约束；第四，规范重大事项的决策执行程序，尤其是重大关联交易或持续关联交易的决策程序；第五，约定委托结束时受托方是否具有有限购买权，以及行使购买权的条件。

4. 交易适用范围

1F 交易模式满足了在控制风险的前提下进行创新尝试的需要，适用于在交易风险不明、交易受到法律制度限制、交易对价支付能力暂时不足等情况下，交易双方暂时将所有权与经营权相分离，原实际控制人保留处置权这一终极资本控制权，但让渡运营控制权的情形，例如：

国企改制。在 20 世纪 80 年代，由于政策限制，企业国有产权的性质不能改变，但是又迫切需要引入具有活力的管理体制来解决企业困境，于是就出现了具有较强经营管理能力并能够承担相应经营风险的法人或自然人以承包、租赁等方式有偿经营大中型国企业（小型国有企业则更多采用出售方式直接改变企业所有制性质）的普遍现象。这就是企业股权托管在中国的雏形。随着公司法的颁布实施和企业国有产权管理体制的逐步完善，国有企业的承包租赁经营逐步演化成企业国有股权的委托管理，这特别是为了规避国有股权转让的烦琐程序，包括进行上市公司国有股权的托管和特殊行业企业国有股权的托管。

股权转让的前奏。即使不为规避转让管制，股权托管也是股权转让交易的一个有效实施步骤。在股权转让交易需要履行漫长的审批和过户登记程序的情况下，交易成立后，受让方与出让方即可达成并实施股权托管协议，受让方同样透过托管了解目标公司的有关业务、资产、团队、业绩的全面、真实、准确的信息，同时适时介入经营管理，保证目标公司在交易过渡期内持续正常营业，确保员工队伍稳定、企业业绩不受交易过渡期的影响。

二、第二组交易

第二组交易发生在股东和公司之间，主要包括：2A 型（斜向）现金转让股权交易（G 公司现金受让 Z 氏所持 Z 公司股权）；2B 型收购资产新设企业交易（Z 氏现金收购 G 公司业务和资产并新设公司）；2C 型（斜向）现金增资交易（Z 氏现金向 G 公司增资）；2D 型（斜向）股权增资交易（Z 氏以所持 Z 公司股权对 G 公司增资）；2E 型（斜向）现金与非股权资产合资交易（Z 氏以现金、G 公司以业务和资产共同出资新设 GZ 公司）；2F 型（斜向）股权与非股权资产合资交易（Z 氏以所持 Z 公司股权、G 公司以业务和资产共同出资新设 GZ 公司）；2G 型（斜向）股权与现金合资交易（Z 氏以所持 Z 公司股权、G 公司以现金共同出资新设 GZ 公司）；2H 型吸收合并交易（Z 将 Z 公司并入 G 公司）；2J 型（斜向）股权托管交易（Z 氏将其所持 Z 公司股权委托 G 公司管理）。

（一）2A 型——（斜向）现金转让股权

1. 交易概要

Z 氏向 G 公司转让其所持 Z 公司股权，G 公司向 Z 氏支付现金对价。交易发生在一方（G 方）的控股公司（G 公司）和另一方（Z 方）的股东（Z 氏）之间，目标公司为 Z 公司（见图 7 - 11）。

2. 交易特点

交易为目标公司存量股权的流动，所以仅对目标公司发生实际控制权变动的影响，目标公司不发生资本增减和现金流动。

交易对价为现金，所以本交易最大的特点仍然是出让方实现套现。如果受让方通过支付现金而取得目标公司实际控制权则构成收购，如果没有取得实际控制权则构成参股。

图 7-11　2A：G 公司现金全额收购 Z 氏所持 Z 公司股权

与股东横向现金转让股权交易（1A 型）相比较，本交易的不同之处是受让方非股东（即实际控制人）自身，而是一家运营公司。通过本次交易，受让方建立纵向资本控制链，G 公司由运营公司扩展为运营兼控股型公司。

3. 交易风险

2A 型交易的主要风险与 1A 型交易的相同。

交易中的主要风险也是支付不能（针对出让方）和过户不能（针对受让方）。防控支付不能的主要手段是分期支付和建立资金监管机制。防控过户不能的主要手段是受让方在标的股权上设置质押权。

交易后的风险也是信息不实和实际控制权落空。防控手段仍是交易前的“尽职”调查和交易后对管理团队的延伸赎买。

4. 交易适用范围

如果出让方具有套现愿望，受让方具有现金支付能力（如果以收购为目标的话还需要具有业务控制能力），目标公司业务稳定且不需要资本注入，交易是为保持目标公司的资产、团队、业务、业绩、资质牌照和项目许可正常延续并发展；则各方都可以考虑这种并购交易。出让方通常希望受让方选择全额受让（针对产业并购）或小比例受让（针对战略/财务投资人入资）。

在选择现金转让股权交易类型的前提下，如果受让方实际控制人 G 氏：(1) 有意以 G 公司为平台企业（即具有融资平台、管理平台和财务合并平台的控股企业），或 (2) 有意以 G 公司为特殊目的公司（即为方便取得或处置股东权益或为避税而设置的非运营持股公司），或 (3) 因 G 公司有充沛现金，则适宜选择 G 公司而非实际控制人 G 自身作为股权转让交易的直接参与方。

这是典型的以合并报表为目的的公司收购，收购方现金充沛。

（二）2B 型——收购资产新设企业

1. 交易概要

Z 氏以现金收购 G 公司的特定业务和资产（包括业务渠道、业务团队以及与现有业务不能分离的债权债务），然后以收购后的资产出资设立 Z1 公司（见图 7－12）。

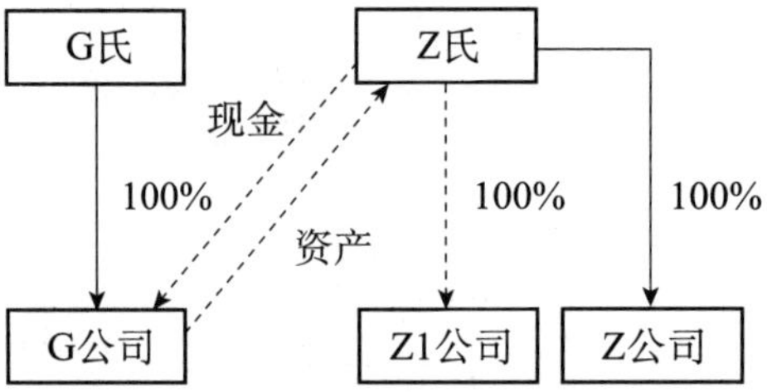

图 7－12　2B：Z 氏现金收购 G 公司非股权资产并以该资产新设 Z1 公司

2. 交易特点

交易分为两步进行，第一步是收购人（Z 氏）收购 G 公司的非股权资产，交易双方为 Z 氏和 G 公司，标的为 G 公司的特定业务和资产（包括与特定业务不能分离的债权债务），对价为现金；第二步是 Z 氏独资设立 Z1 公司，标的为所收购的非股权资产，对价为 Z1 公司股权，目标公司为 Z1 公司。

第一步交易对价为现金，所以本交易特点之一仍然是出让方实现套现；套现人是 G 公司而非其股东或实际控制人 G 氏，所以交易特点之二是 G 方退出了所出售的业务，但 G 氏没有退出 G 公司，G 公司也没有消亡，仍有其他业务可以运营；第二步交易活动是设立新公司，以新公司独立运营所收购的业务，所以本交易的特点之三是所收购的业务和资产与 Z 方现有其他业务平行进行。出售方实现特定业务和资产的剥离套现，收购方实现特定业务和资产的承接和独立运营。其间没有发生出售方和收购方的业务整合，也没有发生收购方内部的资产整合，但发生了特定业务的实际控制权从 G 方转移到了 Z 方。

3. 交易风险

2B 型交易中转让的标的并非股权，因此可以回避股权交易中的信息不实风险，但非股权资产的权属变更登记程序可能会非常烦琐，甚至会发生营业税、契税、（土地）增值税、所得税等大额税费交易成本，另外，不动产在物理上可能难以移动也是交易的不利之处。后文 2E 型交易标的可以附随于与特定业务不可分离的债务，因此可以有效减小现金出资的资金需求，但是债务剥离需要得到债权人的同意。由于出资资产的权属变更登记可能耗时长久甚至遭遇障碍，新公司设立以后可能遭遇出资瑕疵甚至出资不实的风险。以非股权资产出资不能直接附带债务，通常只能在新公司设立后，经债权人同意，将原依附于特定业务的债务 G 公司转让给 Z1 公司，因此新设立的公司可能会存在注册资本额较大而净资产较小的情形。

交易后的风险主要是 Z1 公司的运营对原特定业务的运营团队（甚至 G 公司和 G 氏）和上下游经营渠道具有依赖性，如果在资产转让交易中团队人员和上下游渠道没有一同转移或者发生流失，则 Z1 公司的正常经营可能会遭遇障碍。即使正常转移团队人员和渠道，Z1 公司和 G 公司之间也可能会频繁发生商业秘密和不正当竞争方面的争议和纠纷。

防控风险的主要手段就是选择经营要素和资源独立性非常强的业务进行收购，收购必须完整涵盖运营该特定业务所需要的所有资源，同时交易双方必须与该特定业务有关系的 G 公司所有业务伙伴（即法律意义上的债权人和债务人）进行完整的债权债务转让确认。

交易后的主要风险还包括 Z1 公司可能无法继承 G 公司开展标的特定业务所具有的资质、拍照和许可。

4. 交易适用范围

如果出让方有剥离特定业务套现（只从特定业务退出套现但将仍然继续运营业务公司的其他业务）的愿望，或者受让方只对出让方的特定业务感兴趣而不是对出让方的目标公司整体感兴趣，或者受让方对目标公司的信息披露（尤其是对资产债务和业绩的信息披露）有重大疑虑，受让方具有现金支付能力和业务控制能力，标的业务与出让方的其他业务关联性不强，与受让方的现有业务也无须进行复杂整合，并且标的业务对资质、牌照和许可依赖性较低，则交易双方可以选择 2B 型交易。

与 2B 型交易具有类似功能（即现金收购目标公司部分非股权资产并以该资产新设公司）的变异交易还可以有两种主要形式：第一种是 G 公司以 Z 氏拟购买的部分非股权资产出资设立 G1 公司，Z 氏全资收购 G1 公司股权，再将 G1 公司更名为 Z1 公司；第二种是 G 公司根据业务和资产划分分立为 G1 和 G2 两个（或多个）公司，Z 氏按需求选择其中自己感兴趣的目标公司并全资收购，如果对资质、牌照和许可依赖性较低，G 公司可以搞新设分立，如果相反，G 公司的资质、牌照和许可对 Z 氏非常重要，则 G 公司应当选择存续分立。

（三）2C 型——（斜向）现金增资

1. 交易概要

G 公司向 Z 氏增募出资额（“发行新股”），Z 氏以现金为对价认购 G 公司股权。交易发生在一方（Z 方）股东（Z 氏）和运营公司（G 公司）之间，交易的目标公司为运营公司，即 G 公司。

2. 交易特点

2C 型交易发生在股东和目标公司之间，目标公司发生资本增加和现金流入。

目标公司发生的实际控制权变动取决于增资的规模。如果 Z 氏对 G 公司增资完成后 Z 氏持有 G 公司仍不足 50%，则 G 公司完成向 Z 氏的现金权益融资（见图 7－13），G 公司的实际控制权仍然掌握在 G 氏手中，虽然会受到限制性影响，但没有发生转移；如果 Z 氏对 G 公司增资完成后导致 Z 氏持有 G 公司达到或超过 51%，则 Z 公司同时实现融资和实际控制权转移，Z 氏实现对 G 公司的增资收购（见图 7－14）。

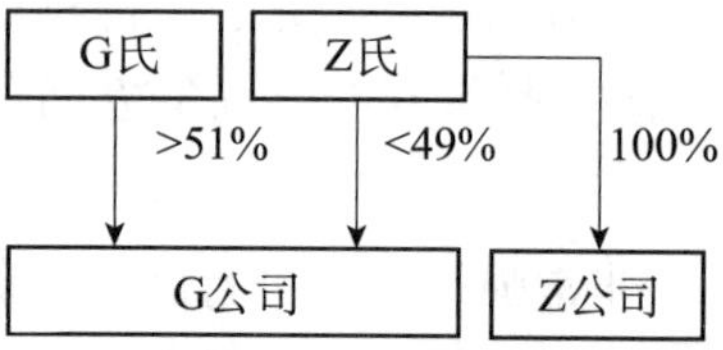

图 7－13　2Ca：G 公司向 Z 氏现金融资

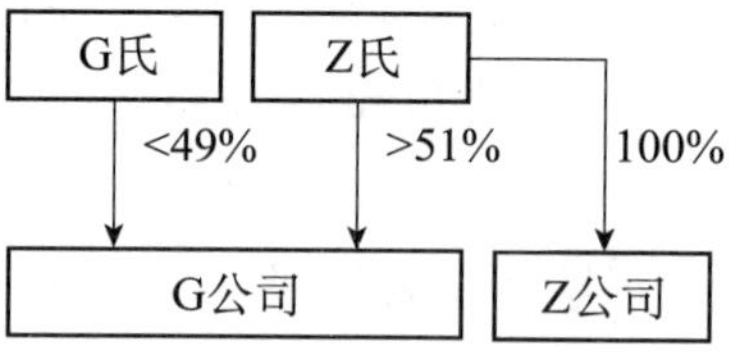

图 7－14　2Cb：Z 氏现金增资收购 G 公司

目标公司的股东没有直接参与交易，出资方（Z 方）和融资方（G 方）将共同持续经营原有业务和资产，没有发生任何一方退出。

出资方向目标公司注入现金，所以本交易最大的优点是目标公司实现融资。

3. 交易风险

交易中的主要风险是注资不能（针对目标公司）和登记不能（针对出资方）。防控注资不能的主要手段是建立资金监管机制；防控登记不能的主要手段是分期出资。

交易后的风险（针对出资方和目标公司）主要是三个：实际控制权冲突、信息不实和融资资金投向变更，情形与 1C 型交易的非常相似。

就控制力而言，即使出资方取得资本控制权，由于习惯的延续以及原实际控制人仍然持有目标公司权益，目标公司及其经营团队对原实际控制人会存在依赖性，因而出资方的资本控制权可能会受到原实际控制人及原管理团队的制约，甚至发生资本控制权与运营控制权对峙的僵局。防控手段一是董事和董事会适当介入日常经营，强化董事会对目标公司运营的决策和督导力度；二是强化董事会对管理团队目标设定、考评奖惩和激励约束；三是适当更换经营管理人员。

由于目标公司的原实际控制人拥有延续控制力且目标公司引进融资以后可能会导致资产和业绩状况好转，从而可能掩盖目标公司在资产、业务、业绩、团队等方面的现存瑕疵甚至损害或损失，因而原实际控制人不向出资人真实、准确、完整披露目标公司信息的冲动对交易的危害较大，是导致交易失败的主要风险源之一。防控手段一是落实交易前尽职调查的“尽职”，二是落实交易后出资方对目标公司运营情况的知情权，三是约定信息披露瑕疵的损害赔偿机制。

尽管交易双方约定了目标公司增资资金的用途和投向，但由于外部环境变化、目标公司信息披露瑕疵或原实际控制人滥用其延续控制力，出资方注入目标公司的资金可能会改变投向甚至改变用途，或虽然没有改变投向，但实际投向所取得的业绩与预计目标产生重大差距。防控手段一是落实交易前尽职调查的“尽职”，二是加强对资金投向的直接监控。

4. 交易适用范围

与 1C 型交易类似，2C 型交易也能够结合交易双方的优势，原股东没有套现退出，并且目标公司能获得资金注入，从而获得跨越式发展的机会，因而也同样被普遍认为是各方共赢的交易模式。

只要目标公司及其实际控制人具有融资需要，出资方具有现金支付能力，目标公司主营业务及其业绩具有吸引力，主营业务面临跨越式发展机会但受制于自身现金规模，交易各方都对目标公司前景看好，则各方都可以考虑这种并购交易。在实践中，财务投资人就是选择这种方式来完成其私募股权投资的。只要目标公司的主营业务和业绩持续增长并能最终在细分市场占据领先地位，或者只要目标公司存在能够在 3～5 年内进行首次公开发行股票并上市的现实可能性，财务投资人就愿意按照目标公司所处的不同成长阶段，花费不同比例的溢价，向目标公司注资。

（四）2D 型——（斜向）股权增资

1. 交易概要

G 公司向 Z 氏增募出资额（“发行新股”），Z 氏以其所持 Z 公司股权作为对价认购 G 公司发行的新股。交易发生在一方（G 方）运营公司（G 公司）和另一方（Z 方）股东（Z 氏）之间，目标公司为 G 公司和 Z 公司。

2. 交易特点

2D 型交易发生在股东和目标公司之间，目标公司发生资本增加和股权形式的资产与业务流入，但没有发生现金流入。

交易标的和交易对价均为股权，所以本交易最大的特点是交易一方将股权注入对方，同时取得对方的股权，双方共同持续经营原有业务和资产，没有发生任何一方退出。

目标公司发生的实际控制权变动取决于 G 公司和 Z 公司两个目标公司的估值（而非经净资产规模）。

如果 G 公司的估值高于 Z 公司的估值，则 G 公司增资实收的新增资本小于其原有股东权益，G 氏仍然握有对 G 公司的实际控制权，Z 氏则成为 G 公司的小股东，G 公司成为 Z 公司的母公司，因此交易的实质是 G 氏通过 G 公司融资收购了 Z 公司，G 公司同时完成了融资（注入 Z 公司的业务和资产）和收购（成为 Z 公司的母公司，见图 7－15）。反之，如果 G 公司的估值低于 Z 公司的估值，则 G 公司增资实收的新增资本大于其原有股东权益，交易完成后 Z 氏成为 G 公司的大股东，就此掌握了对 G 公司的实际控制权，G 氏则降为 G 公司的小股东，G 公司成为 Z 公司的母公司，因此交易的实质是 Z 氏通过向 G 公司注资而收购了 G 公司；G 公司完成了融资（注入 Z 公司的业务和资产），而 Z 氏完成了对 G 公司的收购（Z 氏成为 G 公司的控股股东，G 公司成为 Z 公司的母公司，见图 7－16）。此时，由于交易的形式是 G 公司收购了 Z 公司，而实质是 Z 氏收购了 G 公司，所以这样的并购交易通常被称为“反向收购”。

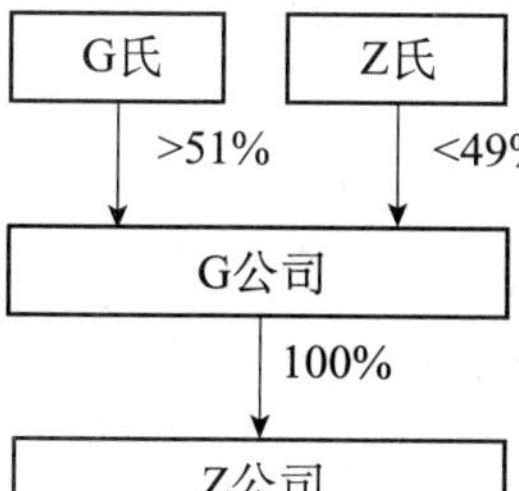

图 7－15　2Da：G 公司融资收购 Z 公司

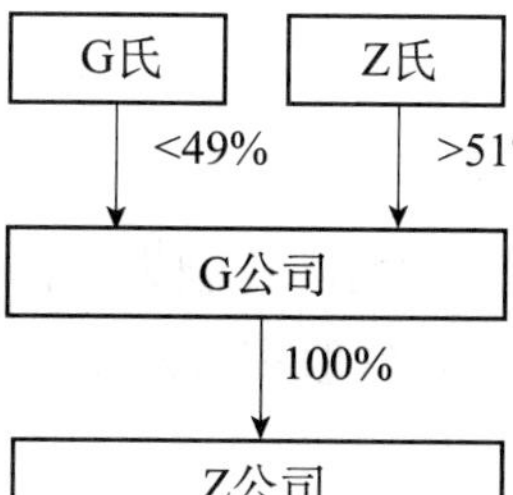

图 7－16　2Db：Z 氏反向收购 G 公司

出资方向目标公司注入业务和资产，所以本交易最大的优点是目标公司同时实现融资和业务整合，而且收购方向可以互逆。

作为变型，出资方（Z 氏）也可以以能够单独计量资产和业绩的资产、业务渠道和团队组合等非股权财产作为出资方式和对价。

3. 交易风险

由于交易标的和交易对价都是股权，而交易标的和交易对价的估值决定了交易导致的实际控制权的变动方向和变动程度，所以，信息不实既是交易中的主要风险，也是交易后的主要风险。

在正常收购的情况下，由于 G 氏拥有持续控制力且 G 公司引进融资以后可能会导致资产和业绩状况好转，从而可能掩盖 G 公司在资产、业务、业绩、团队等方面的现存瑕疵甚至损害或损失，因此 G 氏不向 Z 氏真实、准确、完整披露目标公司信息对交易的危害较大；相反，在反向收购的情况下，由于 Z 氏通过交易能够取得控制力，可能掩盖 Z 公司在资产、业务、业绩、团队等方面的现存瑕疵甚至损害或损失，所以 Z 氏不向 G 氏真实、准确、完整披露目标公司信息的冲动对交易的危害较大；不过，如果反向收购交易是为重整而拯救濒危企业 G 公司，则 G 氏掩盖 G 公司在资产、业务、业绩、团队等方面的现存瑕疵和损失对交易的危害也同样非常大。

防控手段一是落实交易前尽职调查的“尽职”，二是落实交易后出资方对目标公司运营情况的知情权，三是约定信息披露瑕疵的损害赔偿机制。

交易后的风险主要是实际控制权冲突，常见于正常收购中的 Z 公司。防控手段一是董事和董事会适当介入日常经营，强化董事会对目标公司运营的决策和督导力度；二是强化董事会对管理团队目标设定、考评奖惩和激励约束；三是适当更换经营管理人员。

4. 交易适用范围

由于 2D 型交易能够结合交易双方的优势，任何一方股东都没有套现退出，双方的企业实现了业务、资产、团队的全面整合，交易的结果使 G 公司和 Z 公司两个目标企业的业务和资产整合在同一个企业平台之内，实现了 G 公司和 Z 公司两个目标企业财务报表的合并，而且无须动用现金，因而这种类型被普遍认为是最受欢迎的并购交易模式之一。

最常见的 2D 型正常收购是上市公司（G 公司）向具有较高业绩增长预期的非上市企业（Z 公司）的股东（Z 氏）定向增发新股，Z 氏用其所持 Z 公司的股权认购 G 公司发行的新股，定向增发完成后，G 公司成为 Z 公司的母公司，Z 氏成为 G 公司的小股东。

最常见的 2D 型反向收购是特殊目的公司（G 公司）向运营企业（Z 公司）的股东（Z 氏）定向募集出资（定向增发新股），Z 氏用其所持 Z 公司的股权认购 G 公司发行的新股，定向增资完成后，G 公司成为 Z 公司的母公司，控制了 Z 公司的业务和资产，Z 氏成为 G 公司的控股股东和实际控制人；同样常见的反向收购是待重整的濒危公司（G 公司）向正常企业（Z 公司）的股东（Z 氏）定向募集出资（定向增发新股），Z 氏用其所持 Z 公司的股权认购 G 公司发行的新股，定向增资完成后，G 公司成为 Z 公司的母公司，由于获得业务和资产注入而获新生，Z 氏则成为 G 公司的新的控股股东和实际控制人。

换股收购既可能是形式与实质相符的正收购，也可能是形势与实质相反的逆收购。

（五）2E 型——（斜向）现金与非股权资产合资

1. 交易概要

G 公司以开展特定业务所需要占用的资产并附运营这些资产的团队以及对应的业务渠道出资，Z 氏以现金共同出资设立 GZ 公司，GZ 公司设立后，G 公司和 Z 氏均成为 GZ 公司的股东。

2. 交易特点

本交易的显著特点有三个：一是有新公司设立发生；二是交易标的为非股权资产，新公司仅承接原有一方（G 方）剥离出的某项特定业务和资产，另一方（Z 方）对 G 公司整体和 G 公司的其他业务没有兴趣，因此没有发生交易各方之间的整体业务整合；三是特定业务运营方以外的第三人对特定业务进行了注资，而且出资方式比较灵活。交易结果是双方共同持有新设公司股权，共同经营特定业务。

从控制权的变动情形看，新公司的实际控制权向估值较高的一方转移，也就是说，如果 G 公司特定业务的估值（表现为 G 公司出资资产的估值）较 Z 氏的出资金额高，则新设公司实际控制权保留在 G 氏手中，交易实质是 G 公司进行特定业务甚至特定项目上的融资（见图 7－17）；如果 Z 氏的出资金额较 G 公司特定业务的估值高，则新设公司实际控制权转移到 Z 氏手中，交易实质是 Z 氏收购了 G 公司的特定业务（见图 7－18）。

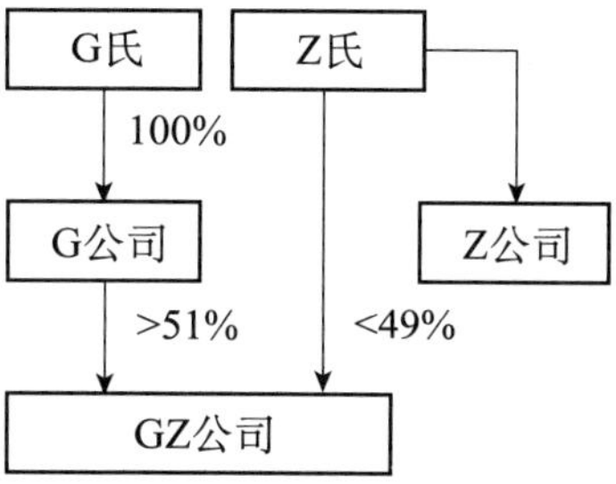

图 7－17　2Ea：G 公司剥离出特定业务融资

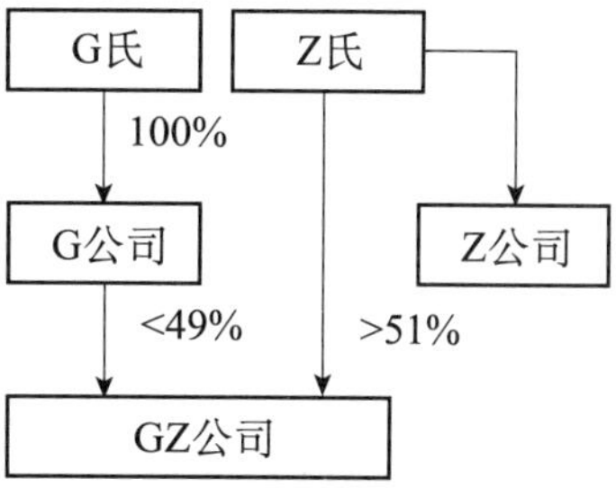

图 7－18　2Eb：Z 氏收购 G 公司特定业务

3. 交易风险

与 2B 型交易的完全相同，2E 型交易的标的并非股权，因此可以回避股权交易中的信息不实风险，但非股权资产的权属变更登记程序可能会非常烦琐，甚至会发生营业税、契税、（土地）增值税、所得税等大额税费交易成本，而且不动产在物理上难以移动。

2E 型交易标的可以随附于特定业务不可分离的债务，因此可以有效减小现金出资的资金需求，但是债务剥离需要得到债权人的同意。

由于出资资产的权属变更登记可能耗时长久甚至遭遇障碍，因而新公司设立以后可能遭遇出资瑕疵甚至出资不实的风险。

交易后的风险主要是两个：实际控制权冲突和融资资金投向变更。

4. 交易适用范围

2E 型交易出资方式可能会比较复杂，包括现金和各种非股权资产，整合交易各方的业务和资产不仅要寻找业务关联程度高的交易伙伴，而且双方的管理理念和风格还要相互吻合，因此比较适合不需要进行业绩连续计算情形下的关联企业内部整合，即设立新的运营企业，将业务相关的集团内成员企业按优势或选择股权，或选择非股权资产，或选择现金出资（也可以吸引战略投资人或财务投资人以现金共同出资），保留部分被整合成员企业的法人地位、主营业务、资产、团队、运营管理、业绩、资质牌照和项目许可不变，同时剥离出另外部分被整合成员企业的特定业务和资产，将所有被整合成员企业的相关业务整合在同一个运营公司之内。

（六）2F型——（斜向）股权与非股权资产合资

1. 交易概要

G公司以开展特定业务所需要占用的资产并附运营这些资产的团队以及对应的业务渠道出资，Z氏以所持有的Z公司股权出资，双方新设立GZ公司。GZ公司设立后，G公司和Z氏均成为GZ公司的股东，GZ公司成为Z公司的控股股东。

2. 交易特点

与2E型交易比较，在有新公司设立发生这一共同点的前提下，本交易的显著特点是一方非股权资产与另一方股权的直接融合。交易标的的一部分为非股权资产［也是新公司仅承接原有一方（G方）剥离出的某项特定业务和资产，另一方（Z方）对G公司整体和G公司的其他业务没有兴趣］，另一部分为股权［新公司承接原有一方（Z方）持有的Z公司股权，另一方（G方）对Z公司整体业务和资产都持欢迎态度］，因此发生了交易各方之间的业务整合。

从控制权的变动情形看，新公司的实际控制权向估值较高的一方转移，也就是说，如果G公司特定业务的估值（表现为G公司出资资产的估值）较Z氏所持有的Z公司的股权的估值高，则新设公司实际控制权保留在G氏手中，交易实质是G方透过新设GZ公司收购了Z公司，或G公司进行特定业务甚至特定项目上的融资（见图7-19）；如果Z氏所持有的Z公司的股权的估值较G公司特定业务的估值高，则新设公司实际控制权转移到Z氏手中，交易实质是Z氏透过新设GZ公司收购了G公司的特定业务（见图7-20）。

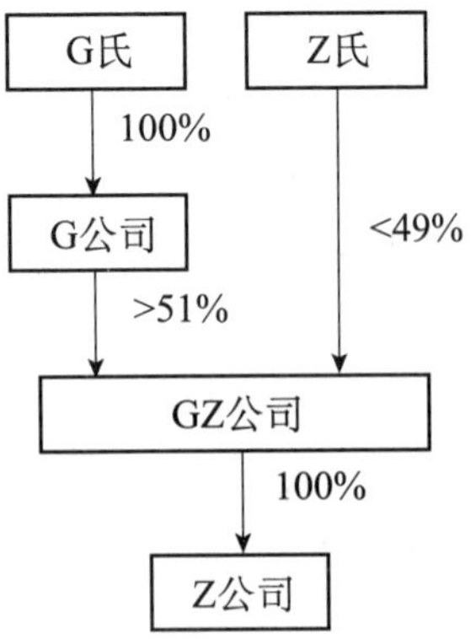

图7-19　2Fa：G公司新设公司收购Z公司

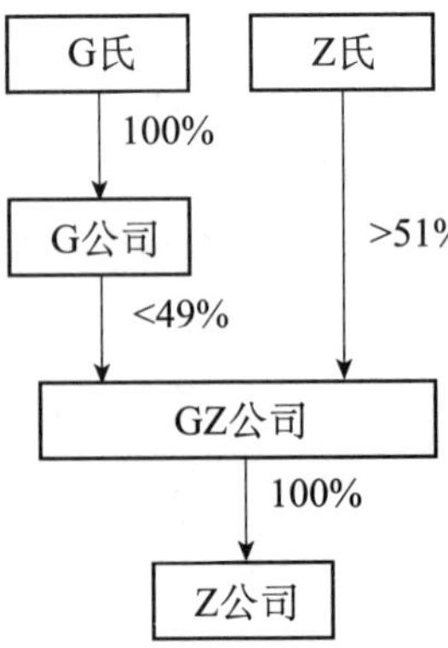

图7-20　2Fb：Z氏新设公司收购G公司特定业务

3. 交易风险

2F 型交易的标的既包括股权也包括非股权资产，因此交易风险同样既包括股权交易中的信息不实风险，也包括非股权资产交易中的风险和不便，例如非股权资产的权属变更登记程序可能会非常烦琐，甚至会发生营业税、契税、（土地）增值税、所得税等大额税费交易成本，不动产在物理上难以移动，出资股权和非股权资产的权属变更登记可能耗时长久甚至遭遇障碍，等等。

交易后的风险主要是实际控制权冲突。

4. 交易适用范围

2E 型交易特别能满足从现有企业和业务中有效剥离出特定业务和资产进行融资或并购的交易需求。

（七）2G 型——（斜向）股权与现金合资

1. 交易概要

Z 氏以所持 Z 公司股权，G 公司以现金共同出资设立 GZ 公司，GZ 公司设立后，G 公司和 Z 氏均成为 GZ 公司的股东，而 GZ 公司成为 Z 公司的母公司。

2. 交易特点

尽管本交易与 1C 型交易具有两个相同的特点，既发生了不进行交易各方业务整合的新公司设立，还发生了交易各方分别以股权和现金作为出资方式向新公司出资，但交易的实质大为不同，根本区别在于现金出资人是一家运营公司而非实际控制人或控股公司，所以交易的实质不是实际控制人收购特定业务，或实际控制人设立特殊目的公司进行反向收购和融资，而是现金充沛的一方运营公司（G 公司）收购另一方实际控制人（Z 氏）所运营的与 G 公司业务关联的子公司 Z 公司（见图 7－21），或者运营公司（G 公司）作为战略投资人参股出资，与实际控制人（Z 氏）合资设立新公司（GZ 公司），以谋求与新公司的关联交易机会（见图 7－22）。

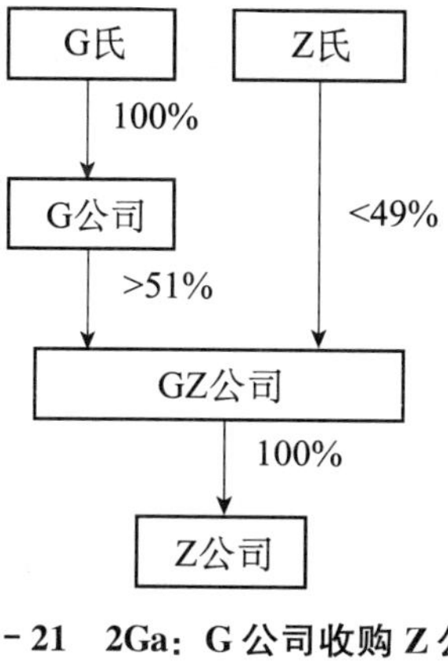

图 7－21　2Ga：G 公司收购 Z 公司

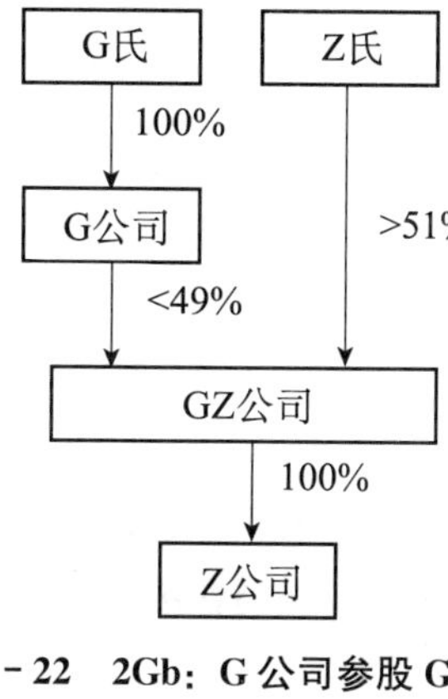

图 7－22　2Gb：G 公司参股 GZ 公司

3. 交易风险

与 1C 型交易的相同，交易中的主要风险是注资不能（针对目标公司）和登记不能

（针对现金出资方）。防控注资不能的主要手段是建立资金监管机制；防控登记不能的主要手段是分期出资。

交易后的风险则取决于交易实质，如果是运营公司收购股权，则针对运营公司和新公司主要风险是实际控制权冲突和信息不实；如果是运营公司作为战略投资人参股出资，则交易后的风险主要是不能获得关联交易机会。

4. 交易适用范围

2G 型交易适合高速成长后的现金充裕的细分行业领先企业扩张业务，无论是收购同行业企业，还是参股关联行业企业以获得关联交易机会。

（八）2H 型——吸收合并

1. 交易概要

G 公司和 Z 公司合并，Z 公司并入 G 公司，G 氏和 Z 氏均成为 G 公司的股东，Z 公司注销。这个交易也可以看作是 G 公司向 Z 氏增募出资额，Z 氏以其所持 Z 公司股权作为对价认购 G 公司发行的新股，Z 公司成为 G 公司的全资子公司，随后 G 公司再将 Z 公司予以解散。

吸收合并是企业合并的各种法定形式之一。

2. 交易特点

本交易的显著特点有两个：一是参与交易的两个公司一个存续一个注销，二是存续公司完全继承被注销公司的业务、资产、人员和债权债务。

交易对价为股权，交易结果是双方共同持有存续公司股权，共同持续经营整合后的原有业务和资产，股东之间、公司之间以及股东和公司之间完全不发生现金支付，没有任何一方退出。

与 1E 型新设合并交易和 2D 型换股增资交易相类似，整合后业务的实际控制权向业务估值较高的一方转移，也就是说，如果 G 公司股权较高，则整合后的 G 公司业务控制权和资本控制权均继续保留在 G 氏手中，交易实质是 G 氏收购了 Z 公司（见图 7－23）；如果 Z 公司估值较高，则整合后的 G 公司的业务控制权和资本控制权则转移到 Z 氏手中，交易实质是 Z 氏收购了 G 公司（见图 7－24）。此时，虽然交易的形式是 G 公司吞并了 Z 公司，但实质是 Z 氏收购了 G 公司，这样的交易也属于“反向收购”。

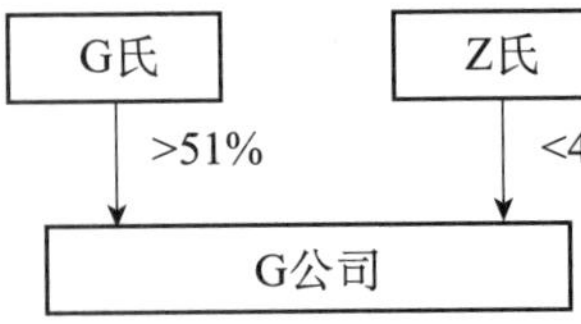

图 7－23　2Ha：G 公司吞并 Z 公司

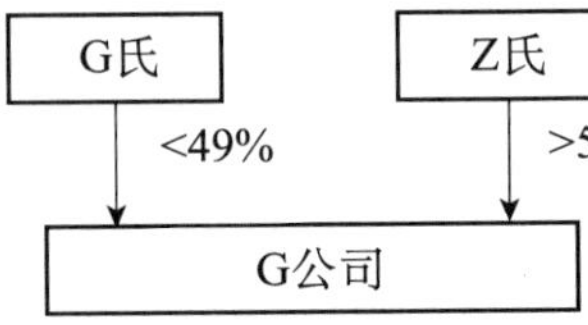

图 7－24　2Hb：Z 氏借壳反向吞并 G 公司

3. 交易风险

2H 型交易的风险与 1E 型交易和 2D 型交易的风险基本相同。

交易风险除了控制权冲突、业务整合的失败以及反垄断限制以外，更重要的风险是存续公司完全继承G公司和Z公司的债权债务、风险和责任。

防控风险的主要途径一是强化尽职调查；二是落实信息披露瑕疵的损害赔偿机制；三是寻找业务和资产结构简单的交易伙伴。

4. 交易适用范围

就适用范围而言，2H型交易和1E型交易更具有相互借鉴性。1E型交易更适合合并后的业务对资质、牌照和许可依赖性较低的目标企业，2H型交易更适合合并后的业务对资质、牌照和许可依赖性较高的目标企业。1E型交易更适合业务、资产及估值基本相当的参与合并企业，2H型交易更适合业务、资产及估值差距相对较大的参与合并企业。

实践中也有看起来比较另类的2H型交易受人关注，那就是"借壳上市"的吸收合并。广义而言，上市公司的吸收合并也是上市公司定向增发的形式之一，只是常见的定向增发交易完成后，注入上市公司的股权的运营主体继续保留，而吸收合并情形之下注入上市公司的股权运营主体注销，上市公司直接承继了资产、业务、团队和债务，因此，吸收合并交易可以看作是股权增资交易的延续，即在股权增资交易后，目标公司取得注入公司100%的股权，再将这个全资子公司予以注销。

(九) 2J型——(斜向) 股权托管

1. 交易概要

G公司与Z氏签署《股权托管协议》，约定Z氏将其所持有的Z公司股权（通常是控股股权）委托G公司管理和行使，即双方约定在一定的期限内，在不转让股权的前提下，受托方（G公司）根据双方签订的《股权托管协议》以委托方（Z氏）的名义行使表决权、受益权及其他约定项目的股东权益，但不得对托管的股权进行处置，如质押、转让等（见图7-25）。

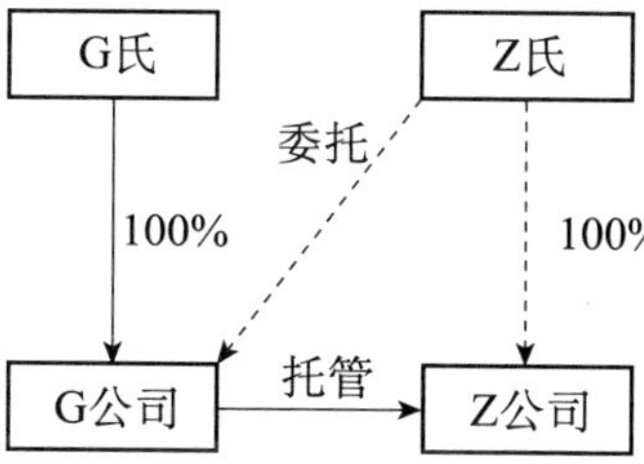

图7-25　2J：G公司受托管理Z氏所持Z公司股权

2. 交易特点

2J型交易与1F型交易的特点基本相同，都是以附期限或附条件转移企业实际控制权为目的而转移股权或运营业务及资产的管理权，而并不转移股权或资产所有权，唯一区别是受托方为企业法人。

3. 交易风险

2J型交易与1F型交易的风险相同。

4. 交易适用范围

用企业做受托人主要是因为存在报表合并需求（例如新浪模式和蒙牛模式），以及受托方专门设立从事委托管理业务的公司以隔离目标公司的风险（例如受托管理濒危企业）。

（1）红筹 VIE（新浪模式）。在中国产业政策限制外资进入（尤其是禁止外资控股）的产业领域，为了实现以海外平台企业为主体在境外公开募股并上市的目的，海外平台企业通过其在中国境内的全资子公司（WFOE）与境内具有特定业务资质、牌照及许可的内资公司（通常这三者受同一实际控制人控制）及其股东签署全面委托服务合同，内资公司的运营资金由 WFOE 提供，内资公司的业务和资产委托 WFOE 经营管理，内资公司的财务报表向 WFOE 合并，内资股东持有的股权委托 WFOE 行使，据此，虽无资本关系，但 WFOE 也实现了对内资公司的全面、有效控制，一旦中国法律解除限制外资进入的产业限制，内资股东所持有的内资公司股权必须无条件以象征性对价转让给 WFOE。这种交易模式在新浪网公司重组境内外业务到纳斯达克（NASDAQ）公开发行新股并上市时首创，因而也被称为“新浪模式”。

（2）无投资产业扩张（蒙牛模式）。蒙牛公司在创业之初并无雄厚资金对外投资，但是具有出色的渠道整合能力，通过租赁、托管的方式实际控制了一批奶场、奶加工企业和经销企业，在很短的时间内就实现既快速扩张经营规模，提升经营业绩，又减少了现金投入。

（3）濒危企业拯救。在企业陷入困境但尚有重整可能（通常是运营资金不能周转陷入支付不能）时，股权托管通常是目标企业引进的新投资人尝试托管可行性的有效手段之一，新投资人可以透过托管了解目标企业的业务、资产、团队、业绩的全面、真实、准确的信息，同时通过介入经营管理也能维持目标企业的继续营业运转，从而确保员工队伍稳定、渠道得以维持和资产价值不致迅速大幅损失。为考虑隔离运营管理濒危企业给新投资人带来的风险和责任（例如濒危企业债务的连带清偿责任），新投资人可以设立专门从事对濒危企业进行运营管理的子公司，担任濒危企业的管理人。

三、第三组交易

第三组交易发生在公司（仍为 G 公司和 Z 公司，只持有现金和非股权资产）之间，主要包括：3A 型资产买卖交易（Z 公司现金受让 G 公司非股权资产或两公司资产置换）；3B 型（横向）资产出资新设企业交易（G 公司和 Z 公司均以非股权业务/资产及现金出资新设 GZ 公司）；3C 型（横向）现金增资交易（Z 公司现金向 G 公司增资）；3D 型资产托管交易（Z 公司将其全部或部分业务委托 G 公司管理）。

（一）3A 型——资产买卖

1. 交易概要

Z 公司以现金收购 G 公司的特定业务和资产（包括业务渠道、业务团队以及与现有业务不能分离的债权债务），收购后该等业务和资产完全并入 Z 公司（见图 7-26）。

2. 交易特点

3A 交易与 2B 收购资产新设企业交易非常相似，只不过收购主体不是收购方（Z 方）

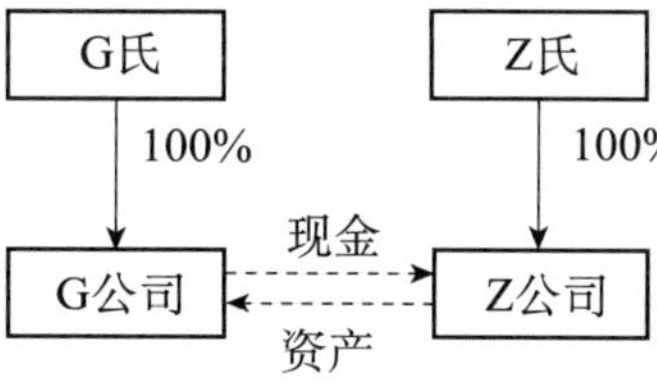

图 7-26　3A：G 公司现金收购 Z 公司非股权资产和业务

的股东（Z 氏）而是运营公司（Z 公司）。

3A 交易可以有三种延展变异：第一种是 G 公司与 Z 公司进行非股权资产置换，即 G 公司收购 Z 公司的非股权特定资产和业务，但支付对价不是现金而是 G 公司自有的非股权特定资产和业务；第二种是 G 公司与 Z 公司进行股权资产置换，即假设 G 公司或 Z 公司之一（或 G 公司与 Z 公司共同）是一家母公司而非底层运营公司，G 公司收购 Z 公司的非股权特定资产和业务（也可以收购运营特定业务的子公司股权），而对价既不是现金也不是非股权资产，而是 G 公司持有的运营另一项特定资产和业务的子公司股权；第三种是 G 公司收购 Z 公司的非股权业务和资产后设立新企业，如果 Z 公司接受的不是现金对价，而是 G 公司运营的非股权业务和资产，则 G 公司和 Z 公司在接受对方业务和资产那以后，都可以用所接收的资产出资新设公司。

3A 交易无论是否发生变异，只要交易对价为现金，交易特点仍然是出让方实现套现；套现人是 G 公司而非其股东或实际控制人 G 氏，虽然 G 方退出了所出售的业务，但 G 氏没有退出 G 公司，G 公司也没有消亡，仍有其他业务可以运营。如果对价不是现金，则本交易不是套现而是出售人与收购人之间业务整合，包括主营业务变更或主营业务项目调整，也包括利益或风险输送，例如第二种变异（与 1B 换股转让交易较相似）常适用于同一企业集团内的关联企业，目的是人为改善 G 公司或 Z 公司的资产价值和经营业绩。

与 2B 交易相比较，无论是否发生变异，本交易的特点都是收购方（Z 方）将所收购的业务和资产整合进现有的业务当中，而不是与现有业务并行，所收购的资产并入 Z 公司资产负债表，所收购业务所获的业绩也并入 Z 公司损益表，而不论所收购的业务和资产是否独立用作出资设立公司。

无论所收购业务和资产的估值如何，本交易都发生特定业务控制权的形式转移，如果交易双方是非关联企业，那么这个业务控制权的转移就是实质性的。

3. 交易风险

在非关联交易的前提下，如果转让的标的为非股权资产，对价为现金或另一非股权资产，则可以回避股权交易中的信息不实风险，但非股权资产的权属变更登记程序可能会非常烦琐，甚至会发生营业税、契税、（土地）增值税、所得税等大额税费交易成本，而且不动产在物理上可能难以移动。如果转让对价为股权，则交易中的风险既包括信息不实风险，也包括程序烦琐风险。

同样在非关联交易的情况下，交易后的风险主要是对原特定业务的运营团队（甚至 G 公司和 G 氏）和上下游经营渠道具有依赖性，如果在资产转让交易中团队人员和上下游渠道没有一同转移或者发生流失，则 Z 公司所收购业务的经营可能会遭遇障碍。即使正常转移团队人员和渠道，Z公司和G公司之间也可能会频繁发生商业秘密和不正当竞争方面的争议和纠纷。

防控风险的主要手段就是选择经营要素和资源独立性非常强的业务进行收购，收购必须完整涵盖运营该特定业务所有需要的资源要素，同时交易双方必须对与该特定业务有关系的G公司所有业务伙伴（即法律意义上的债权人和债务人）进行完整的债权债务转让确认。

交易后的主要风险还包括Z公司可能无法继承G开展标的特定业务所具有的资质、牌照和许可。

4. 交易适用范围

在非关联交易的情况下，同是出让方剥离特定业务套现，如果标的业务与受让方的现有业务各自相对独立，无须进行复杂整合，并且受让人无须合并标的业务的资产和业绩，则交易双方可以选择2B型交易；如果标的业务与受让方的现有业务具有高度关联，需要整合在同一个经营主体内由同一管理团队运营，并且受让人需要合并标的业务的资产和业绩，受让人也有运营标的业务所需要的资质、牌照和许可，则交易双方更适合选择3A型交易。

关联方之间的业务整合更适合3A型交易。

（二）3B型——（横向）资产出资新设企业

1. 交易概要

G公司和Z公司都以开展特定业务所需要占用的资产并附运营这些资产的团队以及对应的业务渠道出资设立GZ公司，GZ公司设立后，G公司和Z公司均成为GZ公司的股东（见图7－27、图7－28）。

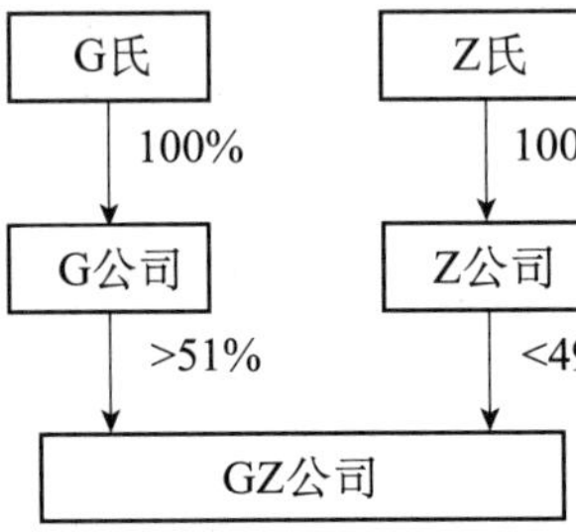

图7－27　3Ba：G公司通过新公司收购Z

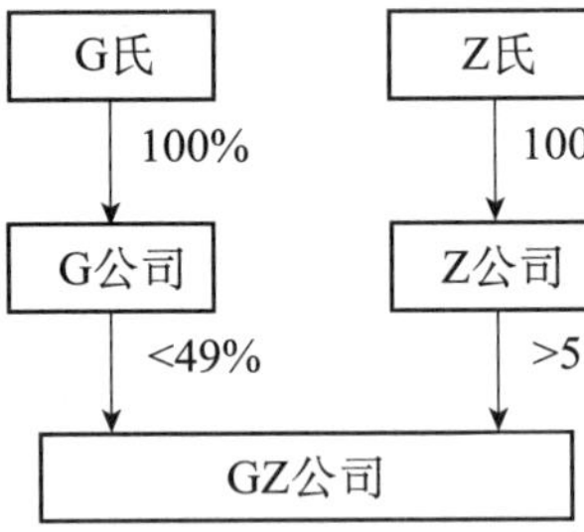

图7－28　3Bb：Z公司通过新公司收购G

2. 交易特点

本交易的显著特点是运营公司之间以共同感兴趣的业务资产进行定向合资并设立新公司。

同为设立新公司，但不同类型各有特点：

1C型交易发生在股东（即不作实际业务运营的终极控制人或控股公司）之间；一方出资标的为股权，另一方出资为现金（也可包括非股权资产）；新公司成为控股、融资和运营管理的平台企业；若出资股权估值较高则交易实质是融资，反之则为公司收购。

1D 型交易也发生在股东之间；双方出资标的都是股权；新公司也成为控股、融资和运营管理的平台企业。

1E 型交易还是发生在股东之间；交易标的也都是股权；作为交易对象的原有公司全部注销，新公司不仅成为控股、融资和运营管理的平台企业，而且取代被合并的所有企业并承继它们的所有业务、资产、债务、人员和业绩；交易实质是估值较高的被合并公司一方收购了被合并的其他各方。

2B 型交易则发生在股东（可以是终极的实际控制人，也可以是控股公司）和运营公司之间；交易标的为非股权资产；新公司不是平台企业而是开展特定细分业务的底层运营公司；交易实质是非股权资产的收购；交易需要发生一个后续动作：已被收购资产出资设立新公司，目的是在法律主体上和财务上与收购方的现有资产和业绩独立开来。

2E 型交易也发生在股东和运营公司之间；交易标的为非股权资产；新公司也不是平台企业而是开展特定细分业务的底层运营公司；交易实质取决于出资各方的出资额，如果现金出资方出资额较高，交易实质是非股权资产的收购，反之则是特定业务融资。

2F 型交易同样发生在股东和运营公司之间；交易标的为股权加非股权资产；新公司是整合所出资业务的平台企业；交易实质是业务收购，收购方为出资额较高的一方。

2G 型交易同样发生在股东和运营公司之间；交易标的为股权加现金；交易的主动权掌握在现金充沛的运营公司手中，交易实质是运营公司收购业务或进行战略性参股。

3. 交易风险

同为以资产出资，3B 交易与 2B 交易的风险较为相似，也存在非股权资产的权属变更登记程序可能会非常烦琐，甚至会发生营业税、契税、（土地）增值税、所得税（基于评估增值）等大额税费交易成本，而且不动产在物理上可能难以移动等交易中风险；也同样存在 GZ 公司可能无法继承 G 公司和 Z 公司开展标的特定业务所具有的资质、牌照和许可等交易后风险。

同为双方合资设立新公司，3B 型交易与 1C、1D、1E、2B、2E、2F 和 2G 型交易类似，存在新公司的运营依赖于相关出资方、新公司与相关出资方可能出现商业秘密、不正当竞争或同业竞争方面的争议和纠纷，以及在新公司容易发生控制权冲突等交易后风险。

4. 交易适用范围

3B 型交易更适合不同实际控制人所控制的运营公司尝试业务交叉或业务互补的可能性。

与相似交易类型比较：

1C 型交易更适合实际控制人在整合某类业务、设立平台公司、重组自己的关联企业的同时引进财务投资人和战略投资人。

1D 型交易更适合从事关联业务的国有企业或家族企业整合业务设立平台公司，同时保留原业务公司的独立地位和业务资质、牌照及许可。

1E 型交易更适合整合能力和协调能力强的不同实际控制人融合历史清晰、不需要特定资质牌照，且具有高度互补性的不同业务板块。

2B 型交易更适合现金充沛的实际控制人尝试接收一个新业务。

2E 型交易更适合运营公司独立出不需要特定资质牌照的特定业务来定向增资。

2F 型交易更适合运营能够互补的竞争性业务的不同实际控制人联合扩张市场占有率。

2G 型企业更适合现金充沛的行业细分领先企业进行业务扩展。

（三）3C 型——（横向）现金增资

1. 交易概要

G 公司向 Z 公司增募出资额，Z 公司以现金为对价认购 G 公司股权。交易发生运营公司之间，目标公司为 G 公司。

2. 交易特点

同是向一方运营公司增资，3C 型交易与 2C 型交易最为相似，都是运营公司发生资本增加和现金流入，只是 3C 型交易发生在两个运营公司之间，2C 型交易则发生在股东和运营公司之间。

2D 型交易也是向运营公司增资，但注资是以股权对价而非现金对价作为支付方式的，而且注入的股权保留了运营主体的独立性和资质、牌照。

2H 型交易也以股权对价作为支付方式向运营公司增资，但注入股权的同时注销了运营主体。

当注入资产（无论现金或股权）的金额或估值小于募集增资的目标公司的估值时，3C 型交易与 2C 型交易的实质相同，都是目标公司融资（见图 7－29），2D 型交易和 2H 型交易的实质都是目标公司收购了用作为增资对价的公司；反之，当注入资产（无论现金或股权）的金额或估值大于募集增资的目标公司的估值时，3C 型交易的实质与 2C、2D、2H 型交易相同，都是增资人收购了目标公司（见图 7－30）。

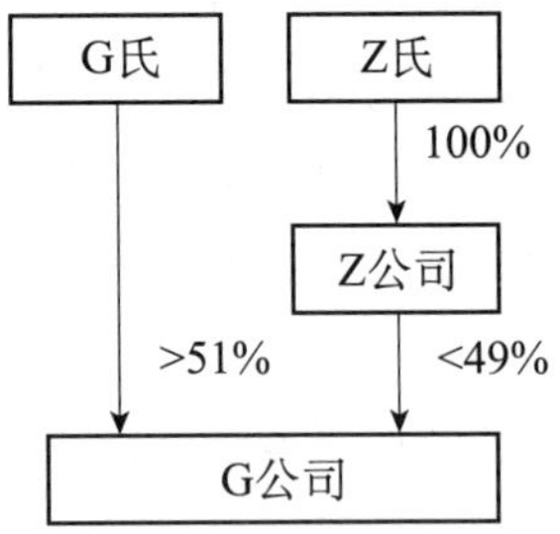

图 7－29　3Ca：G 公司获 Z 公司现金融资

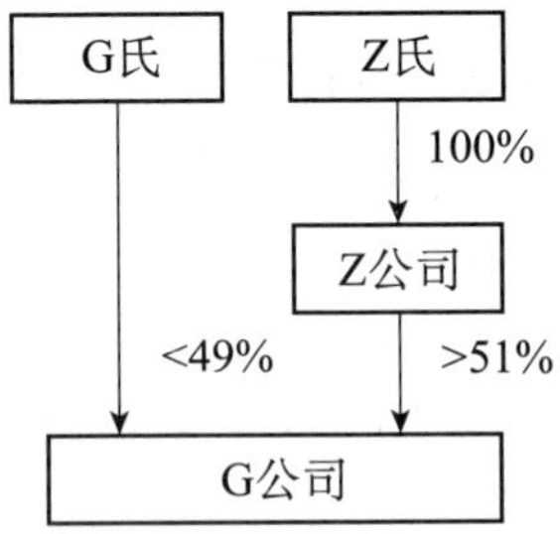

图 7－30　3Cb：Z 公司现金增资收购 G 公司

3. 交易风险

与 2C 型交易相同，3C 型交易中的主要风险是注资不能（针对目标公司）和登记不能（针对出资方）。防控注资不能的主要手段是建立资金监管机制；防控登记不能的主要手段是分期出资。

当注入现金的金额大于募集增资的目标公司的估值（即增资人 Z 公司收购了目标公司

G 公司）时，交易后的风险主要是三个：实际控制权冲突、信息不实和融资资金投向变更；当注入现金的金额小于募集增资的目标公司的估值（即 G 公司融资）时，交易后的主要风险是信息不实和募集资金投向变更。防控手段一是落实交易前尽职调查的“尽职”，二是加强对资金投向的直接监控。

4. 交易适用范围

当目标公司主营业务、资产、业绩、运营团队具有吸引力，向目标公司增资都是投资人最好的选择，无论是做产业性投资（谋求实际控制权）还是做战略性投资（谋求关联交易机会）或财务型投资（谋求投资差价）。因此，2C、2D、2H 和 3C 型交易都适用于增资人看中目标公司某项优势或资源的情形，不过，2C 型交易更适合引进财务投资人；2D 型交易更适合“红筹”上市前的重组以及上市公司定向增发；2H 型交易更适合反向合并、借壳上市；3C 型交易更适合细分行业领先企业扩展业务，包括增资收购关联业务和参股关联业务。

（四）3D 型——资产托管

1. 交易概要

G 公司与 Z 公司签署《股权托管协议》，约定 Z 公司将其运营管理的特定非股权资产委托 G 公司经营管理，即双方约定在一定的期限内，在不转让资产所有权的前提下，受托方（G 公司）根据双方签订的《资产托管协议》以受托方（G 公司）的名义对特定非股权资产和业务行使占有权、使用权、经营权和受益权，但不得对托管的资产行使处置权，如质押、转让等（见图 7－31）。

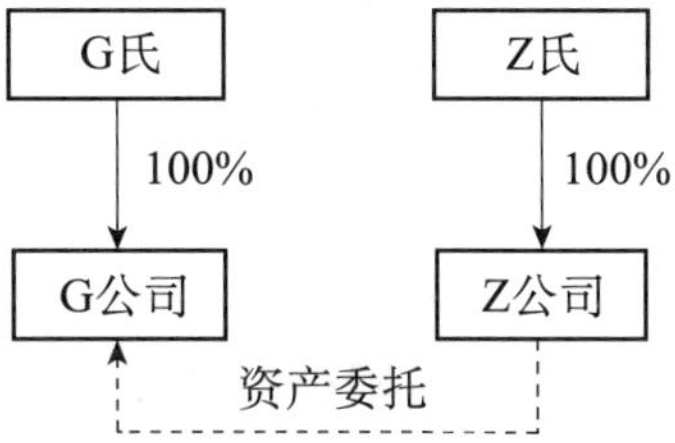

图 7－31　3D：G 公司受托管理 Z 公司特定资产和业务

2. 交易特点

3D 型交易与 1F 和 2J 型交易的共同点都是以附期限或附条件转移企业实际控制权为目的转移运营业务及资产的管理权。不同点是，3D 型交易转移的是非股权资产的管理权，1F 和 2J 型交易转移的是股权的管理权。3D 型交易转移的是目标公司的部分业务和资产的经营管理权，可以看作是附带团队和营业渠道的资产租赁交易，而 1F 和 2J 型交易转移的是目标公司的完整业务和资产的经营管理权。

3. 交易风险

3D 型交易对受托方的风险主要是托管资产的隐性瑕疵造成生产安全事故、环境污染事故或产品危害事故等，对委托方的风险主要是委托方滥用管理权损害所托管的资产。

1F 型和 2J 型交易对于受托方的风险主要是信息不实、代理权不落实及委托权与购买权形成悖论，对于委托方的主要风险则也是委托方滥用代理权损害目标公司及其股东的利益。

4. 交易适用范围

凡因受限于资金规模或法律管制不能或不便获得目标公司或其特定业务的所有权，都可适用委托管理交易。1F 型交易更适用于国有企业承包经营；2J 型交易更适合存在报表合并需求的 VIE（例如新浪模式和蒙牛模式）安排，以及为解决关联方同业竞争而进行的竞争业务托管安排；3D 型交易更适合于目标公司关联方的资产租赁经营。

本章练习和测验

并购模型中的 G 氏现在打算并购 Z 公司，并以 Z 公司作为业务发展平台。但尽职调查发现 Z 公司的设立程序和股东出资都存在重大瑕疵，Z 公司目前的大部分资产是非主营业务资产，银行借款被股东占用，可能存在或有负债；但 Z 公司所具有的主营业务资质不易获得，且有部分资产对主营业务非常重要。请为 G 氏设计三个并购模型，指出选择顺序并解释理由。

1. 请从 19 个并购基础模型中任意选择 2 个模型，列表对照它们的特点和适用范围。
2. 另外再任意选择 2 个模型，仿照练习 1，模拟最适合每个模型的并购场景。
3. 请根据第三章案例中的出资意向书，为交易各方起草一份《增资协议书》。

本章总结

第一，公司变更包括主体变更（变更股东）、标的变更（变更注册资本金额或持股比例）、组织形式变更（有限责任公司与股份有限公司转换），落实到律师业务就是股权转让、公司增资或减资、公司合并或分立、有限公司整体变更为股份有限公司或反之。

第二，公司变更主要原因是并购，即调整现有的控制权结构。

第三，投资人并购的核心目的是控制一项盈利模式，即控制一项持续成长主营业务和该业务持续贡献的业绩，为此，投资人可以转让并购也可以增资并购，可以收购股权也可以收购资产，可以用现金收购也可以用其他财产收购。

第四，作为并购方的律师，既要关注并购过程中可能发生的风险，也要关注并购完成后可能持续存在的风险。

小贴士

看过了眼花缭乱的公司并购模型，你是否想起了“反并购”这个名词？何谓“反并购”？反并购就是指预防控制权结构变动的事先安排和阻止控制权变动计划实现的措施。

你是否注意到，我们在谈各种并购的交易前、交易中和交易后的风险的时候，也就是在谈反并购的机会的时候？在控制权可能变动之时，在交易双方建立并购交易意向、进行尽职调查和交易谈判之时，在并购交易报批之时，都是不愿看到并购交易成立、生效和实施的各利益关系人（包括目标公司其他股东、目标公司的管理层、目标公司的业务伙伴、目标公司的竞争对手）开动脑筋设计反并购方案之时。你是否进一步注意到交易的商务要件中的“控制权分配”要件和法务要件中的“反稀释”要件都具有反并购的味道？那么，请你试着设计 5 个反并购方案。

第八章

公司清算实务

本章要点

清算组的职责；

债权人通知和公告的内容和程序清算报告的内容；

职工债权的清偿。

学习目标

熟悉清算业务流程；

熟练编写决定公司清算的股东会决议、债权申报公告和清算报告。

引言

公司清算是公司解散后的法定程序，清算程序是公司解散的核心，其任务是停止营业并终结因公司存续所剩的所有法律关系；清理并确认资产；确认并了结债权、债务；处分剩余资产；遣散公司雇员。

律师在接受委托就公司清算事宜提供法律服务时的工作要点为：

1. 以公司要素为主线开展尽职调查。

2. 根据尽职调查结果并结合可能同步进行的公司财务审计和资产评估，就公司资产、债权债务的确认、资产的有效保全、债权的实现和债务的履行、剩余财产的处置和分配等重大事项提出法律意见和建议。

3. 协助清算组与第三人协商业务了结、合同终止、债权回收、债务清偿等事项。

4. 代理公司参加诉讼、仲裁。

第一节 公司清算的根据

《公司法》第十章规定了公司的解散和清算制度。《公司法》第 180 条规定：“公司因下列原因解散：（一）公司章程规定的营业期限届满或者公司章程规定的其他解散事由出现；（二）股东会或者股东大会决议解散；（三）因公司合并或者分立需要解散；（四）依法被吊销营业执照、责令关闭或者被撤销；（五）人民法院依照本法第一百八十二条的规定予以解散。”即公司的解散分为自愿解散和强制解散（行政解散和裁判解散）。根据《公司法》第 183 条的规定，公司应当在解散事由出现之日起十五日内成立清算组。

最高人民法院《关于适用〈中华人民共和国公司法〉若干问题的规定（二）》自 2008 年 5 月 19 日起施行、于 2014 年 2 月 17 日修正。该司法解释规定了审理公司解散和清算案件的适用法律问题。

《中华人民共和国公司登记管理条例》（1994 年 6 月 24 日公布，2005 年 12 月 18 日第一次修订，2014 年 2 月 19 日第二次修订，2016 年 2 月 6 日第三次修订）第六章规定了注销登记制度。该条例第 41 条规定，公司解散，依法应当清算的，清算组应当自成立之日起 10 日内将清算组成员、清算组负责人名单向公司登记机关备案。

公司解散是股东的选择，也是一种法律程序。公司的清算是一个法律程序，也是一种法律行为。公司只有经过清算并办理注销登记后，其法律人格才得以消失，股东的权益、信誉才能得到保障。律师应当也必须为公司清算提供法律服务，使债权人对我国的法律制度和商人的商业信誉更有信心。

一、公司清算的必要性

公司因一定的事由解散以后，清算是法定义务，但是由于我国个人信用制度的不完善，很多股东选择了不清算并采取种种手段规避清算。为此，最高人民法院 1994 年 3 月 30 日颁布《关于企业开办的其他企业被撤销或者歇业后民事责任承担问题的批复》（法复［1994］4 号）。同时，《公司法》第 204、205、206 条规定了清算的法律责任。公司解散后，不进行清算，其法律后果是严重的。作为律师应当促使当事人对公司解散后的财务进行必要的处置，保证股东的权益，促进商业信用的建设。

公司的清算实际上就是对公司财务的处理，就像人们买卖房子一样，是一个清晰的法律过程，作为律师我们都应当对其十分了解和熟悉，它也是一项律师的基本业务。在自愿解散有障碍的时候，律师可以协助当事人进行司法解散（裁判解散）。这也是律师履行社会责任的基本立场所决定的。长期以来，有相当数量的公司在被解散（吊销营业执照）后应当清算而不清算，甚至故意以企业被吊销营业执照为名逃避债务，严重损害了债权人、公司职工的利益，已经危害了社会经济秩序。清算作为一种法律行为，也是律师积极参与经济建设的一项内容，因此律师应该大力促进公司解散后的清算行为。

二、公司自愿清算与其他清算的选择

本章主要讨论的是公司的自愿清算。自愿清算是基于股东之间的合议及公司章程规定的股东会或者股东大会的解散决议而进行的。当存在异议股东的时候，应该根据具体情况及时决定是否转化为申请法院裁判解散。

中关村某高新技术有限责任公司注册资金 600 万元人民币，其中投资商 A 投资 300 万元人民币，占 50%，投资商 B 出资 150 万元人民币，占 25%，技术持有人 C 以技术秘密作价 150 万元人民币，占 25%。该公司主要从事医疗仪器的研发生产。在公司运营过程中租赁了厂房和办公室，聘请了员工，进行某医疗仪器的研发，并产生了样机，但该样机达不到医疗器械主管部门的要求，无法取得生产许可证。技术人员 C 认为该器械稍加改进就能达到医疗器械主管部门的验收标准，而投资商 A 了解到该样机离生产的要求有巨大的差距，还要增加大量投入，公司的实际运营与投资商的期待有很大的差距。投资商 A 和 B 一致同意解散公司，而技术持有人 C 则采取避而不见的办法。由于前期签约存在缺陷，没有约定对股东的通知条款，故与 C（持外国绿卡）无法取得联系。此种情形应当如何解散公司？根据法律和章程，A、B 股权相加占 75%，符合自愿解散的条件。

当事人应当作何种选择？此种公司的解散尽管符合自愿解散的条件，但是还应当选择裁判解散，即根据公司法的规定向法院申请解散，并在法院的指导下成立清算组进行清算，因为清算的目的是财务的结算，通过裁判的办法可以减少不必要的争议。

三、公司是否需要重整

公司的存续有其独立的价值，公司清算过程也是股东重新认识公司资产和信用的过程。公司清算并进行注销意味着与该公司相关的所有无形资产及商业信用的消失，所以律师在执业办理公司清算过程中应当充分了解股东的想法。如果有合理的公司重整方案，我们应当促进公司的重整。

如果选择重整，那么就需要认真处置公司员工的问题。因为公司一旦解散，原则上都应全面终止劳动合同；如果是重整，那么，与这部分员工是继续履行原有劳动合同，还是重新签订合同，需要认真考虑。

第二节　公司清算的程序

一、成立清算组

根据股东会或股东大会决议，解散公司，成立清算组。对于外商投资企业或国有独资公司，需要报批相关部门批准。

律师为解散公司提供法律服务时，对召开股东会或股东大会应当进行法律审查，应当注意到会股东的代表权问题，即应当为到会股东的代表资格的审查进行法律服务，以保证股东会或股东大会的决议有效。同时股东会协议必须确认清算组成员和清算组组长人选。如果公司章程规定由董事会决议解散的，根据董事会决议解散。清算组组长或成员可以由股东或者股东会、股东大会决议的或者公司聘请的律师担任。

有限责任公司解散并成立清算组的股东会决议样本如下：

××××××有限公司股东会决议

根据《公司法》及公司章程，××××××有限公司于××××年××月××日以书面信函形式通知了公司全体股东于××××年××月××日××时在公司会议室召开股东会。出席本次会议的股东共××人，代表公司股东××%的表决权；未出席本次会议的股东共××人，代表公司股东××%的表决权。所作出决议经公司股东表决权的××%通过，弃权或反对的占股东表决权的××%，符合《公司法》及公司章程。决议事项如下：

1. 同意公司解散。

2. 同意成立清算组，清算组成员为：×××、×××、×××……×××为清算组组长。

3. 同意将上述决定登报公告公司解散情况及告知公司债权债务人。

股东：（签名或盖章）

（签名或盖章）

××××年××月××日

公司股东会通过决议决定公司清算并成立清算组后 15 日内，清算组召开清算会议确定工作方案，编制清算工作计划（包括时间、步骤以及实施事项等）。清算组成员应当认真履行职责，如在清算时间内因故意或者重大过失给公司或者债权人造成损失的，应当承担赔偿责任，这一点特别值得注意。

二、清算组登记备案

清算组成立后 10 日内，应向所在公司登记机关进行备案。

1. 清算组登记备案申请书如下：

公 司 备 案 申 请 书

注册号：

<table>
<tr><td>公司名称</td><td colspan="6"></td></tr>
<tr><td rowspan="11">备案事项</td><td colspan="2">董　事</td><td colspan="4"></td></tr>
<tr><td colspan="2">监　事</td><td colspan="4"></td></tr>
<tr><td colspan="2">经　理</td><td colspan="4"></td></tr>
<tr><td colspan="2">章　程</td><td colspan="4">□章　程　　　□章程修正案</td></tr>
<tr><td rowspan="3">清算组</td><td>成员</td><td colspan="4"></td></tr>
<tr><td>负责人</td><td></td><td>联系电话</td><td colspan="2"></td></tr>
<tr><td>通信地址</td><td></td><td>邮政编码</td><td colspan="2"></td></tr>
<tr><td rowspan="4">分公司</td><td>名　称</td><td>注册号</td><td>登记机关</td><td>登记日期</td><td>登记类型</td></tr>
<tr><td></td><td></td><td></td><td></td><td></td></tr>
<tr><td></td><td></td><td></td><td></td><td></td></tr>
<tr><td></td><td></td><td></td><td></td><td></td></tr>
<tr><td colspan="7">本公司依照《公司法》《公司登记管理条例》申请备案，提交材料真实有效。谨此对真实性承担责任。

公司盖章：　　　　法定代表人签字：
（清算组负责人）
年　　月　　日</td></tr>
</table>

2. 清算组备案需提交下列文件：

（1）清算组负责人签署的《公司备案申请书》（公司加盖公章）。

（2）清算组负责人签署的《指定代表或者共同委托代理人的证明》（公司加盖公章）及指定代表或委托代理人的身份证件复印件。证明中应写明指定代表或者共同委托代理人的办理事项、权限、授权期限。

（3）有限责任公司应提交股东会关于成立清算组的决议（由代表 2/3 以上表决权的股东签署）；股份有限公司应提交股东大会关于成立清算组的决议（由股东大会会议主持人及出席会议的董事签字确认）；一人有限责任公司应提交股东签署的关于成立清算组的书面文件；国有独资公司应提交国务院、地方人民政府或者其授权的本级人民政府国有资产监督管理机构关于成立清算组的书面文件（加盖公章）。

人民法院组织清算的，无须提交股东会决议，仅提交人民法院成立清算组的决定。人民法院裁定解散的，还应提交法院的裁定文件。依法被吊销营业执照、责令关闭或者被撤销的，还应提交行政机关的相关决定。

（4）公司《企业法人营业执照》副本复印件。

我国实施的是解散备案、注销登记的公司法律制度，而不是如日本商法规定的解散登记制度。在我国，公司解散并成立清算组向所在公司登记机关备案以后，公司应该停止生产经营活动，其效力等同于其他国家的解散登记。

三、清算组接管公司

清算组成立后应当及时接管公司，并要求公司移交下列资料：

1. 公司的公章，公司进入清算以后应当严格控制公司公章的使用和保管；

2. 无遗漏的债权债务清册；

3. 资产清册，通常应当按照流动资产和固定资产分类登记造册；

4. 合同等各种法律文件应当编制成册；

5. 财务账册、传票、凭证、空白支票等；

6. 职工名册，含在职和离退休的全体人员的名册，详细记载工龄、工种、用工形式、工资及工资拖欠、社保拖欠等情形；

7. 公司购买的有价证券、享有的无形资产的权利凭证；

8. 公司的历史档案和其他应当提交的资料。

四、清理公司财产

清算组成立后，应当：

1. 确定公司的财产范围。这种财产范围一般包括：公司经营管理的全部财产；公司享有的债权；公司解散时享有的股权；公司享有的其他财产权利。

2. 接管公司财产。将公司的实物和债权进行清查登记；同时对公司享有的债权进行确认；调查公司对外投资情况；对公司的其他权利进行登记；最后还要对公司的非货币财产进行财产估价。

3. 要求占有清算公司财物的持有人交还财物，如果相应的财物无法交还，则可以要求相应的持有人作价清偿；如果清算公司向外进行了投资，则应当严格按照《公司法》和相关法律法规的要求回收对外投资；责成相关股东缴足尚未缴纳或者抽回的出资。

4. 登记债务；确认债务。

5. 清算组接管公司的同时设立清算账户。

清算后公司不得开展与清算无关的商业行为。

以上所涉及的财产范围和员工的劳动合同履行情况，需要律师依尽职调查的原则进行核查、核实。

五、通知和公告债权人申报债权

1. 清算组成立后10日内对已确认的债权人进行通知。

2. 清算组成立后60日内在当地有影响力的报纸上进行公告。

应当注意下列问题：

（1）通知或公告通知债权人申报债权，注意留存通知和公告的证据；

（2）对申报债权进行登记，查验是否有遗漏债权人；

（3）对债权人申报的债权，核对其证明材料；

（4）编制债权、债务清查报告表，对已确认的债务登记造册。

六、申请办理纳税清算

清算组到国税、地税机关办理注销的税务登记事宜，首先需到税务机关领取解散公司的登记表格并与税收专管员取得联系，确认欠税、退税事项。因为欠税、退税应当纳入清算范围，必须与债权、债务的清理同时进行。

清算组应当向税务机关递交纳税清算申报表等，以北京市的为例，格式如下：

北京市地方税务局
纳 税 清 算 申 报 表

计 算 机 代 码 ______________________
企　业　名　称 ______________________
经　济　性　质 ______________________
详　细　地　址 ______________________
纳税清算期间 自　　年　月　日至　　年　月　日
审　核　机　关 ______________________
审　核　人　员 ______________________
审　核　日　期 自　　年　月　日至　　年　月　日

纳税清算申报情况

税　　种	20××年度		20××年度		20××年度	
	应纳	已纳	应纳	已纳	应纳	已纳
企业所得税						
个人所得税						
车船使用税						
印　花　税						
城　建　税						
教育费附加						
税费合计						
当年发票情况（购领、使用、结存）						

申报书附送的有关资料	
	票　种　起　止　号
缴销票证情况	缴销人员：　　年　月　日
税款执行情况	附： 入库税票：　　张 执行人员：　　年　月　日

税务所审核情况	
稽核人员审核情况	
税务所审核情况	
税务所长意见	（公章） 负责人：　　年　　月　　日
征管部门审批意见	（公章） 负责人：　　年　　月　　日
区县局审核意见	（公章） 负责人：　　年　　月　　日

由于清算过程中也会发生税务事项，因而税务的清缴是一个持续的过程。

七、处理公司未了结业务并回收公司债权

清算组成立后，为了结公司现有业务需对尚未履行完毕的合同进行清理，具体工作包括：

1. 继续履行或终止履行或解除合同；催收应收款，收回债权。

2. 清算组应当以公司代表人的身份参加民事诉讼，通过诉讼解决争议。清算组也可以聘请律师代表公司进行诉讼。

八、编制资产负债表和财产清单

公司债权清理完毕、债务登记清楚、财产变价处理完结以后，重新编制资产负债表和财产清单，如果公司财产能够清偿公司债务，则按法定顺序清偿；可能不足以清偿的，及时通知债权人协商解决，协商不成，债权人可以向法院起诉；公司财产不足以清偿债务的，清算组应当停止清算活动并向人民法院申请宣告破产。

九、编制并确认清算报告

清算组应当在确认资产负债和财产清单、职工安置方案、财产支付以及分配方案的基础上编制清算报告。清算报告应写明债权人姓名或名称、债权数额、清偿数额及清偿办法。清算报告完成后报股东会确认。股东会对清算报告进行表决，必须经出席会议的股东所持表决权的半数以上通过。股东提出意见的，清算组应负责修改直至通过。

清算报告的通常样式如下：

公司清算报告

根据《公司法》及公司章程的有关规定，公司已经××××年××月××日召开的股东会决议解散，并成立公司清算组，于××××年××月××日开始对公司进行清算。现将公司清算报告如下：

一、公司登记情况

公司名称：

公司类型：

法定代表人：

住所：

成立时间：

注册资本：

股东姓名（名称）：

股东出资额：

出资比例：

二、公司清算组已于××××年××月××日向公司登记机关备案，并取得《备案通知书》。清算组成员由股东__________等人组成，由__________担任清算组负责人。

三、通知和公告债权人情况。公司清算组于××××年××月××日通知公司债权人申报债权，并于______在________________报公告公司债权人申报债权。

四、公司财务状况。截至__________，公司资产总额为__________元，其中，净资产为__________元，负债总额为__________元。

五、公司财产状况。

六、公司债权债务状况。

七、公司资产总额为__________元，并按以下顺序进行清偿：

1. 清算费用；
2. 所欠职工工资、社会保险费用和法定补偿金；
3. 税款：__________，所有税款已清结。
4. 债务：__________，所有债务已完结。
5. 剩余财产按股东出资比例分配。

截至××××年××月××日，公司债权债务已清算完毕，剩余财产已分配完毕，实收资本为零。

清算组成员签字、盖章（清算组成员亲笔签字）：

经全体股东审查确认，一致通过该清算报告。

全体股东签字（法人股东加盖公章并由法定代表人签字，自然人股东亲笔签字）：

公司（盖章）

××××年××月××日

十、实施清算报告

清算报告由股东会决议通过后予以实施。剩余财产清偿顺序为：

1. 支付清算费用。
2. 支付所欠职工工资、社会保险费用和法定补偿金。
3. 缴纳所欠税款。
4. 清偿公司债务。
5. 分配剩余财产。

十一、提交清算报告

清算结束后，清算组应编制出清算期内收支报表和各种财务账册，将这些材料与清算报告一并提交股东会或政府主管部门，由上述机构对这些材料的真实性与合法性予以确认。清算报告的内容包括：

1. 公司解散原因及日期；
2. 清算组的组成；
3. 清算的形式；
4. 清算的步骤与安排；
5. 公司债权、债务的确认和处理；
6. 清算方案；
7. 清算方案的执行情况；
8. 清算组成员履行职责情况。

十二、办理注销登记

清算报告经确认后，应当且必须办理：

1. 税务注销登记；
2. 工商注销登记；
3. 组织机构代码证注销登记。

第三节　公司清算的过程

一、资产评估

清算组成立后，公司在清算中的清偿大部分都是以金钱清偿，因此清算组有必要对公司的相应资产进行评估，判断其是否足以清偿债务，从而对部分财产进行变价处理，转为货币形式。

评估的主要目的是使清算公司的财产有公允的价格，确定无形资产，如商标、技术秘密，以及有形资产如固定资产的剩余价值。

对于清算中的公司的资产价值，如果股东意见一致，则可以在财产清册的基础上由股东会确认价格，对于一些数量不多且可以通过股东之间竞价处理的资产，在清算过程中宜通过股东之间竞价处理。所谓竞价处理，就是针对资产清册中的特定资产由股东中出价高者取得。该股东因此对清算组形成债务，即清算组取得债权。如果涉及资产量较大，应当通过评估以减少清算的时间。

进行资产评估时，需要委托一家评估机构，具体聘请哪家评估机构应从以下几点考虑：

1. 评估机构的知名度。目前，我国从事资产评估工作的机构有很多，其评估质量参差不齐。一般来讲，知名度高的评估机构信誉较高、质量较好，是首先选择的对象。

2. 进度要求。通常资产评估有较严格的时间要求，要认真考核评估机构是否有能力在规定的期限内拿出评估报告。境外公司一般要求评估机构提出一个工作大纲，大纲中包括人员、进度安排等，并在将来的协议中作出明确要求。

3. 专业性。我国产业部门多、产品品种多，因此评估机构中很大数量是针对某一行业部门成立的，不同的公司最好选择本行业的评估机构，因为通常它们对本行业的情况、价格最为了解，从而在保证质量、保证进度方面是其他机构无法相比的，例如电子行业的公司，最好先了解本行业有无资产评估机构。

如果涉及国有资产的，评估机构应当具有国有资产的评估资质。

4. 费用。资产评估是有偿服务，因此费用多少十分重要。知名度高的评估机构，一般费用也较高，小的评估机构费用就低些，有时报价会相差很多。这时，清算组就要综合考虑，既要保证质量，又要减少费用。

二、财务审计

如果公司的经营相对简单，财务情况比较清晰，通常不需要审计。但股东对于财务问题争议较大的，则需要对公司的财务进行审计。

清算审计一般可分为清算日的审计、清算期间的审计和清算终结审计。我们需要选择，可以选择一种或两种或全部。

应当注意，不管是何种情况的清算审计，都与普通的报表审计存在着不同之处，主要有：（1）审计目的不同。一般审计的目的是对被审计单位会计期间的会计报表的合法性和公允性发表审计意见；清算审计的目的是对清算组自开始清算至清算结束时的清算期的财务状况、清算损益和清算财产分配情况发表审计意见。（2）审计对象不同。一般审计的具体对象是会计期间的资产负债表、损益表、现金流量表及财务报表附注；清算审计的具体对象是清算资产负债表、清算损益表、财产分配情况表。（3）审计基准不同。一般审计的基准是企业会计准则和企业会计制度；清算审计的基准除以上内容外，主要遵循《公司法》《企业破产法》的有关规定。（4）审计重点不同。一般审计重点是检查会计事项的真实性、完整性，会计报表是否存在重大错报，评价管理者采用的会计政策和作出的重大的会计估计；清算审计除了上述内容外，还要对资产的清算价格是否适宜、负债的减免及偿付原因、有无对债的放弃行为、有无未入账的清算收入、清算资产的分配是否合规等进行审计。

三、债权处置

公司清算中债权处置分为一般债权处置和劳动债权处置。

1. 一般债权处置

公司清算中债权人的地位不同于破产清算中债权人会议的作用和权限，主要原因是解散清算中公司通常有可向股东分配的剩余财产。而在破产清算中，由于破产企业财产不足以清偿债务，债权人的债权不会得到全额或完整的保护，所以债务偿还方案关系到每个债权人的重要利益。这一重要区别导致解散清算中不需要引入债权人会议，而且法律对债权的确认仍然规定了诉讼确认和债权人提出质疑的权利，并且规定了对超期申报债权的救济，这些都是债权人可以一步到位地寻求法律帮助的途径。

与此同时，债务的清偿方案是否需要经全体债权人确认在公司自行清算程序中无规定，在向破产清算转化时采取了债权人确认的法律理论，确认后可不向破产清算转换，直接终结解散清算，从而减少了司法成本。应该说，如果在公司清算中债务清偿的矛盾不多，而且资产负债率相对较低的，可以不必以债权人的意愿为导向；若情况相反，则需要引用债权人确认的法律理论，具体可以采取债权人会议制度，或采取逐个确认债权清偿的方法，避免纠纷和矛盾。

在债权处置中，也可以根据股东的需求以股东接收债权抵偿剩余财产分配的方式处理，超过股东应分配的剩余财产金额的债权由股东以现金形式交到清算组。当然也可以采取债权折扣的方式分配给股东。

2. 劳动债权处置

一般在公司拖欠职工工资和保险金等费用的情况下，在公司的相关财务会计资料和劳动保障部门等的书面文件中对此有明确记载，清算组应该对上述资料进行调查核实后列出清单，并将清单在公司经营场所予以公示。职工对清单记载有异议的，可以请求清算组予以更正；清算组不予更正的，职工可以向人民法院提起诉讼，请求确认债务人拖欠工资和福利的具体数额。

劳动收入处理是公司解散清算中的重要组成部分，职工工资和社会保险都与职工切身利益有关，因此公司法规定，拨付清算费用后，首先支付所欠职工工资和社会保险费。值得注意的是，公司解散后，清算过程中发生的职工工资、劳动保险费用等，对因参加清算工作而未解除劳动合同关系的职工来说，属于清算费用，应优先拨付。

公司依法解散可能造成职工所签的劳动合同提前终止或解除。依照《劳动合同法》第44条第4、5项规定，用人单位被依法宣告破产的，用人单位被吊销营业执照、责令关闭、撤销或者用人单位决定提前解散的，劳动合同终止。该法第46条规定，依据第44条第4、5项终止劳动合同的，用人单位应当向劳动者支付经济补偿。经济补偿金按照《劳动合同法》第47条规定的方式计算并发放。

本章练习和测验

1. 如果债权人在公告确定的债权申报期没有申报债权，但在清算报告编制以后要求申报债权，你认为应当怎么处理？

2. 公司开始清算以后，遇到没有履行完毕的业务合同怎么处理？
3. 如果出售剩余财产变现将会导致大幅损失，你有什么应对建议？

本章总结

通过本章学习，我们明确了公司清算的若干重要业务：清算的提起，清算组的成立和备案，债权申报、清产核资、业务了结、税务清缴、债务清偿和债权回收、编制清算报告、分配剩余财产、办理各项注销登记。我们也明确了清算业务中的重要法律文件：决定公司清算的股东会决议、债权人申报债权公告和清算报告。我们还明白了清算工作的难点是了结公司现有业务、回收债权、偿付职工债权和分配剩余财产。

小贴士

公司清算业务是一项程序性很强的工作，不仅如此，清算工作过程中剩余财产损失的可能性非常大，损失尤其容易发生在公司现有业务的了结（即正在履行中的业务合同的提前终止）、债权回收和非货币财产的出售环节。为此，律师不仅需要指导公司和清算组严格依照法定程序操作，而且要从保护债权人利益和保护股东利益出发，发挥专业智慧，最大限度地减少和控制清算损失，重要途径之一就是寻求业务、资产和债务重组并购的机会。

下篇　律师公司诉讼业务

本书的诉讼业务篇将以公司诉讼的案件类型为主线，介绍律师开展各类公司诉讼业务的基础实务技能。

公司诉讼最核心的特征是与公司内部法律关系直接相关，是对基于公司内部法律关系产生的“公司纠纷”进行解决的一种诉讼。本篇所述公司诉讼，指当事人通过法院诉讼方式解决的公司纠纷。当事人通过仲裁方式解决的公司纠纷不在本篇的讨论范围。

由于公司诉讼涉及多种复杂的内部法律关系和各种具有特殊内容的商事法律规范及商事运作规则，与普通的民商事诉讼相区别，公司诉讼具有较强的专业性和商业性特征。在纷繁复杂的公司纠纷出现后，代理律师如何制定合适的整体策略，选择什么样的切入点提起诉讼和应对诉讼，以实现客户的商业目标，这是本篇重点回答的问题。

本篇可以分为三大部分。第一部分为第 9 章，介绍公司诉讼的基本特征和基本类型，重点讲解律师办理公司诉讼业务的基本操作流程和基本指引。第二部分为第 10 章至第 14 章，介绍公司在设立、运作和消亡过程中常见的几类诉讼，重点讲解律师办理公司设立纠纷、公司资本纠纷、股东权益纠纷、股权转让纠纷、公司董事监事高管侵权纠纷、公司解散和清算纠纷的操作指引。第三部分为第 15 章至 17 章，介绍几类特殊的公司诉讼，重点讲解律师在办理外商投资纠纷、PE 纠纷和证券虚假陈述赔偿纠纷中应注意的问题。

本篇第 9 章讲解的律师办理公司诉讼业务的有关内容，适用于第 10 章至第 17 章所述的各类公司诉讼。因此，在学习第 10 章第 17 章过程中，要时刻关注第 9 章有关内容对其他章节的指导性。

我们希望，本篇能够帮助公司诉讼律师掌握办理公司诉讼业务的应对思路、操作流程、应对方法和实战技巧，以协助当事人通过较低的成本和代价解决公司纠纷，实现当事人的商业目标。同时，我们希望，本篇能够帮助律师在办理公司诉讼业务过程中随时思索：

我是否调查清楚所有可能影响对相关争议进行分析判断和裁判的相关事实和证据；

我是否清楚客户的商业目标；

我对相关争议的分析判断是否准确，可能存在哪些法律风险；

我对相关争议提出的整体应对策略和诉讼方案，是否具有可行性，是否符合客户的利益，是否有助于客户商业目标的实现；

我对相关争议提出的整体应对策略和诉讼方案，可能存在哪些法律风险，是否需要根据案情进展和变化进行调整；

我在办理业务过程中，是否与客户保持了充分的沟通和交流，是否向客户披露了重要的案情进展和进行了足够的风险提示。

第九章

律师公司诉讼业务综述

本章要点

公司诉讼与普通民事诉讼的区别

公司诉讼的常见类型

公司诉讼的审判依据和审判原则

律师办理公司诉讼业务的基本操作规范

学习目标

了解什么是公司诉讼、公司诉讼与普通民商事诉讼的主要区别

了解公司诉讼的常见类型

了解法院审判公司诉讼案件的基本原则

了解律师办理公司诉讼案件的基本法律依据

初步掌握律师办理公司诉讼案件的基本思路

初步掌握律师起草公司诉讼案件法律分析意见书的技能

第一节　公司诉讼的范围和特征

一、公司诉讼的范围

公司诉讼并非一个严格的法定概念，不仅在立法上，而且在学理上也缺少法律人士一致认可的阐述。在司法实践中，“公司诉讼”通常是指因公司在设立、运营、变更、消灭过程中与公司相关利益主体之间基于出资合同、公司章程和公司法上的权利义务产生纠纷，而依据《公司法》等规制公司治理相关法规通过民事诉讼程序进行的纠纷解决活动。

公司诉讼并非指公司作为一方当事人的所有诉讼，而主要是对公司内部的纠纷进行解决的诉讼，因公司外部纠纷而发生的诉讼不属于公司诉讼范围。此外，争议各方当事人根据约定将该公司纠纷提交仲裁管辖，也不属于本书探讨范围。

公司诉讼主要包括如下：

- 股东与股东之间纠纷引发的诉讼
- 股东与公司之间纠纷引发的诉讼
- 公司或公司股东与公司高级管理人员之间纠纷引发的诉讼
- 公司债权人对公司股东提起的公司股东损害公司债权人利益诉讼
- 公司债权人对公司高管提起的公司高管损害公司债权人利益诉讼

二、公司诉讼的特征

公司诉讼作为民商事诉讼的一种，具有民商事诉讼的一般特征，但是，公司诉讼又与

其他的民商事诉讼有重大区别，主要体现在以下几个方面：

1. 公司诉讼与其他民商事诉讼产生的法律关系基础不同。

公司诉讼是对基于公司内部法律关系产生的“公司纠纷”予以解决的诉讼。“公司诉讼的法律关系具有特定性，其请求权基础可以是公司法、公司章程或者公司决议的内容，法律关系的内容是公司法上的特有权利义务模式”①。

例如，甲公司因销售产品而与乙公司产生买卖合同法律关系，该种法律关系不属于“公司的内部关系”，也与“公司的内部关系”毫无关联，由此产生的诉讼即不属于公司诉讼范畴。但是，如果甲公司拟对乙公司进行投资，与乙公司或其股东签订增资扩股协议，虽然权利义务关系也发生在甲乙之间，但由于此种行为与公司组织形式密切相关，受公司法律法规的规范，因此，由此引发的纠纷而产生的诉讼，属于典型的公司诉讼范畴。

2. 在实体法适用方面，对公司诉讼，法院主要适用公司法方面的法律法规和司法解释进行裁判。

法院审理公司诉讼案件经常适用的成文法主要包括：《公司法》② 《公司登记管理条例》、最高人民法院《关于适用〈中华人民共和国公司法〉若干问题的规定（一）》《关于适用〈中华人民共和国公司法〉若干问题的规定（二）》《关于适用〈中华人民共和国公司法〉若干问题的规定（三）》《关于适用〈中华人民共和国公司法〉若干问题的规定（四）》等。如系外商投资企业，还应适用《中外合资经营企业法》、《中外合作经营企业法》和《外资企业法》等法律及其实施细则和相关司法解释。

例如，《公司法》第 22 条第 2 款规定：“股东会或者股东大会、董事会的会议召集程序、表决方式违反法律、行政法规或者公司章程，或者决议内容违反公司章程的，股东可以自决议作出之日起六十日内，请求人民法院撤销。”股东要求撤销股东会决议或董事会决议，应当依据上述规定提起诉讼，法院也应当依据上述规定作出裁判。换言之，股东不能依据《中华人民共和国民法通则》第 59 条③、《中华人民共和国民法总则》第 147 条至

---

① 奚晓明、金剑锋：《公司诉讼的理论与实务问题研究》，15 页，北京，人民法院出版社，2008。

② 我国《公司法》于 1993 年 12 月 29 日第八届全国人民代表大会常务委员会第五次会议通过，根据 1999 年 12 月 25 日第九届全国人民代表大会常务委员会第十三次会议《关于修改〈中华人民共和国公司法〉的决定》第一次修正，根据 2004 年 8 月 28 日第十届全国人民代表大会常务委员会第十一次会议《关于修改〈中华人民共和国公司法〉的决定》第二次修正，2005 年 10 月 27 日第十届全国人民代表大会常务委员会第十八次会议修订，根据 2012 年 12 月 28 日第十二届全国人民代表大会常务委员会第六次会议通过《关于修改〈中华人民共和国海洋环境保护法〉等七部法律的决定》第三次修正，自 2014 年 3 月 1 日起实施。

③ 《民法通则》第 59 条：“下列民事行为，一方有权请求人民法院或者仲裁机关予以变更或者撤销：（一）行为人对行为内容有重大误解的；（二）显失公平的。被撤销的民事行为从行为开始起无效。”

第 151 条[①]或《中华人民共和国合同法》第 54 条[②]关于可撤销法律行为的规定期限提起要求撤销股东会或董事会决议的诉讼，法院也不应依据《公司法》之外的《民法通则》、《民法总则》或《合同法》对该纠纷进行裁判。

3. 在程序法适用方面，公司诉讼不同于其他民商事诉讼的特征主要在于诉讼主体和诉讼程序的区别。

公司诉讼的诉讼主体限于公司相关的利益主体，其他主体不太可能进入公司诉讼。相应而言，公司诉讼中涉及的相关利益主体应当参加诉讼，这是由公司内部法律关系的特殊性所决定的。

比如，在隐名股东股权确认之诉中，即使隐名股东未将公司列为当事人，法院通常也会依职权追加公司为被告或第三人。这是因为，隐名股东能否显名事关公司的切身利益，决定公司向哪一主体分红，因此，追加公司参加诉讼具有必要性。而在其他的民商事诉讼中，即使案件审理涉及其他主体的利益，如买卖合同不能履行将导致一方当事人对诉讼主体之外的其他当事人违约，法院原则上不会依职权直接予以追加，而通常会告知当事人另案解决。

公司诉讼案件在具体诉讼程序方面的特殊性主要体现为前置程序等方面。公司诉讼是司法权对于公司自治的强制介入，但应当尊重和遵守公司自治原则。前置程序，是在尊重自治的原则下所设置的特别诉讼制度，意味着倡导公司尽其所能将公司纠纷在内部机制下解决，不到万不得已不求助于法院。[③]

例如，《公司法》第 151 条[④]规定，股东在提起股东代表诉讼前，必须书面请求监事会、董事会提起诉讼，只有在遭到监事会、董事会拒绝或 30 日不予答复，或情况紧急时，股东才能以自己名义代表公司提起诉讼。

---

① 《民法总则》第 147 条："基于重大误解实施的民事法律行为，行为人有权请求人民法院或者仲裁机构予以撤销。"第 148 条："一方以欺诈手段，使对方在违背真实意思的情况下实施的民事法律行为，受欺诈方有权请求人民法院或者仲裁机构予以撤销。"第 149 条："第三人实施欺诈行为，使一方在违背真实意思的情况下实施的民事法律行为，对方知道或者应当知道该欺诈行为的，受欺诈方有权请求人民法院或者仲裁机构予以撤销。"第 150 条："一方或者第三人以胁迫手段，使对方在违背真实意思的情况下实施的民事法律行为，受胁迫方有权请求人民法院或者仲裁机构予以撤销。"第 151 条："一方利用对方处于危困状态、缺乏判断能力等情形，致使民事法律行为成立时显失公平的，受损害方有权请求人民法院或者仲裁机构予以撤销。"

② 《合同法》第 54 条："下列合同，当事人一方有权请求人民法院或者仲裁机构变更或者撤销：（一）因重大误解订立的；（二）在订立合同时显失公平的。一方以欺诈、胁迫的手段或者乘人之危，使对方在违背真实意思的情况下订立的合同，受损害方有权请求人民法院或者仲裁机构变更或者撤销。当事人请求变更的，人民法院或者仲裁机构不得撤销。"

③ 参见奚晓明、金剑锋：《公司诉讼的理论与实务问题研究》，16 页，北京，人民法院出版社，2008。

④ 《公司法》第 151 条："董事、高级管理人员有本法第一百四十九条规定的情形的，有限责任公司的股东、股份有限公司连续一百八十日以上单独或者合计持有公司百分之一以上股份的股东，可以书面请求监事会或者不设监事会的有限责任公司的监事向人民法院提起诉讼；监事有本法第一百四十九条规定的情形的，前述股东可以书面请求董事会或者不设董事会的有限责任公司的执行董事向人民法院提起诉讼。监事会、不设监事会的有限责任公司的监事，或者董事会、执行董事收到前款规定的股东书面请求后拒绝提起诉讼，或者自收到请求之日起三十日内未提起诉讼，或者情况紧急、不立即提起诉讼将会使公司利益受到难以弥补的损害的，前款规定的股东有权为了公司的利益以自己的名义直接向人民法院提起诉讼。他人侵犯公司合法权益，给公司造成损失的，本条第一款规定的股东可以依照前两款的规定向人民法院提起诉讼。"

第二节　公司诉讼的常见类型

对公司诉讼进行分类是全面了解公司诉讼的较好途径。按照不同的标准，公司诉讼可分为不同的类型。公司诉讼可以根据诉权性质进行分类，也可以根据诉讼主体进行分类，还可以根据最高人民法院司法解释规定的案由进行分类。

一、根据诉权性质的分类

根据诉权性质的不同，公司诉讼可以分为直接诉讼和代位诉讼。

直接诉讼，是指原告在其自身权利受到直接侵害后，以自己的名义对侵害人提起的诉讼。绝大部分公司诉讼都属于直接诉讼，不管是公司、股东、高级管理人员或公司债权人都有各自的请求权基础，以保证自身的权益得到法律的保障。

代位诉讼，是指一个主体代替另一主体进行的诉讼，提起诉讼的主体并非权利受到直接侵害的主体。代位诉讼不同于直接诉讼，代位诉讼系基于法律的明确规定，只有法律规定某主体有代位诉讼权时，才能产生代位诉讼。法律规定公司代位诉讼制度的主要原因是大股东或管理层侵犯公司利益，而公司在大股东或管理层操纵下却无法提起诉讼，间接损害了小股东的利益，因此，法律赋予股东代表公司提起诉讼的权利。我国《公司法》第151条根据实践需要，参照国外的立法，创设了股东代表诉讼制度。

二、根据诉的主体的分类

诉的主体主要包括原告、被告和第三人。由于原告、被告和第三人是相对应存在的，因此，依据这一要素进行分类时，一般以原告为基础进行。

1. 公司作为原告提起的公司诉讼

公司作为原告提起的诉讼主要包括：公司向股东提起的诉讼；公司向董事、监事、高管人员及实际控制人提起的诉讼；公司向股东、董事、监事、高管人员、实际控制人和其他共同侵权人共同提起的诉讼；分立公司之间的诉讼等。

2. 公司股东作为原告提起的公司诉讼

公司股东作为原告提起的诉讼包括：公司股东对其他股东提起的诉讼；股东对公司提起的诉讼；股东对公司董事、监事和高管提起的诉讼；股东代表诉讼。

3. 公司董事、监事和高管作为原告提起的公司诉讼

公司董事、监事和高管作为原告提起的诉讼主要是对公司其他高管人员提起的诉讼，主要包括：董事违法行为停止请求之诉、侵害高管人员权利的侵权之诉、高管人员因履行

职务承担连带责任的代偿给付之诉。[①] 董事、监事和高管基于与公司之间的劳动合同法律关系提起的诉讼，不属于公司诉讼。

4. 公司债权人作为原告提起的公司诉讼

债权人向公司提起的公司诉讼并不包括普通的合同纠纷和侵权纠纷，而仅基于公司法律制度而产生，主要包括：公司法人人格否认诉讼，债权人请求突破股东的有限责任原则而直接请求股东承担公司债务；公司债权人请求公司清算、破产诉讼；在股东出资不足或抽逃出资的情况下，债权人要求股东在补足出资的范围内清偿债务的诉讼。

三、根据法定案由的分类

1. 诉讼案由的实践意义

在中国民事诉讼法律制度中，案由是一个特殊的法律制度。从理论上讲，案由是法院对诉讼案件所涉及的法律关系性质进行概括后形成的案件名称。在司法实践中，案由是规范法院民商事立案、审判和司法统计工作的依据和切入点。当事人在起诉时明确案由，有助于立案庭法官将案件分配到具体的审判庭和审判法官。法院在统计案件类型时，通常也会以案由为依据和标准。

在司法实践中，律师在代理当事人提起诉讼时，法院的立案庭法官通常会要求律师确定案件的案由。当事人在民事起诉状中不明确案由，可能导致法院立案庭法官不予立案。当然，在案件由法院立案庭立案后，如果法院经过实体审理认为当事人主张的案由与实际不符的，一般会调整案由，最终以法院审理后认定的案由为准。

因此，在中国的公司诉讼中，代理律师了解和明确公司纠纷的案由，对推进公司诉讼具有重要的现实意义。

2.《民事案件案由规定》对公司诉讼案由的规定

根据 2011 年 2 月最高人民法院发布的《民事案件案由规定》，公司诉讼的案由主要规定在第八部分“与公司、证券、保险、票据等有关的民事纠纷”中，共计 58 个三级案由。

（1）与企业有关的纠纷：企业出资人权益确认纠纷、侵害企业出资人权益纠纷、企业公司制改造合同纠纷、企业股份合作制改造合同纠纷、企业债权转股权合同纠纷、企业分立合同纠纷、企业租赁经营合同纠纷、企业出售合同纠纷、挂靠经营合同纠纷、企业兼并合同纠纷、联营合同纠纷、企业承包经营合同纠纷、中外合资经营企业合同纠纷、中外合作经营企业合同纠纷。

（2）与公司有关的纠纷：股东资格确认纠纷、股东名册记载纠纷、请求变更公司登记纠纷、股东出资纠纷、新增资本认购纠纷、股东知情权纠纷、请求公司收购股份纠纷、股权转让纠纷、公司决议纠纷、公司设立纠纷、公司证照返还纠纷、发起人责任纠

---

① 参见奚晓明、金剑锋：《公司诉讼的理论与实务问题研究》，37 页，北京，人民法院出版社，2008。

纷、公司盈余分配纠纷、损害股东利益责任纠纷、损害公司利益责任纠纷、股东损害公司债权人利益责任纠纷、公司关联交易损害责任纠纷、公司合并纠纷、公司分立纠纷、公司减资纠纷、公司增资纠纷、公司解散纠纷、申请公司清算、清算责任纠纷、上市公司收购纠纷。

（3）与合伙企业有关的纠纷：入伙纠纷、退伙纠纷、合伙企业财产份额转让纠纷。

（4）与破产有关的纠纷：申请破产清算、申请破产重整、申请破产和解、请求撤销个别清偿行为纠纷、请求确认债务人行为无效纠纷、对外追收债权纠纷、追收未缴出资纠纷、追收抽逃出资纠纷、追收非正常收入纠纷、破产债权确认纠纷、取回权纠纷、破产抵销权纠纷、别除权纠纷、破产撤销权纠纷、损害债务人利益赔偿纠纷、管理人责任纠纷。

第三节　公司诉讼的司法审判原则

律师办理公司诉讼业务，应充分了解法院审理公司诉讼案件通常遵循的司法审判原则，用以指导日常的公司诉讼业务。

尽管我国的《公司法》颁布时间较晚[①]，我国法院的公司诉讼审判活动还处于初步发展阶段，但最高人民法院的相关专家在既有的法律规定和司法实践基础上，总结出理论界和司法实践界基本认可的司法审判原则。[②] 下面择其主要原则予以简述。

1. 维护公司社团关系稳定性的原则

维持公司主体的稳定性，进而维持在此基础上产生的各种交易关系，是公司法在立法方面的价值取向。在司法审判中，人民法院处理公司诉讼案件，一般尽可能地使公司成立有效，不轻易否认公司已经成立的行为，不轻易否认公司的法人人格，不轻易使公司股东直接对公司债务承担责任，不轻易判决解散公司，而注意保持公司内部各种法律关系的相对稳定。[③] 这些都是维护公司社团关系稳定性原则在司法审判中的体现。

2. 尊重公司章程自治原则

公司章程是公司的“宪法”。人民法院在审判活动中，要尽量减少对公司内部事务的强制性干预，维护公司通过公司章程实现公司自治。公司诉讼审判不轻易否定公司章程的效力。一般而言，公司章程的内容包括绝对必要记载事项、相对必要记载事项和任意记载

---

① 《公司法》最早颁布于 1993 年 12 月，后又经过 1999 年和 2004 年两次修正，2005 年修订，2013 年第三次修正。

② 参见奚晓明、金剑锋：《公司诉讼的理论与实务问题研究》，16～103 页，北京，人民法院出版社，2008。

③ 参见李国光、王闯：《审理公司诉讼的若干问题——贯彻实施修订后的公司法的司法思考》，见中国民商法律网，http：//www. civillaw. com. cn/article/default. asp? id=30802，2009－12－07。

事项。《公司法》第 25 条[①]、第 81 条[②]分别规定的有限责任公司和股份有限公司章程绝对必要记载事项是《公司法》对公司章程这一内部契约的限制。但是，如果章程对该事项的记载存在欠缺或者瑕疵，原则上应允许当事人通过协议补充或根据有关规定予以补救，而不必然导致公司章程无效或解散公司。

例如，在江西省赣州市中级人民法院审理的（2004）赣中民二终字第 60 号案件中，针对原告提出的公司章程约定的股东不符合设立有限公司的法定条件，法院终审判决认为：本案中齐发公司的公司章程尽管有瑕疵，但属于可补救的瑕疵，不足以影响公司章程的效力。据此，结合其他事实，最终驳回原告要求解散公司的诉讼请求。[③]

3. 穷尽公司内部救济原则

公司作为社团具有人合性，具备一定的解决纠纷的机制和能力。如果在公司内部机制没有充分发挥作用的情况下，法院的司法权力强行介入公司内部的经营管理，将破坏整个公司法律制度的基础。因此，诉讼手段是解决公司纠纷的最终手段，除非万不得已，不宜采取诉讼手段解决公司纠纷。

穷尽公司内部救济原则在《公司法》上多有体现。比如，《公司法》在许多诉讼制度上都设计了前置程序，要求必须穷尽公司内部救济方式尚不能解决后，才能通过司法途径解决，这在审判实践中应当予以遵循。

例如，股东提起股东代表诉讼，必须首先请求公司治理机构向危害公司利益的不当行为实施者主张赔偿，在请求遭到拒绝或公司治理机构消极不作为的情况下，人民法院才应受理股东代表诉讼。又如，在司法解散公司诉讼中，只有公司僵局通过其他途径确实无法解决时，人民法院才能判令解散公司。

在实践中，法院以当事人未穷尽公司内部救济为由而判决驳回原告诉讼请求的案例较为常见。比如，在北京市西城区人民法院（2008）西民初字第 13694 号案件中，法院最终以原告民族报社未事先请求格莱瑞中心的监事会和董事会提起诉讼为由，认定民族报社未穷尽内部救济，进而裁定驳回了民族报社的诉讼请求。[④]

4. 维护商法的外观主义原则

公司法属于典型的商法。第三人在与公司进行交易时，通常只能通过公司所公示的外在情况来了解公司，并作出相应的决策判断，如所公示的内容与公司的实际情况不符，其

---

① 《公司法》第 25 条："有限责任公司章程应当载明下列事项：（一）公司名称和住所；（二）公司经营范围；（三）公司注册资本；（四）股东的姓名或者名称；（五）股东的出资方式、出资额和出资时间；（六）公司的机构及其产生办法、职权、议事规则；（七）公司法定代表人；（八）股东会会议认为需要规定的其他事项。股东应当在公司章程上签名、盖章。"

② 《公司法》第 81 条："股份有限公司章程应当载明下列事项：（一）公司名称和住所；（二）公司经营范围；（三）公司设立方式；（四）公司股份总数、每股金额和注册资本；（五）发起人的姓名或者名称、认购的股份数、出资方式和出资时间；（六）董事会的组成、职权和议事规则；（七）公司法定代表人；（八）监事会的组成、职权和议事规则；（九）公司利润分配办法；（十）公司的解散事由与清算办法；（十一）公司的通知和公告办法；（十二）股东大会会议认为需要规定的其他事项。"

③ 参见北大法宝—中国法律检索系统，http：//172.16.0.61/，2009－12－07。

④ 参见北大法宝—中国法律检索系统，http：//172.16.0.61/，2009－12－07。

风险不应由第三人来承担，这是商法外观主义原则的基本要求。人民法院在审理公司诉讼案件时，一般注意商法外观主义原则的适用。

例如，在海南省海口市中级人民法院审理的（2007）海中法民二终字第103号案件[①]中，针对原告海南黄金空调工程有限公司提出的请求确认享有海南新华安电子安全工程有限公司股权的诉讼请求，法院认为：股东资格的确认应以工商行政部门的登记为第一标准，工商行政部门的记载具有法定的权利推定力。若否认工商记载的股东的身份，相关权益者应当对其为实际股东负举证责任。本案中，海南黄金空调工程有限公司并未提供相关证据，且有关当事人予以否认，故驳回其诉讼请求。

此外，人民法院在审理公司诉讼案件时，一般还遵循如下原则：私法自治原则；交易效率原则；交易安全原则；商业判断原则；双重标准、内外有别原则；稳定社团关系原则；资本多数决原则；股权自由转让原则；股东有限责任原则；股权平等原则；不得滥用股权原则。

第四节　公司诉讼的发展趋势

分析和了解公司诉讼在中国的发展趋势，有利于公司诉讼律师把握业务方向。

公司是各种利益和多产权主体的有机统一体，权力和利益的多元化势必会导致股东与股东之间，股东与董事、监事、高管人员之间，小股东与大股东之间，乃至债权人与公司之间多方的利益冲突，这是公司诉讼产生的根本原因。《公司法》以及最高人民法院的相关司法解释为各种不同公司主体之间的纠纷提供了救济途径，但同时还可能根据实践情况进一步发展和完善。根据我们的实践经验，我们预测，中国的公司诉讼在未来可能存在以下发展趋势：

1. 公司诉讼的类型将会不断增多

2005年修订的《公司法》最突出的立法宗旨之一就是加大对中小股东的保护，规定了股东的若干新的可诉权利，这改变了过去许多受害的中小股东因缺乏法律依据而无法通过诉讼维护自己权益的被动局面。

相对于旧的《公司法》而言，2005年《公司法》创设了多种新类型的公司诉讼，包括：小股东对大股东的滥用控制权诉讼；公司法人人格否定诉讼；董事、监事、高级管理人员赔偿诉讼；公司决议撤销与无效诉讼；股东知情权诉讼；异议股东评估补偿权诉讼；公司设立不能诉讼；股东代表诉讼；公司司法解散诉讼等。这解决了长期以来困扰公司诉讼实践法律依据不足的多个难题。[②]最高人民法院于2016年12月5日通过的《关于适用〈中华人民共和国公司法〉若干问题的规定（四）》又新创设了公司决议不存在

---

① 参见北大法宝—中国法律检索系统，http：//172.16.0.61/，2009-12-07。

② 参见钱卫清：《新〈公司法〉催生了崭新诉讼生态》，见中外民商裁判网：http：//www.zwmscp.com/list.asp? unid=2532，2009-12-07。

诉讼。

基于《公司法》的不断完善和相关司法解释的陆续出台，伴随中国公司商业制度的逐渐成熟和民商事主体权利意识的觉醒，公司诉讼的类型将会不断增多。

2. 公司诉讼的数量将会不断增加，但将受经济形势影响而波动

自 20 世纪 80 年代以来，中国的经济十分活跃，公司设立数量一直在迅速增长。相应地，公司纠纷和公司诉讼的数量一般会逐渐增加，但受短期经济形势的影响，公司诉讼案件的上升势头会有所波动。根据《西安中院审理公司诉讼案件的调研报告》①，2007 年至 2012 年，西安市中级人民法院民四庭共审理公司诉讼案件 281 件，其中 2007 年 61 件，2008 年 45 件，2009 年 54 件，2010 年 121 件。通过上述统计数字可以看出，公司诉讼案件总体呈上述趋势，但受经济形势的影响比较明显。

3. 在一定时期内，法官的自由裁量权仍然很大，但相应审判规则将逐渐完善

《公司法》为相关公司主体提供了多种司法救济途径，但由于法律规定得还相对原则，很多公司纠纷的各种责任认定以及诉讼的具体程序还有待于进一步细化。最高人民法院已经并继续陆续出台关于《公司法》适用的若干司法解释。

在此过程中，法官的思维方式、裁判标准、审判理念等都面临着新的考验，法官的自由裁量权在一定时期内仍会影响甚至左右案件的裁判结果，甚至可能存在案情类似但裁判大相径庭的情况。但随着相关审判实践的不断发展，有关审判规则逐渐形成和完善，司法裁判对当事人和律师的指引作用也会逐渐形成。

第五节　律师办理公司诉讼业务的操作指引

一、律师办理公司诉讼业务的基本操作指引

1. 在接收客户正式委托前进行利益冲突检索

与办理其他诉讼案件一样，律师在接受客户委托前，应当就委托事项在律师事务所内部进行利益冲突检索。在确认不存在利益冲突的前提下，律师才能正式接受客户的委托。②

2. 调查了解争议问题和案件事实

律师接受委托后，应当向客户了解客户与争议相对方的争议问题，并全面调查了解与争议相关的案件事实。律师了解清楚争议各方的争议问题和相关案件事实，是律师代理客户恰当提起公司诉讼和正确应对公司诉讼的前提条件。

---

① 载陕西法院网，见 http：//sxfy. chinacourt. org/public/detail. php？ id=18235。

② 因为遵守利益冲突规则是律师办理所有业务都应当遵守的规则，在此不再展开介绍。

3. 进行法律检索

律师在了解争议问题和相关事实后，应当围绕争议的法律问题进行适当的法律检索，确定并了解处理争议可能适用的法律。

律师进行法律检索，检索范围应包括但不限于法律、行政法规、行政规章、规范性文件、地方性法规、司法解释、最高人民法院个案批复、最高人民法院院长讲话、最高人民法院会议纪要、最高人民法院及各地法院案例和地方法院的业务指导意见。如果对争议问题的法律适用存在较大争议，或法律依据不明确时，律师应注意搜集、整理相关理论文章的相关观点。

4. 进行法律分析并起草书面意见

律师在了解争议问题和案件相关事实后，应当围绕争议焦点进行法律分析，提出法律分析意见，供客户考虑，同时，也为律师向客户提供应对建议奠定基础。

5. 制定总体应对策略

律师应当围绕客户的战略目标，以实现客户的战略目标为目的，协助客户制定总体应对策略。

对某些公司诉讼案件而言，当事人提起公司诉讼的目的比较明确，就是争取诉讼请求得到法院支持，即打赢官司本身就是客户的提起公司诉讼的目的。但在很多情况下，当事人提起公司诉讼，仅仅是解决当事人之间争议的手段或手段之一，而非当事人的战略目标。因此，律师在协助客户制定总体策略时，应当了解客户的战略目标。在客户战略目标不明的情况下，律师应建议或协助客户尽快予以明确。

6. 制定具体的诉讼方案

在律师制定的总体应对策略得到客户认可后，律师可以据此制定相应的具体的诉讼方案。包括诉讼切入点、诉讼主体、诉讼请求、管辖法院、诉讼保全措施等。由于作为代理被告的诉讼方案与代理原告的诉讼方案侧重点有所不同，关于如何制定具体的诉讼方案，我们将在下文详述。

7. 根据诉讼方案和客户的要求，采取具体的诉讼措施

在律师制定的总体应对策略和诉讼方案得到客户认可后，律师将根据客户的要求采取具体的诉讼措施。包括起诉、反诉、上诉、申诉、诉讼保全、答辩、举证、出庭等。

二、律师制定总体应对策略应关注的问题

1. 明确客户的战略目标是律师制定总体应对策略的前提，律师应当紧紧围绕客户的战略目标制定总体应对策略。

在多数情况下，客户的战略目标可能并非是单一的，而是组合式、多元化的。所以，律师在制定总体应对策略时要通盘考虑客户的战略目标，不仅做到周全，也要考虑分清主次、先后、轻重、缓急。下面以客户涉诉时作为原告和被告的两大角色，分别阐述一般情况下客户在公司诉讼中追求的目标。

（1）作为主动提起诉讼一方的战略目标

从实体上讲，主动提起诉讼的一方主要是为了使当事人因他人的违约或者侵权行为而遭受的损失得到补偿。这种损失可以是有形的，也可是无形的，可以是财产上的，也可以是名誉上的。

在某些情况下，主动发起公司诉讼的一方有时可能是为了达到中断诉讼时效①、选择有利管辖法院②、避开可能对自身不利的法院等目的。这类诉讼都是基于诉讼策略的考虑，为保证在诉讼中处于主动地位而主动发起的。

除了法律层面的考虑，公司诉讼往往也可能出于某种商业目的，或为了给对方制造压力实现诉讼外的其他目标。比如，在一起跨国公司及其高级管理人员被中方股东代表公司提起的违反竞业禁止的公司诉讼中，中方股东以外方股东委派的董事违反竞业禁止的规定为由，对外方委派的董事提起诉讼，要求赔偿损失，同时要求外方股东承担连带赔偿责任。在该案中，中方股东提起诉讼的真正原因在于，中外双方股东对于合资企业的发展问题存在重大分歧，不能达成一致意见。为了给外方股东施加压力，迫使外方股东接受中方股东的意见，中方股东代表合资公司提起了上述诉讼。

（2）作为被告一方应对诉讼的战略目标

针对原告提起的公司诉讼，作为被动应对诉讼一方（被告）的应诉目标，主要应根据原告的诉讼目标，有针对性地确定自己的战略目标。该战略目标可能是基于法律层面（实体方面和程序方面），也可能是基于非法律层面。实践中，有的被诉方为了在短期之内迅速解决问题，以最大限度地减小诉讼给公司带来的不利影响，会争取以和解的方式去解决问题，甚至愿意以付出较高的经济成本为代价迅速了结诉讼。

2. 注意利用对方当事人的弱点和存在的问题，采取相应的有效措施。

在公司诉讼中当事人双方通过起诉、答辩、举证、质证、辩论等进行法律对抗，处于中立地位的法官则通过双方的抗辩了解案件事实、争议焦点，从而正确适用法律作出裁判。从诉讼的对抗过程看，实际上就是双方的攻防过程，如同对弈。双方在同一个规则下，采取最有效的应诉措施，获得最有利于己的结果。

在诉讼攻防之间，攻与防的态势随时可能发生转换。一方不仅要做好进攻，同时也要做好防守。如果一方在进攻时势如破竹，打得对方毫无还手之力，而针对对方的进攻则始终坚守阵地，固若金汤，必将赢得公司诉讼的最终胜利。但如何才能制定比较好的攻防策略，做到攻守兼备呢？经验告诉我们，这就是要善于发现对方存在的问题和弱点，若能抓住其弱点，攻其不备，必将取得出其不意的效果。

（1）从案件实体上攻击对方当事人的弱点。

如前所述，公司诉讼多发生在公司内部，如股东与股东之间、股东与公司之间、公司或股东与高管之间，该类诉讼一般争议较大。而争议较大的案件，在实体上，对方一般有

---

① 权利人依诉讼程序主张权利，请求人民法院强制义务人履行义务。起诉行为是权利人通过人民法院向义务人行使权利的方式。故诉讼时效因此而中断，并从人民法院裁判生效之时重新起算。

② 根据《民事诉讼法》的规定，同时具有管辖权的两个法院，以先立案者为准。

一定的弱点或问题。比如，合同的效力问题、违法问题、证据的真实性或充足性问题、公司决议的合法性问题等。找出对方在案件实体上的弱点，予以猛烈攻击，一般能取得较好的效果。

（2）从程序上攻击对方当事人的弱点

除了从实体方面搜集、掌握对手的弱点和问题，还可以从程序上寻找突破口，如管辖权问题、审理时间问题、对方当事人主体资格问题、对方当事人的诉讼代理人资格问题、对方当事人与承办法官的关系问题等。比如，如果对方急于结案，则可利用对手的这一弱点，大打拖延战。

3. 必要时通过采取行政举报和刑事举报措施，打击对方当事人或给对方当事人施加压力。

在某些公司纠纷中，如果发现对方当事人涉嫌行政违规或刑事犯罪的情况，为了化被动为主动，若跳出案件本身去启动刑事或行政程序，追究对方当事人或其高管人员的违法、犯罪问题，则可以彻底扭转、改变己方不利的诉讼局势。即使与本案无关的刑事案件，也可能致使对方陷入极其被动的地位，使其陷入刑事案件、行政案件追诉之中，而无暇顾及本案的应诉，从而彻底打乱对方当事人阵脚，达到客户的目的。比如：

（1）如果对方有偷税漏税问题，则可以向税务部门举报，由税务部门依法对其处罚，可以在一定程度上分散对方应对诉讼的精力和注意力。

（2）如果对方设立的公司有出资不到位、抽逃出资问题，可以向工商行政管理机关、公安机关举报，由工商部门对其处罚，由公安机关进行查处。

（3）如果对方有挪用公司资金、侵占公司资金等犯罪行为，则可以通过向公安机关举报，由公安机关追究其刑事责任。

4. 通过媒体、地方政府或其他渠道，排除对方当事人可能给法院施加的案外不利影响。

人民法院的司法裁判权在法律上固然是独立的，但是，处于社会大环境下的司法裁判权可能会受到新闻媒体、行政权力及其他案外因素的影响。法律是规则的集合，更代表着一种公正的价值取向。所以，法官判案时有时会考虑到社会舆论的评价，会关注社会公众的整体评判。特别在对方当事人已采取相应措施对法院施加了不利的案外影响的情况下，就更应采取相应的措施，以消除或抵消对方不当影响所带来的负面影响，使法院排除其他不当干扰，回到案件本身来，依据案件事实和法律作出公正裁判。

5. 适时寻找合适的和解方案，争取通过和谈了结公司纠纷。

条件适当的和解对于争议的任何一方而言，无论是从节约诉讼成本、维系双方的合作关系以及长远的商业安排等各个方面，均是最有利的。特别是旷日持久的诉讼，博弈双方从整体看没有完全的胜利者。因此，和解是纠纷永恒的主题。无论在哪个阶段，只要有和解希望，且和解方案基本合理，律师均可以建议客户争取和解。但是，和解的前提是不损害客户的根本利益。律师在提议当事人和解时，要注意把握如下几点：

（1）和解的阶段

和解可以在纠纷发生尚未进入诉讼时展开，也可在已经提起诉讼（包括采取诉前保全措施等）但尚未开庭审理之前进行，亦可在庭审中或庭审结束后进行，甚至，也可以在二审的任何一个阶段达成和解。如果在纠纷发生尚未进入诉讼时就有达成和解的可能，最好利用可能的机会促成和解。

（2）胜诉无望情况下的和解

在有些案件中，根据律师的分析论证，如果胜诉无望，则不如尽早和解，以节约成本，避免败诉的不利结果。

（3）不能为了和解而丧失有利的诉讼时机或失去诉讼的主动地位

在和解时，跨国公司要根据具体情况作出具体分析，不能为了和解而和解，因和解而拖延时间过长，使得对方采取了防范措施，从而丧失了有利的诉讼时机，使自己陷入被动的局面。比如：对方借洽谈和解之机转移财产，导致错过财产保全的时机，产生执行难的情况；错过关键证据的搜集，使己方举证难。

根据我们的实务经验，在发现对方无真实的和解愿望或和解没有诚意时，应立即相应地采取有力措施。比如，通过立即收集相关证据材料、对对方财产采取财产保全措施、尽快提起诉讼等，降低对方预期，迫使对方重新回到谈判桌上，为有利于己方的谈判创造条件，赢得谈判的筹码。该种以打促谈的策略，在实践中最为常见，效果也最为明显。尤其是有针对性地对对手的核心财产（正在运营中）采取财产保全措施，使对手处于极其不利的地位，更有利于促成和解。

（4）和解方案的选择和制定

在选择和解方案时，应对整个案情作出全面的法律分析、商业判断，以制定可行的、合适的和解方案。在草拟和解方案时，应多准备几套方案，以便留下讨价还价的空间，使和解能够进行下去。尤其是在诉讼前，最好能全面分析对手情况，聘请律师对案件的诉讼结果作出客观风险评估，以确定谈判底线与和解方案。

三、律师代理公司诉讼原告的操作指引

1. 起诉前的准备工作

律师在接受客户委托后，应全面调查、了解、梳理案件事实，收集分析案件、提起诉讼所需的相关证据材料。

律师在全面了解案件事实的基础上，应依据相关法律法规，对案件争议的主要法律问题向客户提出法律分析意见，并对纠纷解决的总体方案提出建议。

在确定纠纷解决的总体方案后，律师应就拟提起公司诉讼的案由、诉讼主体、诉讼请求、管辖法院等具体诉讼方案，提出分析意见和建议。

律师在代理客户提起诉讼前，应基于对案件的法律分析、诉讼可能的结果、对方可能提出的抗辩、可能需要花费的时间、诉讼成本和败诉风险等向客户作适当提示。

2. 调查了解案件事实

律师在接受委托后，应全面调查了解案件的事实情况。

向相关人员调查了解情况，应包括但不限于：纠纷发生的背景和原因、纠纷发生的具体情况、纠纷的处理情况等。

在公司内部收集、调查相关书面材料，应包括但不限于相关合同、公司章程、公司决议、公司相关批准文件、会议纪要、备忘录、往来函件（包括传真、邮件及电子邮件）、电话记录以及与纠纷相关的其他书面文件。

就有关事实向相关部门进行调查和查询，应主要包括：就公司工商档案向工商行政管理局的查询；就公司审批档案向外商投资审批部门（商务部门）的查询；就公司房地产登记档案向土地和房产管理部门的查询；就特定的其他事实问题向其他政府主管部门的查询。

对与争议相关的能证明某种法律事实的网页信息、向对方发送函件的过程及函件内容、对方的侵权行为等可能就证据的真实性、合法性存在争议的证据，如果案件需要，律师应建议客户委托公证机关进行公证。

如果相关证据可能灭失或以后难以取得，律师应建议客户在开庭审理前向人民法院申请进行证据保全。

3. 确定合适的诉讼主体

（1）确定适格的被告

律师应依据法律法规的规定并基于案件事实，就如何选择并确定被告提出意见。选择、确定被告通常要考虑如下因素：

1）被告是否具备诉讼主体资格。

2）根据诉讼请求和案由确定适格的被告。对于《公司法》及相关司法解释已对如何列明被告明确规定的，应依据相关规定确定被告。比如，解散公司纠纷和股东会决议效力纠纷，应以公司为被告。

3）被告的名称、住址、法定代表人或负责人等信息应准确无误。

4）对于有可能承担连带责任、共同责任、补充责任的被告，要尽可能列为共同被告。但为了特殊诉讼目的需要，经客户同意不列为被告的除外。

5）选择被告要有利于维护委托人的权益。比如，在请求权竞合的案件中选择被告时，应综合考虑举证责任的难易情况、义务主体的履行能力以及管辖法院的确定等多方面因素，选择行使一种请求权，并据此提出相应确定被告的意见。

（2）准确列明第三人

律师代理原告起诉时，列明第三人通常需要考虑如下因素：

1）拟列为第三人的行为人应对原、被告之间的诉讼标的具有独立请求权，或与案件审理结果有法律上的利害关系。

2）如果行为人对原被告之间的诉讼标的没有独立请求权，但有共同的诉讼标的，是共同诉讼人而不是第三人，不能列为第三人。

3）如果行为人与案件的审理结果有一定的关系但不具有利害关系，或者这种关系不是基于同一法律关系，或者根本就没有法律上的利害关系，也不能列为第三人。

4）原告只能将无独立请求权的第三人列为第三人，对有独立请求权的第三人，则由第三人主动申请参加诉讼。

5）原告可以在起诉时直接列明第三人，也可以在诉讼过程中根据案件需要申请法院追加第三人。

4. 注意根据公司诉讼案件管辖的原则确定管辖法院

根据《民事诉讼法》的规定，律师应基于如下原则确定公司诉讼案件的管辖。

（1）对合同类公司诉讼案件，如果合同双方协议约定管辖法院，且约定有效（约定法院应该为合同当事人一方所在地、合同签订地或合同履行地、标的物所在地且不应违反法律关于级别管辖和专属管辖的规定），则由约定的法院管辖；如果合同双方没有协议约定管辖法院，或协议约定无效的，则由被告所在地或合同履行地法院管辖。

（2）对侵权类公司诉讼案件，由被告所在地法院或侵权行为地法院管辖。

（3）对于其他类型的公司诉讼案件，比如撤销董事会决议、股东会决议诉讼、解散公司诉讼，由公司所在地法院管辖。

（4）根据上述原则确定的管辖法院，不应违反相关法律法规及其司法解释关于级别管辖的一般规定。

5. 根据案情需要提示客户采取诉前保全或诉讼保全措施

为防止被告转移财产，避免法院裁判后无法执行，对有些案件有必要采取财产保全措施的，律师应提示客户采取诉前保全或诉讼保全措施。是否采取保全措施，由客户决定。

为防止被告毁损和转移证据，在必要时，律师应提示客户申请法院采取证据保全措施。

在申请法院采取保全措施前，律师应进行必要的调查取证，了解拟保全的财产、证据线索。而且，应根据法院要求，提示客户准备法院能够接受的适当的担保。

律师申请法院采取保全措施要及时，防止被告恶意转移财产或转移毁损证据。

律师在建议客户申请财产保全时，应本着审慎原则，避免因保全错误给被申请人造成损失，并充分向客户提示风险。

6. 注意恰当把握提起诉讼的时间和时机

律师代理客户提起公司诉讼，应当选择适当的时间和时机。除应考虑诉讼时效的因素外，还应考虑法律对某些公司诉讼提起诉讼时间的强制性规定。

（1）律师代理股东撤销公司股东会决议、董事会决议的，必须在公司决议作出之日起60日内提起诉讼。

（2）律师代理股东提起股东代表诉讼，除非情况特别紧急，必须履行前置程序。

（3）律师代理股东以公司股东会僵局为由请求法院解散公司的，必须符合“公司持续两年以上无法召开股东会或者股东大会”或“公司持续两年不能作出有效的股东会或者股东大会决议”的条件。

（4）公司股东对某些股东会决议持有异议依据《公司法》第74条的规定请求公司收

购其股权的，在相关股东会决议通过之日起 60 日内，股东与公司不能达成股权收购协议的，律师代理股东应自股东会会议决议通过之日起 90 日内向法院提起诉讼。

四、律师代理公司诉讼被告的操作指引

1. 律师代理公司诉讼被告的基本指引

律师代理公司诉讼的被告，也应当像代理公司诉讼原告那样，在接受委托后全面调查、了解案件事实，对案件所涉相关法律问题，向客户出具法律分析意见，就诉讼应对的方案提出建议，并就案件可能的不利结果向客户进行适当提示。

但由于在诉讼中所处的地位不同，律师代理公司诉讼的被告时所采取的应诉策略与作为原告代理律师时有所不同，应当在分析、研究对手的诉讼目的和策略后，有针对性地予以应对。代理被告方的律师，虽然在诉讼中处于被动应诉的地位，但由于身处暗处，反而可以根据原告的起诉了解原告的意图，在完全明白原告意图后进行有针对性的出击，甚至发起反攻。

（1）如果对手提起诉讼的目的就是赢得诉讼，则代理被告方的律师应重点从事实层面和法律层面认真应对。

（2）如果对手提起诉讼是出于某些特殊的商业目的，则代理被告方的律师除应当就案件本身认真应对当前的公司诉讼案件外，还应当采取其他对应措施，否则，不能从根本上制约对方，不能从根本上解决双方的争议。

（3）如果对手根本没有胜诉希望，提起诉讼的目的就是通过提起诉讼对被告的特定财产采取保全措施，给被告施加压力，则被告的应对重点在于，提供适当的担保，与法院充分交流沟通，争取法院尽快解除查封措施，同时积极推进案件进程，争取尽快裁判。

总之，面对原告的起诉，代理被告方的律师，应从事实和法律、实体和程序、影响裁判的案内因素和案外因素等多个层面进行全面分析，对案件判决结果作出大致预判，在此基础上，有针对性地确定抗辩策略和制定总体应诉方案。

2. 律师代理公司诉讼被告的程序性抗辩

律师接受委托代理公司诉讼的被告，首先应就是否从案件的程序方面提出抗辩进行分析并提出建议，供客户参考。

律师可以就原告的诉讼主体资格、代表原告提起诉讼的代表人资格、被告是否适格、管辖权、是否漏列当事人等程序性问题进行审查，并就是否进行抗辩、何时抗辩和如何抗辩向客户提出分析意见和建议，并根据客户的意见予以处理。

3. 律师代理公司诉讼被告的实体性抗辩

公司诉讼案件进入实体审理，律师代理被告进行实体性的抗辩主要包括法律性抗辩和事实性抗辩。

法律性抗辩，通常是指被告从诉讼案件核心争议焦点涉及的实体法律方面进行抗辩，从对手请求权的基础出发进行抗辩，从法律与行政法规或地方规章的“冲突”、法律的适用对象、法律适用的范围等角度提出抗辩。

事实性抗辩，通常是指被告从原告主张的事实着手，分析其诉讼请求是否具有事实基础，证据是否充分，证据的证明力如何。

律师应就如何进行实体性抗辩向客户提出分析意见和建议，并根据客户的意见予以处理。

4. 根据案件具体情况和整体诉讼策略的需要，决定是否提出反诉或另行提起诉讼

提出反诉或者另行提起诉讼，是被告化被动为主动的一大战略选择。而且，在实践中，原告自身的某些商业行为也难免完全规范合法，或者游离于法律的灰色地带。这时候，作为被告方的律师如果选择的切入点得当，适时地提出反诉或者另行提起诉讼，则可能达到“出其不意，攻其不备”的效果。

因此，针对原告的本诉，被告律师应分析是否有提起反诉的可能，或另行提起其他诉讼的可能。若能够提起反诉，就应在法律规定的举证期间内尽快提起诉讼。如果超过提起反诉的时机，导致法院不同意与本诉合并处理，则可以另行提起新的诉讼。除此之外，如果不属于反诉的案件，但发现也可以追究原告责任的其他事由，也应及时提起诉讼，使得原告也处于被动应诉的局面。

笔者曾经为母公司在美国的一家在华跨国公司代理过一起公司诉讼案件。原告以被告（跨国公司）的行为构成合营合同下的违约为由，要求追究其违约责任。针对原告的起诉，笔者认真分析了原告主张的事实依据，笔者发现原告也存在重大违约行为，故建议被告提起反诉。法院受理反诉后，经过庭审对抗，原告主动与被告达成和解，互相不再追究对方的违约责任。

5. 根据诉讼策略需要，考虑是否采取必要的战术争取时间

诉讼的周期与效率通常也是诉讼当事人在诉讼中需要重点考虑的因素。一般对原告而言，如果诉讼周期过长，将影响原告诉讼目标的实现。迟来的正义属于非正义，如果经年累月的诉讼耗费了大量的人力、物力、财力，即使面对最后可能胜诉的裁决，原告可能也会进行相应的妥协，放弃、变更自己的诉讼请求，甚至撤诉，追求与被告的和解。而且，从被告应诉的角度而言，有些案件可能导致被告难以在较短时间内完成证据的搜集整理、答辩思路的梳理形成以及整体诉讼策略的布局等工作。因此，跨国公司作为公司诉讼的被告时，无论从对抗原告诉讼目标的角度出发，还是从被告应诉策略方面考虑，采取必要的战术争取适当的准备时间都是十分有必要的。

根据我们的实践经验，在诉讼过程中，作为被告的律师通常可以采用如下方式争取时间：

（1）就法院受理案件提出管辖权异议，在法院驳回管辖权异议后，对法院的裁定提出上诉。

（2）根据案件情况，对原告的起诉，提出反诉。

（3）提出适当理由，申请法院延期举证、延期开庭。

（4）提出合法理由，申请法院调查取证。

（5）对原告关键证据的真实性提出质疑（即便该证据的真实性可能没有问题），申请

法院委托鉴定机构进行鉴定。

(6) 根据案件情况，另行提起一个影响本案裁判的新的诉讼，同时申请法院中止本案诉讼审理。

第六节　经典案例评析

一、案情概要

A公司是1993年成立的中外合资经营企业，注册资本2亿元人民币，因A公司董事长和其他董事会成员大部分为外籍人员，不能长期在国内履行职务，故一直授予聘请的总经理较大的经营自主权利。2006年1月，A公司聘请张某担任公司总经理。张某在担任A公司总经理期间实施了以下行为：(1) 实际控制了公司的运营，将A公司财务部门整体转移到其控制的其他公司办公地点，致使A公司对其财务部门及财务资料失去实际控制；(2) 利用公司赋予的签订贷款合同的权利，以公司固定资产为抵押，向银行签订了巨额借款合同，并将上述款项转移到其控制的关联公司。

2007年年底，A公司董事长察觉到张某实施的上述行为后，于2007年12月作出董事会决议，免除了张某的总经理职务，并要求其向董事会新任命的总经理交接工作。但是，张某在被解除总经理职务后，又实施了以下侵害A公司权益的行为：(1) 指使他人将A公司营业执照、外商投资企业批准证书、企业组织机构代码证、房产证等公司证照取走，拒不归还；(2) 拒不将包括财务账簿和财务凭证在内的所有财务资料返还A公司；(3) 拒不返还其在担任总经理期间使用的公司房产及车辆；(4) 假冒董事长签名、使用其控制的A公司公章，将A公司持有的一子公司的30%股权，转让给其控制的关联公司，并以同样手段骗取了审批部门和工商登记部门对股权转让行为的批准和备案。

经调查了解，在张某担任总经理职务以及被解聘后，其实施的行为给A公司造成的损失大致如下：(1) 张某转移了A公司的流动资金，总额可能超过人民币5 800万元，占用A公司房产和车辆，价值约人民币200万元；(2) 张某转让公司股权投资，给A公司造成损失不低于人民币3 650万元；(3) 张某控制了公司的所有印鉴和文件，造成公司无法对张某在任期间A公司的经营情况进行审计，也无法正常经营。

二、客户目标

在A公司与律师接洽的过程中，A公司向律师表达了该公司对张某采取法律措施所希望达到的诉讼目的，主要包括：

1. 立即控制A公司的印鉴和财务资料，避免张某进一步损害公司利益，并了解张某损害A公司利益的具体数额；

2. 通过诉讼立即查封张某冒用公司名义转让的A公司的股权；

3. 要求张某赔偿A公司的损失；

4. 尽量通过一个整体的诉讼一揽子解决所有争议；

5. 尽量避免案件受到当地地方保护主义的不利影响（张某在其所在的地级市具有一定影响力）。

三、案件的难点

结合案件实际情况以及A公司的诉讼目的，律师分析认为，本案要达到A公司的目的，存在如下难点：

1. 张某实施的多个行为涉及的法律关系似乎不同，在一个案件中同时提出多项诉讼请求难以得到法院支持。

根据诉讼的内容分析，A公司的诉讼请求中不但包括确认之诉的内容，如确认股权转让合同无效之诉，又包括给付之诉的内容，如返还印鉴和财务资料、赔偿损失等。而根据诉的性质分析，A公司的诉讼请求又包含着合同之诉（合同效力）和侵权之诉（赔偿损失）两方面的内容。根据诉讼的一般原则，合同之诉和侵权之诉由于属于完全不同的法律关系，基于不同法律关系的诉讼请求似乎很难合并为一个诉讼。

2. 案件的管辖层级难以提升。

根据级别管辖原则，确认之诉、返还之诉等类诉讼并不涉及标的金额，故一般这类案件均由基层人民法院管辖。而根据最高人民法院规定的各级法院受理案件标的的规定，合资公司所在的省高级人民法院审理标的额为1亿元以上且当事人同为一个省级辖区的案件。本案中A公司和张某以及其他被告均属于××省籍，涉案所有行为的发生地也均在××省。同时，A公司对张某到底侵占或转移了公司多少资产并没有掌握确切的证据。依据现有证据，案件应由当地中级人民法院管辖。而由于张某在当地的影响力，如果在当地中级人民法院提起诉讼，很可能受到案外因素的干扰，而对A公司产生不利影响。

四、原告律师的策划

1. 诉讼思路

针对案件的事实情况和客户的期望，通过研究，A公司的律师认为，应当以张某担任A公司总经理这一点为突破口，利用公司法规范，将张某所实施的所有侵害公司的行为（包括与其关联公司共同实施的侵权行为）均作为其身为公司高管人员损害公司利益的行为，设计到一个诉讼中。

根据《公司法》[①] 第149条和第150条的规定，张某作为A公司总经理，应当对A公

① 本书相关案例中的《公司法》均指案例发生当时适用的《公司法》，下同。

司承担忠实、勤勉义务，并不得损害公司利益。如对张某提起一个公司高级管理人员损害公司利益赔偿纠纷诉讼，则因其违反忠实、勤勉义务所引起的损害行为给A公司造成的一系列损失，A公司依法可一并主张，且救济形式可不拘泥于某一种诉讼类型。

2. 诉讼方案

根据以上思路，A公司的律师设计了如下诉讼方案：

（1）案件当事人：以A公司作为原告，将张某列为第一被告，将受让A公司股权的张某的关联公司列为第二被告。

（2）诉讼请求：判令第一被告返还A公司财务账簿、财务文件及印鉴；判令第一被告假冒原告名义与第二被告恶意串通签订的《股权转让协议》无效；判令第一被告和第二被告返还A公司持有的子公司30%股权（价值3 865万元）；判令第一被告返还其非法侵占的A公司车辆、房屋；判令第一被告返还其非法侵占的原告资金3 000余万元，返还其侵占的原告其他财产2 600万元；判令第一被告赔偿因其侵权行为给A公司造成的经济损失500万元；判令被告承担原告因此案而支出的合理律师费用50万元；判令被告承担本案的全部诉讼费用。

（3）管辖法院：在上述诉讼请求中，既包含了确认合同无效的内容，也包括股权、金钱的返还内容以及损害赔偿内容，但所有诉讼请求均围绕张某作为A公司高级管理人员损害公司利益这一诉因展开，且诉讼标的超过人民币1亿元，故管辖法院应为××省高级人民法院。

上述诉讼方案，在经过A公司确认后，律师代表A公司于2008年向××省高级人民法院提起诉讼，法院经审查后，对本案正式予以立案。

3. 诉讼保全措施

因A公司重要的公司资料（如财务资料）均被张某控制，A公司的诉讼目标之一即是控制公司资料，防止张某利用这些资料进一步损害公司利益。律师经过研究认为，因为上述资料属于诉讼争议标的，且A公司的返还请求并不属于法律明确规定的可以先予执行的事由，所以直接取回公司资料的目标可能无法一步到位。在如实告知A公司上述意见的同时，律师也告知A公司，可以通过诉讼保全方式申请法院对A公司的资料采取保全措施，通过保全，同样可以达到防止张某进一步利用公司资料实施侵权行为的目的。

此外，为防止张某及其关联公司将非法受让的A公司持有的其他公司的股权再行转移，对该股权也应当进行查封。

在征得A公司同意并提供担保的情况下，在本案立案的同时，律师即代表A公司向法院申请保全张某控制的A公司资料、查封第二被告持有的涉案股权。法院随后以裁定形式批准了A公司的请求，采取了查封措施。

五、案件进展

在A公司提起诉讼后，张某向××省高级人民法院提出管辖权异议，主要理由是：

A 公司将不同诉因的请求合并审理错误，应当将所有诉讼请求拆分后提起多个诉讼解决；A 公司虚构诉讼标的，违反级别管辖规定。

律师代表 A 公司提出如下答辩意见：A 公司的所有诉讼请求均是基于公司高级管理人员损害公司利益赔偿纠纷这一案由提出的。关于损失数额，因张某控制了 A 公司的财务账簿，故具体损失数额应当在 A 公司取回账簿后，或者在法院主持下对张某控制 A 公司期间的财务状况进行审计后方可详细计算，因此，在 A 公司已经提交了证明损失数额的初步证据后，不能认定 A 公司虚构诉讼标的。

××省高级人民法院经审查，完全支持了 A 公司律师提出的答辩意见，裁定驳回了张某的管辖权异议。

张某不服，向最高人民法院提出管辖权异议上诉。最高人民法院终审认为：A 公司提出的确认合同无效、返还股权的诉讼请求是“基于第一被告与第二被告恶意串通、共同侵权的同一事实提出的多个请求”，该请求“与本案案由确定为公司高级管理人员损害公司利益赔偿纠纷并不冲突”；××省高级人民法院审理本案不违反法律规定。据此，最高人民法院驳回了张某的上诉申请。

2012 年年底，××省高级人民法院作出一审判决，支持了 A 公司的诉讼请求。①

六、案件启示

本案诉讼，对律师办理公司诉讼业务，具有一定的启示意义。对于纷繁复杂的公司纠纷，律师应当如何基于案件基本事实和客户的商业目标，选择合适的切入点，提出相应的有创造性的应对方案，这既是公司诉讼律师的基本技能，但往往也是充分展示律师业务水平的分水岭。

就实体而言，公司纠纷往往蕴含数个法律关系的数个争议。律师应充分研究案情，梳理案件事实和相应法律关系，从中筛选出对客户最有利的切入点。

就程序而言，公司诉讼律师应充分利用民事诉讼法和最高人民法院司法解释关于级别管辖的规定，尽量选择对客户有利的法院提起诉讼，以尽可能避免可能的地方保护主义对诉讼案件的不利影响，维护客户的合法权益。

本章练习与测验

针对上述案例，请做如下练习：

1. 在案件发生前，如果 A 公司委托你作为该公司的代理律师，请根据本案案情写一份法律分析意见和建议提供给 A 公司。主要内容包括：基本事实、客户的目标、主要法律

① 在本书出版前，该案仍在最高人民法院二审审理过程中。

问题分析、律师的建议、诉讼方案、法律风险提示等。

2. 如果你是A公司的代理律师，请起草一份起诉状和诉讼保全申请书。

3. 如果你是张某的代理律师，在收到法院送达的起诉状后，你会向张某提出哪些应对建议？

4. 如果你是张某的代理律师，请起草一份管辖权异议书。

5. 如果你是张某的代理律师，请起草一份一审答辩状。

本章总结

公司诉讼与普通的民商事诉讼既有一定的共同点，又有重大区别。律师在办理公司诉讼案件过程中，首先要调查清楚案件基本事实，了解客户的战略目标，然后围绕案件可能的争议焦点进行法律分析，提出自己的建议和解决问题的方案。基于公司诉讼案件的特殊性，律师办理公司诉讼案件，特别要重视围绕如何实现客户的商业目标来设计解决问题的方案。

小贴士：诉讼类文书的概念和类型

诉讼类文书，主要是指在诉讼案件中，律师向当事人出具的，当事人以及律师代表当事人向司法机关提交的，为正确运用、实施法律而依法制作出的具有法律效力或法律意义的文书。诉讼类文书一般分为如下三种类型：

（1）当事人致司法机关类文书。即以当事人名义起草的起诉状、答辩状、反诉状、上诉状、异议书、申请书或说明书等文书。

（2）律师致司法机关类文书。即以律师身份起草的代理词或法律意见书等文书。

（3）律师致当事人类文书。即律师和当事人之间用作交流信息、设计方案和汇报工作进度用的诉讼案件法律意见书、备忘录等文书。

法律分析意见参考模板

时　间：××××年××月××日

发件人：××律师事务所

收件人：××

主　题：关于××××的法律分析意见

第一部分：引语。主要叙述案件由来、客户要求、本意见出具的假设或基础等。

第二部分：基本事实。梳理案件目前的基本事实。

第三部分：主要法律问题分析。对案件所涉相关法律问题进行分析，并对客户可能存在的法律风险进行提示。

第四部分：工作建议。根据分析意见对客户下一步工作提出建议。

第五部分：结语。

附件：目前取得的材料清单

××律师事务所

××××年××月××日

第十章

公司设立和公司资本纠纷

本章要点

公司设立纠纷的常见类型及处理原则

股东出资纠纷的常见类型及处理原则

股权确认纠纷的常见类型及处理原则

学习目标

了解公司设立纠纷的常见类型及所涉及的主要法律问题

了解股东出资纠纷的常见类型及所涉及的主要法律问题

了解股权确认纠纷的常见类型及所涉及的主要法律问题

了解律师办理公司设立纠纷和资本纠纷的基本思路

初步掌握律师办理公司设立纠纷和资本纠纷案件中起草基本法律文书的能力

第一节　公司设立纠纷

一、公司设立纠纷概述

公司设立，是指发起人或设立人依照法律规定的条件和程序，组建公司并使其取得法律人格的一系列法律行为的总称。公司设立的基本程序主要包括：订立发起人协议、确立组织机构、认缴资本、通过行政审批、召开创立大会、公司设立登记。

发起人之间为设立公司而进行一系列法律行为，设立中的公司可能对外签署协议或进行其他法律行为。因此，虽然公司尚未成立，但处于设立过程中的“公司”同样会遇到复杂的法律问题，并可能由此产生相应的法律纠纷。通常来讲，公司设立过程中的常见纠纷主要包括：设立中公司签订合同引发的纠纷、发起人损害公司利益的损害赔偿纠纷、公司设立失败引发的纠纷以及公司设立无效引发的相关纠纷等。

二、公司设立纠纷的常见类型

1. 设立中公司对外签订合同引发的纠纷

设立中公司是不具有独立民事责任能力的非法人团体，同时又是向法人过渡的企业组织形式。因此，设立中公司为设立公司需要或其他需要对外签署合同，可能由此引发设立中公司、发起人与第三人就合同履行而产生的纠纷，并且，因设立中公司签订合同还涉及公司最终能否成功设立而在纠纷处理上有所不同。对于设立中公司对外签订合同引发的纠纷解决，由于《公司法》《民法通则》等均未就设立中公司的概念、法律地位作出规定，设立中公司的法律地位及其对外签订合同的效力及法律后果在司法实践中一直存在许多争议。就此，最高人民法院《关于适用〈中华人民共和国公司法〉若干问题的规定（三）》

（以下简称《公司法司法解释三》）已对某些重要问题和处理原则作出规定，但在实务操作中可能还会面临很多问题存在规定不明的情况。

2. 发起人损害公司利益的损害赔偿纠纷

发起人损害公司利益的损害赔偿纠纷主要是指在公司发起和设立过程中，发起人违反其合理注意义务，故意或者过失损害公司利益而引发的纠纷。发起人的法律地位属于设立中公司的机构，发起人对外代表设立中的公司进行创立活动，对内负责办理公司筹办的各项事务。为设立公司，发起人有义务制定公司章程、办理设立公司的审批手续、依法认缴公司股份、组成公司董事会、监事会等治理机构等。在此过程中，如发起人存在故意或过失损害公司利益的行为，可能就产生发起人与公司之间的纠纷。

3. 公司设立失败引发的纠纷

公司设立失败引发的纠纷主要是指因公司设立失败，即没有完成公司设立登记而引发的纠纷。我国《公司法》第 89 条规定，发行的股份超过招股说明书规定的截止期限尚未募足的，或者发行股份的股款缴足后，发起人在 30 日内未召开创立大会的，认股人可以按照所缴股款并加算银行同期存款利息，要求发起人返还。因有限责任公司设立不成而引发的民事责任应如何承担，在司法实践中倾向于认为，发起人签订公司章程后，发起人之间便形成一种民法上的合伙关系，据此，公司设立失败后，全体发起人应对公司设立过程中产生的债务承担连带责任。当某一发起人对外偿还债务后，该发起人可以要求其他发起人承担连带责任。

4. 公司设立无效引发的纠纷

公司设立无效引发的纠纷主要是指已经注册成立的公司，因公司设立违法导致设立无效。我国《公司法》对公司设立无效制度并未作明确规定。通常认为，导致公司设立无效的原因主要有发起人不适格、设立行为不合法、设立目的违反法律法规和公共利益、公司章程缺乏必要记载事项等。公司设立无效引发纠纷的主要问题即设立无效后的法律后果。就此，我国《公司法》主要采取的是行政撤销制度，由公司登记机关采取撤销公司登记或吊销营业执照的方式，但对于公司设立无效的民事救济措施没有明确规定。

三、公司设立纠纷的常见法律问题

1. 发起人以自己名义对外签订合同，合同责任应如何承担？

发起人为设立公司以自己名义对外签订合同，基于合同相对性原则，合同相对人有权请求该发起人承担合同责任。对于公司而言，如果公司最终成立并且公司成立后对该发起人以自己名义签订的合同予以确认，或者成立后的公司已经实际享有合同权利或者履行合同义务，合同相对人有权要求公司承担合同责任。

2. 发起人以设立中公司名义对外签订合同，合同责任应如何承担？

发起人以设立中公司名义对外签订合同，如果公司成立，合同相对人有权请求成立后的公司承担合同责任。但是，如果发起人系利用设立中公司的名义为发起人自己的利益而非公司利益与相对人签订合同，除非该相对人为善意第三人，否则，成立后公司有权主张不承担合同责任。

如公司最终未能成立，合同相对人有权要求发起人承担合同责任，并有权请求全体或者部分发起人对设立公司行为所产生的费用和债务承担连带清偿责任。部分发起人承担责任后，有权请求其他发起人分担。

在确定分担比例时，如果发起人已对责任承担比例有约定，则其他发起人应按照约定的责任承担比例分担责任。如果没有约定责任承担比例的，其他发起人应按照约定的出资比例分担责任。如果没有约定出资比例的，应按照均等份额分担责任。如果公司未成立系因部分发起人的过错造成的，应根据该部分发起人的过错情况，确定过错方的责任范围。

3. 发起人设立公司过程中造成他人损害，责任如何承担？

发起人在设立公司过程中因履行公司设立的职责而造成他人损害，如果公司最终成立，受害人有权请求成立后的公司承担侵权赔偿责任。但如果公司未成立，受害人有权请求全体发起人承担连带赔偿责任。公司或者无过错的发起人承担赔偿责任后，可以向有过错的发起人追偿。

第二节　股东出资纠纷

一、股东出资纠纷概述

公司资本是公司法人资格存在的物质条件，公司法人对外承担民事责任的财产保证，是股东行使权利的根据。根据公司法的公司契约理论，公司本质是一种合同的集合，是股东之间就设立公司、分享权利和承担义务等内容所订立的协议，股东对公司的出资义务也是合同义务之一。股东未按出资协议、公司章程或者公司法的规定缴纳出资，或者虚假出资、出资不足、抽逃出资等违反出资义务，可能引发因股东瑕疵出资而产生的纠纷和诉讼。

律师在处理因股东出资引发的纠纷时，主要应考量股东是否存在出资瑕疵，以及因股东出资瑕疵而引发的公司与股东、股东与股东、股东与债权人之间的相关权利、义务和责任。2013 年修正的《公司法》取消了对公司注册资本最低限额的限制，变注册资本实缴制为注册资本认缴制，取消对首次出资比例、最长缴足期限、货币出资比例的限制，取消公司登记提交验资证明的要求，一系列修改使得公司设立的门槛降低，股东出资方式更加灵活。同时，由于股东出资方式的多样化以及工商登记登记方式的变化，所以，因股东出资引发的纠纷可能呈现上升趋势。

二、股东出资纠纷的常见类型

根据股东出资瑕疵行为的不同，公司资本纠纷常见类型主要包括：虚报注册资本纠纷、虚假出资纠纷、抽逃出资纠纷、出资不足纠纷、逾期出资纠纷等。

1. 虚报注册资本纠纷

虚报注册资本，是指出资人申请公司登记时使用虚假证明文件或者其他欺诈手段，虚报注册资本，欺骗公司登记主管部门并取得公司登记。

我国《公司法》规定了虚报注册资本的行政责任①和刑事责任。② 曾经轰动一时的原科龙董事长顾雏军案件，即是典型的股东因虚报注册资本而承担刑事责任的案件。在该案中，广东省佛山市中级人民法院一审查明：2001 年 11 月，为收购科龙电器的法人股，顾雏军欲设立注册资本总额为 12 亿元的顺德格林柯尔企业发展有限公司，但顾雏军名下的企业中并不具有上述实力。同年 11 月，顺德格林柯尔凭借一份政府部门的担保函，在未验资、未评估的情况下完成了顺德格林柯尔企业发展有限公司的设立登记。该公司股本中，顾雏军无形资产出资达 9 亿元，占注册资本总额的 75%。为将无形资产降到法定比例，顾雏军指使他人在顺德容桂农村信用社，将来自科龙电器的 1.87 亿元通过账户之间来回倒账的方式，取得以天津格林柯尔投资顺德格林柯尔共计 6.6 亿元的进账单，并于当天又将 1.87 亿元转回科龙电器，并指使他人伪造了上述款项流转所依据的《供货协议书》、收据等文件。可见，此 6.6 亿元注册资本即为虚假出资。法院最终认定顾雏军构成虚报注册资本罪。广东省高级人民法院二审判决维持原判。2017 年 12 月 28 日，最高人民法院宣布将依法提审顾雏军案。③

虽然我国《公司法》对虚报注册资本的民事责任没有明确规定，但是，由于虚报注册资本，公司的资本丧失了真实性，涉及公司对外民事责任时，公司无法偿还债务，在这种情况下，公司债权人应可以根据《公司法》第 20 条的规定，直接起诉虚报注册资本的股东，要求其在虚报注册资本的范围内对公司债务承担补充赔偿责任。

2013 年修正的《公司法》对公司注册资本制度进行了重大修改后，取消了对公司注册资本最低限额的限制，注册资本实缴制已变为注册资本认缴制，虚报注册资本的情形将不再是股东出资纠纷的常见情形。根据全国人民代表大会常务委员会《关于〈中华人民共和国刑法〉第一百五十八条、第一百五十九条的解释》（2014 年 4 月 24 日第十二届全国人民代表大会常务委员会第八次会议通过）："全国人民代表大会常务委员会讨论了公司法修改后刑法第一百五十八条、第一百五十九条对实行注册资本实缴登记制、认缴登记制的公

① 《公司法》第 198 条："违反本法规定，虚报注册资本、提交虚假材料或者采取其他欺诈手段隐瞒重要事实取得公司登记的，由公司登记机关责令改正，对虚报注册资本的公司，处以虚报注册资本金额百分之五以上百分之十五以下的罚款；对提交虚假材料或者采取其他欺诈手段隐瞒重要事实的公司，处以五万元以上五十万元以下的罚款；情节严重的，撤销公司登记或者吊销营业执照。"

② 《公司法》第 215 条原则规定了虚报注册资本的刑事责任，与《刑法》规定的刑事责任进行衔接。《刑法》第 158 条规定："申请公司登记使用虚假证明文件或者采取其他欺诈手段虚报注册资本，欺骗公司登记主管部门，取得公司登记，虚报注册资本数额巨大、后果严重或者有其他严重情节的，处三年以下有期徒刑或者拘役，并处或者单处虚报注册资本金额百分之一以上百分之五以下罚金。单位犯前款罪的，对单位判处罚金，并对其直接负责的主管人员和其他直接责任人员，处三年以下有期徒刑或者拘役。"

③ 参见新浪网《顾雏军案将在半年内审结 顾方称有充分信心》，载新浪网，见 http：//news.sina.com.cn/sf/news/ajjj/2017-12-19/doc-ifypyuve2716223.shtml，2017-12-29。

司的适用范围问题，解释如下：刑法第一百五十八条、第一百五十九条的规定，只适用于依法实行注册资本实缴登记制的公司。”2013 年《公司法》修改后，虚报注册资本将适用于依法实行注册资本实缴登记制的公司。

2. 虚假出资纠纷

虚假出资，是指股东认购出资而未实际出资，本质特征是股东未支付相应对价而取得公司股权，如《公司法》第 199 条所指的情形。

实践中，虚假出资主要表现为：（1）以无实际现金或高于实际现金的虚假银行进账单、对账单骗取验资报告从而获得公司登记；（2）以虚假的实物投资手续骗取验资报告从而获得公司登记；（3）以实物、工业产权、非专利技术、土地使用权出资，但并未办理财产权转移手续；（4）作为出资的实物、工业产权、非专利技术、土地使用权的实际价额显著低于公司章程所定价额；（5）未对投入的净资产进行审计，仅以投资者提供的少记负债高估资产的会计报表验资。

3. 抽逃出资纠纷

抽逃出资，是指股东在公司成立后即将其出资巧立名目抽回，并继续保有股东身份和出资比例。①

抽逃出资具体表现形式有：（1）股东将出资的资金转入公司账户后又立即转出，公司并未实际使用该资金进行经营；（2）公司收购股东的股份，未按法律规定处置回购的股份；（3）未提取法定公积金即先行分配利润；（4）未弥补上一年亏损前即先行分配利润；（5）制作虚假财务会计报表虚增利润进行分配；（6）利用关联交易转移利润。

在 2013 年《公司法》修改前的司法实践中，抽逃出资是十分典型及常见的公司诉讼类型之一。比如，上海市高级人民法院审理的（2007）沪高民四（商）终字第 46 号案件即涉及抽逃出资问题。法院判决认定：1997 年 3 月 25 日，上海申汇精密陶瓷公司（以下简称申汇公司）与上海市地质物资供应站（以下简称供应站）、北京海淀华庆高陶新材料研究所（以下简称华庆所）签订合资合同及章程，合资成立上海黑马耐磨蚀装备有限公司（以下简称黑马公司）。同年 4 月 10 日，供应站以借款名义将 78 万元款项注入申汇公司账户，再由申汇公司将上述款项注入验资账户，作为黑马公司的注册资本。同年 5 月 4 日，黑马公司将 78 万元划至供应站账户，用于代申汇公司还资本金 78 万元。最终，法院认定申汇公司的上述行为构成抽逃出资，应对其抽逃出资行为承担相应的民事责任。②

2013 年《公司法》修改后，取消了对注册资本及首次出资的最低限额要求，并取消公司设立时的验资要求，股东为应付验资而抽逃出资的情况可能有所减少，但股东仍负有根据法律和章程规定出资的义务，股东在出资后如抽逃出资，仍应当承担相应法律责任。

在承担民事责任的基础上，抽逃出资行为还涉及行政责任的承担，工商行政管理机关可依据《公司法》对抽逃出资行为进行处罚。例如，在某投资公司抽逃出资案件中，工商

① 参见厦门市中级人民法院民二庭课题组：《关于审理公司纠纷案件法律问题的调研报告》，载赵旭东主编：《公司法评论》，2005 年第 1 辑，北京，人民法院出版社，2005。

② 载中外民商裁判网，见 http：//www.zwmscp.com/list.asp？unid=4947，2009－12－07。

行政管理机关认为：注册资本是公司进行生产经营活动的物质基础，公司以其注册资本对外承担责任，股东以其认缴的出资额为限对公司承担责任，因此法律规定股东不得随意抽回其出资。某投资公司以自有资产进行投资，但之后将新增出资的部分款项划回自己账户，属于变相抽逃出资行为，违反了《公司法》第 35 条“公司成立后，股东不得抽逃出资”的规定，构成抽逃出资人民币 140 万元的违法行为。在此基础上，工商行政管理部门对股东进行了处罚。

4. 出资不足纠纷

出资不足，是指在公司章程规定的出资期限内，股东仅履行了部分出资义务而未能补足出资的情形。出资不足的具体表现形式有：货币出资只履行了部分出资义务；作为出资的实物、知识产权、土地使用权的实际价额显著低于公司章程所定价额等。

随着公司法理论和实务界对公司诉讼相关问题研究的深入，因出资不足而引发的公司诉讼纠纷呈逐渐上升趋势。比如，北京首都国际投资管理有限责任公司诉安达新世纪巨鹰投资发展有限公司股东权确权赔偿纠纷案，即属股东出资不足应否影响股东权利行使的纠纷。在该案中，最高人民法院首例判决确认，出资不足不影响股东资格的取得，但其股东表决权、利润分配请求权及新股认购权等股东权利应受限制。

《公司法司法解释三》第 16 条亦就此作出规定，“股东未履行或者未全面履行出资义务或者抽逃出资，公司根据公司章程或者股东会决议对其利润分配请求权、新股优先认购权、剩余财产分配请求权等股东权利作出相应的合理限制，该股东请求认定该限制无效的，人民法院不予支持。”可见，随着相关法律、法规和司法解释的不断完善，出资不足所引发的纠纷将逐步成为公司诉讼的典型。

根据 2013 年修改后的《公司法》，工商登记部门不再对验资情况和实收资本予以登记，股东的出资额、出资方式、出资时间更加灵活，这一系列修改放宽了公司设立门槛，激发投资活力，但同时对于股东是否履行出资义务的行政管理降低，由此引发的出资不足纠纷可能有所增加。

5. 逾期出资纠纷

《公司法》（2013 年修正）对注册资本制度修改后股东出资的时间和方式主要由公司章程予以规定，因此，逾期出资纠纷将主要体现在，股东未按公司章程规定的时间履行分期出资的义务，而可能引发的纠纷或诉讼。

股东逾期出资的，依法应当补足出资，公司债权人有权主张相应股东在未实缴出资范围内对公司债务承担连带责任。在其未实缴出资前，公司股东会决议或者公司章程有权决定限制相应股东的表决权、利润分配请求权、新股优先认购权、剩余财产分配请求权。

三、股东出资纠纷常见法律问题

1. 股东瑕疵出资应承担哪些民事责任？

股东瑕疵出资是指股东表面上出资而实际未出资，其本质特征是股东未支付相应的对价而取得公司股权。股东瑕疵出资导致公司的财产基础不足，进而影响公司承担有限责任的能力。对于瑕疵出资的股东，应依法承担相应的民事责任、行政责任甚至刑事责任。根据我国《公司法》等相关法律规定，瑕疵出资的股东要承担的民事责任包括：

（1）对其他足额出资的股东承担违约责任

在出资协议和公司章程中，公司全体股东可约定各自认缴的出资数额以及出资时间。如果股东虚假出资，其行为将违反股东之间的出资协议，也将违反具有契约性质的公司章程的规定。因此，我国《公司法》第28条①规定，不按章程规定缴纳所认缴的出资，应当向已足额缴纳出资的股东承担违约责任。

（2）对公司承担侵权责任

股东的瑕疵出资将直接、客观上导致公司财产不正当地减少，属于一种消极的侵犯公司财产权利的行为。根据《公司法》的规定，出资不足的股东应当依法向公司承担侵权损害赔偿责任。其责任范围主要是补缴相应的出资及法定利息。如果股东出资不到位的侵权行为给公司的生产经营造成经济损失的，也应当依法予以赔偿。需要注意的是，对于瑕疵出资行为，在公司设立时的其他已经足额出资的股东也要与瑕疵出资股东一并承担连带责任。对此，《公司法》第30条②和第93条③有明确规定。

（3）对公司债权人承担民事责任

《公司法》对于股东瑕疵出资对公司债权人应承担的民事责任没有具体规定。通常理解，根据《合同法》规定的债权人的代位权④，在公司存续期间，如果公司对外负有债务，无论是否应当否定公司的法人资格，瑕疵出资股东对公司债务应承担补充清偿责任，即应当先以公司财产清偿其债务，公司财产不足清偿的，债权人可以直接请求瑕疵出资股东承担清偿责任。其责任范围当以股东瑕疵出资的数额为限。但如果股东出资瑕疵致使公司实际资本低于实行注册资本实缴登记制公司的法定最低资本的要求的，在我国司法实践中，通常参照最高人民法院（法复〔1994〕4号）《关于企业开办的其他企业被撤销或者歇业后民事责任承担问题的批复》的规定执行，即出资瑕疵股东应当对公司债务承担无限连带责任。

2. 股东瑕疵出资，是否具备股东资格？其股东权利能否受到限制？

关于瑕疵出资的股东是否具备股东资格，根据我国《公司法》和最高人民法院相关司

---

① 《公司法》第28条："股东应当按期足额缴纳公司章程中规定的各自所认缴的出资额。股东以货币出资的，应当将货币出资足额存入有限责任公司在银行开设的账户；以非货币财产出资的，应当依法办理其财产权的转移手续。股东不按照前款规定缴纳出资的，除应当向公司足额缴纳外，还应当向已按期足额缴纳出资的股东承担违约责任。"

② 《公司法》第30条："有限责任公司成立后，发现作为设立公司出资的非货币财产的实际价额显著低于公司章程所定价额的，应当由交付该出资的股东补足其差额；公司设立时的其他股东承担连带责任。"

③ 《公司法》第93条："股份有限公司成立后，发起人未按照公司章程的规定缴足出资的，应当补缴；其他发起人承担连带责任。股份有限公司成立后，发现作为设立公司出资的非货币财产的实际价额显著低于公司章程所定价额的，应当由交付该出资的发起人补足其差额；其他发起人承担连带责任。"

④ 《合同法》第73条："因债务人怠于行使其到期债权，对债权人造成损害的，债权人可以向人民法院请求以自己的名义代位行使债务人的债权，但该债权专属于债务人自身的除外。代位权的行使范围以债权人的债权为限。债权人行使代位权的必要费用，由债务人负担。"

法解释，在股东瑕疵出资的情况下，该股东并非丧失其股东资格，而是必须对公司、其他出资到位的股东和公司的债权人承担民事责任。因此，不论是立法上还是在司法实务中，并不直接否定未出资股东的股东资格，而仅是追究其未出资责任。如果否定其股东资格，也就失去了要求未出资股东补足出资的根据和前提。

对于出资不到位的股东的权利能否受到限制，我国公司法中并没有规定，司法实践中一直对此问题有一定争议。《公司法司法解释三》第 16 条解决了这一争议问题。该条规定："股东未履行或者未全面履行出资义务或者抽逃出资，公司根据公司章程或者股东会决议对其利润分配请求权、新股优先认购权、剩余财产分配请求权等股东权利作出相应的合理限制，该股东请求认定该限制无效的，人民法院不予支持。"据此，瑕疵出资的股东，公司章程或股东会决议有权决定对此类股东的利润分配请求权、新股优先认购权、剩余财产分配请求权等股东权利作出相应的合理限制。但需注意的是，最高人民法院《关于适用〈中华人民共和国公司法〉若干问题的规定（四）》（以下简称《公司法司法解释四》）第 9 条规定："公司章程、股东之间的协议等实质性剥夺股东依据公司法第三十三条、第九十七条规定查阅或者复制公司文件材料的权利，公司以此为由拒绝股东查阅或者复制的，人民法院不予支持。"最高人民法院民事审判第二庭在其编著的《最高人民法院公司法司法解释（四）理解与适用》中认为，股东知情权属股东法定权利，具有固有权属性……既不能被剥夺、限制，也不能由股东通过协议主动放弃，否则无效。[①] 即使股东出资不到位，只要其已完全具有股东资格，公司就不得以股东存在瑕疵出资为由，拒绝其行使股东法定知情权。[②] 因此，瑕疵出资的股东，只要其已完全具有股东资格，仍然享有知情权，可以依照相关规定查阅、复制公司文件材料。

3. 瑕疵出资的股东能否解除其股东资格？

根据《公司法司法解释三》第 17 条规定："有限责任公司的股东未履行出资义务或者抽逃全部出资，经公司催告缴纳或者返还，其在合理期间内仍未缴纳或者返还出资，公司以股东会决议解除该股东的股东资格，该股东请求确认该解除行为无效的，人民法院不予支持。"因此，瑕疵出资的股东，经公司催告缴纳或者返还，其在合理期间内仍未缴纳或者返还出资，公司股东会决议有权决定对该股东予以除名。

4. 瑕疵出资的股东能否分配公司利润以及能否以公司利润弥补出资？

关于瑕疵出资的股东能否分配公司利润，《公司法》第 34 条规定，"股东按照实缴的出资比例分取红利"。因此，在公司章程及股东之间无特殊约定的情况下，未履行出资义务的股东无权分取红利，未全部履行出资义务的股东只能在其实际出资范围内主张分配公司利润。

关于瑕疵出资的股东能否以公司利润弥补出资，依据《公司法》规定，公司利润的分配应当由董事会制订分配方案，并经股东会议或股东大会审议批准。如果股东会作出了分配利润的决议，股东根据决议内容就对公司享有了股利分配请求权，在股东与公司之间也

---

① 参见杜万华主编：《最高人民法院公司法司法解释（四）理解与适用》，207 页，北京，人民法院出版社，2017。

② 参见杜万华主编：《最高人民法院公司法司法解释（四）理解与适用》，212 页，北京，人民法院出版社，2017。

就产生了现实的债权债务关系。此时，瑕疵出资的股东可以以其对公司的债权抵销所欠的出资份额。公司也可以依据《合同法》的有关规定行使抵销权，直接扣留股东应分得的股利以填补股东所欠出资。但公司已经进入了破产程序的除外。根据最高人民法院《关于破产债权能否与未到位的注册资金抵销问题的复函》（法函〔1995〕32 号）规定，在公司进入破产程序后，为保护破产企业其他债权人的合法权益，股东对公司享有的破产债权不能与其所欠的出资相抵销。股东应当先补足所欠的出资，然后与公司的其他债权人一并申报债权，享有与其他债权人平等的破产财产受偿权。

在实践中，经常遇到在没有形成公司股东会的利润分配决议的情况下，股东仅仅以公司已经实际盈利，自己可分配利润完全可以弥补所欠出资数额为由主张出资已经实际到位。通常认为，股东的该主张是不能成立的。因为公司利润的分配属于公司自治的范畴，股东并不具有确定性的股利分配请求权。分配决议只有经股东大会批准，才能使股东的分配请求权得以现实化。在利润分配前不论公司盈利多少都是公司独立的财产，并非股东的财产，两者之间有着明确的界限。因此，公司的实际盈利无法改变股东未实际出资的事实，股东仍应当承担瑕疵出资的法律责任。

四、律师办理股东出资纠纷业务的基本思路

1. 全面审查股东是否履行出资义务

律师在处理股东出资纠纷时，应注意重点从如下方面审查出资人是否全面履行了出资义务：（1）公司章程约定的出资形式和出资期限；（2）出资人的实际出资形式和出资期限；（3）出资的财产上是否设定了权利负担；（4）出资人以非货币财产出资的，对其出资财产是否具有处分权；（5）出资人以非货币财产出资的，其出资财产是否进行了评估；（6）出资人以货币出资的，是否将货币出资足额存入公司在银行开设的账户；（7）出资人以非货币出资的，是否依法交付或办理了权属转移手续。

2. 全面审查股东是否抽逃出资

就股东是否抽逃出资问题，律师应重点从如下角度进行审查：（1）是否将出资款项转入公司账户验资后又转出；（2）是否通过虚构债权债务关系将其出资转出；（3）是否制作虚假财务会计报表虚增利润进行分配；（4）是否利用关联交易将出资转出；（5）是否存在其他未经法定程序将出资抽回的行为。

3. 分析股东、公司及公司债权人等相关主体的权利、义务和法律责任

如根据调查了解的事实，股东存在瑕疵出资的情形，则根据相关法律规定分析和确定瑕疵出资股东应承担的责任，并就公司与股东、股东与股东、股东与债权人等相关主体不同，区分各主体的权利义务关系以及法律责任。

4. 分析研究董事、高级管理人员或实际控制人、股权受让人等其他主体的责任承担问题

就瑕疵出资问题，除关注股东、公司、公司债权人之间的权利与义务外，律师在办理出资瑕疵纠纷时，还应注意考虑董事、高级管理人员或实际控制人、股权受让人等其他主

体的责任承担问题。

（1）股东在公司增资时未适当履行出资义务的，如公司董事、高级管理人员未尽《公司法》第147条第1款规定的义务而使出资未缴足，则公司、其他股东、公司的债权人有权请求公司董事、高级管理人员承担相应责任，公司董事、高级管理人员承担责任后，可以向瑕疵出资股东追偿。

（2）股东抽逃出资的，对于协助抽逃出资的其他股东、董事、高级管理人员或者实际控制人，公司、其他股东、公司的债权人有权请求其与抽逃出资人承担连带责任。

（3）关于股权受让人的责任。如股东未履行或者未全面履行出资义务即转让股权，受让人知道或者应当知道受让股权存在出资瑕疵，公司、公司债权人有权要求受让人与虚假出资的股东承担连带责任。

5. 基于全面的法律分析，制定符合委托人目标的纠纷解决方案及建议

就瑕疵出资问题，律师制定纠纷解决方案的关键在于，根据委托人的目标明确纠纷解决的策略与方案。主要包括：（1）是通过诉讼、仲裁等司法程序解决还是建议和解解决；（2）如通过司法程序解决，则考虑是通过诉讼还是仲裁解决，是否需要提起股东代表诉讼；（3）如果需要诉讼解决，则制定相应的具体诉讼方案。比如原、被告的确定、管辖法院、诉讼请求、是否需要采取保全措施等；（4）考虑是否同时就相对方的违法行为向行政机关或公安司法机关进行行政、刑事举报等。

律师在制定纠纷解决方案及提出建议时，要充分考虑公司纠纷解决的特殊性。公司作为资合性与人合性相融合的特殊主体，在解决公司纠纷时还要充分考虑维护公司社团关系稳定性的原则、尊重公司章程自治原则、穷尽公司内部救济原则等基本原则，尽量避免故意激化和加剧矛盾，导致无法实现委托人的目标。

第三节　股东资格确认纠纷

一、股东资格确认纠纷概述

股东资格确认纠纷也称股东确权纠纷，是指股东与股东之间或者股东与公司之间就某一当事人是否具备股东资格产生争议而提起的诉讼。[①] 股东资格的确定，对当事人是否为公司股东、是否应当承担公司股东的责任具有关键性的意义。在司法实践中，公司诉讼中关于股东资格确认的纠纷较多。

常见的股东资格确认纠纷主要包括：股东因公司违反登记义务而引发的股东资格确认纠纷、瑕疵出资股东的股东资格确认纠纷、隐名投资的股东资格确认纠纷、因股权转让而发生的股东资格确认纠纷等。

---

① 参见吴庆宝：《商事裁判标准规范》，北京，人民法院出版社，2006。

二、股东资格确认纠纷的常见类型

1. 公司违反登记义务纠纷

《公司法》第 25 条规定，有限责任公司的公司章程应当载明股东的姓名或者名称、股东的出资方式、出资额和出资时间。第 31 条规定，有限责任公司成立后，应当向股东签发出资证明书，载明股东的姓名或者名称、缴纳的出资额和出资日期。第 32 条规定，有限责任公司应当置备股东名册，记载股东的基本情况。公司应当将股东的姓名或者名称向公司登记机关登记；登记事项发生变更的，应当办理变更登记。未经登记或者变更登记的，不得对抗第三人。

根据上述规定，有限责任公司的投资人或者受让人认购股份后，公司负有在公司章程、股东名册、工商登记文件上记载股权取得或者股权变更的义务。如公司未履行相关义务，股东可以依据其已实际履行了出资义务或者依法认购、继承股权的证据，要求公司履行登记或变更登记义务。

具体来说，如股东认购了股份或者依法继受了股权，公司有义务在公司章程、出资证明书、股东名册上进行记载或者变更，如果公司没有记载而引起纠纷，股东可以要求公司履行其登记义务。如果股东系继受取得股份，公司未到工商机关进行变更登记，按照《公司法》的规定，股权变动不发生对抗第三人的效力。如发生争议，第三人可以基于其对工商登记的信任要求转让人承担责任，转让人不能以股权已经转让而拒绝对善意第三人承担责任。转让人向善意第三人承担责任后，可以向怠于履行变更登记义务的公司进行追偿，并要求其到工商机关履行变更登记义务。

另外，如公司不履行登记义务或者迟延履行变更登记义务系因董事、高管人员违反勤勉义务而导致，公司在赔偿转让人，即原股东后，公司可以基于其与董事、高管人员之间建立的委任关系，要求董事、高管人员向公司承担损害赔偿责任。

2. 瑕疵出资股东的股东资格确认纠纷

正如本书第十章第二节所述，出资瑕疵的股东并不因此当然否定其股东资格。如果公司以股东未实际履行出资义务为由，否认其股东资格，拒不将其记载为公司股东或予以除名，瑕疵出资的股东有权主张确认其股东资格，请求公司为其办理股东的相关记载和登记手续。

3. 隐名投资的股东资格确认纠纷

隐名股东，又称实际出资人，是指依据书面或口头协议委托他人代其持有公司股权的投资人。没有履行出资义务但是记载于公司章程、股东名册或者工商登记的股东，则为显名股东。隐名投资现象在我国比较常见，由此引发的隐名股东股东资格确认诉讼也日益增多。

隐名股东与显名股东基于委托持股的书面或口头协议形成委托持股关系。通常认为，基于合同相对性原则，该委托持股协议仅约束隐名股东与显名股东。对外部第三人而言，显名股东作为登记股东行使股东权利、履行股东义务，显名股东又与公司、公司其他股东、公司债权人形成一系列法律关系。基于上述特点，隐名股东与显名股东因委托持股产生纠纷时，不仅可能涉及隐名股东与显名股东之间就委托持股关系产生争议，还可能涉及与公司、公司其他股东、公司债权人等利益相关主体的争议。

在实践中，基于隐名投资涉及的法律关系、利益主体的复杂性和特殊性，常见的隐名投资纠纷包括：隐名股东与显名股东之间就委托持股协议产生的纠纷、隐名股东与公司之间的股东资格纠纷、隐名股东与公司其他股东的纠纷、隐名股东与公司债权人等第三人之间的纠纷。

因隐名投资而发生的股东资格确认纠纷，通常应当以公司作为被告。根据《公司法司法解释三》第 24 条的规定以及司法实践的通常理解，有限责任公司的隐名股东向公司主张确认股东资格变更为显名股东，如果该隐名股东实际履行了出资义务，其变更为显名股东已取得其他股东半数以上同意，并且，隐名股东登记为显名股东不违反法律法规的强制性规定，法院可以确认该隐名股东的股东资格，判令公司变更股东、签发出资证明书、记载于股东名册、记载于公司章程并办理工商变更登记手续。

4. 因股权转让而发生的股东资格确认纠纷

因股权转让而发生的股东资格确认纠纷主要涉及股权转让合同与工商登记的效力，以及由此产生的股东资格对内、对外效力问题。通常认为，办理公司股权变更工商登记是股权转让的法定程序，但不是股权转让合同的生效要件，工商登记仅是股权发生转让、公司股东发生变更后的对外公示程序。因此，因股权转让而发生的股东资格确认纠纷需区分对内、对外责任两方面审查认定。

股权转让人与受让人签署股权转让合同后，受让人并非当然取得股东资格，股份有限公司的股东应当根据相关规定将股票交付受让人，有限责任公司的股东向股东以外的人转让股权应当经其他股东过半数同意，并且，经股东同意转让的股权，其他股东在同等条件下享有优先购买权。据此，如果股权转让合同签署后没有履行上述程序，股权受让人无权要求公司确认其股东资格。

股东资格认定依据，主要包括公司签发的出资证明书、记载于公司章程、记载于股东名册和工商登记。对于公司外部的善意第三人而言，认定股东资格的依据应当以工商登记为准。也就是说，如果股权转让没有进行工商变更登记，对于善意第三人而言，转让人仍然是股东。如果股东名册、出资证明书和工商登记存在股东不一致的情况，对于股东与公司、股东与股东之间，工商登记只具有对外宣示的功能，认定股东资格应当以股东名册的记载为准。如股东名册与出资证明书记载不一致，股东名册记载的效力应强于出资证明书的效力。

三、股东资格确认纠纷的常见法律问题

1. 如何看待股东资格与股东出资义务？

律师办理股东资格确认纠纷，应当注意股东资格与股东出资义务的联系和区别。特别

需要注意的是：(1) 仅以股东瑕疵出资为由并不能认定股东不具有股东资格；(2) 股东不得仅以未被股东名册记载为由，主张收回出资或拒绝承担补缴出资的义务；(3) 出资人虽未签署公司章程，但已经按照发起人协议或投资协议实际出资，并被工商登记记载为股东，出资人不得主张不具有股东资格及要求收回出资；(4) 出资人按照发起人协议或投资协议向公司出资后，未签署公司章程，其出资额亦未构成公司注册资本的组成部分，出资人依法不具有股东资格，可以向公司要求收回出资及相应利息。

2. 如何认定委托持股合同的效力?

隐名股东通过委托持股方式投资公司，可能是因为其不愿或不能以股东身份作为名义股东，也可能是为了规避法律规定。因此，认定委托持股合同的效力应重点审查委托持股合同是否违反法律、法规的强制性规定。如果委托持股合同是各方当事人的真实意思表示，且不存在违反法律、法规强制性规定，应认定委托持股合同合法有效。

3. 如果隐名股东与显名股东之间的委托投资合同无效，隐名股东可否要求显名股东返还投资款，并要求对股权收益进行分配?

如果隐名股东与显名股东之间的委托投资合同无效，且显名股东持有的股权价值高于实际投资额，在显名股东继续持有股权的情况下，隐名股东可以请求显名股东向其返还投资款，并根据其实际投资情况以及显名股东参与公司经营管理的情况，对股权收益在双方之间进行合理分配。如果显名股东明确表示放弃股权或者拒绝继续持有股权的，则可以以拍卖、变卖显名股东持有的股权所得向隐名股东返还投资款，其余款项根据隐名股东的实际投资情况、显名股东参与投资企业经营管理的情况在双方之间进行合理分配。

如果隐名股东与显名股东之间的合同无效，且显名股东持有的股权价值低于实际投资额，显名股东愿意继续持有股权的，隐名股东有权请求显名股东向其返还现有股权的等值价款；显名股东明确表示放弃股权或者拒绝继续持有股权的，则可以以拍卖、变卖显名股东持有的投资企业股权所得向隐名股东返还投资款。

隐名股东请求显名股东赔偿损失的，通常应当根据显名股东对合同无效是否存在过错以及过错大小认定其是否承担赔偿责任及具体赔偿数额。

4. 股权转让后尚未办理工商变更登记，原股东将仍登记于其名下的股权转让，如何处理?

股权转让后尚未向公司登记机关办理变更登记，原股东将仍登记于其名下的股权转让、质押或者以其他方式处分，如该处分已经办理股权转让、质押登记，且第三人为善意，则受让股东无权主张该处分股权行为无效。对于原股东处分股权造成受让股东损失，受让股东有权请求原股东承担赔偿责任，并请求对于未及时办理变更登记有过错的董事、高级管理人员或者实际控制人承担相应责任。受让股东对于未及时办理变更登记也有过错的，可以适当减轻上述董事、高级管理人员或者实际控制人的责任。

5. 律师办理股东资格纠纷需注意的问题

就股东是否享有股东资格，律师应注意审查公司章程、股东名册、工商登记、出资情况、出资证明书以及是否实际行使股东权利等因素。

如果存在隐名投资的问题，还应注意进一步审查隐名股东的实际出资情况、其他股东对委托持股关系是否知道并认可、隐名股东是否实际参加经营管理并行使股东权利、显名股东与隐名股东之间委托持股关系是否存在违反法律法规强制性规定的情形。

在上述审查的基础上，律师需进一步考虑权利义务的相对方以及责任主体。通常而言，股东资格确认纠纷案件，应当列公司为被告，与案件争议股权有利害关系的人可以作为第三人参加诉讼。

第四节　经典案例评析

一、案情概要

天津某医药产业发展有限公司（以下简称天津公司）系由北京某投资公司（以下简称北京公司）、A 公司和 B 公司于 2003 年在天津成立的有限责任公司，注册资本 3 亿元。

根据协议约定，上述三发起人应分别出资 13 000 万元、13 000 万元和 4 000 万元。2003 年 3 月 10 日，北京公司汇入天津公司出资款 13 000 万元；3 月 12 日、13 日，A 公司将 13 000 万元出资汇入天津公司临时验资账户，又于 3 月 16 日自该账户转出；3 月 9 日至 13 日，B 公司将 4 000 万元汇入天津公司临时验资账户，又于 3 月 16 日自该账户转出 3 000 万元。

此后，天津公司的股东和股权结构发生了数次变动，但未发生新的出资行为。黑龙江某投资公司（以下简称黑龙江公司）通过受让其他股东的股权成为天津公司的股东。截至 2005 年 7 月，黑龙江公司共持有天津公司 16 500 万股的股权，占天津公司总股权的 55%，成为天津公司的控股股东，并办理了相应的工商变更登记手续。黑龙江公司受让股权后，向天津公司委派了董事长，实际控制了天津公司。在上述股权变动后，北京公司持有天津公司股权 11 000 万股。

向黑龙江公司转让股权的天津公司的前手股东/原股东，均未对天津公司履行出资义务，黑龙江公司在受让股权时完全知悉这一情况，并分别在每次股权受让时与转让人、天津公司签订协议书、补充协议等，约定由黑龙江公司承接受让人对天津公司的出资义务。黑龙江公司在受让上述股权后，一直没有履行对天津公司的股东出资义务，也未支付股权对价。

2006 年 3 月 25 日，北京公司的董事长陈某某提出辞职。同年 5 月 8 日，北京公司董事会选举苏某为董事长。但由于原董事长陈某某不配合，北京公司迟迟不能办理董事长变更的工商变更登记手续。

2006 年 5 月 16 日，浙江省宁波市中级人民法院（以下简称宁波中级法院）通知北京公司：黑龙江公司拖欠浙江某投资管理有限公司（以下简称浙江公司）款项 4 900 万元一案已经进入执行程序，黑龙江公司与浙江公司达成执行和解协议，黑龙江公司以其持有的天津公司的股权 16 500 万股折价 3 500 万元抵偿给浙江公司，要求北京公司在 20 日内答复是否对该股权行使优先购买权。北京公司在收到宁波中级法院要求其行使优先购买权的通知后，委托律师为其提供法律服务。

二、客户目标

在北京公司与律师接洽的过程中，北京公司向律师表述了该公司所希望达到的诉讼目的：考虑到黑龙江公司对天津公司未出资，如果宁波中级法院裁定黑龙江公司以股权抵债，黑龙江公司持有的天津公司股权 16 500 万股将被执行到浙江公司名下。而在浙江公司支付合理对价（法院裁定以股抵债）、受让黑龙江公司持有的天津公司股权后，天津公司可能将无法向浙江公司主张黑龙江公司未缴付的出资义务，而浙江公司在仅仅支付 3 500万元的对价后就将取得天津公司的控股股东地位，这将导致天津公司和北京公司的利益严重受损。因此，北京公司需要阻止对黑龙江公司所持天津公司股权的执行，并要求黑龙江公司补足对天津公司的出资，维护天津公司和天津公司其他已出资股东的合法权益。

三、律师策划

根据客户介绍的情况以及目标，律师代理此案的主要难点为：第一，找出合法的理由，申请宁波中级法院中止对黑龙江公司持有的天津公司股权的执行，而黑龙江公司对天津公司未出资能否享有股东权利则是本案的核心，是向法院提起诉讼的突破口；第二，能否通过诉讼要求黑龙江公司补足对天津公司的出资，在其补足出资前确认黑龙江公司不享有对天津公司的股东权利。

基于客户的目标以及需要解决的难点问题，律师制定了如下策划方案：

1. 如何中止对黑龙江公司持有的天津公司股权的执行？

以黑龙江公司未出资为由向法院起诉主张其不享有天津公司的股东权利，并立即申请宁波市中级法院中止执行黑龙江公司持有的天津公司的股权。

律师建议北京公司以黑龙江公司为被告提起诉讼，主张股东享有股东权利的前提条件是股东必须履行出资义务，股东作为出资者必须按照股东对公司的出资比例（即实际投入公司的资本额）来享有资产受益、重大决策和选择管理者等股东权利。

在案件立案后，律师又代理北京公司申请宁波中级法院中止执行黑龙江公司持有的天津公司的股权，得到了宁波中级法院的支持。

2. 天津公司因被黑龙江公司控制而不能对黑龙江公司提起诉讼，如何处理？

由北京公司提起股东代表诉讼，请求黑龙江公司补足出资。

黑龙江公司对天津公司出资不到位，侵犯了天津公司的合法权利，天津公司可以依法对黑龙江公司提起诉讼。但是，如上所述，黑龙江公司系天津公司的控股股东，天津公司已被黑龙江公司控制，天津公司不可能对黑龙江公司提起诉讼。

对此，依据《公司法》第 152 条的规定，北京公司作为天津公司的股东，在天津公司利益遭受侵害而天津公司又不能/不愿提起诉讼的情况下，北京公司可以以自己名义提起股东代表诉讼。而且，就本案情况而言，黑龙江公司不履行对天津公司的出资义务，不仅侵犯了天津公司的利益，而且违反了与北京公司签订的公司章程中各方关于出资的约定。因此，北京公司对黑龙江公司提起诉讼，应该具有诉讼主体资格。

此外，根据《公司法》第152条的规定，股东提起股东代表诉讼，非因情况紧急的应先履行前置程序（先要求监事会、监事、董事会或董事提起诉讼）。本案中，因宁波中级法院即将执行黑龙江公司所持天津公司股权，该情况可以视为紧急情况，因此，北京公司可以据此直接提起股东代表诉讼。

基于上述分析，律师建议，由北京公司代表天津公司对黑龙江公司提起股东代表诉讼，请求黑龙江公司补足出资。

3. 北京公司的原董事长被免职后不配合公司办理工商变更登记手续如何处理？

建议北京公司召开临时董事会作出决议，授权新任董事长代表公司对黑龙江公司提起诉讼。

北京公司的原董事长陈某某在辞职并被免职后仍迟迟不配合公司办理工商变更登记，北京公司董事会委任的新董事长未在工商局办理变更登记手续，其是否有权代表公司提起诉讼可能存在争议。对此，律师经认真分析后建议，由北京公司召开临时董事会作出决议，授权新任董事长代表公司对黑龙江公司提起诉讼。

四、法院裁判

1. 原告的诉讼请求

2006年6月初，北京公司对黑龙江公司提起诉讼，同时将天津公司列为第三人。具体的诉讼请求为：（1）确认黑龙江公司不享有对天津公司16 500万股股权的股东权利；（2）黑龙江公司立即补足对天津公司的出资；（3）黑龙江公司赔偿北京公司违约金3 000万元；（4）黑龙江公司承担本案的全部诉讼费用。在诉讼过程中，根据黑龙江高级人民法院的释明，北京公司对上述第一项诉讼请求进行了说明，请求依法确认黑龙江公司在实际履行出资义务前不享有16 500万股的股东权利。

2. 法院裁判要旨

一审判决认为：（1）公司的法定代表人的更换并不影响诉讼进行。北京公司通过合法的程序召开了股东会和董事会，免去了原董事长陈某某的董事及董事长职务，并选举苏某为新任董事长。在陈某某带走营业执照导致北京公司无法及时进行工商变更登记的情况下，北京公司亦就本次诉讼专门授权新任董事长处理。北京公司提起诉讼符合法律规定，其代理人有合法授权；（2）依据《公司法》第28条的规定，北京公司作为天津公司的股东，在其自身按期足额缴纳出资的情况下，可以向其他不按期足额出资的股东主张违约责任。因此，北京公司有权向黑龙江公司提起诉讼；（3）向黑龙江公司转让股权的股东未履行出资义务，黑龙江公司受让股权后亦未履行出资义务。股东权利的享受和行使须按其投入公司的资本额大小确定，股东在没有履行出资义务的情况下主张权利，则其投资收益与出资风险之间不存在联系，明显有违公平原则，亦损害其他股东利益，应对其股东权利加以限制；（4）黑龙江公司未按约定缴纳出资，除应向公司足额缴纳外，应当向已按期足额缴纳出资的股东北京公司承担违约责任，黑龙江公司于2005年7月20日登记为天津公司股东，其应于该日起依照发起协议的约定按照北京公司的实际出资比例承担违约责任。

据此，一审判决如下：（1）黑龙江公司于判决生效后10日内履行对天津公司16 500万元出资义务；（2）如不能补足上述出资，则其不享有对天津公司16 500万股的表决权、利润分配请求权及新股认购权；（3）黑龙江公司于判决生效后10日内按北京公司的出资份额向其赔偿违约损失。

黑龙江公司不服一审判决，向最高人民法院提起上诉，主张：一审判决黑龙江公司不履行出资义务即限制其股东权利，没有法律依据。除此之外，其上诉理由与一审答辩理由基本相同。最高人民法院经审理驳回了黑龙江公司的上诉，维持了一审判决。

五、案例启示

该案涵盖了公司法的多个前沿问题，包括瑕疵出资股东的股东权利限制、股东代表诉讼、公司法定代表人更换未办理变更登记如何处理等一系列公司诉讼可能遇到的疑难问题。

该案律师就诉讼策略及方案的制订和策划过程充分说明，律师在办理公司诉讼案件时，应通盘考虑案件所涉及的各类法律问题，并综合研究后确定最优诉讼方案。尤其是我国《公司法》的理论研究和司法实践仍处于不断探索和完善的阶段，在实际纠纷解决过程中，可能经常遇到有关股东权利（包括诉讼权利和实体权利）具体行使的规定尚未有十分明确规定的情况，在此情况下，需要律师根据《公司法》的立法精神，克服法律前沿问题的挑战，最大程度维护客户权益。

本章练习与测验

基于上述案例，请做如下练习：

1. 如果你是北京公司的代理律师，请起草起诉状。
2. 如果你是北京公司的代理律师，请起草向宁波中级法院申请中止执行的申请书。
3. 如果你是北京公司的代理律师，请起草董事会决议，授权新任董事长代表公司对黑龙江公司提起诉讼。
4. 如果你是黑龙江公司的代理律师，请针对原告的起诉起草一审答辩状。
5. 如果你是黑龙江公司的代理律师，请针对一审判决书请起草上诉状。

本章总结

公司设立纠纷、公司资本纠纷、公司股东资格确认纠纷，是公司诉讼中较为常见的纠纷。该类纠纷不仅涉及的法律主体较多，包括公司发起人、公司股东、公司、公司的董事、监事和高级管理人员以及公司的债权人，而且，涉及的法律关系复杂，涉及的法律责任较多。律师在办理该类纠纷时，应查清案件事实，进行详尽的法律分析和后果预测，并根据客户的目的和意图，向客户提出切实可行的应对方案，以最大限度地维护客户的合法权益。

小贴士：诉讼类文书与非诉法律文书的主要区别

与非诉法律文书相比，诉讼类文书在格式、内容以及语言风格上均有着独有的特点和写作要求。诉讼类文书与非诉法律文书的主要区别有如下几点：

（1）诉讼类文书一般有法定的格式和内容

诉讼类文书，尤其是提交司法机关的法律文书，一般均有法定的格式和必须包含的内容，这也是诉讼类文书与非诉法律文书的主要区别之一。

（2）诉讼类文书有法定的时效性

诉讼类文书的时效性是法定的，轻易不能更改。法定期限一过，文字写得再漂亮都将失去全部意义。比如，上诉状应当自一审判决送达之日起 15 日内递交，答辩状通常应当在答辩期内递交等。

（3）诉讼类文书的语言更加简洁、有力

诉讼类文书，以肯定自己的观点，否定对方意见，最终击败对手为目标。所以，诉讼类文书相较于非诉法律文书，其语言要求更加简洁、严谨、逻辑严密、具有对抗性和针对性，具有独特的语言风格特点和要求。

上诉状参考模板

民事上诉状

上诉人（一审原/被告）：××

住　所　地：××地

法定代表人：××

职　　　务：××

被上诉人（一审被/原告）：××
住　所　地：××地
法定代表人：××
职　　　务：××
办 公 地 址：××
联 系 方 式：××××××××
案　　　由：××××
（注：案由为一审释明的案由）
上诉请求：××××
（写明：具体的上诉请求）
事实与理由：××××
（主要写明：案件基本事实、一审判决情况、主要上诉理由）
此致
××人民法院

上诉人：××
××××年××月××日

注：1. 一审其他当事人及诉讼参加人在被上诉人之后依次按一审地位列明。

2. 法定代表人一项，在原告/被告为其他组织时，应为负责人。

3. 以上适用于法人或其他组织的情形。如当事人为自然人，则按照自然人的要求列明。

4. 在落款上，原则上应注明法定代表人或负责人，并由法定代表人或负责人签字。

第十一章

股东权益纠纷

本章要点

股东权益纠纷的常见类型

股东知情权纠纷的处理原则

公司决议效力纠纷的类型及处理原则

学习目标

了解股东权益纠纷的常见类型及基本处理原则

了解股东知情权纠纷所涉主要法律问题的处理原则

了解公司决议效力纠纷的常见类型及处理原则

了解律师办理股东权益纠纷的基本思路

根据《公司法》的规定，股东的权益主要有三方面，即资产收益权、参与重大决策权和选择管理者等权利。具体而言，主要包括：发给股票和其他股权证明请求权、股份转让权、股息红利分配请求权及资产收益权、股东会召集权、出席股东会并行使表决权、对公司财务的监督检查权和会计账簿的查阅权、公司章程和股东会会议记录、董事会会议决议、监事会会议决议的查阅权和复制权、优先认购新股权、公司剩余财产分配权、权益损害救济权和股东代表诉讼权、公司重整申请权、对公司经营的建议与质询权。

在司法实践中，股东权益诉讼主要有如下类型：股东知情权诉讼；公司决议效力诉讼；股东分红权诉讼；公司控股股东、实际控制人、董事、监事、高级管理人员侵害股东利益赔偿诉讼；股东代表诉讼等。在本章中，我们重点阐述股东知情权纠纷和公司决议效力纠纷。

第一节　股东知情权纠纷

一、股东知情权纠纷概述

股东知情权，是指法律赋予股东通过查阅公司的财务会计报告、会计账簿等有关公司经营、管理、决策的相关资料，实现了解公司的经营状况和监督公司高管人员活动的权利。根据《公司法》第 6 条、第 33 条、第 97 条、第 116 条、第 165 条的规定，股东知情权可以分为查阅权、检查人选任请求权和质询权。

股东知情权纠纷最核心的问题，就是公司信息有哪些是需要披露给股东的，有哪些是无须披露给股东的。根据《公司法》的规定，公司应当根据不同情况向股东披露公司基本信息[1]、公司财务信息[2]及公司经营决策相关信息。[3]《公司法》将有限责任公司股东知情权和股份有限公司的股东知情权分开规定，两者权利范围不尽相同。此外，对于上市公司，《公司法》《证券法》《上市公司信息披露管理办法》等相关法律法规和行政规章对上市公司的信息披露作出更加具体和明确的规定。

二、股东知情权纠纷的常见法律问题

1. 行使知情权的股东应具备哪些条件？

《公司法》第 33 条[4]和《公司法司法解释四》对有限责任公司的股东的知情权进行了明确规定。《公司法》和《公司法司法解释四》对于行使知情权的主体并无特别限制，只要是公司的股东，就依法享有知情权，而无论该股东在公司的持股比例如何，是否存在瑕疵出资的情况。但该股东原则上应为公司的现有股东，而且应以公司的工商档案或公司股东名册为依据，原告起诉时或者在诉讼中已经不具有股东身份的，不享有知情权。但是，如果原告有初步证据证明其在持股期间合法权益受到损害的，对其持股期间的公司相关材料，仍然可以行使知情权。如果是实际出资人但不是显名股东而要求行使股东知情权的，应先确认其股东资格，才能提起股东知情权诉讼。如果公司原股东已将股权转让的，原股东无权提起股东知情权诉讼。

2. 股东知情权诉讼的被告如何确定？

股东知情权诉讼应当以公司为被告，如果控股股东或实际控制人妨碍股东行使知情权的，可以将其列为被告，要求其协助配合原告行使知情权。

3. 股东知情权的范围如何？

对于股东知情权，应提出明确具体的请求查阅事项。就股东知情权的内容而言，对于有限责任公司、股份有限公司、上市公司的股东有所不同，且基于股东查阅的内容不同，股东享有的权利不同。

（1）有限责任公司股东的知情权。根据《公司法》第 33 条的规定，有限责任公司的股东有权查阅、复制公司章程、股东会会议记录、董事会会议决议、监事会会议决议和财

---

① 公司基本信息，是指与公司组织直接相关的信息。在形式上主要表现为包括公司章程、股东名册、公司债券存根，董事、经理、监事名单及联系地址等文件。

② 公司财务信息，包括财务会计报告、会计账簿和会计凭证，与公司的经营状况密切相关。根据 2006 年公布的《企业会计准则——基本准则》，财务报表至少应当包括资产负债表、利润表、现金流量表、所有者权益变动表、附注等。

③ 公司经营决策信息，是指公司做出重大经营决策的相关决定与记录，以及与公司经营决策有关的重大事件如公司重大资产处置、关联交易等。主要包括股东会会议决议与记录、董事会会议决议、监事会会议决议、重大合同、交易记录等文件。

④ 《公司法》第 33 条："股东有权查阅、复制公司章程、股东会会议记录、董事会会议决议、监事会会议决议和财务会计报告。股东可以要求查阅公司会计账簿。股东要求查阅公司会计账簿的，应当向公司提出书面请求，说明目的。公司有合理根据认为股东查阅会计账簿有不正当目的，可能损害公司合法利益的，可以拒绝提供查阅，并应当自股东提出书面请求之日起十五日内书面答复股东并说明理由。公司拒绝提供查阅的，股东可以请求人民法院要求公司提供查阅。"

务会计报告。其中，财务会计报告主要指资产负债表、损益表、财务状况变动表、财务情况说明书、利润分配表等会计文件，不包括会计账簿和会计凭证。公司拒绝提供查阅的，股东可以向人民法院起诉请求公司提供查阅、复制。

而对于会计账簿，则需要股东履行前置程序并具有合理目的方可查阅。股东应先向公司以书面方式提出请求，并说明查阅的目的，在该请求被公司拒绝后，才能向人民法院起诉请求公司要求查阅。如果公司有合理根据证明股东查阅会计账簿有不正当目的，可能损害公司合法利益的，人民法院可能对股东提出的查阅请求不予支持。《公司法司法解释四》第 8 条明确列举了应当认定为不正当目的的情形，包括股东自营或者为他人经营与公司主营业务有实质性竞争关系业务的，但公司章程另有规定或者全体股东另有约定的除外；股东为了向他人通报有关信息查阅公司会计账簿，可能损害公司合法利益的；股东在向公司提出查阅请求之日前的三年内，曾通过查阅公司会计账簿，向他人通报有关信息损害公司合法利益的；股东有不正当目的的其他情形。

（2）股份有限公司股东的知情权。根据《公司法》第 97 条规定，股份有限公司的股东有权查阅公司章程、股东名册、公司债券存根、股东大会会议记录、董事会会议决议、监事会会议决议、财务会计报告。公司法没有规定股份有限公司的股东具有查阅会计账簿的权利。

（3）上市公司股东的知情权。《证券法》第 65、66、67 条规定了上市公司股东可以通过公告了解公司的情况，包括：经营情况，涉及公司的重大诉讼事项，董事、监事、高级管理人员简介及其持股情况，已发行的股票、公司债券情况，可能对上市公司股票交易价格产生较大影响的重大事件等。在此基础上，证监会以及上海证券交易所、深圳证券交易均就上市公司应当进行信息披露的内容作出具体规定。

4. 股东知情权行使的前置程序

股东提起知情权诉讼应当具备一定的条件：（1）股东要求查阅和复制公司章程、股东会会议记录、董事会会议决议、监事会会议决议和财务会计报告的，只要公司不履行法律规定的义务，拒绝将上述资料提供股东供查询和复制，股东有权向法院提起诉讼；（2）有限责任公司的股东请求查阅会计账簿，必须在起诉前书面请求公司提供会计账簿查阅，并说明目的。公司拒绝查询或在股东提出书面请求之日起 15 日未作出答复，股东才可以起诉要求行使知情权。

5. 股东知情权的行使方式

股东行使知情权是否可以委托会计师、律师等中介机构行使，在实践中一直存在很大争议，《公司法司法解释四》第 10 条对这个问题作出明确："股东依据人民法院生效判决查阅公司文件材料的，在该股东在场的情况下，可以由会计师、律师等依法或者依据执业行为规范负有保密义务的中介机构执业人员辅助进行。"

三、律师办理股东知情权纠纷的操作指引

律师接受公司股东委托办理股东知情权诉讼，可以参照如下操作指引。

1. 审查股东是否有权主张行使知情权

律师办理股东知情权案件，应当从如下几个方面审查股东是否有权主张行使知情权：

（1）股东是否具备原告主体资格；

（2）股东是否向公司提出过书面查阅请求，公司拒绝提供查阅或在收到书面请求之日起 15 日内未作答复，或者存在情况紧急的事由；

（3）股东行使知情权是否有合理的理由。

2. 做好证据搜集及准备工作

律师接受委托代理股东提起股东知情权诉讼，应从如下方面搜集及准备证据：

（1）证明股东资格的证据；

（2）股东向公司提出行使知情权的书面请求；

（3）公司拒绝提供查阅或在收到书面请求之日起 15 日内未作答复的证据；

（4）证明股东行使知情权具有合理理由的证据。

3. 确定具体诉讼方案

律师应根据案件具体情况，制定股东知情权诉讼的具体诉讼方案：

（1）股东知情权诉讼的原告应该为公司的现有股东，以公司的工商档案或公司股东名册为依据。

（2）股东知情权诉讼应当以公司为被告，如果控股股东或实际控制人妨碍股东行使知情权的，可以将其列为被告，要求其协助配合原告行使知情权。

（3）股东知情权诉讼应由公司所在地的基层法院管辖。

（4）律师在确定股东知情权诉讼的具体诉讼请求时，应明确列明希望查阅、复制的相关文件资料具体信息，比如文件类型、文件名称、文件时间等。

4. 考虑是否采取诉讼保全措施

律师应注意审查是否存在公司的账簿或其他需查阅的内容被转移或灭失的可能性，并及时提示委托人，必要时向法院申请对公司的账簿、股东会会议决议等采取保全措施。

第二节　公司决议效力纠纷

一、公司决议效力纠纷的常见类型

根据《公司法》第 22 条的规定，公司股东会、董事会决议的瑕疵分为内容瑕疵和程序瑕疵。对于实体内容违反法律、法规的决议，股东可以向法院提起确认无效的诉讼。对于决议内容违反公司章程的，或召集程序、表决方式等程序事项违反法律、法规和公司章程的，股东可以向法院提起撤销决议的诉讼。《公司法司法解释四》第 5 条还规定了决议不成立的情形。因此，关于公司决议效力的纠纷有以下三类：

1. 公司决议无效纠纷

根据《公司法》的规定，股东会、董事会决议的内容违反法律、行政法规强制性规定的，决议无效。一旦公司决议被法院判决确定为无效，应属于自始无效、当然无效和绝对无效。

在江苏省常州市天宁区人民法院审理的（2010）天商初字285号案件中，常州市东亚电子设备器材厂起诉要求确认常州亚细亚电子有限公司（以下简称亚细亚公司）董事会决议无效，该院判决认为：亚细亚公司系中外合资经营企业，公司董事会的召集、主持、议事和表决，均应依照法律规定、公司章程的规定履行程序规则，方可形成有效的董事会决议。薛国全无权以常州市东亚电子设备器材厂的名义向亚细亚公司委派董事长和董事，其委派的董事参加亚细亚公司董事会会议进而作出的董事会决议，既不符合法律规定，也不能代表实际投资人常州市东亚电子设备器材厂和亚细亚公司的真实意思表示，因此，该董事会决议无效。①

2. 公司决议撤销纠纷

依据《公司法》第22条第2款的规定，股东会、董事会的会议召集程序、表决方式违反法律、法规或者公司章程，或者决议内容违反公司章程的，股东可以自决议作出之日起60日内，以公司为被告向法院提起诉讼，请求撤销股东会、董事会的决议。但是依据《公司法司法解释四》第4条的规定，会议召集程序或者表决方式仅有轻微瑕疵，且对决议未产生实质影响的，股东请求撤销股东会、董事会的决议，人民法院不予支持。一旦法院裁决撤销股东会、董事会决议，则此撤销具有溯及力，被撤销的决议自始无效。

在司法实践中，召集程序违法及违反章程的表现形式主要有：（1）召集权瑕疵；（2）召集通知程序瑕疵；（3）召集通知中未按照规定载明召集事由、议题；（4）召集对象有遗漏。

在司法实践中，表决方式违法的主要表现方式有：（1）无表决权人参加表决；（2）主持人无主持权；（3）表决事项瑕疵；（4）表决权数计算有误；（5）个别股东行使表决权的意思表示瑕疵。

3. 公司决议不成立纠纷

公司决议不成立纠纷是指股东会、董事会的召集程序或者表决方式存在重大瑕疵，股东可以向法院提起诉讼，请求确认股东会决议或者董事会决议并不成立。此时的“重大瑕疵”应达到可以确认股东会或董事会的决议不成立的程度。《公司法司法解释四》第5条明确规定，股东会或者股东大会、董事会决议存在下列情形之一，当事人主张决议不成立的，人民法院应当予以支持：（1）公司未召开会议的，但依据《公司法》第37条第2款或者公司章程规定可以不召开股东会或者股东大会而直接作出决定，并由全体股东在决定

---

① 该判决书的详细内容载江苏省常州市中级人民法院网站，见 http：//www.jsczfy.gov.cn/cpws/plus/view.php? aid=1064。

文件上签名、盖章的除外；（2）会议未对决议事项进行表决的；（3）出席会议的人数或者股东所持表决权不符合公司法或者公司章程规定的；（4）会议的表决结果未达到公司法或者公司章程规定的通过比例的；（5）导致决议不成立的其他情形。

二、公司决议效力纠纷常见法律问题

1. 如何确定公司决议效力纠纷的原告？

根据《公司法》的规定，对无效决议、决议不成立和撤销决议提起诉讼的原告并不相同。《公司法司法解释四》第1条规定："公司股东、董事、监事等请求确认股东会或者股东大会、董事会决议无效或者不成立的，人民法院应当依法予以受理。"

而请求撤销股东会、股东大会决议、董事会决议的原告只能是公司的股东。《公司法司法解释四》第2条规定："依据公司法第二十二条第二款请求撤销股东会或者股东大会、董事会决议的原告，应当在起诉时具有公司股东资格。"股东丧失股东资格后，应无权申请撤销股东会、股东大会、董事会决议，但对剥夺其股东资格的决议除外。

2. 如何确定公司决议效力纠纷的被告？

《公司法司法解释四》第3条规定："原告请求确认股东会或者股东大会、董事会决议不成立、无效或者撤销决议的案件，应当列公司为被告。对决议涉及的其他利害关系人，可以依法列为第三人。一审法庭辩论终结前，其他有原告资格的人以相同的诉讼请求申请参加前款规定诉讼的，可以列为共同原告。"

如果公司法定代表人对公司股东会、股东大会或董事会决议申请确认无效或申请撤销，可以由公司推荐认可上述决议效力的其他股东、董事或者监事代表公司参加诉讼。

3. 公司决议效力纠纷的诉讼请求是什么？

公司决议效力纠纷的诉讼请求应是确认股东会决议、董事会决议不成立、决议无效或者撤销决议。股东仅请求确认股东会决议、董事会决议有效的，人民法院不予受理。

4. 股东请求确认公司决议无效或申请撤销公司决议是否有期限限制？

对于股东提起确认决议无效之诉是否有期限限制，《公司法》及目前的司法解释未有明确规定。但一般理解，提起确认无效之诉，不受《民法总则》规定的三年的诉讼时效的限制。

股东起诉请求撤销股东会决议、董事会决议，应自该决议作出之日起60日内向人民法院提出。该期间为除斥期间，即如果股东在决议作出之日60日后提起诉讼的，法院不予受理。

股东起诉请求确认股东会决议、董事会决议不成立是否受诉讼时效限制，《公司法司法解释四》并未明确规定，对此，还需在司法实践中探讨和检验。

5. 如何确定管辖法院？

公司决议效力诉讼通常应由公司所在地的基层法院管辖。

第三节　经典案例评析

一、案情概要①

李建军系上海佳动力环保科技有限公司（以下简称佳动力公司）股东，并担任总经理职务。佳动力公司为有限责任公司，其股权结构为：葛永乐持股40%、李建军持股46%、王泰胜持股14%。三人共同组成董事会，由葛永乐担任董事长。公司章程规定："董事会行使包括聘任或者解聘公司经理等权利；董事会须由三分之二以上的董事出席方为有效；董事会对所议事项作出的决定应由占全体股东三分之二以上的董事表决通过方为有效。"2009年7月18日，经董事长葛永乐电话召集，佳动力公司召开董事会，会议经葛永乐、王泰胜表决同意通过了"鉴于总经理李建军不经董事会同意私自动用公司资金在二级市场炒股，造成巨大损失，现免去其总经理职务，即日生效"的决议。该决议由葛永乐、王泰胜及监事签名，李建军未在该决议上签名。2009年7月27日，李建军以该决议依据的事实错误，且在召集程序、表决方式及决议内容等方面均违反了公司法的规定，应予撤销为由，向一审法院提起诉讼，要求撤销上述董事会决议。

二、一审判决

一审经审理认为，董事会决议撤销诉讼旨在恢复董事会意思形成的公正性及合法性，处理时应注重维护主张撤销权人合法利益，同时兼顾公司法律关系的稳定。虽然本案董事会决议在召集、表决程序上与公司法及公司章程并无相悖之处，但董事会形成的罢免原告总经理职务之决议所依据的"未经董事会同意私自动用公司资金在二级市场炒股，造成巨大损失"这一事实存在重大偏差。实际上，原告李建军在案外人国信证券公司进行800万元股票买卖，包括账户开立、资金投入及股票交易等系列行为，均系经被告董事长葛永乐同意后委托李建军代表佳动力公司具体实施。因此，在该事实基础上形成的罢免总经理决议，缺乏事实及法律依据，其决议结果是失当的。从维护主张撤销权人的合法利益，维护董事会决议形成的公正、合法性角度出发，一审法院判决对系争董事会决议予以撤销。

三、二审判决

一审判决后，佳动力公司不服提起上诉称，根据《公司法》第22条的规定，董事会决议撤销之诉仅需审查召集程序、表决方式、内容是否违反法律、行政法规及章程的规定，在

① 该案相关信息请参见上海市第二中级人民法院（2009）沪二中民四（商）终字第436号民事判决书，载上海市第二中级人民法院官方网站，见http：//www.shezfy.com/view.html？id=33375。

一审判决已对上述事项均作出肯定性判断的情况下，该董事会决议应当被认定为合法有效。

二审法院经审理认为：聘任和解聘总经理是公司董事会的法定职权，只要董事会决议在程序及内容上不违反法律、行政法规和公司章程的规定，即应认定为有效。法院对董事会决议中的解聘事由是否属实不予审查和认定，因为其对董事会的决议效力亦不构成影响。本案中“李建军不经董事会同意私自动用公司资金在二级市场炒股，造成巨大损失”这一理由仅是董事会对为何解聘李建军总经理职务作出的“有因”陈述，该陈述本身不违反公司章程，其真实与否不影响董事会决议的效力。因此，一审法院因解聘理由失实判令撤销系争董事会决议，不符合《公司法》第 22 条第 2 款的规定，属于法律适用错误，应予改判。故判决对李建军一审诉请不予支持。

四、焦点问题评析

董事会决议撤销之诉，属公司瑕疵决议之诉的一种，是公司董事会决议瑕疵诉讼救济制度的重要类型之一。本案的争议焦点在于法院是否应当对董事会决议罢免公司高级管理人员所依据的事实进行审查；如果事实不成立，是否会影响该董事会决议的效力。

《公司法》第 22 条对公司决议瑕疵的救济方法明确规定：“公司股东会或者股东大会、董事会的决议内容违反法律、行政法规的无效。股东会或者股东大会、董事会的会议召集程序、表决方式违反法律、行政法规或者公司章程，或者决议内容违反公司章程的，股东可以自决议作出之日起六十日内，请求人民法院撤销。”该条规定已为人民法院受理和审理该类诉讼提供了清晰的裁判规则。

根据上述规定，对于董事会决议瑕疵纠纷案件，我国公司法将司法审查的范围限定于：（1）决议内容是否符合法律、行政法规和公司章程的规定；（2）董事会会议的召集程序、表决方式是否符合法律、行政法规和公司章程规定。

本案中原告李建军提起的董事会决议撤销之诉，一审、二审法院均根据《公司法》第 22 条对上述审查范围内的事项予以了逐项对照审查，认定系争董事会决议在召集、表决程序上并未违背法律、行政法规及公司章程。

本案中，一审法院与二审法院意见的分歧点主要在于对系争董事会决议罢免总经理所依据的理由是否应当进行审查，若依据严重失实，能否据此将该董事会决议予以撤销。对此，二审判决明确，法院对董事会决议中的解聘事由是否属实不应予以审查和认定，因为其对董事会的决议效力不构成影响。

五、案例启示

2012 年 9 月 18 日，最高人民法院发布《关于发布第三批指导性案例的通知》（法〔2012〕227 号）[1]，将上述案例作为指导性案例予以发布，对该案二审法院的认定给予充分肯定。

---

① 载中国法院网，见 http：//www.chinacourt.org/law/detail/id/145946.shtml。

《公司法》第22条第2款对可撤销公司决议的司法审查内容已有规定，但在实践中仍然存在一些困惑。该案二审判决和最高人民法院将该案例列为指导性案例，不仅仅明确了人民法院办理公司决议诉讼的审查原则，而且彰显了人民法院审理公司诉讼案件的两个一般原则——公司自治原则和章程自治原则。

1. 公司自治原则。公司自治是现代公司法的灵魂，公司自治的核心是尊重公司的商业判断，尊重公司、股东、董事依法作出的自主选择。只有当公司自治机制被滥用或失灵时，才能进行司法干预。对总经理的聘任和解聘关系到公司日常经营，公司董事会基于公司发展需要而调整公司高级管理人员，是行使公司的自治权，对此司法不宜强行干预，应尊重并保障公司自由意志的实现。

2. 强调章程自治原则。公司章程是公司的自治规则，对公司及其股东、董事、监事和其他高级管理人员均具有约束力。如果公司章程对经理的聘任和解聘有明确规定，且没有违反法律和行政法规的强制性规定，就应当按照章程规定处理。本案中的公司章程仅规定董事会有权解聘经理，未对董事会解聘公司经理的职权作出限制，也未规定董事会解聘公司经理必须说明原因，该章程的内容未违反法律和行政法规的强制性规定，应认定有效。因此，佳动力公司董事会可以行使公司章程赋予的权力作出解聘公司经理的决定。至于解聘经理是出于什么原因、基于何种理由，以及解聘的理由是否真实存在、是否合理，均属公司自治的范畴，法院不应予以审查。

人民法院在审理公司诉讼中遵循的上述原则，不仅对于法官审理公司诉讼案件具有重要作用，而且对于律师办理公司诉讼案件也具有重要的指导意义。

本章练习与测验

基于上述案例，请做如下练习：

1. 如果你是李建军的代理律师，请基于本案案情起草起诉状。

2. 如果你是佳动力公司的代理律师，在一审判决后，请代佳动力公司起草上诉状。

3. 在李建军被解聘总经理职务后，如果你是李建军的代理律师，你会向李建军提出哪些建议？

本章总结

股东权益保护是公司法的基本价值目标之一，股东权益的基础主要源于公司法的规定、公司章程的规定、股东之间的协议约定，正基于此，股东权益纠纷是最体现公司纠纷解决不同于普通民事纠纷处理原则的纠纷类型之一。律师在处理股东权益纠纷时，要基于案件的具体情况，熟练运用公司法等相关法律对股东权益的相关规定，采取合法有效的诉讼策略和措施，依法维护客户的合法权益。

小贴士：诉讼类文书写作指导（一）之明确主旨

诉讼类文书的写作首先要根据目的明确该诉讼文书的主旨。不同类型的诉讼文书，其主旨应有所不同，如提交法院的文书，其主旨应在于向法官表明自己的观点和主张，给当事人的文书，则旨在全面分析案件情况和法律问题，提示风险，给出策划方案和建议。不同种类的诉讼文书，其主旨又有不同的表现。例如，起诉书的制作目的是将原告的诉讼请求、事实和理由向法院阐明；答辩状的目的则是针对原告的诉讼请求和理由，提出抗辩和反驳观点。

主旨的确定还需根据具体的案情和整体策划方案进行把握。如原告在起诉时，不希望将自己的主张和理由完全暴露给对方，避免对方了解自己的诉讼策略，那么在准备起诉状和证据目录时，就要将写作主旨确定为简要阐明基本观点。

起诉状参考模板

民事起诉状

原　　　告：××
住　所　地：××地
法定代表人：××
职　　　务：××
被　　　告：××
住　所　地：××地
法定代表人：××
职　　　务：××
办 公 地 址：××地
联 系 方 式：×××××××××
案　　　由：××××
诉讼请求：××××
（逐项写明具体的诉讼请求）
事实与理由：××××
（简要写明：原、被告之间的争议内容，包括发生纠纷的时间、地点、原因并阐明起诉的理由和根据）

此致

××人民法院

原告：××

××××年××月××日

注：1. 法定代表人一项，在原告/被告为其他组织时，应为负责人。

2. 以上当事人信息部分适用于法人或其他组织的情形。如当事人为自然人，则应适用如下模版：

原　　告：姓名，性别，出生年月日，民族，工作单位

住 所 地：××地

被　　告：姓名，性别，出生年月日，民族，工作单位

住 所 地：××地

联系方式：××××××××

3. 案由，应根据最高人民法院发布的《民事案件案由规定》确定案由的准确名称。

4. 在落款上，应加盖公司的印章，原则上，同时应注明法定代表人，并由法定代表人签字。

第十二章

股权转让纠纷

本章要点

股权转让的类型

股权转让合同的效力

股权转让纠纷处理的原则

股权转让纠纷处理的后果

学习目标

了解和掌握股权转让的类型

了解和掌握股权转让合同效力的判断规则

了解和掌握股权转让纠纷处理的原则

掌握律师办理股权转让纠纷的基本操作规范

第一节　股权转让与股权转让的类型

一、股权转让综述

股权是公司股东基于其出资享有的一系列法律权利的总称，包括股东收益权、表决权和知情权等权利，其本质是股东对公司及公司事务的支配权。股权转让是股东将其持有的股权转让给公司其他股东或者公司其他股东以外的第三人的民事法律行为。股权转让是公司股东的一项固有权利，同时也是公司股权变动的重要形式。

在股权有偿转让过程中，股权转让方与受让方应就转让股权份额、转让价格、转让款的交付及股权交付、违约责任、争议解决等事项达成一致意思表示，并签订股权转让合同。通常而言，股权转让合同自合同成立时生效①，但是股权转让合同的生效并不等同于股权转让生效，股权转让生效属于股权转让合同生效后物权变动的结果，是指股权发生移转，受让方取得公司股东资格。有偿股权转让以自由转让为原则，以法律或者公司章程限制转让为例外。

二、股权转让的基本类型

1. 内部股权转让与外部股权转让

根据股权受让对象的不同，股权转让可分为内部股权转让和外部股权转让。内部股权转让又称为股东之间股权转让，是指股东将股权转让给公司其他股东。根据《公司法》第71条第1款的规定②，有限公司的股东之间可以自由转让全部或者部分股权。基于有限责

---

① 《合同法》第44条第1款："依法成立的合同，自成立时生效"。

② 《公司法》第71条第1款："有限责任公司的股东之间可以相互转让其全部或者部分股权"。

任公司的人合性特征，由于股东之间股权转让对公司股东结构的稳定性产生影响较小，法律及公司章程对内部股权转让限制也就较少，因而，内部股权转让纠纷主要集中在股权转让合同履行过程中的违约问题。

外部股权转让是指股东将股权转让给公司股东以外的第三人。依据《公司法》第 71 条第 2 款的规定①，股东对外转让股权须征得一半以上股东同意，并须履行通知义务，在同等条件下保障其他股东优先购买权的行使等。法律或者公司章程对股权对外转让的限制较多，实践中发生争议的情形也较多。外部股权转让纠纷主要集中于股权转让合同效力和合同履行等问题。

2. 全部股权转让与部分股权转让

根据股权转让的数量，股权转让纠纷可分为全部股权转让纠纷和部分股权转让纠纷。全部转让是指股东将所持有的全部股权转让给他人，该转让股东不再是公司的股东；部分转让是指股东将持有的部分公司股权转让给他人，该转让股东持有的股权数量减少，仍为公司股东。股权全部转让与部分转让对公司股权结构的影响不同，但该两类纠纷本身并无本质的区别。

3. 普通股权转让与特殊股权

根据股权转让原因不同，股权转让可分为普通转让和特殊转让。普通股权转让是转让方与受让方达成合意、签订股权转让合同、进行有偿交易。特殊转让是指股权赠与、继承、质押、夫妻财产分割、强制执行股权等原因而发生的股权移转。《公司法》和《公司法司法解释四》对股权强制执行、继承这两类股权转让作出规定。②

4. 即时股权转让与预约股权转让

根据股权转让是否附条件或者附期限，股权转让可分为即时股权转让与预约股权转让。即时股权转让是依据股权转让合同生效即进行的股权转让。而预约股权转让是转让方与受让方约定一定条件发生或者一定期限后才进行的股权转让，主要是为了规避《公司法》对公司董事、监事及高级管理人员任职期间转让其持有本公司股权比例的限制、离职后转让股权时间的限制而采取的方法。

此外，“对赌协议”近年来也逐渐为人们所熟悉，该协议通常约定公司未来一段时间内利润完成一定数额后投资方购买一定比例股权，或者投资方先行购买一定比例股权、公司未来利润未达到一定数额后原股东回购该笔股权，带有股权期权的性质。近年来，在司

---

① 《公司法》第 71 条第 2 款：“股东向股东以外的人转让股权，应当经其他股东过半数同意。股东应就其股权转让事项书面通知其他股东征求同意，其他股东自接到书面通知之日起满三十日未答复的，视为同意转让。其他股东半数以上不同意转让的，不同意的股东应当购买该转让的股权；不购买的，视为同意转让。”。

② 《公司法》第 72 条：“人民法院依照法律规定的强制执行程序转让股东的股权时，应当通知公司及全体股东，其他股东在同等条件下有优先购买权。其他股东自人民法院通知之日起满二十日不行使优先购买权的，视为放弃优先购买权”。《公司法》第 75 条：“自然人股东死亡后，其合法继承人可以继承股东资格；但是，公司章程另有规定的除外”。最高人民法院《公司法司法解释四》第 16 条：“有限责任公司的自然人股东因继承发生变化时，其他股东主张依据公司法第七十一条第三款规定行使优先购买权的，人民法院不予支持，但公司章程另有规定或者全体股东另有约定的除外。”

法实践中，因预约股权转让行为产生的纠纷逐渐增多。

三、股权转让纠纷的主要类型

股权转让纠纷是在股权转让过程中发生的一系列纠纷的统称，其涉及的范围较广，种类较多，主要包括：围绕股权转让合同效力本身产生的纠纷；围绕股权转让合同履行产生的纠纷；围绕股权转让合同解除产生的纠纷；因股权质押、继承、夫妻财产分割以及股权强制执行等发生股权移转而产生的纠纷。

需要指出的是，由于上市公司的股票可以在证券市场进行买卖处置，因而，司法实践中的股权转让纠纷通常仅指向有限责任公司的股权转让和未上市股份公司的股份转让，这也是本章探讨的重点。

第二节　股权转让合同效力纠纷

围绕股权转让合同效力产生的纠纷种类较多，实践中此类纠纷类型主要包括：股权转让合同成立纠纷、公司章程限制股权转让时的合同效力纠纷、出资瑕疵股东股权转让合同的效力纠纷、显名股东转让股权的合同效力纠纷、转让股权部分权能的效力纠纷等。本章着重对以上纠纷类型中合同效力的认定、转让合同瑕疵责任以及合同无效后的处理等进行论述。

一、股权转让合同成立与生效的认定

股权转让合同成立是指在合同订立过程中当事人经过平等协商对合同的基本内容达成一致意见，并签订股权转让合同，此时合同成立；股权转让合同生效是指合同的内容与形式不违反法律、法规等的强制性规定，该合同产生法律意义上的权利与义务，对当事人具有法律约束力。《公司法》对股权转让合同的效力判断标准采取成立即生效主义为原则、批准生效主义或者登记生效主义为例外的立法态度。通常而言，合同的成立与合同生效一般是同时发生，合同成立便产生法律效力。但是，就股权转让合同而言，股权转让合同成立和生效的时间和条件可能出现不尽相同的情形。

1. 股权转让合同成立的认定

关于股权转让合同成立的认定，适用《合同法》的相关规定。具体而言，承诺通知到达要约人时生效[①]，承诺生效时合同成立。[②] 如当事人采用合同书形式订立合同的，自双

---

① 《合同法》第 26 条：“承诺通知到达要约人时生效。承诺不需要通知的，根据交易习惯或者要约的要求作出承诺的行为时生效。”

② 《合同法》第 25 条：“承诺生效时合同成立。”

方当事人签字或者盖章时合同成立①；如果当事人之间未签订书面的股权转让合同或者合同未经当事人签字或者盖章，但当事人一方已经履行主要义务、另一方接受的，仍应视为该股权转让合同已经成立。②

股权转让合同的成立表明合同订立过程的完成，意味着合同要约与承诺过程已经达成、该合同已经订立。合同成立赋予了当事人订立合同的自由，它本身不涉及任何法律上的评价。司法实践中，存在着双方当事人对主要条款并未达成一致而一方当事人据以主张合同已经成立的情况。

2. 股权转让合同生效的认定

股权转让合同的成立并不一定意味着合同的生效，如果法律、法规对股权转让合同的生效进行一定限制，或者当事人对合同生效进行特别约定的，或者公司章程另有规定的，股权转让合同需要符合以上条件才能产生法律效力。

关于法律、行政法规限定股权转让合同生效条件的，依据《合同法》等相关规定，如果法律、行政法规规定合同应当办理批准、登记等手续才能生效的，应当依照其规定。③需要注意的是，只有法律、行政法规才有权对股权转让合同的生效条件进行限制。

目前，规定股权转让合同需要办理审批等手续的，主要有以下几种情形：

第一，如果拟转让公司股权涉及国有产权的，必须经国有资产监管机关或上级主管部门批准；

第二，外商投资类公司，包括外商独资企业、中外合资企业等股权转让合同，涉及国家规定实施准入特别管理措施的，应当经过相关管理部门批准；

第三，属于特殊行业或者特殊经营范围的公司的股权转让，例如银行等金融机构、证券公司等，合同需要经过相关部门批准。

如果以上三种情形的股权转让合同未经过相关部门批准或者办理登记手续的，属于违反法律、行政法规的强制性规定，应属无效。但在司法实践中，基于鼓励交易、创造财富的宗旨，关于此类股权转让合同效力确认纠纷，如果在一审法庭辩论终结前已经办理批准手续的，法院应当认定该合同已经生效；反之，人民法院应当认定该合同未生效。④

关于当事人特别约定股权生效条件的，例如，当事人约定须办理股东名册变更登记手续，或者股权受让方需要交付一定比例的股权转让价款后，股权转让合同方能生效的，当事人应当遵守以上约定。如果约定的条件不成就，则该合同不发生效力。

另外，如果拟转让股权的公司章程对股权转让条件作出特别规定的，股权转让合同需

---

① 《合同法》第32条：“当事人采用合同书形式订立合同的，自双方当事人签字或者盖章时合同成立。”

② 《合同法》第36条：“法律、行政法规规定或者当事人约定采用书面形式订立合同，当事人未采用书面形式但一方已经履行主要义务，对方接受的，该合同成立。”

③ 《合同法》第44条：“依法成立的合同，自成立时生效。法律、行政法规规定应当办理批准、登记等手续生效的，依照其规定。”

④ 最高人民法院《关于适用〈合同法〉若干问题的解释（一）》第9条：“依照合同法第四十四条第二款的规定，法律、行政法规规定合同应当办理批准手续，或者办理批准、登记等手续才生效，在一审法庭辩论终结前当事人仍未办理批准手续的，或者仍未办理批准、登记等手续的，人民法院应当认定该合同未生效。”

要符合以上规定才能生效。如果当事人违反公司章程的规定，损害公司或者其他股东的合法权益的，公司或者其他股东有权要求合同当事人赔偿损失。

二、公司章程限制股权转让的合同效力

公司章程是股东共同制定的关于公司组织和活动的基本规则，包括对公司的治理结构、职权分配、公司运作以及公司利润分配等进行协商约定，体现了较强的公司自治性色彩。

1. 有限责任公司章程限制股权转让的合同效力认定

有限责任公司具有较强的人合性，公司股东之间具有明显的依附于股东本人的信赖关系，公司股东的变更很可能导致股东之间的合作基础及经营环境发生重大变化，因此，公司章程更明显地体现了股东的自由意志。依据《公司法》第71条的规定，在有限责任公司股权转让过程中，公司章程可对股权转让另行作出更为宽松或者更为严格的规定①，由于该特别规定体现了公司股东的集体意志，股东应当严格遵守。如果股权转让合同与该章程规定的限制股权转让等规定相冲突，该合同一般被认定为未生效。

关于公司章程能否改变《公司法》等法律、法规内容的问题，需要区分该法律、法规内容的性质。如果该规定为强制性规定，公司章程应当在遵循该规定的前提下，制定公司自治规则；如果该规定为任意性规范，公司章程则可在该规定范围之外制定自治性规范。

2. 股份有限公司章程限制股权转让的合同效力认定

对于违反股份有限公司章程关于限制股权转让的股权转让合同效力的认定，原则上与有限责任公司相同。需要注意的是，与有限责任公司相比，股份有限公司具有较强的资合性，且由于其股东人数众多、分布较为分散、中小股东实际参与公司经营并了解公司运营情况的难度较大，股份公司章程对股权转让的限制通常较少。因此，在实践中，如果股份有限公司章程对股权转让的限制比《公司法》的规定更为严格，须首先判定该限制是否违反法律等强制性规定、是否违反公平原则和诚实信用原则，进而认定该合同是否有效。

三、出资瑕疵股东转让股权的合同效力

出资瑕疵包括很多情形，对于股权转让纠纷而言，出资瑕疵主要包括虚假出资和抽逃出资。股东未按期足额缴纳出资，在公司成立前非法将其缴纳的出资款全部或者部分抽回，或者作为出资的非货币财产的实际价额显著低于公司章程所定价额的，构成虚假出资；股东在公司成立后非法将其缴纳的出资全部或者部分抽回的，包括将出资款项转入公司账户验资后又转出、虚构债权债务关系将其出资转出、制作虚假财务会计报表虚增利润进行分配等未经法定程序将出资抽回的行为，均构成抽逃出资。

---

① 《公司法》第71条第4款："公司章程对股权转让另有规定的，从其规定。"

1. 出资瑕疵股东转让股权合同效力的认定

股东存在出资瑕疵的，其行为构成违约，其他股东可请求该股东承担违约责任，公司也可根据公司章程或者股东会决议对该股东利润分配请求权、新股优先认购权、剩余财产分配请求权等权利作出合理限制①，但《公司法》并未限制出资瑕疵股东转让股权的权利，该瑕疵出资股东仍可行使转让股权的权利，公司或者其他股东无权以该股东出资瑕疵为由主张股权转让合同无效，因此，瑕疵股权转让合同效力通常发生在转让方与受让方之间。

出资瑕疵股东转让股权合同的效力应区分两种情况。第一种是股权受让人知道或者应当知道转让方股东存在瑕疵出资，仍然与该股东签订股权转让合同；第二种是在股东隐瞒其出资瑕疵事实、受让人不可能知道该股东存在瑕疵出资事实的情形下，受让方与该股东签订股权转让合同。实践中，第一种情况下的股权转让行为，因受让人明知该股权出资存在瑕疵，仍同意受让该股权，视为自愿承受该瑕疵股权造成的法律后果，同时股权转让方不存在隐瞒事实、恶意欺诈等过错，该股权转让合同应为有效，受让方无权以该转让股权出资瑕疵为由主张合同无效或者要求撤销合同。在第二种情况下，出资瑕疵股东恶意隐瞒瑕疵出资真实情况，使受让方作出错误意思表示，构成民事欺诈，该合同为可撤销的合同，受让方有权自知道或者应当知道该撤销事由之日起一年内主张撤销该股权转让合同。

2. 出资瑕疵股权转让合同有效时转让方与受让方的法律责任

实践中，在上述第一种情况下，股权受让人知道或者应当知道有限责任公司股东瑕疵出资但仍受让其股权的，公司请求该瑕疵出资股东履行出资义务，或者公司债权人请求该瑕疵出资股东承担民事责任的，并请求受让股东承担连带责任的，人民法院应予支持，此时，受让方不得以其与转让方关于内部责任承担的约定对抗公司或者债权人。在上述第二种情况下，受让人自知道或者应当知道撤销事由之日起一年内未行使撤销权的，股权转让合同有效，其仍应对转让方瑕疵出资的民事责任承担连带责任。受让人承担责任后，可向该瑕疵出资股东进行追偿，但当事人另有约定的除外。②

四、显名股东转让股权的合同效力认定

在股权投资过程中存在当事人约定由一方实际投资、享有投资收益并承担投资风险，但工商登记及公司内部登记为另一方当事人的情形，其中工商登记的股东被称为显名股东，又称名义股东，实际出资人被称为隐名股东。隐名股东与显名股东之间形成股权代持关系，并通过签订内部协议来约定双方的权利义务。

---

① 最高人民法院《公司法司法解释三》第16条：“股东未履行或者未全面履行出资义务或者抽逃出资，公司根据公司章程或者股东会决议对其利润分配请求权、新股优先认购权、剩余财产分配请求权等股东权利作出相应的合理限制，该股东请求认定该限制无效的，人民法院不予支持”。

② 最高人民法院《公司法司法解释三》第18条：“有限责任公司的股东未履行或者未全面履行出资义务即转让股权，受让人对此知道或者应当知道，公司请求该股东履行出资义务、受让人对此承担连带责任的，人民法院应予支持；公司债权人依照本规定第十三条第二款向该股东提起诉讼，同时请求前述受让人对此承担连带责任的，人民法院应予支持。受让人根据前款规定承担责任后，向该未履行或者未全面履行出资义务的股东追偿的，人民法院应予支持。但是，当事人另有约定的除外。”

尽管显名股东与隐名股东已经明确约定双方的权利义务，但实践中，显名股东未经过隐名股东同意，私自处分股权的情形比较常见。如果显名股东未征得隐名股东的同意，将登记在其名下的股权转让给他人的，隐名股东能否以其对股权享有实际权利为由，请求认定该股权转让行为无效。人民法院通常参照《物权法》第106条的“善意取得”制度的规定予以处理①，即区分股权受让方是否构成善意第三人。如果受让人受让该股权时不知道转让人为显名股东，主观上为善意，已经支付合理的对价，并已经按照法律规定办理工商变更登记的，该股权转让行为已经生效，受让人已经具备公司股东资格，隐名股东无权要求认定该转让行为无效。如果受让人受让股权时存在以下任何一种情形的，包括：知道或者应当知道转让人为显名股东，支付的价款远远低于市场价格，尚未办理股权工商变更登记手续，如果该股权代持关系不违反法律、法规的强制性规定，隐名股东即有权请求法院认定该转让行为无效，因合同无效而给受让方造成损失的，受让方有权要求转让方赔偿损失。此种法律制度安排主要立足于工商登记、股东名册等公司登记的公示效力与当事人之间内部约定效力的权衡，工商登记具有公示效力，第三人有权基于该公示登记产生交易信赖，实际出资人无权以其与显名股东之间的内部约定对抗该公示登记效力，隐名股东无权仅以显名股东未经其同意即主张股权转让合同无效。

如果显名股东未经隐名股东同意，将登记于其名下的股权办理质押或者以其他方式处分的，与股权转让的法律效力认定相同。

如果显名股东处分股权有效，即发生股权变动的效力，受让方成为公司的新股东，依法享有股东权益，隐名股东因此丧失分红等权益。因该处分行为而给该隐名股东造成损失的，隐名股东有权请求名义股东承担赔偿责任。②

五、股权转让侵害其他股东优先购买权的合同效力

有限责任公司的股东向股东以外的第三人转让股权时，都需遵守《公司法》有关股东优先购买权的规定进行转让，以保护其他股东的优先购买权。但实践中常见的问题是，如果股东未遵循相关规定，侵害了其他股东优先购买权，法律后果如何？《公司法司法解释四》第21条对此问题予以明确③，有限责任公司的股东向股东以外的人转让股东，未征求

---

① 最高人民法院《公司法司法解释三》第25条第1款：“名义股东将登记于其名下的股权转让、质押或者以其他方式处分，实际出资人以其对于股权享有实际权利为由，请求认定处分股权行为无效的，人民法院可以参照物权法第一百零六条的规定处理”。

② 最高人民法院《公司法司法解释三》第25条第2款：“名义股东处分股权造成实际出资人损失，实际出资人请求名义股东承担赔偿责任的，人民法院应予支持。”

③ 最高人民法院《公司法司法解释四》第20条：“有限责任公司的股东向股东以外的人转让股权，未就其股权转让事项征求其他股东意见，或者以欺诈、恶意串通等手段，损害其他股东优先购买权，其他股东主张按照同等条件购买该转让股权的，人民法院应当予以支持，但其他股东自知道或者应当知道行使优先购买权的同等条件之日起三十日内没有主张，或者自股权变更登记之日起超过一年的除外。前款规定的其他股东仅提出确认股权转让合同及股权变动效力等请求，未同时主张按照同等条件购买转让股权的，人民法院不予支持，但其他股东非因自身原因导致无法行使优先购买权，请求损害赔偿的除外。股东以外的股权受让人，因股东行使优先购买权而不能实现合同目的的，可以依法请求转让股东承担相应民事责任。”

其他股东意见的，或者以欺诈、恶意串通手段，损害其他股东优先购买权，其他股东的首要救济方式应当是主张按照同等条件购买转让股权。只有在提出这个主张的同时，才可提出确认股权转让合同及股权变动效力等请求。如果其没有提出这个主张，而仅提出确认股权转让合同及股权变动效力等请求，那么，对其主张，人民法院不予支持。这时需要法院作出释明。如果原告坚持不改变诉讼请求的，那么对其诉讼请求只能驳回。例外情况是，在非因自身原因导致无法行使优先购买权的情况下，其可以提出损害赔偿，同时，也可以提出确认股权转让合同及股权变动效力等请求。① 还需注意的是，《公司法司法解释四》对于主张股权转让侵害优先购买权的期限作出特殊规定，其他股东应当在知道或者应当知道行使优先购买权的同等条件之日起 30 日内提出，最晚不能超过股权变更登记之日起一年。

六、转让股权部分权能的合同效力

股权包括自益权和共益权这两种性质的权利。自益权是股东为自身利益可向公司单独主张的权利，例如公司红利分配请求权、公司剩余财产分配请求权、持有股权进行转让等财产性权利，该类权益主要体现为财产性权益；共益权是股东为公司利益兼具自身利益而行使的权利，包括出席股东会议权利、表决权、知情权以及股东代表诉讼等的权利。

1. 转让股权中自益权的合同效力认定

在实践中，真正具有可操作性的是自益权中具体转化的债权权益，如果该自益权具体化为债权性权益，则转让该自益权的股权转让合同通常认定有效。现行法律法规中关于隐名股东与显名股东的制度安排正体现以上内容。在有限责任公司中，如果隐名股东与显名股东约定由隐名股东享有投资权益、由显名股东作为名义股东，若该约定不违反法律、法规其他强制性规定，则该约定有效。② 另外，自益权权能通常被视为是股东依法享有的债权，如果该股东未及时偿还到期债务，其债权人可申请强制执行该股权中的财产性权益。

2. 转让股权中共益权的合同效力认定

关于表决权、知情权、诉讼权等共益权权能能否单独进行转让的认定，在实践中，通常认为，由于该类权能体现的是基于股东资格而存在，其鲜明地体现了公司的人合性，不可成为股东单独转让的标的。由于此类权益涉及公司的整体利益及股东的个人利益，如果单独进行转让，将会造成以下弊端：首先，转让方与受让方的地位难以进行清晰的界定，在股东权利的行使上可能产生混乱；其次，公司在重大活动上的决策权利与实际投资利益分配权利产生错位，这可能导致公司决策无法代表股东的真正意志，公司意志易被操纵，这不仅损害股东个人利益，也将侵犯公司的整体利益。因此，股权转让中关于表决权、诉讼权等共益权权能的转让合同应当被认定为无效。

① 参见杜万华主编：《最高人民法院公司法司法解释（四）理解与适用》，466 页，北京，人民法院出版社，2017。

② 参见最高人民法院《公司法司法解释三》第 24 条、第 25 条等。

七、股权转让中的瑕疵责任

1. 转让方瑕疵担保责任构成

通俗来讲，股权转让合同可视为是一定比例的股权买卖合同，是转让方转移股权的所有权于受让方，由受让方支付价款的合同。买卖合同成立后，出卖人不仅负有交付股权和使受让方取得股权所有权的义务，还负有瑕疵担保责任。瑕疵担保责任分为物的瑕疵担保责任和权利的瑕疵担保责任，前者是指出卖人担保标的物的质量无瑕疵，符合约定的质量要求，后者是出卖人担保标的物的权利无瑕疵，负有保证任何第三人不得向买受人主张权利的义务。在股权转让合同中，由于转让股权也可能出现各种各样的瑕疵，例如，因股东虚假出资或者出资不实导致的瑕疵股权，因股权上设定有他物权导致的瑕疵股权等。为保护受让方的合法权益，转让方同样对受让方负有瑕疵担保责任。根据股权的特征，瑕疵股权转让中转让人对受让人负有权利瑕疵担保责任。

依据《合同法》第 150 条①、第 151 条的规定②，转让方应当承担股权转让瑕疵担保责任，应具备以下条件：第一，转让股权存在权利瑕疵，包括转让股权时转让方股东未完全履行出资义务，存在虚假出资、出资不实或者抽逃出资的情形，导致公司或者公司债权人可依据该转让股权行为向受让方主张权利，从而使受让方负有股权转让合同约定范围之外的权利负担；第二，受让方在受让股权时不知道也不应当知道该股权存在瑕疵，如果受让方此时明知该股权存在瑕疵仍受让该股权，应当视为是对该瑕疵股权可能产生的权利负担的自愿承受，受让人是否知道通常由转让方承担举证责任；第三，股权瑕疵在股权转让合同成立时已经存在，且在股权交付之前，瑕疵仍未消除；第四，当事人之间没有关于瑕疵担保责任的特别约定，如当事人之间就瑕疵担保责任的免除或者承担形式进行特别约定，应当遵守该约定。

2. 转让方瑕疵担保责任内容

依据《公司法司法解释三》第 18 条等相关规定③，在转让方未履行出资或者未完全履行出资义务导致股权存在瑕疵的情形中，如果受让人知道或者应当知道该情况，公司有权要求转让方履行出资义务、受让人承担连带责任；公司债权人有权要求转让方在出资不足范围内对公司债务不能清偿部分承担补充赔偿责任，受让人承担连带责任。据此，如果瑕疵股权转让符合转让方应当负有瑕疵担保责任的条件，受让方可以以转让方存在欺诈为

---

① 《合同法》第 150 条："出卖人就交付标的物，负有保证第三人不得向买受人主张任何权利的义务，但法律另有规定的除外。"

② 《合同法》第 151 条："买受人订立合同时知道或者应当知道第三人对买卖的标的物享有权利的，出卖人不承担本法第一百五十条规定的义务。"

③ 最高人民法院《公司法司法解释三》第 18 条："有限责任公司的股东未履行或者未全面履行出资义务即转让股权，受让人对此知道或者应当知道，公司请求该股东履行出资义务、受让人对此承担连带责任的，人民法院应予支持；公司债权人依照本规定第十三条第二款向该股东提起诉讼，同时请求前述受让人对此承担连带责任的，人民法院应予支持。"

由，主张撤销股权转让合同，免除对公司出资或者公司债务的连带清偿责任，或者要求中止支付相应的价款，但转让方提供相应担保的除外[①]，该制度体现了现行法律对善意债权人利益的保护。

八、股权转让合同无效的处理

在一般情形下，合同无效依据《合同法》第 58 条的规定处理，即：当事人应当返还因该合同取得的财产；不能返还或者没必要返还的，应当折价补偿；有过错的一方应当赔偿对方因此受到的损失，双方都有过错的，按照各自过错程度承担相应责任。

在股权转让合同无效后，无论是转让方还是受让方，都应返还从对方处取得的财产，包括转让方从受让方处取得的转让价款等均应返还给对方，从而将当事人之间的利益恢复到合同缔结前的状态；如果受让方已经取得该股权，应当将该股权返还给转让方，并协助转让方办理股东名册变更、工商变更登记等手续；受让方在此期间取得的股利也应一并返还；关于赔偿损失，由于自己的过错而给对方造成实际损失的，包括直接的财产损失和间接的财产损失，均应予以赔偿；如果受让方在经营管理公司期间存在侵害公司合法权益的行为，虽然该行为也导致股东承受间接损失，但在此种情形下，只要公司遭受的损失获得了赔偿，即可弥补股东的利益损失，因而通常认为，只有公司有权向受让方提起损害赔偿诉讼，而转让方不能就此对受让方股东主张权益。需要注意的是，受让方在实际经营管理公司期间，如果已经尽到勤勉义务、依法合理经营、不存在其他侵犯公司利益的情形的，即使公司在此期间存在损失，受让方对公司也不负有损害赔偿责任。

第三节 股权转让合同撤销纠纷

一、股权转让合同撤销纠纷的类型

依据《合同法》第 54 条的规定[②]，股权转让合同可撤销的情形包括：第一，一方当事人因重大误解而订立的合同，即一方当事人对股权转让行为的性质、对方当事人、标的物等产生错误认识，从而使行为与自己的意思相违背，并给自己造成较大损失，可视为构成重大误解；第二，订立的合同显失公平的，即一方当事人利用优势或者对方没有经验，导致双方的权利义务明显违反公平、等价有偿等原则的情况下订立合同；第三，一方以欺

① 《合同法》第 152 条："买受让有确切证据证明第三人可能就标的物主张权利的，可以中止支付相应的价款，但出卖人提供适当担保的除外。"

② 《合同法》第 54 条："下列合同，当事人一方有权请求人民法院或者仲裁机构变更或者撤销：（一）因重大误解订立的；（二）在订立合同时显失公平的。一方以欺诈、胁迫的手段或者乘人之危，使对方在违背真实意思的情况下订立的合同，受损害方有权请求人民法院或者仲裁机构变更或者撤销。"

诈、胁迫的手段，即一方当事人故意告知对方虚假情况，或者故意隐瞒真实情况，诱使对方当事人作出错误意思表示的情况下订立的合同；第四，一方当事人乘对方危难之际，为牟取不正当利益，迫使对方作出错误意思表示，严重损害对方利益的情况下订立的合同。在实践中，因隐瞒股权出资不实、虚假出资、隐瞒股权已经设定权利负担等情况而引起的股权转让合同撤销纠纷的情况较为常见。

需要注意的是，股权转让合同的签订与履行直接影响公司的股权分布结构，影响公司、股东以及公司债权人等的利益问题，该合同履行后，受让方通过受让股权可以参与公司的实际经营，如果该合同事后被撤销，将会造成公司股权结构、治理结构以及实际经营等较大波动。因此，在股权转让合同撤销纠纷中，认定股权转让合同是否符合可撤销的情形时，应当严格把握其构成要件，且如果当事人要求变更合同的，法院或者仲裁机构不得予以撤销①，这也符合维持公司社团法人稳定和外观主义原则。

二、股权转让合同撤销权的行使及法律后果

撤销权虽然属于形成权，作出即可发生法律行为效力，但为合理平衡双方当事人的权利和义务，我国《合同法》规定的撤销权必须经由法院提出权利行使主张，故又称为“废罢诉权”。如果合同一方当事人在股权转让合同订立后，知道或者应当知道合同可撤销的情形，应当在一年内请求人民法院或者仲裁机构撤销该股权转让合同；如果当事人在一年内没有行使撤销权，或者明确表示或以行为明示放弃撤销权的，则撤销权消灭。另外，有权行使撤销权的当事人打算继续履行合同的，可请求人民法院或者仲裁机构依法变更该合同。

被撤销的股权转让合同自始没有法律约束力，撤销后的法律后果与股权转让合同无效后的法律后果相同，在此不予赘述。

第四节　股权转让合同违约纠纷

股权转让合同违约纠纷是股权转让合同生效后，因当事人违反合同约定的权利义务，不履行或者履行合同义务不符合约定的，应当承担相应违约责任而产生的纠纷。从违约的具体内容来看，违约的情形包括：受让方未及时、足额支付股权转让价款导致的违约；转让方拒绝协助受让方办理股东名册变更登记、工商变更登记手续、拒不交付股权导致的违约；转让方转让的股权存在瑕疵导致的违约等。合同一方当事人构成违约的，另一方当事人有权要求违约方承担继续履行、采取补救措施，如果另一方当事人还有其他损失的，违约方应当赔偿损失。

① 参见《合同法》第54条第2款规定。

在实践中，股权转让合同违约纠纷中争议焦点多为一方行为是否构成违约、违约责任的承担形式及具体内容等。因此，在股权转让合同内容的设计中，应当明确具体地约定权利义务条款，合理设计违约责任的内容，避免因权利义务条款界定模糊、违约责任形式违反法律强制性规定而产生纠纷。

第五节　律师办理股权转让纠纷案件的操作指引

一、调查了解与股权争议相关的事实

律师接受客户委托办理股权转让纠纷案件，首先向客户、目标公司和目标公司登记注册的工商行政部门进行尽职调查，了解与股权转让争议相关的事实。

1. 对股权转让合同的签署及履行情况进行调查了解。包括股权转让合同签署的背景、各方签署的意向书、股权转让合同及其附件、股权转让合同的补充协议、股权转让方和受让方针对股权转让的内部审批情况、股权转让价款的支付情况、股权转让合同的外部审批及工商变更情况、公司的交接情况等。

2. 对转让的股权做好尽职调查工作。包括股权出资的形式和资金来源，股权出资的时间，股权的出资是否充分、到位，验资情况，股权出资后是否存在抽逃出资，股权出资是否存在其他瑕疵，股权有无设定质押等权利负担，是否被法院查封，是否侵犯其他股东的优先购买权等情形。

3. 对股权转让的目标公司做好尽职调查。了解公司章程对股权转让有无特别或限制性规定、公司股东会决议情况、股权过户情况等。

4. 了解股权转让争议的焦点及发生的原因。在对上述案件基本事实了解后，律师要向客户调查了解争议发生的原因以及可能涉及的争议焦点，以便有针对性地进行分析和提出应对建议。

5. 了解客户的目的和意图。律师应当向客户了解客户的目的和意图，是希望继续履行股权转让合同，还是希望终止合同履行；是希望主张合同不成立、无效、被撤销，还是希望主张合同合法有效；如果是希望主张违约赔偿，则了解希望得到赔偿的金额。

二、围绕争议焦点进行法律分析

律师在了解案件争议的基本事实后，应当围绕争议焦点进行法律分析。一般而言，股权转让纠纷的焦点问题可能涉及以下内容。

1. 股权转让合同是否成立。

律师要首先分析股权转让合同是否成立，如果成立，再分析合同是否有效，是否可撤销。如果不成立，则不成立的依据是什么。一般而言，可以从以下两个方面主张股权转让

合同不成立：各方当事人根本未签署股权转让合同；各方当事人签署的股权转让合同不具备股权转让合同的基本条款，无法继续履行，仅仅是意向书。

2. 股权转让合同是否合法有效。

律师如果认为股权转让合同已经成立，则要分析其是否合法有效。一般而言，可以从如下几个方面进行分析：股权转让合同是否是当事人签署，签署股权转让合同是否是当事人的意思表示；股权转让合同的内容是否是违反法律、行政法规的强制性规定；股权转让合同是否已经依法履行审批和备案手续；涉案股权是否依法可以转让；涉案股权是否被依法查封或质押；是否属于一方以欺诈、胁迫的手段订立合同，损害国家利益的情况；是否存在恶意串通，损害国家、集体或者第三人利益的情况；是否属于以合法形式掩盖非法目的的情况；是否损害社会公共利益；是否侵害其他股东的优先购买权；股权转让合同约定的生效条件是否具备。

3. 股权转让合同是否可撤销。

律师如果认为股权转让合同合法有效，则可以审查、分析合同是否可以撤销。一般而言，可以从如下几个方面进行分析：是否因重大误解订立的；在订立合同时是否显失公平的；是否属于一方以欺诈、胁迫的手段或者乘人之危，使对方在违背真实意思的情况下订立的合同；是否属于债务人以明显不合理的低价转让股权而损害债权人利益的情况。

4. 股权转让合同是否能够实际履行。

如果股权转让合同合法有效，且依法不可以撤销，则要审查和分析股权转让合同是否存在实际上履行不能的情况。比如，转让方依法不享有股权转让合同约定的股权；股权转让合同约定转让的股权被依法查封或被质押，而且股权转让方不可能通过采取补救措施解除查封或质押。

5. 各方当事人是否违反了股权转让合同及其法律后果。

如果股权转让合同依法合法有效，则要根据合同约定和各方当事人履行合同的情况，分析判断哪方当事人违反了合同的什么约定，该违约的法律后果是什么，是否导致一方当事人有权解除合同，还是仅仅能够主张违约金或赔偿金。

三、根据调查了解的事实和法律分析意见提出法律建议

律师在对调查了解案件事实和进行法律分析后，应当基于自己的分析判断向客户提供相应的法律建议。是主张股权转让合同不成立、无效、可撤销、不能履行，还是主张合法有效；是主张解除或终止合同，还是主张继续履行合同，而向对方主张违约赔偿。

四、制定相应的整体策略和诉讼方案并根据案情变化适时调整

律师在将相关分析意见和建议提交客户后，应当根据客户的最终意见，围绕如何实现

客户的目的，提出相应的策略和诉讼方案。在诉讼过程中，如果情况发生变化，需要进行相应调整，则要及时提示客户，向客户提出调整建议。

第六节　经典案例评析

一、案情简介

实业公司于2006年8月成立，其股东为施某、王某。其中，施某应出资600万元，持有75%股权；王某应出资200万元，持有25%股权；两股东均存在出资不实的情况。2007年3月17日，王某、施某分别与建筑公司签订股权转让协议，王某将其20%股权转让给建筑公司，施某将其26%的股权转让给建筑公司，建筑公司并未支付股权转让对价，建筑公司在受让股权前了解转让股东出资不实的情况。在股权转让后，建筑公司持有46%股权，施某持有49%股权，王某持有5%股权。

2011年7月10日，实业公司与石化公司签订1份砂石料购销合同，约定由实业公司向石化公司购买细砂，并约定相关权利义务。在合同履行过程中，实业公司欠付石化公司货款50万元。石化公司诉至法院，要求实业公司、实业公司股东施某、王某与建筑公司承担连带责任。

二、争议焦点

1. 瑕疵出资股东施某、王某与建筑公司签订股权转让合同是否有效?
2. 瑕疵股权受让人建筑公司是否应对公司债务承担连带责任?
3. 瑕疵出资股东王某、施某是否应对公司债务承担连带责任?

三、法院判决

法院认为，从实业公司成立的注册资金来源及流向看，实业公司存在出资不实的情形，而建筑公司受让的实业公司股权系无偿取得，至于其是否明知或应知股权存在出资瑕疵之因素，在所不问。因该转让并不构成法律规定无效之情形，故该瑕疵股权转让合同应为有效。建筑公司无偿地获取了实业公司的股权，应视为替代了原出让股东的法律地位，成为实业公司的合法股东。又因系争债权系受让瑕疵股权之后形成，基于保护善意债权人的合法利益角度，建筑公司和出让股东仍应在出资瑕疵的范围内对公司债务承担连带补充清偿责任，建筑公司承担清偿责任后，建筑公司可另行就其瑕疵出让事实予以追偿。

据此，法院判决实业公司限期支付石化公司货款50万元，股东施某、王某应在其瑕疵出资的范围内对上述款项承担连带清偿责任，建筑公司应在其受让瑕疵出资的范围内对上述款项承担连带清偿责任。

四、案例启示

关于本案，以下几点值得关注：

1. 瑕疵股权转让合同的效力认定标准。

从股东权的权能论证可以得出这样的结论，瑕疵出资或者抽逃出资的股东与足额出资的股东一样，应当享有相应的股东权利，承担股东义务。因此，瑕疵出资或者抽逃出资的股东，也有权将其股份转让给他人，单纯就出资是否存在瑕疵而言，不应构成对股权转让合同效力的影响。对股权转让合同效力的认定，应根据法律、法规和公司章程的规定，以及受让人是否明知或应知出资未到位的真实情况来确定。出让人未告知受让人出资瑕疵的真实情况，出让人对此也不明知或不应当知道的，则受让人可以以欺诈为由主张撤销合同。对于转让人已经向受让人告知其股权存在瑕疵的真实情况，受让人仍然同意受让该股权的，则该股权转让合同应当认定有效，受让人同时无权申请撤销该股权转让合同。本案中，建筑公司明知转让方出资存在瑕疵，仍签订股权转让合同，视为其同意接受相应的法律后果，自然也无权就合同效力问题提出异议。

2. 瑕疵股权转让合同当事人民事责任的承担。

瑕疵股权转让后，在债权人追索债权的诉讼中，如果受让人明知或应知出资瑕疵仍接受转让的，公司债权人有权请求该瑕疵出资股东在其未出资范围内承担民事责任，并请求受让股东承担连带责任，此时受让方不得以其与转让方关于内部责任承担的约定对抗公司或者债权人。

3. 注意各个责任主体承担责任的方式。

债务公司是承担责任的第一责任人，应当承担全部责任。对于出资不实的股东而言，需要在出资不实的范围内对公司债务不能清偿部分承担补充赔偿责任；对于瑕疵股权受让方而言，需要在其受让的瑕疵股权范围内承担连带的补充赔偿责任。

本章练习与测验

针对上述案例，请做如下练习：

1. 案件发生后，如果石化公司委托你作为该公司的代理律师，请写一份法律分析意见和建议。主要内容包括：基本事实、客户目标、主要法律问题分析、律师建议、诉讼方案等。

2. 如果你是石化公司代理律师，请起草一份起诉状和诉讼保全申请书。

3. 如果你是建筑公司的代理律师，在收到法院送达的起诉状后，你会向建筑公司提出哪些应对建议？

4. 如果你是建筑公司的代理律师，请针对石化公司的起诉起草一份答辩状。

5. 如果你是石化公司的代理律师，请代石化公司起草一份执行申请书，以执行法院的生效判决。

本章总结

股权转让纠纷是实践中比较常见的案件类型，主要集中在股权转让合同本身、股权瑕疵认定、股权转让履约违约行为认定等方面。在处理股权转让纠纷中，律师除了要做好尽职调查，了解目标公司、转让标的股权的情况外，还尤其需要关注转让方与受让方的背景信息情况，从有限责任公司人合性的角度审视股权转让行为。对法院而言，需要维持公司的社团法人地位和商事基本秩序，追求社会效果和法律效果的统一，而这也可以成为律师研究股权转让案件的着眼点之一。

小贴士：诉讼类文书写作指导（二）之材料准备

诉讼文书的材料是指文书制作者为某一制作目的，从办理的诉讼案件中，搜集、摄取并经过认真分析、归纳、取舍后写入文书中的一系列事实、证据、法律条款和法学理论。诉讼文书的材料主要包括案件或事件的事实和证据材料，此外包括用于论证的法律条款和法学理论。前者属于事实性材料，后者属于理论性材料。除此之外，法律文书的材料还包括：制作文书的主体、当事人和其他诉讼参与人的基本情况等。

材料准备应遵循以下原则：

（1）全面性原则

全面掌握材料，首先，要认真阅卷，全面掌握案情；其次，要根据案情需要有目的地深入实际调查取证收集相关证据；再次，要全面检索相关法律、法规；最后，对关键、疑难问题，查找有关理论文章、判例等理论材料。

（2）真实性原则

诉讼文书的事实材料要求绝对的真实，所反映的情节必须是客观存在的真实情况、事实的本来面目。尤其是相关证据材料，要核实当事人是否存有原件，证据的来源等。引文材料必须经反复核对，出处准确无误，使用数据说明问题要求精确无比，不能夸大或缩小事实，更不能歪曲甚至虚构、捏造事实。

（3）适当性原则

材料选择要适当。选择材料时，应以写作主旨为轴心，合理地、适当地选择材料。选择的事实材料应是能够证明自己观点的材料，同时要客观、真实；理论性材料应合法有效，不能选择已失效或不具有适用性的法律和理论。

强制执行申请书参考模板

强制执行申请书

申 请 执 行 人：××

住　　所　　地：××地

法 定 代 表 人：××

职　　　　　务：××

被申请执行人：××

住　　所　　地：××地

法 定 代 表 人：××

职　　　　　务：××

办公地址：××地

联系方式：×××××××××

申请执行依据：××××

（写明申请执行所依据的法律文书）

申请执行事项：××××

（写明申请法院执行的具体内容）

事实与理由：××××

（简要写明申请执行的事实和理由）

此致

××人民法院

申请执行人：××

××××年××月××日

第十三章

股东、董事、监事、高管侵权纠纷

本章要点

股东的法定义务

董事、监事、高管的法定义务

股东侵害公司、其他股东和公司债权人利益的表现形式和救济措施

董事、监事、高级管理人员侵害公司利益、股东利益的表现形式和救济措施

学习目标

掌握股东侵权纠纷的主要表现形式和救济措施

掌握董事、监事、高级管理人员侵权的主要表现形式和救济措施

了解公司法人人格否定的司法判断标准

掌握公司证照返还纠纷的基本处理原则

了解律师办理公司证照返还诉讼业务的操作指引

第一节 股东侵权纠纷

一、股东的法定义务

公司股东拥有股东身份，享有股东权利，相应地，也需要承担股东义务。对于普通股东来说，其股东义务集中体现在出资义务上。而对于控股股东而言，其对公司、公司中小股东和公司的债权人还负有诚信义务。

《公司法》第 20 条对股东的义务作出了基本规定，公司股东应当遵守法律、行政法规和公司章程，依法行使股东权利，不得滥用股东权利损害公司或者其他股东的利益；不得滥用公司法人独立地位和股东有限责任损害公司债权人的利益。公司股东滥用股东权利给公司或者其他股东造成损失的，应当依法承担赔偿责任。公司股东滥用公司法人独立地位和股东有限责任，逃避债务，严重损害公司债权人利益的，应当对公司债务承担连带责任。同时，《公司法》第 21 条进一步对控股股东①不得利用关联关系损害公司利益作出具体规定，公司的控股股东利用其关联关系损害公司利益而给公司造成损失的，应当承担赔偿责任。

二、股东损害公司、其他股东及公司债权人利益的表现形式和救济措施

1. 公司控股股东损害公司利益的表现形式和救济措施

在司法实践中，公司控股股东损害公司利益的主要表现形式为：利用关联交易损害公

① 《公司法》第 216 条第 2 款规定：“控股股东，是指其出资额占有限责任公司资本总额百分之五十以上或者其持有的股份占股份有限公司股本总额百分之五十以上的股东；出资额或者持有股份的比例虽然不足百分之五十，但依其出资额或者持有的股份所享有的表决权已足以对股东会、股东大会的决议产生重大影响的股东。”

司利益、挪用公司资金和其他财产、侵占公司资金和其他财产。

对公司控股股东损害公司利益的，公司可以对控股股东提起损害赔偿之诉，如果公司被控股股东控制不能对控股股东提起损害赔偿之诉的，公司的中小股东可以提起股东代表诉讼。

2. 公司控股股东损害股东利益的表现形式和救济措施

在司法实践中，公司控股股东损害股东利益的主要表现形式为：公司长期不分红利；剥夺中小股东对公司的知情权；剥夺中小股东参与公司事务的经营管理权和决策权。

对公司有盈余而长期不分红的，根据《公司法》第74条[①]的规定，公司五年连续盈利符合法律规定的利润分配条件而不向股东分配利润的，中小股东可以请求公司按照合理的价格收购其股权；对有限责任公司股东滥用股东权利导致公司不分配利润，给其他股东造成损失的，其他股东有权要求公司分配利润。[②] 对控股股东剥夺中小股东对公司的知情权的，中小股东可以依法提起知情权诉讼；对剥夺中小股东参与公司事务的经营管理权和决策权的，如果相关公司决议违反法律、法规或章程的规定，中小股东可以就相关决议提起不成立、无效或撤销之诉。

3. 公司控股股东损害公司债权人利益的表现形式和救济措施

《公司法》规定，公司是企业法人，有独立的法人财产，并以其全部财产对公司的债务承担责任，股东仅以其认缴的出资额为限对公司承担责任。但在实践中，有些控股股东一方面享受股东有限责任制度的保护，将自己的责任锁定在出资范围之内，一方面又无视公司的独立人格，将公司作为自己非法获利的工具，滥用公司法人独立地位和股东有限责任，滥用控制权进行关联交易和风险投资，直接损害公司债权人利益。

就此，《公司法》第20条第3款规定，公司股东滥用公司法人独立地位和股东有限责任，逃避债务，严重损害公司债权人利益的，应当对公司债务承担连带责任。学理上一般将此称作为，揭开公司面纱或公司法人格否认制度。

三、公司法人人格否认的要件

人民法院在何种条件下可以否定公司的法人人格，对此最高人民法院尚未作出相关司法解释。根据人民法院在个案判例中的观点及学理界的主流观点，一般认为，否定公司法人人格应具备如下条件。

1. 主体要件

主体要件包括主张者和被主张者。主张者即因公司法人人格被滥用受到损害的公司的

---

① 《公司法》第74条："有下列情形之一的，对股东会该项决议投反对票的股东可以请求公司按照合理的价格收购其股权：（一）公司连续五年不向股东分配利润，而公司该五年连续盈利，并且符合本法规定的分配利润条件的；（二）公司合并、分立、转让主要财产的；（三）公司章程规定的营业期限届满或者章程规定的其他解散事由出现，股东会会议通过决议修改章程使公司存续的。自股东会会议决议通过之日起六十日内，股东与公司不能达成股权收购协议的，股东可以自股东会会议决议通过之日起九十日内向人民法院提起诉讼。"

② 最高人民法院《公司法司法解释四》第15条："股东未提交载明具体分配方案的股东会或者股东大会决议，请求公司分配利润的，人民法院应当驳回其诉讼请求，但违反法律规定滥用股东权利导致公司不分配利润，给其他股东造成损失的除外。"

债权人；被主张者即公司法人人格的滥用者，一般指控股股东，而不是非股东身份的公司其他人员如董事、监事或高级管理人员。在特定情况下，公司的实际控制人滥用公司法人人格的，也可能成为案件的被告。

2. 行为要件

股东实施了滥用公司独立人格和股东有限责任的行为，是适用公司法人人格否认制度的行为要件，主要表现为公司法人人格形骸化。公司法人人格形骸化实质上是指公司与股东完全混同，使公司成为其代理机构和工具，以至于形成股东即公司、公司即股东的情况。通常而言，公司法人人格形骸化的重要表征是人格、财产、业务等发生混同，最重要的特征是财产混同。

所谓人格混同，是指公司与股东之间或者公司与其他公司之间没有严格的分别。公司实践中，一套人马、两块牌子，名为公司、实为个人等均属于人格混同的情况。

当公司的财产不能与该公司的成员及其他公司的财产作清楚的区分时，即发生财产混同。财产混同通常表现为：公司营业场所、主要设备与股东的营业场所或居所等完全同一，公司与股东使用同一办公设施；公司与股东的资本或其他财产混合，公司资本或财产移转为非公司使用；公司与股东或本公司与他公司利益一体化等，从而使股东自己即可将公司的盈利当作自己的财产随意调用，或转化为股东个人财产，或转化为另一公司的。

业务混同在公司与股东之间特别是公司集团内部各公司之间比较常见。例如，公司与股东或不同公司之间从事相同的业务活动；具体交易行为不单独进行，而是受同一控制股东或同一董事会指挥、支配、组织；公司集团内部实施大量的交易活动，交易行为、交易方式、交易价格等都以母公司或公司集团的整体利益的需要为准，根本无独立、自由竞争可言，资金也因此在公司之间随意流动；公司对业务活动无真实记录或连续记录等。以上种种足以使公司与股东之间或母子公司、兄弟公司之间在外观上几乎丧失了独立性。

3. 结果要件

结果要件是指控股股东滥用公司法人人格的行为必须给债权人造成损失。其一，滥用公司法人人格的行为必须给公司债权人造成严重的损害。如若公司股东的行为有悖于公司法人人格独立和股东有限责任的宗旨，但没有造成任何债权人利益的损害，没有影响平衡的利益体系，则不能适用公司法人人格否认制度去矫正并未失衡的利益关系；其二，滥用公司法人人格的行为与造成的损失之间有直接的因果关系。受损害的当事人必须举证证明其所受损害与滥用公司法人人格的不当行为之间存在因果关系，否则，不能向法院提请否定公司法人人格的诉讼请求；其三，这种损害不能通过公司自身获得赔偿。也就是说，即使控制股东滥用公司人格和股东有限责任实现其不当目的，并且给公司债权人带来损害，但只要公司有足够的财产弥补债权人损失，公司债权人就不能提起揭开公司面纱之诉。

由于实践中公司股东滥用公司法人人格的情形多种多样且相当隐蔽，因而通过立法的形式来固定公司人格的适用要件，难度很大。《公司法》第 20 条属于衡平性规范，体现出原则性、模糊性和补充性的品质，未对公司人格否定制度或揭开公司面纱规则的具体适用标准作出明确规定。适用“公司法人人格否认”的具体情形，还需要由最高人民法院通过司法解释作出规定。

第二节 董事、监事、高管侵权纠纷

一、董事、监事、高管的法定义务

现代公司的一个显著特征就是公司的所有权和经营权逐步分离，股东对公司的直接管理权能逐步削弱，而董事会、高级管理人员①在公司日常经营管理中的权能日益扩张。此外，《公司法》还赋予监事会以独立的法律地位，扩大了监事会的职权，监事会在公司的日常管理中的地位逐步确立。

股东和董事的关系，在公司法理论上，一般被理解为“委托—代理”结构，即董事是股东的代理人，代表股东行使对公司的管理权能。受信义务，即产生于这样一种结构中，适用于基于委托代理关系所发生的代理人对委托人的管理责任。在公司情况下，受信义务又分为两种具体义务，一是注意义务，指公司中的管理者应当以适当的注意管理公司以免损害公司利益；二是忠实义务，指公司中的管理者应将公司利益置于自己的利益之上。②

各国公司法对公司董事、监事、高管的受信义务基本都做了规定，只是在表述上不尽相同。我国《公司法》第147条规定，董事、监事、高级管理人员应当遵守法律、行政法规和公司章程，对公司负有忠实义务和勤勉义务。董事、监事、高级管理人员不得利用职权收受贿赂或者其他非法收入，不得侵占公司的财产。

1. 董事、监事、高管应对公司承担的忠实义务

董事、监事、高管的忠实义务，是指董事、监事、高管在管理公司、经营业务、履行职责时，必须代表全体股东为公司最大利益努力工作，以最大限度地保护公司的利益作为衡量自己执行职务的标准，当自身利益与公司利益发生冲突时，必须以公司利益为重，不得将自身利益或者与自己有利害关系的第三人的利益置于公司利益之上。③

《公司法》第148条规定，董事、高级管理人员不得有下列行为：(1) 挪用公司资金；(2) 将公司资金以其个人名义或者以其他个人名义开立账户存储；(3) 违反公司章程的规定，未经股东会、股东大会或者董事会同意，将公司资金借贷给他人或者以公司财产为他人提供担保；(4) 违反公司章程的规定或者未经股东会、股东大会同意，与本公司订立合同或者进行交易；(5) 未经股东会或者股东大会同意，利用职务便利为自己或者他人谋取属于公司的商业机会，自营或者为他人经营与所任职公司同类的业务；(6) 接受他人与公

---

① 《公司法》第216条第1款规定：“高级管理人员，是指公司的经理、副经理、财务负责人，上市公司董事会秘书和公司章程规定的其他人员。”

② 参见施天涛：《公司法论》，2版，379页，北京，法律出版社，2006。

③ 参见奚晓明、金剑锋：《公司诉讼的理论与实务问题研究》，459页，北京，人民法院出版社，2008。

司交易的佣金归为己有；（7）擅自披露公司秘密；（8）违反对公司忠实义务的其他行为。董事、高级管理人员违反前款规定所得的收入应当归公司所有。

此外，我国《公司法》在总则部分第21条规定，公司董事、监事、高管人员不得利用其关联关系损害公司利益。第116条规定，公司得定期向股东披露董事、监事、高管人员从公司获得报酬的情况。第124条规定，上市公司董事对存在关联关系因素的交易不得行使表决权。第146条规定，五种人不得担任公司董事、监事和高管人员。

2. 董事、监事、高管应对公司承担的勤勉义务

勤勉义务，也称为谨慎义务、注意义务、小心义务，是指董事、监事和高管应当诚信地履行对公司的职责，尽到普通人在类似情况和地位下的应有的谨慎的合理注意义务，为实现公司最大利益努力工作。

勤勉义务，本质上是管理义务，要求董事、监事和高管在公司经营管理过程中应当以一个合理谨慎的人在相似的情形之下所应表现出来的谨慎、勤勉和技能，来履行其管理职责。如果董事、监事和高管未能尽到勤勉义务而给公司造成损失，根据《公司法》第149条的规定，董事、监事、高级管理人员执行公司规定职务时违反法律、行政法规或者公司章程的规定，给公司造成损失的，应当承担赔偿责任。

《公司法》并没有对勤勉义务作出列举式规定。在司法实践中，采用以客观为主、结合主观的综合性判断标准。即判断董事勤勉义务的履行状态，应当以普通谨慎的董事在同类公司、同类职务、同类相关条件和环境中所应具有的注意、知识和经验程度作为衡量标准。倘若有证据表明某董事的知识、经验和资格明显高于一般标准时，应当以该董事是否诚实地贡献出了他的实际能力作为衡量标准。如此，才可以克服单纯的客观标准和单纯的主观标准具有的缺陷，使事后判断符合实际。

二、董事、监事、高管损害公司/股东利益的主要表现形式

1. 董事、监事、高管违反忠实义务的表现方式

（1）自我交易

自我交易是公司利益冲突交易的一种典型形式。在此种交易模式中，董事、高管或其关联人作为该交易的一方当事人或密切关系人，这与其作为公司代理人的身份相冲突，使其陷入自己利益和公司利益的冲突之中。

我国《公司法》的148条第1款第（四）项规定，董事、高管不得违反公司章程的规定或者未经股东会、股东大会同意，与本公司订立合同或者进行交易。

在实践中较为常见的自我交易有：将公司财产出售给董事、高管，或董事、高管将自有财产出售给公司；董事、高管从公司购买财产；公司与董事、高管订立各类合同；董事、高管从公司借款等。

《公司法》对董事、高管的自我交易的规则主要是基于程序上的控制，即着眼于公司章程的规定，或股东会的同意，而并不强调交易实质上是否科学、公允。因此，在董事、

高管自我交易违反有关程序性规定的情况下，该交易将被认定无效，而公司有权要求董事、高管返还财产，不能返还财产或者给公司造成损害的，公司有权要求其赔偿。

（2）侵害公司财产

公司拥有独立的法人财产权，董事、高管不能擅自侵害公司的任何财产。就此，《公司法》第148条第1款第（一）（二）（三）项列举了常见的三种侵害公司财产的行为，分别是挪用公司资金、另立账户以及违反公司章程规定，未经股东会或者董事会同意的借贷或担保。

（3）篡夺公司商业机会和非法同业竞争

《公司法》第148条第1款第（五）项规定，禁止董事、高管未经股东会或者股东大会同意，利用职务便利为自己或者他人谋取属于公司的商业机会，自营或者为他人经营与所任职公司同类的业务。该项规定涉及两项限制行为，一是篡夺公司商业机会，二是非法同业竞争。

对于什么是属于“公司”的商业机会，我国法律并未明确规定。在司法实践中，一般会考虑以下几个因素：第一，该机会是依公司能力所取得的，还是依董事、高管个人能力所取得的，董事、高管是否利用了其职权而取得；第二，该机会是否与公司的经营活动密切相关，董事、高管是否利用该机会与公司竞争。

对于公司商业机会和同业竞争，《公司法》并未采取完全否定的态度，而是仍然赋予股东会决策权，对董事、高管的相关行为进行程序性限制。

（4）其他行为

《公司法》列举的其他行为还包括，第148条第1款第（六）项规定的接受他人与公司交易的佣金归为己有，第148条第1款第（七）项规定的不得擅自披露公司秘密。第147条第2款规定的利用职权收受贿赂或其他非法收入，侵占公司财产等。

2. 董事、高管违反勤勉义务的表现形式

《公司法》对董事、高管违反勤勉义务的行为，仅在第149条进行了概括性规定。此外，第112条第3款还规定，董事应当对董事会决议承担责任。董事会的决议违反法律、行政法规或者公司章程、股东大会决议，致使公司遭受严重损失的，参与决议的董事对公司负赔偿责任。但经证明在表决时曾表明异议并记载于会议记录的，该董事可以免除责任。通常认为，上述是勤勉义务的基本要求。

在司法实践中，判断董事、高管的勤勉义务，一般考虑三个标准。一是善意，即董事、高管的行为是否善意；二是注意，即基于一般人的标准，董事、高管是否尽到了普通人的谨慎注意；三是合理相信，即董事、高管在作出商业判断时，是否合理地相信其行为有利于公司利益的最大化。在实务中，董事参与董事会违法决议，董事、高管违反董事会决议，董事、高管怠于履行职责的行为一般均视为违反勤勉义务。

三、董事、监事、高管损害公司/股东利益的责任

董事、监事、高管违反忠实义务和勤勉义务，应承担的主要责任类型如下。

1. 收入归入公司。《公司法》第148条第2款规定，董事、高管违反忠实义务所得的收入应当归公司所有。

2. 赔偿损失。根据《公司法》第149条的规定，董事、高管违反忠实义务和勤勉义务，给公司造成损失的，应当承担赔偿责任。

3. 返还财产。董事、监事、高管侵占公司财产的，应当返还财产；挪用、借贷公司资金的，应当退还资金；以公司财产违法提供担保的，应当撤销担保。

4. 撤销交易。对于违反法定程序进行自我交易的，公司可以主张撤销交易。

四、董事、监事、高管损害公司/股东利益诉讼的主体

当公司的董事、监事、高管人员损害公司/股东利益时，相关权利人可以提起侵权诉讼。

1. 如果公司受到董事、监事、高管人员的行为侵害时，公司可以自己的名义对侵权者提起的诉讼。具体而言，如果是监事会或者不设监事会的有限责任公司的监事依据《公司法》第151条第1款规定对董事、高级管理人员提起诉讼的，应当列公司为原告，依法由监事会主席或者不设监事会的有限责任公司的监事代表公司进行诉讼。如果是董事会或者不设董事会的有限责任公司的执行董事依据《公司法》第151条第1款规定对监事提起诉讼的，或者依据《公司法》第151条第3款规定对他人提起诉讼的，应当列公司为原告，依法由董事长或者执行董事代表公司进行诉讼。

2. 如果公司的董事、监事、高管人员或者他人的行为损害了公司的利益，而公司由于被侵权者控制拒绝或怠于通过诉讼方式追究其责任以维护公司的利益时，由公司的股东基于公司的利益，径行以自己的名义代表公司对侵权方或者违约方提起诉讼，即股东代表诉讼。在该类诉讼中，股东为原告，侵权方或者违约方为被告，公司列为第三人，胜诉利益归属于公司。股东不能请求被告直接向其承担民事责任。股东的诉讼请求部分或者全部得到人民法院支持的，公司应当承担股东因参加诉讼支付的合理费用。

3. 如果董事、监事、高管人员违反法律、行政法规或者公司章程的规定，损害股东利益的，股东可以自己名义对侵权者提起诉讼。

第三节　公司证照返还纠纷

一、公司证照返还纠纷概述

公司证照是指能代表公司法人身份或与公司日常经营相关的重要印章、证件等，包括公司公章、法人章、财务章、合同专用章、营业执照、批准证书、税务登记证、财务资料等。依据《公司法》第3条、《物权法》第34条、第39条的规定，公司证照属于公司的

财产，公司依法对其享有财产权，任何人不得非法占有。

公司对外签订合同、参与诉讼需加盖公司公章，公司在开户行存取款项、对外支付需加盖公司财务章，而营业执照更是能证明公司合法经营最重要凭据，因此可以说，控制了一个公司的重要证照，就等于控制了整个公司，因而公司股东、董事、监事、高级管理人员往往通过争夺公司证照来争夺公司控制权，由此引发了大量“公司证照返还纠纷”。此外，公司法定代表人、董事、监事、高级管理人员等人事变更，公司股权转让、合并分立等事件都可能据此产生对公司控制权的争夺，进而引发“公司证照返还纠纷”。

二、可提起公司证照返还之诉的原告

因为非法占有公司证照等是侵占的公司财产，所以，应由公司作为提起公司证照返还之诉的原告。但当发生公司证照返还之争时，尤其是当公司的公章也被非法占有的情况下，常见的问题是谁有权代表公司的意思提起诉讼。通常认为，公司法定代表人可以代表公司，以公司的名义向法院起诉，要求公司股东、董事、监事、高级管理人员或其他人将其非法占有的公司证照返还给公司。但如果公司证照正是被公司法定代表人本人非法侵占如何处理，通常而言，公司可以先依照法定程序变更公司法定代表人，再由新任法定代表人代表公司提起诉讼。

依据《公司法》第 151 条的规定，有限责任公司的股东、股份有限公司连续 180 日以上单独或者合计持有公司百分之一以上股份的股东，在一定条件下，可以以股东自己的名义向法院提起股东代表诉讼，要求公司股东、董事、监事、高级管理人员或其他人将其非法占有的公司证照返还给公司。

三、提起公司证照返还诉讼应提交的证据

1. 证明原告具有诉讼主体资格的证据，如法定代表人工商变更登记、股东资格证明等。

2. 证明公司证照现由被告占有的证据。

3. 证明被告现占有公司证照不具有合法依据或违反公司管理规定的证据，如股东会、董事会关于人事变更的决议、公司关于证照保管或使用的内部规定、公司章程、变更后的工商登记等。

四、公司证照返还诉讼的管辖法院

公司证照返还之诉，本质上为侵权之诉，公司股东、董事、监事、高级管理人员或其他人将其非法占有的公司证照的行为亦是侵害公司财产的行为。按照侵权案件的一般管辖原则，应当由侵权行为地或被告住所地人民法院管辖。

第四节　经典案例评析

一、案件背景

本案的大背景是经营饮料的某跨国公司（以下简称跨国公司）与杭州某集团公司（以下简称杭州集团）之间的合资纠纷。1996 年以来，跨国公司及其关联公司与杭州集团及其关联公司先后合资设立了 39 家合资企业，经营状况良好，利润连年攀升。2007 年 5 月，双方围绕合资公司的控制权发生纠纷，在全球范围内陆续爆发诉讼大战，双方相互指责对方违反了合资合同的禁止同业竞争条款。

2007 年 5 月 9 日，跨国公司及其关联公司首先在瑞典提起 8 项仲裁案件，以违反同业竞争条款为主要理由，向杭州集团及其关联方索赔 8 亿欧元；2007 年 6 月 4 日，跨国公司的关联公司又在美国针对杭州集团总裁的妻女及其关联公司提起诉讼，索赔 3 亿美元。当时，杭州集团方面面临巨大的诉讼、仲裁压力和舆论压力。2007 年 6 月，应杭州集团的委托，律师担任杭州集团的海外诉讼仲裁案件的总顾问，全面负责配合客户，组织处理与跨国公司的合资纠纷。本案是双方全球 50 多个诉讼、仲裁案件中的一例。

二、案情概要

桂林某食品有限公司（以下简称桂林公司或第三人）为杭州集团、桂林 A 公司与跨国公司的全资子公司新加坡公司（以下简称新加坡公司）共同出资设立的合资公司，成立日期为 2000 年 7 月。起诉前，桂林公司的出资比例分别为：新加坡公司 51%，杭州集团 33%，桂林 A 公司 16%。桂林公司一直未设监事会，公司的最高权力机构为董事会。桂林公司生产经营的主要产品为水、奶等饮料。2005 年 12 月，被告嘉某某受新加坡公司的委派，担任桂林公司的董事。

被告嘉某某在担任桂林公司董事期间，受跨国公司及其子公司的委派，还担任跨国公司在境内另外设立的同样经营饮料的多家合资公司的董事。上述竞争性公司与桂林公司同属食品饮料行业，其营业执照注明的经营范围基本相同，上述竞争性公司主要生产经营的产品为水、奶等饮料，与桂林公司属于同类业务。

另外经调查发现，跨国公司在中国内地还投资于多个著名的食品饮料品牌，而委派到与杭州集团合资的公司的多名外籍董事，同时在近 30 家其他的食品饮料公司担任董事，这些兼职行为均未经过合资公司董事会的同意。跨国公司方面委派的董事显然涉嫌违反中国《公司法》关于董事竞业禁止的规定。

三、客户目标

在本案发生之时，跨国公司由于提起海外的多个仲裁程序和诉讼程序而给杭州集团造成巨大的压力，加上舆论的压力，杭州集团希望能够就同业竞争等法律问题，澄清有关事实，从而抵消来自跨国公司方面发起的关于杭州集团违约从事同业竞争的压力。

另外，杭州集团和跨国公司双方在全球范围内的诉讼仲裁系列案件的一个核心争议焦点问题是："谁从事了同业竞争行为"。这主要是一个事实认定问题。客户希望能够通过本案确认跨国公司委派的董事从事竞业禁止的行为，使其在与跨国公司的全球诉讼、仲裁中在证据支持和事实认定方面居于比较有利的地位。

四、律师代理思路

1. 在全国多个法院起诉跨国公司方委派到合资公司的董事违反中国《公司法》有关董事竞业禁止的规定。本案是其中比较典型的一个案件。

2. 在合资公司不能对董事起诉的情况下，以股东身份对董事提起股东代表诉讼；策划向合资公司董事会发函要求合资公司起诉外籍董事，解决股东代表诉讼面临的前置程序问题。

3. 广泛收集证据证明嘉某某违反中国《公司法》关于竞业禁止的规定，要求停止嘉某某在与合资公司有竞争关系公司的任职，给嘉某某和跨国公司造成一定的压力。

4. 深入分析关于规定合资公司董事竞业禁止的法律以及董事因此应承担的法律责任，向法院提出合理请求，得到法院的支持。本案中，两原告同时向法院提出了主张被告从事竞业行为所获得的收入和报酬归桂林公司所有和请求承担赔偿责任的两项请求。

2007 年 6 月 26 日，律师建议杭州集团和桂林 A 公司向桂林公司董事会发出了《提请合资公司董事会对嘉某某损害合资公司利益的行为提起诉讼的函》，要求桂林公司对外籍董事嘉某某损害桂林公司利益的行为提起诉讼，但桂林公司拒绝提起诉讼。此后，律师代理杭州集团和桂林 A 公司以股东名义代表桂林公司向桂林市中级人民法院提起股东代表诉讼。

五、法院裁判

桂林市中级人民法院经审理认为，被告嘉某某在担任第三人董事职务期间，同时担任与第三人有竞争关系的关联公司的董事职务，违反了《公司法》关于公司董事对其任职公司负有忠实和勤勉义务的规定和第三人公司章程的规定，可以认定其违法兼职的行为。被告通过该行为将第三人的商业秘密和技术秘密用于其兼职的竞争性公司的经营活动中，必然造成第三人在市场竞争中处于不利地位，遭受利益损失，也造成作为第三人股东的原告的利益损失。因此，被告应当承担相应的法律责任，除将违法兼职收入依法归入第三人所有之外，还应当赔偿原告及第三人受到的经济损失及支付的相关合理开支。另外，原告作为第三人的股东，在向第三人董事会书面提出催告函，要求第三人对被告向人民法院提起诉讼的请求被拒绝后，有权依法以自己的名义向人民法院提起诉讼。

据此，桂林中院判决如下：（1）被告嘉某某停止在与第三人桂林公司有同业竞争关系的其他公司担任董事职务；（2）被告嘉某某因担任与第三人桂林公司有同业竞争关系的公司董事获得的收入人民币 15 万元归第三人桂林公司所有；（3）由被告嘉某某赔偿原告杭州集团、桂林A公司经济损失人民币15万元；(4) 由被告嘉某某赔偿第三人桂林公司20万元；(5) 由被告嘉某某赔偿原告杭州集团合理开支3万元。

六、案件启示

根据本案分析和法院判决，“董事兼职的行为是否经过合资公司董事会的同意”是其行为是否符合《公司法》规定的关键。只要董事、经理的兼职行为获得了合资公司董事会的同意，就能基本避免承担竞业禁止法律责任的风险。因此，对于正在兼职的跨国公司董事来说，重要的是未雨绸缪，提前取得公司股东会或董事会（合资公司）的书面同意，及时使自己的兼职行为符合《公司法》的相关规定，如果等到股东间发生纠纷时，则恐怕为时已晚。

本章练习与测验

针对上述案例，请做如下练习。

1. 在案件发生前，如果原告委托你作为该公司的代理律师，请起草一份《提请合资公司董事会对嘉某某损害合资公司利益的行为提起诉讼的函》提交桂林公司董事会。

2. 针对本案的案情，请起草一份法律分析意见和建议提供给原告。主要包括内容包括：基本事实、客户的目标、主要法律问题分析、律师的建议、诉讼方案等。

3. 如果你是原告的代理律师，请起草一份起诉状。

4. 如果你作为原告的代理律师，刚刚接受原告的委托，请起草一份给原告的文件清单，列出你认为需要审阅以了解案情的文件。

5. 如果你是原告的代理律师，请起草起诉需要的证据目录。

本章总结

在公司这样一个各种利益体结合的主体中，公司、股东、董事、监事、高管之间，以及这些主体与公司债权人之间存在各种利益冲突，体现最为明显的就是各类侵权纠纷。作为处理此类纠纷的原告律师，需要从纷繁复杂的法律事实和法律关系中，抽茧剥丝，分析、提炼出你所需要的法律事实和法律关系，选择适格的原告、被告，合适的请求权基础和案由，从而提出符合客户要求的有针对性的可行性诉讼方案。

小贴士：诉讼类文书写作指导（三）之确定结构

确定结构，即如何将收集来的材料组织起来。诉讼类文书不同于普通文书，诉讼文书结构的特殊性表现为“程式化”，即法律文书在结构形式上有相对固定的格式，内容安排上有比较固定的顺序。其结构一般由首部、正文和尾部三部分构成。每一部分的内容都有其特定的要素构成。三部分各自的内容，在不同种类的法律文书中不完全一致，每一种文书都有各自的必备要素，即必备的几个方面的基本内容。但总体来说，诉讼法律文书结构中三部分及每部分包含的内容相对固定，大致如下：

首部：（1）当事人身份事项；（2）案由；（3）请求事项。

正文：（1）事实；（2）理由；（3）主张。

尾部：（1）文章的总结；（2）签署、日期、印章；（3）附注事项。

证据目录参考模板

【案件名称或案号】

【原/被告】提交的证据目录

序号	证据名称	证据内容	证明事项	证据来源	页码
第一组【第一组证据主要证明事项】					
第二组【第二组证据主要证明事项】					

提交人：××

提交日期：××××年××月××日

注：1. 证据目录必须包括证明名称、证明事项、证据来源。证据内容并不是必须包括的内容。

2. 该格式仅为参考格式，并非法定格式，也可不采用表格格式。

第十四章

公司解散和清算纠纷

本章要点

公司解散的基本概念
公司清算的基本概念
公司解散和清算的事由和类型
司法解散公司、司法强制清算的法定要件
律师办理公司解散案件、司法强制清算案件的基本操作指引

学习目标

了解和掌握公司解散和清算的基本概念和类型
了解和掌握公司解散和清算的事由和情形
掌握公司自行解散和司法强制解散的情形
掌握司法强制解散公司的要件和标准
掌握司法强制清算的要件、标准和程序
初步掌握律师办理公司解散案件、司法强制清算案件的基本操作指引

第一节　公司解散纠纷

公司解散是指依法设立的公司因出现规定事由而消灭其法人人格的法律事实，是公司终止程序的重要一环。公司解散事由出现后，其法人人格并不立即消灭，而是停止积极活动，开始整理财产关系，进入以公司消灭为最终目标的事实状态和法律状态。① 公司解散的事由较为复杂，根据公司解散的事由的不同，可将公司解散划分为自行解散、行政强制解散和司法解散。此外，还包括因公司的分立、合并、公司破产等导致公司解散，对此，本文不予详述。

一、公司自行解散

公司自行解散主要是指依据公司意志或者股东决策从而导致公司解散的法律事实，该项制度主要建立在公司自治的基础上，充分体现了公司及其股东的自由意志。根据解散发生具体事由不同，公司自行解散可分为基于公司章程载明的事由发生的公司解散和基于公司股东会等意思机关决策决议发生的公司解散。

《公司法》第 180 条规定："公司因下列原因解散：（一）公司章程规定的营业期限届满或者公司章程规定的其他解散事由出现；（二）股东会或者股东大会决议解散；……"。

其中，第 180 条第（一）项规定的即为基于章程规定事由解散，是公司全体股东在制

① 参见刘敏：《公司解散清算制度》，2 版，15 页，北京，北京大学出版社，2012。

定公司章程时明确规定公司解散的事由，较为常见的解散事由包括：章程规定的公司存续期限届满；公司的亏损数额达到一定限额；公司经营环境发生重大变化导致公司设立目的无法实现等。章程载明的解散事由一旦出现，公司即随之解散。当然，公司也可以依法通过股东会决议的方式修改公司章程中关于解散情形的相关规定，使公司得以继续存续，并办理工商变更登记手续。对此，《公司法》第 181 条规定："公司有本法第一百八十条第（一）项情形的，可以通过修改公司章程而存续。依照前款规定修改公司章程，有限责任公司须经持有三分之二以上表决权的股东通过，股份有限公司须经出席股东大会会议的股东所持表决权的三分之二以上通过。"

第 180 条第（二）项规定的即为基于股东（大）会决议解散情形，主要是通过股东会或者股东大会决议的方式解散公司。依据《公司法》第 43 条、第 103 条的规定，有限责任公司经过代表三分之二以上表决权的股东通过，即可形成解散公司的股东会决议[①]，股份有限公司经出席会议的股东所持表决权的三分之二以上通过即可作出解散公司的有效决议[②]，公司股东会决议一经作出即发生法律效力。

就二者实质而言，无论是章程规定还是股东会决议，均是股东意志的反映。公司自行解散与公司设立自由原则相对应，这两者都充分体现了公司法的立法思想，即私法自治原则。[③] 因此，在不违反法律、行政法规的强制性规定的前提下，公司可通过公司章程及股东会决议形式自主决定公司解散的具体事由。

二、公司行政强制解散

行政强制解散是公司因违反法律或者行政法规等原因，依据国家有关行政机关的命令而被迫解散的法律事实。对此，《公司法》第 180 条规定："公司因下列原因解散：……（四）依法被吊销营业执照、责令关闭或者被撤销；……"该款规定的即为行政强制解散情形。

我国行政机关强制解散公司主要包括两种情形。

第一，由工商行政机关吊销公司营业执照而强制公司解散。出现以下情形的，工商行政机关可吊销企业营业执照[④]：虚报注册资本，取得公司登记，情节严重的；提交虚假材料或者采取其他欺诈手段隐瞒重要事实，取得公司登记的，情节严重的；公司成立后无正当理由超过 6 个月未开业的，或者开业后自行停业连续 6 个月以上的；变更经营范围涉及法律、行政法规或者国务院决定规定须经批准的项目而未取得批准，擅自从事相关经营活

① 参见《公司法》第 43 条第 2 款："股东会会议作出修改公司章程、增加或者减少注册资本的决议，以及公司合并、分立、解散或者变更公司形式的决议，必须经代表三分之二以上表决权的股东通过。"

② 参见《公司法》第 103 条第 2 款："股东大会作出决议，必须经出席会议的股东所持表决权过半数通过。但是，股东大会作出修改公司章程、增加或者减少注册资本的决议，以及公司合并、分立、解散或者变更公司形式的决议，必须经出席会议的股东所持表决权的三分之二以上通过。"

③ 参见刘敏：《公司解散清算制度》，2 版，19 页，北京，北京大学出版社，2012。

④ 参见《中华人民共和国公司登记管理条例》（2016 年修订）第 63、64、67、68、71、73、78 条等。

动，情节严重的；伪造、涂改、出租、出借、转让营业执照，情节严重的；承担资产评估、验资或者验证的机构提供虚假材料的；承担资产评估、验资或者验证的机构因过失提供有重大遗漏的报告的，情节较重的；利用公司名义从事危害国家安全、社会公共利益的严重违法行为的等。

第二，根据其他法律规定，由主管部门责令关闭或者予以撤销。例如银行业监督管理部门为处置银行不良资产等关闭金融机构，国有资产管理部门撤销或者关闭经营不善的国有企业等。

公司被吊销营业执照、被责令关闭或者被撤销的，应当及时组织清算，清算完毕后，依法办理公司注销手续，从而消灭公司民事主体资格。

三、公司司法解散

1. 司法解散概述

公司司法解散又可以称为司法强制解散，是指公司在出现僵局或者其他严重问题时，经相关当事人申请，由司法机关依据适格主体的请求依法裁决对公司予以解散的一种程序。① 根据《公司法》第180条规定："公司因下列原因解散：……（五）人民法院依照本法第一百八十二条的规定予以解散。"

司法解散具有以下几个特征：第一，司法解散是依当事人的申请而启动的，只有持有一定比例股权的股东才有权提起解散公司之诉；第二，提起解散公司诉讼必须具有法定的事由，《公司法》及司法解释对司法解散公司的法定事由进行了明确的界定；第三，司法解散应当是穷尽其他救济途径后方可采取的措施；第四，司法解散最终通过法院裁定达成。

2. 股东提起解散公司诉讼的条件

依据《公司法》第182条的规定，当公司经营管理发生严重困难，继续存续会使股东利益受到重大损失，且通过其他途径不能解决的，持有公司全部股东表决权百分之十以上的股东，可以请求人民法院解散公司。据此，股东提起解散公司诉讼需要具备以下几个条件：

第一，提起公司解散诉讼的股东资格。法律要求是持有公司全部股东表决权百分之十以上的股东，实践中通常认为该"持有"包括单独持有百分之十以上和合计持有百分之十以上股东表决权两种情形。公司法对该比例的要求着眼于提起解散公司诉讼的股东能够代表持股较多的股东的意愿，反映与公司利益关系达到一定程度的股东的要求②，从而防止个别股东滥用权利，任意提起解散公司之诉，扰乱公司的正常经营。

---

① 参见奚晓明主编：《最高人民法院关于公司法解释（一）（二）理解与适用》，112页，北京，人民法院出版社，2008。

② 参见奚晓明主编：《最高人民法院关于公司法解释（一）（二）理解与适用》，96页，北京，人民法院出版社，2008。

第二，提起公司解散诉讼的法定事由。股东请求解散公司的事由必须符合法定情形，即：公司经营管理出现严重困难，继续存续会使股东利益受到重大损失的情形。根据相关司法解释①，经营管理出现严重困难主要包括：公司股东会运营出现严重困难，公司持续两年以上无法召开股东会或者股东大会，或者股东表决时无法达到法定或者公司章程规定的比例，持续两年不能作出有效的股东会或者股东大会决议的；公司董事会运营出现严重困难，公司董事会长期冲突，具体表现为长期无法召开董事会，或者无法作出有效的决议，且该冲突无法通过股东会或股东大会方式解决；公司的经营管理发生其他严重困难的。对于其他严重困难的情形，在实践中尚待总结，但是该情形仍然必须同时满足公司经营发生严重困难、继续存续会使股东利益受到重大损失这两个条件。

第三，提起解散诉讼应当穷尽内部救济。基于公司社团法人的特质，维持法人存续和内部意思自治为基本原则。因此，股东已经穷尽其他途径仍不能解决公司困境的，方可向法院提起解散诉讼。基于公司法的自治性特征，股东应当首先通过内部自治方式解决公司面临的困境，只有在其他途径都无法解决困境时，股东才能通过司法途径请求强制解散公司。

第四，严格限定公司解散诉讼事由的范围。股东提起解散公司诉讼的事由必须符合法定情形，如果股东以知情权、利润分配请求权等权益受到损害，或公司亏损、财产不足偿还全部债务，或者公司被吊销营业执照未进行清算等事由提起诉讼要求解散公司的，法院不予受理。法律之所以作出这样的规定，主要理由是：司法解散公司作为对公司最为严厉的惩罚，如果允许股东轻易否定公司的社团法人人格，将会损害公司的稳定性和市场主体的预期。

3. 股东请求解散公司诉讼的诉讼当事人

公司应为股东请求解散公司诉讼的适格被告。由于该诉讼解决的主要问题是公司是否应当解散，虽然法院裁定的结果最终可能影响其他股东的利益，但是公司始终是该诉讼法律效果的直接承受者，其他股东不应当作为该诉讼的被告。

其他股东在该诉讼中可申请以共同原告或者以第三人身份参加诉讼。原告提起解散之诉应当告知其他股东，或由法院通知其他股东参加诉讼。如果其他股东以相同请求申请参加诉讼的，法院应将其列为共同原告。由于其他股东不具备被告资格，因而不应将其列为共同被告；如果原告将其他股东列为被告一并提起诉讼的，法院应当告知原告将其他股东变更为第三人；如原告坚持不予变更的，法院应当裁定驳回原告对其他股东的起诉。

4. 解散公司诉讼的保全

股东请求解散公司之诉在性质上属于变更之诉，其判决生效后仅仅是变更了原有的法律关系，而无财产给付的内容②；在人民法院判决解散公司后，公司即宣告解散，因此，

① 参见《最高人民法院关于适用〈公司法〉若干问题的规定（二）》第1条。

② 参见奚晓明主编：《最高人民法院关于公司法解释（一）（二）理解与适用》，135页，北京，人民法院出版社，2008。

该诉讼本身不涉及强制执行问题，也就不涉及财产保全问题。

但是，《关于适用〈中华人民共和国公司法〉若干问题的规定（二）》第3条对该类案件仍然规定可以适用财产保全与证据保全制度，其必要性在于：在公司股东会、董事会运营出现严重困难时，公司的控制股东可能通过转移公司财产、账册等方式损害原告的利益；保全措施有利于防范公司财产被违法转移，从而保障公司解散后的清算程序能够顺利进行。当然，股东申请保全时应当提供担保，且该保全不应影响公司的正常经营，以防止股东滥用提起解散之诉的权利，影响公司的正常经营活动。

5. 解散公司之诉的司法处理结果

解散公司之诉的司法处理结果包括调解结案和判决结案。在司法实践中，法院在处理解散公司诉讼案件时尤为注重调解，意在通过调解方式解决公司由于陷入僵局无法正常经营的困境，尽量避免解散公司，以维持公司的存续经营，增加社会财富。法院通过调解解决公司困境的方法主要包括：当事人协商由其他股东收购原告股权，实现异议股东退出；由公司收购原告股东股权，同样实现股东退出，公司再通过减资方式使公司继续存续，但该解决方法不应违反法律、行政法规的强制性规定；法院应当根据当事人协商结果制作调解书。

6. 股东同时提起解散公司之诉和清算申请的司法处理结果

在实践中，股东向法院提起解散公司之诉时，通常也希望公司解散后依法组织清算活动，使自己的正当利益得以实现，因此，股东在提起解散公司之诉时，通常也会申请法院进行清算。但在司法处理过程中，法院对该清算申请将不予受理，即该两种申请应当分案受理。该种处理方法的理由主要包括：

第一，在案件性质上，该两类案件属于不同性质的诉，亦即属于不同的法律关系。股东请求解散公司之诉属于诉讼案件，股东提起司法解散公司之诉的目的是希望将公司永久性停止存在并消灭法人资格和市场经营主体资格，属于终止或者消灭公司组织的法律关系的诉讼。① 股东申请进行清算案件属于非诉案件，该案件不涉及民事权利义务争议，仅是相关权利人申请法院组织清算组织，按照法定程序对公司资产等进行强制清产核资、核算分配。

第二，两者适用的程序不同，解散之诉通常适用诉讼程序，需经过当事人起诉、法院按照正常民事诉讼程序审理、依法调解或判决程序。申请清算案件则适用非诉程序，包括当事人提出申请、法院依法组成清算组、债权申报、清产核资和分配财产、注销登记等阶段。

四、与公司解散相关的诉讼

公司解散之诉启动的主要原因是公司经营出现严重困难、严重损害公司股东的利益。

① 参见奚晓明主编：《最高人民法院关于公司法解释（一）（二）理解与适用》，119页，北京，人民法院出版社，2008。

由于公司的运营出现严重困难，股东会、董事会运营陷入僵局，部分股东的合法权益很可能受到损害，从而产生其他与公司解散相关的诉讼。根据股东诉讼请求内容的不同，将该类诉讼区分为以下几种类型：

第一，股东知情权诉讼。股东对公司的经营状况享有知情权，有权查阅、复制公司章程、股东会会议记录、董事会会议记录、财务会计报告等，有权查阅公司会计账簿，如果公司或者其实际控制人侵犯公司知情权，则股东有权以公司为被告提起知情权诉讼。

第二，请求公司收购股份纠纷。如果股东的资产收益权因公司持续五年作出不分配利润决议而未实现时，异议股东可以请求公司收购其股权。

第三，公司盈余分配纠纷。如果公司符合盈余分配条件，但违反法律、行政法规和公司章程规定拒绝向股东分配红利的，股东有权提起盈余分配纠纷。

第四，损害股东利益责任纠纷。如果公司董事、高级管理人员违反法律、行政法规或者公司章程的规定，损害股东利益的，股东可以向法院提起诉讼。除此之外，与股东解散相关的诉讼还包括损害公司利益责任纠纷、公司决议撤销纠纷等。

在实践中，该类诉讼可在股东提起解散诉讼之前提起，是股东对公司或者高管人员违法经营、损害股东合法权益的有效救济途径。

五、律师办理公司解散业务应注意的问题

律师在办理公司解散业务中应当注意以下几个问题。

1. 关于股东提起解散之诉的起诉事由表述问题。原告提起的起诉事由中应依据最高人民法院《关于适用〈中华人民共和国公司法〉若干问题的规定（二）》第 1 条规定的具体事由，提出具体的诉讼请求及所依据的事实和理由，不能笼统地表述为“公司经营管理出现严重困难，继续存续会使股东利益受到重大损失”，以符合法院受理本案的形式要求。

2. 关于法院判决驳回解散公司之诉后，股东又以同一事实和理由提起解散公司之诉的问题。该处“同一事实和理由”通常指提起解散公司之诉的具体理由属于同一个，如果股东以“公司持续两年以上无法召开股东会、公司经营发生严重困难”为由提起解散之诉，法院判决驳回的，该股东或其他股东又以“董事会长期冲突、公司经营发生严重困难”为由提起解散之诉的，则不属于“同一事实和理由”。

3. 公司解散诉讼，属于公司诉讼范畴，因此，应当根据法律规定明确具体诉讼请求，并指明具体的事实基础和法律依据。

4. 公司解散诉讼，由法院按照普通民事程序进行审理，属于诉讼案件。

5. 公司解散诉讼必须坚持穷尽内部救济原则，在起诉前做好内部证据补强工作，形式上要符合穷尽内部救济原则要求，否则，法院通常不会径行判决解散公司。

六、经典案例评析

（一）案情概要[①]

1996年10月25日，尤某等五人与张某波、张某林、青岛某鞋业有限公司作为股东共同发起并设立了青岛某医用卫生材料有限公司（以下简称该公司）。该公司成立之初，业绩良好，公司的规模和销售不断扩大。2011年，尤某等五名公司股东将该公司诉至胶州市人民法院，称大股东独断公司业务，排挤公各小股东，挪用资金，长期不公开财务账目，企业资金去向不明，甚至公司在销售比较好的情况下会突然产生巨大的亏损，现公司的经营管理已发生严重困难，如果继续存续下去，会使小股东的利益遭受重大损失，故请求判令依法解散该公司。在庭审中，张某波、张某林、青岛某鞋业有限公司作为第三人出庭参加了诉讼。该公司和上述第三人均辩称，公司未达到解散的条件，不同意公司解散。

该公司为证明其主张，提交了公司全部工商登记材料，其中主要证据有两份，一份是公司章程，证明应当由代表三分之二表决权股东表决通过方能解散公司，另一份是全体股东所做的章程修正案，证明最晚一次召开股东会并达成决议的时间是2010年7月20日，不符合“只有公司持续两年以上无法召开股东会，公司经营发生困难的才符合公司解散”的条件，但提起诉讼的尤某等人认为这些材料有虚假嫌疑。

（二）一审判决

胶州市法院经审理后认为，此案争议的焦点是：尤某等原告请求解散该公司的依据是否充分，是否符合公司解散的条件。根据最高人民法院《关于适用〈中华人民共和国公司法〉若干问题的规定（二）》第1条的规定，在四种情形下可以提起解散公司诉讼：公司持续两年以上无法召开股东会或者股东大会，公司经营管理发生严重困难的；股东表决时无法达到法定或者公司章程规定的比例，持续两年以上不能作出有效的股东会或者股东大会决议，公司经营管理发生严重困难的；公司董事长期冲突，且无法通过股东会或者股东大会解决，公司经营管理发生严重困难的；经营管理发生其他严重困难，公司继续存续会使股东利益受到重大损失的情形。

此案中，通过对证据的审查认定和涉案事实的查明，法院认为，尤某等五人提交的证据不能证明该公司存在财产转移，经营管理发生严重困难，继续存续会使股东利益受到重大损失的事实；而该公司提交的证据可以证实公司在2010年7月20日最后一次形成股东会决议，因此不能认定公司无法形成股东会决议，经营管理出现严重困难。根据各方提交的相关证据及陈述，因尤某等五人仅拥有该公司30%的股份，虽然其与其他股东有一些利益冲突和矛盾，但是并未导致公司不能正常运行，现在公司的一切业务均正常经营，且各

---

① 本案例的相关信息参见《五小股东联名诉请解散公司被驳回》，载青岛财经网，见http：//epaper. qdcaijing. com/cjrb/html/2012—07/31/content _ 108001. htm，2012-07-31。

方也认可公司分红至 2009 年。对于尤某等五人主张该公司将财产转移、五人作为股东无法参加对公司的经营管理、该公司也从未将经营状况按照公司章程第 25 条之规定进行审计并报告给各股东的问题，可以通过其他方式寻求救济，并非必须通过解散公司的方式予以解决。综上，法院认定五人的诉请缺少事实和法律依据，不予支持。

据此，胶州法院对此案作出一审判决：驳回原告尤某等五人的诉讼请求。

（三）二审判决

一审宣判后，尤某等原告不服，上诉至青岛市中级人民法院。二审法院受理该案后，对一审法院查明和认定事实属实予以了确认，认为该案争议焦点是该公司是否达到了法律规定的解散条件。2005 年修订的《公司法》第 183 条规定："公司经营管理发生严重困难，继续存续会使股东利益受到重大损失，通过其他途径不能解决的，持有公司全部股东表决权百分之十以上的股东，可以请求人民法院解散公司。"据此，股东申请解散公司的前提条件是"公司经营管理发生严重困难"。此案中，尤某等人上诉的理由是，由于该公司的大股东张某波的原因和股东之间的矛盾对立，致使四人无法参与公司经营管理，无从知晓公司经营状况和财务状况。上述上诉主张的事由为股东对公司的经营管理权和知情权受到限制，对该公司经营管理是否发生了严重困难并无证明力。该公司在 2009 年对股东进行了股利分配，在 2010 年 7 月 20 日形成了有效的股东会决议，说明公司经营管理并未发生严重困难，并未达到最高人民法院《关于适用〈中华人民共和国公司法〉若干问题的规定（二）》第 1 条所规定的公司解散的条件。最高人民法院《关于民事诉讼证据的若干规定》第 2 条规定："当事人对自己提出的诉讼请求所依据的事实或者反驳对方诉讼请求所依据的事实有责任提供证据加以证明。没有证据或者证据不足以证明当事人的事实主张的，由负有举证责任的当事人承担不利后果。"现尤某等人并无证据证明该公司经营管理已经发生严重困难，应当承担不利的法律后果，其请求解散公司，一审法院不予支持，二审法院亦不予支持。

据此，青岛市中级人民法院对此案作出终审判决：驳回上诉，维持原判。

（四）焦点问题评析

2013 年修订的《公司法》第 182 条规定，公司经营管理发生严重困难，继续存续会使股东利益受到重大损失，通过其他途径不能解决的，持有公司全部股东表决权 10%以上的股东，可以请求人民法院解散公司。这是我国《公司法》关于司法解散公司的规定。司法解散公司是指在公司出现僵局或其他严重问题时，经相关当事人申请，由司法机关依据适格主体的请求依法裁决公司予以解散的一种程序。为了规范股东请求解散公司诉讼案件受理条件，最高人民法院 2008 年发布、2014 年修正的《关于适用〈中华人民共和国公司法〉若干问题的规定（二）》第 1 条，规定了认定公司经营管理严重困难的几种情形。根据上述法律规定，当公司持续两年以上无法召开股东会或股东大会、股东表决时无法达到法定或者公司章程规定的比例，持续两年以上无法作出有效的股东会或股东大会决议、公司董事长期冲突，且无法通过股东会或者股东大会解决，且上述三种情形均须达到公司经营管理发生严重困难以及公司经营管理发生其他严重困难，公司继续存续会使股东利益受到重大损失的情形，股东可以向人民法院请求司法解散公司。但是股东以知情权、利润分配请求权受到损害，或者公司亏损、财产不足以偿还全部债务，以及公司被吊销未经清算等为由，请求解散公司，人民法院不予支持。

练习与测验

针对上述案例，请做如下练习：

1. 如果你是尤某的代理律师，请起草一份法律分析意见和建议，提供给客户。

2. 如果你是一审被告公司的代理律师，请针对原告的起诉准备一份答辩状。

第二节　公司清算纠纷

一、公司清算概述

1. 公司清算的概念

公司清算包括解散清算和破产清算①，公司法中所指的清算是指非因破产原因导致的清算。本文如无特别说明，公司清算特指公司解散清算。公司解散清算是指公司出现解散事由后，公司自行或者通过公权力机关的介入，按照法定或者章程约定的程序，依法对公司的财产、债权债务进行清理，终结公司现存法律关系，消灭公司法人资格的程序。②

2. 公司清算的特点

公司清算具有以下几个特点：第一，公司清算是公司解散后的必经程序；第二，公司清算包括自行启动与公权力强行启动两种方式；第三，公司清算包括对公司财产、债权债务进行清理，了结公司对外事务等一系列法律行为；第四，公司清算以终结公司法人资格为最终目的。

3. 公司清算的类型

根据清算方法是按照公司自行确定的程序还是依照法定程序，公司清算可以划分为任意清算和法定清算。任意清算通常适用于公司自愿解散的情形，是指公司按照章程的规定或者股东会的决议组织的清算，该种清算方法尊重公司及股东的意志，一般适用于无限公司等人合性较强的公司；法定清算是公司必须按照法律、行政法规规定的方法及程序进行的清算，通过严格控制清算的过程从而实现对公司股东及债权人等利害关系人的权利保护。

根据组织清算的主体不同，将法定清算划分为普通清算和特别清算，前者是公司解散

---

① 对于破产清算，适用《企业破产法》的相关规定。

② 参见江平主编：《中国公司法原理与实务》，76 页，北京，科学普及出版社，1994。

后自行组织的清算，行政机关、法院等公权力并不介入该清算程序；后者是指公司无法组织自行清算或者自行清算过程中发生重大困难时，行政机关、法院等公权力机构介入使用特别程序的清算，在特别清算程序中，行政机关、法院等积极介入清算程序，对清算的干预、监督程度也就更大。

根据清算程序是由公司自行组织还是通过公权力的介入、清算组是由公司选任还是由人民法院指定，将清算纠纷划分为自行清算纠纷和强制清算纠纷。前者通常是在公司依据法律、行政法规等确定的方式自行组织的清算，即在公司自愿解散的情况下，公司按照章程的规定或者股东会或者股东大会的决定进行的清算；后者是指出现特定事由后，为保护利害关系人的合法权益，有关权利人向人民法院申请对公司强制组织清算。该特定事由通常是指公司符合清算的条件而拒不组织自行清算的情况，强制清算又称为司法清算。严格地说，它属于普通清算程序中的一种特殊清算程序。①

二、公司司法清算

1. 公司司法清算的启动

公司应在解散事由出现之日起 15 日内成立清算组，开始自行清算。如果出现法定事由的，债权人有权申请人民法院指定清算组进行司法清算。债权人启动司法清算的事由包括：第一，公司逾期不成立清算组进行清算的；第二，虽然成立清算组但故意拖延清算的；第三，违法清算可能损害债权人或者股东利益的。如果公司成立清算组但故意拖延清算的，公司股东也有权利申请法院指定清算组进行清算。②

2. 清算组成员的组成

法院受理公司清算案件后，应当及时指定有关人员组成清算组。法院指定清算组成员的范围包括：（1）公司股东、董事、监事以及公司经理等高级管理人员。该类人员作为公司内部人员，对公司的经营管理情况、财务状况、诉讼参与情况等更为了解，更利于清算事务的顺利进行；（2）依法设立的律师事务所、会计师事务所、破产清算事务所等中介机构。该类社会中介机构既能为公司清算提供专业性服务，其第三人身份又能推动清算工作合法、公正的进行；以上中介机构中具备相关专业知识并取得执业资格的人员。该安排有助于实现清算组成员的职业化，能够迅速清理公司债权债务关系，更好地保护公司债权人及股东利益。

3. 司法清算中公司的地位

关于公司清算期间的公司是否具备法人地位问题，依据《公司法》第 186 条的规定，清算期间，公司法人人格依然存续，但其民事行为能力受到限制，只能开展与清算工作相关的活动，不得对外开展与清算无关的经营活动；公司股东会、董事会、监事会等公司重

---

① 参见奚晓明主编：《最高人民法院关于公司法解释（一）（二）理解与适用》，203 页，北京，人民法院出版社，2008。

② 参见最高人民法院《关于适用〈中华人民共和国公司法〉若干问题的规定（二）》第 7 条。

要的组织机构职权受到限制，由清算组代为执行清算事务。

清算期间，与公司相关的民事诉讼，仍应以公司的名义进行，如果尚未成立公司清算组的，由公司原法定代表人代表公司参加诉讼；已经成立清算组的，由清算组负责人代表公司参加诉讼。在实践中，清算组负责人通常由法院指定。清算组负责人可以再行委托诉讼代理人，代为参加民事诉讼。

4. 司法清算中清算组的职责

清算组应当履行以下清算职责。

第一，清理公司财产。清算组应当及时清理公司财产，具体包括：收回公司债权，清理公司债务，了结已签订的合同，及时变卖如不及时变卖将造成无法挽回损失的公司财产，限期追缴股东在清算开始后仍未缴足出资的股东出资，清缴公司所欠税款。清算组应当分别编制资产负债表和财产清单。

第二，通知债权人及进行公告。依据《公司法》第 185 条，清算组应当在成立 10 日内将公司解散清算事宜以书面方式通知全体已知的债权人，并在 60 日内根据公司经营规模和营业地域范围在全国或者公司注册登记地省级有影响力的报纸上进行公告。

第三，接受债权申报并进行确认。清算组应当对债权人申报的债权进行登记，并审查债权人提交的债权证明材料的真实性、合法性，对于真实合法的债权进行核定登记。在申报债权期间，清算组不得私自处分公司财产对债权人进行清偿。

第四，制订清算方案。清算组应当根据对公司财产的清理情况、公司债权登记情况等制订清算方案，该方案中应当明确公司财产状况、财产的清偿方法及具体清偿顺序等内容。该清算方案应当报经法院确认。

第五，清算方案的执行。清算方案经法院确认通过后，清算组应当按照清算方案确定的内容执行。公司财产应按照以下顺序进行清偿：支付清算费用、职工工资、社会保险费用与法定补充金、税款、清偿其他债务，如有剩余财产，则按照公司出资比例或者股东持有的股份比例进行分配。公司清算完成后应当依法办理注销手续，公司法人人格至此消灭。

第六、破产宣告。清算组在清理公司财产过程中，如发现公司财产不足以清偿全部债务的，可与债权人协商制作公司债务清偿方案，该方案经全体债权人确认且不损害其他利害关系人利益的，清算组可申请法院对该方案予以确认；如法院裁定认可该方案，清算组应按照该方案清偿债务。如债权人不予确认该方案或者法院不认可的，清算组应当向法院申请宣告破产，如果人民法院以裁定方式宣告公司破产的，清算组应及时将清算事务移交给法院。

5. 清算组违法清算的责任

清算期间，如果清算组存在违法清算的情形，应当承担相应赔偿责任，具体包括：清算组未以书面形式通知公司已知债权人，在债权人不知情的情况下清算并办理公司注销手续；清算组未在成立之日起 10 日内及时通知债权人，导致债权人错失申报债权的机会；清算组违反《公司法》等规定的条件在不符合标准的报纸上进行公告，导致债权人未及时获知公司解散清算信息而丧失申报债权机会；清算组未在 60 日内进行公告；清算组只进行通知未进行公告或者只进行公告未进行通知；清算组公告内容不完整，缺失债权申报期限、方法等重要信息；违反规定在清算方案确认及执行前私自向债权人分配财产；清算组私自侵占公司财产等。

根据《公司法》第189条的规定，如果清算组因故意或者重大过失给公司或者债权人造成损失的，清算组应当承担损害赔偿责任。

三、与公司清算相关的诉讼

与公司清算相关诉讼包括以下几种。

1. 债权异议之诉

在公司清算期间，如果公司债权人对清算组核定债权有异议的，债权人有权以公司为被告提起诉讼。在实践中，通常认为公司债权人既有权对清算组核定的自身债权的数额、性质等提出异议，也有权对清算组核定的其他债权人的债权数额等提出异议。债权人如有异议的，可请求清算组重新核定，如果清算组不予重新核定或者债权人对核定结果仍有异议的，债权人可向法院提起诉讼。当然，债权人请求清算组重新核定并非向法院提起诉讼的必经程序，但从效率的角度考量，债权人通常会先行向清算组提出重新核定债权的要求。债权异议之诉，债权人应以公司为被告提起诉讼，如果债权人对债权表记载的其他债权有异议的，该其他被异议债权人可以作为第三人参加诉讼。在实践中，该诉讼的性质通常认定为确认之诉，即确认公司债权债务关系的诉讼。

2. 清算组损害赔偿之诉

如果公司债权人认为清算组存在故意或者重大过失等过错行为，例如利用职权收受贿赂或者取得其他非法收入或者侵占公司财产，给公司造成损失的，有限公司的股东、股份有限公司连续180日以上单独或合计持有公司百分之一以上股权的股东有权以清算组成员为被告向法院提起损害赔偿诉讼；如果公司已经清算完毕并注销的，上述股东可以清算组成员为被告、以其他股东为第三人提起诉讼。清算组成员的过错行为给债权人造成损失的，债权人有权以清算组为被告提起损害赔偿之诉。

3. 清算义务人损害赔偿之诉

清算义务人，是指基于其与公司之间存在的特定法律关系而在公司解散时对公司负有依法组织清算义务，并在公司未及时清算给相关权利人造成损害时依法承担相应责任的民事主体①，具体包括有限责任公司全体股东、股份有限公司全体董事和控股股东、公司实际控制人等。如果公司股东、董事、实际控制人等未在法定期限内组织清算导致公司财产贬值、流失、毁损甚至灭失，从而给债权人造成损失的，债权人可以公司股东、董事、实际控制人等为被告向法院提起诉讼，要求其承担损害赔偿责任。如果公司股东、董事、实际控制人等因怠于组织清算等行为导致公司财产、账册等重要文件灭失，而无法进行清算

---

① 参见奚晓明主编：《最高人民法院关于公司法解释（一）（二）理解与适用》，334页，北京，人民法院出版社，2008。

的，债权人可以股东、实际控制人等为被告，要求其对公司债务承担连带清偿责任。

4. 其他诉讼形式。

如果公司股东未足额缴纳出资，债权人有权要求股东在未缴足出资范围内对公司债务承担连带清偿责任。

四、律师办理公司清算业务中应注意的问题

律师在参与办理公司清算过程中，应当注意以下几点问题。

1. 关于清算申请事宜。代理律师应当按照法律规定的司法清算要求准备完整的申请材料。通常，申请司法清算需要准备的材料包括：申请书、债权证明材料、公司未依法清算的证明材料等。

2. 关于清算组工作方式。对于司法强制清算案件，在人民法院指定清算组成员、清算组负责人后，清算组通常需要召开会议，制定相应的议事规则、表决规则、财产管理方案、财务报销制度等，并报法院备案。如果清算组成员对上述文件持有异议，由法院进行裁决。

3. 关于针对清算组成员提起的损害赔偿之诉，清算案件应当由公司住所地法院管辖，而清算组成员损害赔偿之诉应由侵权行为地或者被告住所地法院管辖。

4. 关于债权异议之诉管辖法院问题。应当注意，对此问题现行法律并未明确规定，但参照《企业破产法》第 21 条的规定，法院受理破产申请后，有关债务人的民事诉讼，只能向受理破产申请的法院提起。该规定有利于清除查明案件事实，因此，在司法清算中，债权人异议之诉属于有关债务人的诉讼，也应当向受理清算申请的法院提起。

第三节　经典案例评析

一、案情简介[①]

甲公司与丁某买卖合同纠纷一案，双方于 2006 年达成和解协议，双方确认丁某对甲公司享有 30 万元债权，该和解协议经某法院形成民事调解书并经当事人双方签字后生效。此后，由于甲公司未申报年检，于 2007 年 11 月被工商局吊销营业执照。甲公司被吊销营业执照后一直未清算。因此，丁某向法院提起诉讼，认为甲公司应自吊销营业执照之日起 15 日内对公司进行清算，公司股东王某、周某作为公司股东，负有法定清算义务。现因两股东长期怠于履行义务，滥用公司法人独立地位恶意逃避债务，已严重侵害了丁某作为甲公司债权人的利益，两被告对甲公司所负债务应当承担连带清偿责任。

① 参见上海某有限公司诉丁某等清算责任纠纷案，载北大法宝。

二、争议焦点

甲公司股东王某、周某是否应当对公司债务承担清算责任?

三、法院判决

法院认为，依据《中华人民共和国公司法》及其司法解释的相关规定，有限责任公司的股东作为公司清算义务人，应当忠于职守，依法履行清算义务，如股东怠于履行义务，未在法定期限内成立清算组开始清算，导致公司主要财产、账册、重要文件等灭失，无法进行清算，债权人主张股东对公司债务承担连带清偿责任的，人民法院应依法予以支持。在本案中，王某与周某作为公司仅有的两名股东，在公司被工商机关吊销营业执照后，未在法律规定的15日内成立清算组开始清算，显属滥用股东权利和股东有限责任，其逃避债务的故意明显。现某公司的账册、财产下落不明，直接导致丁某基于民事调解书所享债权无法获得全面清偿，债权人利益受到损害，故两被告应对该公司债务承担连带清偿责任。

四、问题分析

关于本案，我们需着重关注清算义务人承担清算责任的情形及具体责任内容。

第一，本案中，法院判决股东承担连带责任，其主要理由是，法律之所以允许股东承担有限责任，其前提是公司法人独立地位的确认，二者互相制约。但是，如果股东怠于履行清算义务，致使公司账册等基础财务资料灭失而导致清算不能，则属于股东滥用公司法人独立地位逃避债务的情况，对于股东滥用法人独立地位和股东有限责任的行为，应当由股东直接对债权人承担连带赔偿责任。对此，相关司法解释明确规定：“有限责任公司的股东、股份有限公司的董事和控股股东因怠于履行义务，导致公司主要财产、帐册、重要文件等灭失，无法进行清算，债权人主张其对公司债务承担连带清偿责任的，人民法院应依法予以支持”①。

第二，公司清算义务人怠于履行清算义务造成公司财产贬值、流失、灭失等实际损失的，清算义务人应当在实际损失范围内对公司的债务承担赔偿责任。产生实际损失的虽然是公司，但是，公司的实有资产是公司对外承担责任的物质基础，因此，对公司的债权人以及清算义务人以外的股东或者投资者而言，清算义务人怠于履行清算义务则是间接侵犯了他们的债权或者请求分配剩余财产的权利。清算义务人在法定期限内未依法履行清算义务，该种侵权行为直接指向的被侵权人是公司，因为这种行为可能导致的直接后果是公司

① 最高人民法院《关于适用〈中华人民共和国公司法〉若干问题的规定（二）》第18条第2款。

的财产出现贬值、流失或者灭失等。因此，从保护债权人利益的角度出发，可以将此种行为确定为侵害债权的行为并追究其民事责任。①

第三，恶意处置公司财产，该行为在客观上造成了公司财产的损失，并且行为人在主观上均存在恶意即故意的过错，该行为完全符合直接侵害公司财产权利的侵权行为特征；同时也间接地侵害了公司债权人的权益，使债权人的债权得不到实现，也完全符合侵害债权行为的构成要件，因此，清算义务人应当承担损害赔偿责任。②

第四，侵占公司财产，在清算过程中，清算义务人违反规定私自将公司的财产占为己有，既侵犯了公司财产所有权，又损害了公司债权人的利益，因此应当承担损害赔偿责任。③

第五，以欺诈方式办理注销登记。公司解散后，有关清算义务人未进行清算，即以公司对外无债权债务等理由向登记主管机关申请办理公司的注销登记，公司法人资格即因注销登记而丧失，此时，也属于股东滥用公司的法人独立地位情形，股东应当承担清偿责任。但是，在办理公司注销登记时，如果清算义务人向登记主管机关作出承诺，公司的债权债务已经清算完毕，但事实上公司存在债务或者清算义务人并没有进行清算，实质上，清算义务人该行为构成欺诈，应当承担相应赔偿责任。④

本章练习与测验

针对上述案例，请做如下练习。

1. 在案件发生后，如果丁某委托你作为其代理律师，请写一份法律分析意见和建议给丁某，内容包括：基本事实、客户目标、主要法律问题分析、律师建议、诉讼方案等。

2. 如果你是丁某的代理律师，请起草一份起诉状和诉讼保全申请书。

3. 如果你是甲公司股东王某的代理律师，收到法院送达的起诉状后，你会向王某提出哪些应对建议？

4. 如果你是王某的代理律师，请起草一份答辩状。

本章总结

对于律师业务而言，公司司法强制解散属于新类型案件，律师应当根据法律和司法解

① 参见最高人民法院《关于适用〈中华人民共和国公司法〉若干问题的规定（二）》第18条第1款。
② 参见最高人民法院《关于适用〈中华人民共和国公司法〉若干问题的规定（二）》第19条。
③ 参见最高人民法院《关于适用〈中华人民共和国公司法〉若干问题的规定（二）》第23条。
④ 参见最高人民法院《关于适用〈中华人民共和国公司法〉若干问题的规定（二）》第20条。

释的规定，审查目标公司是否存在司法解散的事实基础，掌握司法强制解散的法定情形；在司法实践中，法院对于司法强制清算案件立案审查较为严格，态度较为谨慎。作为非诉案件，司法强制清算需要律师准备扎实的基本申请材料，并且需要良好的沟通能力，向法院陈述清楚目标公司是否符合司法强制清算的情形。

小贴士：诉讼类文书写作指导（四）之诉讼类文书的语言

诉讼类文书的语言与非诉讼类文书有很大不同，具有自身特点。

1. 准确

诉讼类文书不同于其他文书，直接关系着当事人的权利义务，因此，用语必须准确，没有歧义。这要求诉讼类文书的遣词造句要准确，语义要单一。诉讼类文书中使用的每个字、每个词、每句话都应是意思明确，恰如其分，既不能模糊不清，也不能模棱两可。如“代位权”、“代理权”与“代表权”，“违法”与“犯罪”等，诸如此类具有特定法律含义的词语必须准确使用，因为词语的失之毫厘，带来的可能将是对当事人处理结果的差之千里。

2. 简洁

诉讼类文书犹如拳师出拳，应简洁有力。若过分冗长，则如拳师长了过多赘肉，当然影响出拳效果。简洁这一要求在提交法院等司法机关的诉讼类文书中更加突出。由于法官审理的案件很多，每天收到和需要阅读的案卷材料亦很多，如果文书过于冗长，有些法官可能没有耐心逐句阅读，因而忽略文书所想强调的主要观点。因此，文书必须言简意赅，以主旨为核心，去掉不必要的内容，突出重点。

3. 庄重

诉讼类文书的语言要庄重、严肃。言必有据，不言过其实，不带个人情感色彩，不引用秽语、黑话、行话，不使用方言或俗语。语言要客观公正，只针对案件事实，不能人身攻击。另外，语言要质朴平易，朴实无华，力戒华丽辞藻；不用过分的修辞、描写和抒情；不搞弦外之音；不事渲染铺陈夸张；不故作高深。对于案件中的一切事实、情节都恰如其分、实事求是地反映，不作人为地夸大或缩小，尤其是在归纳概括表述时，不能改变案件的性质，必须完全符合法律要求，无懈可击。

4. 逻辑严密

法律是一门具有自身逻辑规范的学问，诉讼类文书由于要更加有力地反驳对方的观点，对文书的逻辑性要求更高。诉讼类文书的逻辑性很大程度上要靠语言的严谨逻辑性体现，论证的逻辑严谨，则诉讼文书才能做到以法服人、以理服人，引发共鸣，反之，则会苍白无力，给人以蛮不讲理、以势压人的感觉。

财产保全申请书参考模板

财产保全申请书

申　请　人：××

住　所　地：××地

法定代表人：××

职　　　务：××

被 申 请 人：××

住　所　地：××地

法定代表人：××

职　　　务：××

申请事项：××××

（列明申请事项。比如：请求贵院冻结被申请人的银行存款人民币××元或查封、扣押其相应价值的财产。）

事实和理由：××××

（此处陈述案件的基本事实）

（阐述事实及理由，例如：

基于上述事实，为维护申请人的合法权益，申请人已经依法于××××年××月××日以被申请人为被告向贵院提出诉讼。为防止被申请人转移、隐匿、处分财产，保证法院生效判决的顺利执行，申请人特根据《中华人民共和国民事诉讼法》第92条第1款之规定，申请贵院对被申请人的财产采取保全措施，申请人申请保全的金额为××元人民币。

如因保全申请错误造成被申请人财产损失，申请人愿承担相应的法律责任。恳请贵院裁定批准上述财产保全申请。）

此致

××人民法院

申请人：××

××××年××月××日

附：（1）被申请人财产清单。

（2）申请人提供担保财产清单。

注：在提交财产保全申请时应一并提交被申请人的财产清单及尽量详细的财产线索，举例如下。

1）银行存款应注明开户行及账号

2）房产应注明该不动产的详细坐落位置和登记信息

3）车辆应提供车辆登记信息

4）机器设备应提供数量/型号/坐落位置/及其他相关信息

5）股权应提供工商登记信息

6）商标/专利应提供查询信息

第十五章

外商投资纠纷

本章要点

外商投资纠纷的常见类型
外商投资纠纷的法律适用
律师办理外商投资纠纷应关注的实体法律问题
律师办理外商投资纠纷应关注的程序性法律问题
律师办理外商投资纠纷的基本思路

学习目标

了解外商投资纠纷的主要类型
了解外商投资纠纷适用的主要法律、法规和司法解释
了解律师办理外商投资纠纷应关注的主要法律问题
把握律师办理外商投资纠纷案件的基本思路
初步掌握律师办理外商投资纠纷案件起草基本法律文书的能力

第一节　外商投资纠纷的常见类型和法律适用

一、外商投资纠纷的常见类型

本章所研究的外商投资纠纷是指在中国设立的中外合资经营企业、中外合作经营企业和外商独资企业在设立、运营和消亡过程中所发生的公司纠纷，中国企业到境外投资设立公司所发生的公司纠纷，不在本章研究之列。

外商投资纠纷属于一类特殊的公司纠纷，公司纠纷的各种类型在外商投资纠纷中均为常见，在此不一一列举。在司法实践中，最为常见的外商投资纠纷主要包括以下几类：

- 中外合资经营合同、中外合作经营合同纠纷
- 外商投资企业出资纠纷
- 外商投资企业知情权纠纷
- 外商投资企业董事会决议纠纷
- 外商投资企业高管侵权纠纷
- 外商投资企业股权转让合同纠纷
- 外商投资企业委托持股合同纠纷

因为外商投资企业的出资纠纷、知情权纠纷、董事会决议纠纷、公司高管人员侵权纠纷，与普通的公司纠纷差别不大，所以在本章中我们重点介绍与普通公司纠纷差别较大的其他几类外商投资纠纷。

二、外商投资纠纷的法律适用

外商投资纠纷涉及的一方主体通常为外商投资企业或外商投资企业的股东，也可能涉及外商投资企业的董事、监事和高级管理人员，个别情况下还可能涉及外商投资企业的债权人和债务人。

由于外商投资纠纷主体的特殊性和涉及法律领域的特殊性，处理外商投资纠纷所适用的法律有别于普通的公司纠纷。

在实体法律方面，处理外商投资纠纷所适用的不仅仅包括适用于普通类公司纠纷的《公司法》《企业法人登记管理条例》等公司法方面的基本法律、法规和相关司法解释，还包括我国一系列外商投资企业法律的规定：《外资企业法》《外资企业法实施细则》《中外合资经营企业法》《中外合资经营企业法实施条例》《中外合作经营企业法》《中外合作经营企业法实施细则》、最高人民法院《关于审理外商投资企业纠纷案件若干问题的规定（一）》等。

在程序法律适用方面，外商投资纠纷的主体通常有一方或多方为境外法人或公民，因此，在适用《民事诉讼法》时，通常要优先适用第四编“涉外民事诉讼程序的特别规定”部分及相关司法解释的规定。

如果中外合资经营企业合同、中外合作经营企业合同约定的争议解决方式为某仲裁机构仲裁，则相关合同争议发生时，应依据合同的约定提交仲裁机构，并根据合同约定的仲裁规则进行仲裁。

第二节　中外合资、合作经营企业合同纠纷常见法律问题

1. 中外合作经营企业合同、中外合资经营企业合同需经审批而未审批的，是否有效？

根据《中外合作经营企业法》（2017 修正）和《中外合资经营企业法》（2016 修正）的规定，不涉及国家规定实施准入特别管理措施的，适用备案管理制度。但是，涉及国家规定实施准入特别管理措施的中外合作经营企业合同和中外合资经营企业合同须报中国主管机关（商务部门）审批。在合同各方签订合同后但主管机关正式批准前，合同处于成立但尚未生效的状态，属于效力待定合同。待主管机关正式审批通过后，合同始生效。在效力待定状态下，合同双方当事人彼此负有合同缔约责任。效力待定的合同受法律保护。

2. 中外合资、合作双方对已经批准的合资合同、合作合同进行修改签订补充协议，该补充协议需经审批而未经外商投资企业审批机关批准，是否有效？

根据最高人民法院《关于审理外商投资企业纠纷案件若干问题的规定（一）》（法释〔2010〕9 号）第 2 条的规定，当事人就外商投资企业相关事项达成的补充协议对已获批准

的合同不构成重大或实质性变更的，人民法院不应以未经外商投资企业审批机关批准为由认定该补充协议未生效。该重大或实质性变更包括注册资本、公司类型、经营范围、营业期限、股东认缴的出资额、出资方式的变更以及公司合并、公司分立、股权转让等。在外资审批制度变为备案制后，上述情形主要针对涉及国家规定实施准入特别管理措施（负面清单）的中外合资经营企业、中外合作经营企业的合资合同、合作合同的修改问题。

3. 对经过外商投资企业审批机关批准的外商投资企业合同，人民法院是否有可能认定无效或予以撤销？

根据最高人民法院《关于审理外商投资企业纠纷案件若干问题的规定（一）》第 3 条的规定，人民法院在审理案件中，发现经外商投资企业审批机关批准的外商投资企业合同具有法律、行政法规规定的无效情形的，应当认定合同无效；该合同具有法律、行政法规规定的可撤销情形，当事人请求撤销的，人民法院应当予以撤销。

4. 中外双方在签订中外合作经营企业合同、中外合资经营企业合同后，需要经过审批而中方股东不履行报送审批手续的义务，外方股东能否要求中方股东办理审批手续？

中外合资经营企业合同和中外合作经营企业合同通常约定，中方股东负责向中国有关主管部门办理申请、批准、登记注册、领取营业执照等事宜。如果中方股东不履行报送审批手续的，外方股东可依据合同约定要求中方股东办理审批手续。对于中方股东拒不履行报送审批手续义务的，外方股东可向法院起诉，法院应判决外方股东自己办理有关手续，对由此而产生的费用以及外方股东遭受的损失，中方股东应承担损害赔偿责任。

5. 外商投资企业股权转让合同成立后，需要报批的，转让方和外商投资企业不履行报批义务，受让方以转让方为被告、以外商投资企业为第三人提起诉讼，请求转让方与外商投资企业在一定期限内共同履行报批义务的，人民法院应否支持？

根据最高人民法院《关于审理外商投资企业纠纷案件若干问题的规定（一）》第 6 条的规定，外商投资企业股权转让合同成立后，转让方和外商投资企业不履行报批义务，受让方以转让方为被告、以外商投资企业为第三人提起诉讼，请求转让方与外商投资企业在一定期限内共同履行报批义务的，人民法院应予支持；受让方同时请求在转让方和外商投资企业于生效判决确定的期限内不履行报批义务时自行报批的，人民法院应予支持。

6. 中外合资合作公司章程与合资合作合同约定不一致，章程优先还是合同优先？

合同和章程的目的都在于设立公司。在通常情况下，合同和章程的规定不矛盾。在合资公司、合营公司成立后发生争议的，对于公司章程和合同约定不一致的，应以章程优先。因为合同是股东之间的内部协议，只在发起人之间具有法律约束力。而公司章程对公司、股东、董事、监事、高级管理人员都具有约束力，不仅限于发起人。

第三节　外商投资企业股权转让合同纠纷常见法律问题

1. 中外合资经营企业的股权转让合同，未经有关部门审批，该合同是否有效？

根据我国法律规定，对涉及国家规定实施准入特别管理措施的，中外合资经营企业股权转让应经过审批机构的审批。没有经过审批的股权转让合同属于效力待定的合同。如果有关政府主管机关明确不批准股权转让合同的，则签订的股权转让合同无效。

2. 外商投资企业股权转让合同成立后，应当经过审批的，转让方和外商投资企业不履行报批义务，受让方能否请求解除合同并由转让方返还其已支付的转让款、赔偿因未履行报批义务而造成的实际损失？

根据最高人民法院《关于审理外商投资企业纠纷案件若干问题的规定（一）》第 5 条的规定，外商投资企业股权转让合同成立后，转让方和外商投资企业不履行报批义务，经受让方催告后在合理的期限内仍未履行，受让方请求解除合同并由转让方返还其已支付的转让款、赔偿因未履行报批义务而造成的实际损失的，人民法院应予支持。

3. 外商投资企业的股权转让方和外商投资企业拒不根据人民法院生效判决确定的期限履行报批义务，受让方可否另行起诉，请求解除合同并赔偿损失？

根据最高人民法院《关于审理外商投资企业纠纷案件若干问题的规定（一）》第 6 条的规定，转让方和外商投资企业拒不根据人民法院生效判决确定的期限履行报批义务，受让方可以另行起诉，请求解除合同并赔偿损失。赔偿损失的范围可以包括股权的差价损失、股权收益及其他合理损失。

4. 外商投资企业的股权转让合同需经批准而未获外商投资企业审批机关批准，受让方可否要求转让方返还其已支付的转让款并赔偿损失？

根据最高人民法院《关于审理外商投资企业纠纷案件若干问题的规定（一）》第 7 条的规定，外商投资企业的股权转让合同未获外商投资企业审批机关批准，受让方可以要求转让方返还其已支付的转让款，受让方因此造成其他损失的，由人民法院根据转让方是否存在过错以及过错大小认定其是否承担赔偿责任及具体赔偿数额。

5. 外商投资企业股权转让合同成立后需经审批但尚未经过审批，在此情况下，转让方是否有权请求受让方支付股权转让款？

根据最高人民法院《关于审理外商投资企业纠纷案件若干问题的规定（一）》第 9 条的规定，外商投资企业股权转让合同成立后，受让方未支付股权转让款，转让方和外商投资企业亦未履行报批义务，转让方请求受让方支付股权转让款的，人民法院应当中止审理，指令转让方在一定期限内办理报批手续。该股权转让合同获得外商投资企业审批机关批准的，对转让方关于支付转让款的诉讼请求，人民法院应予支持。

6. 外商投资企业股东与债权人订立的股权质押合同，是否必须经过批准或登记后生效？

外商投资企业股东与债权人订立的股权质押合同除合同另有约定外，自成立时生效，未办理质押登记的，不影响股权质押合同的效力，也无须经过外商投资企业审批机关批准。股权质押合同依照物权法的相关规定办理了出质登记的，股权质权自登记时设立。

第四节 外商投资企业解散纠纷常见法律问题

1. 如何解散外商投资企业？

依据 2016 年修正的《中外合资经营企业法》、2017 年修正的《中外合作经营企业法》和 2017 年修订的《外商投资企业设立及变更备案管理暂行办法》，外商投资企业终止，不涉及国家规定实施准入特别管理措施的，办理变更备案手续即可。对于涉及国家规定实施准入特别管理措施的，应按照外商投资相关法律法规办理审批手续。

目前，关于涉及国家规定实施准入特别管理措施的外商投资企业终止应当履行的审批程序，有权机关还未制定新的规定，现行有效的关于外商投资企业解散的规定，主要见于国家工商行政管理总局、商务部制定的《关于外商投资企业解散注销登记管理有关问题的通知》（工商外企字〔2008〕226 号）。在有权机关并未宣布该通知无效的情况下，依据处理新法旧法关系的相关法律原则，可以认为，该通知的下述规定应当仅适用于涉及国家规定实施准入特别管理措施的外商投资企业的终止。依据该通知，外商投资的公司因出现《公司法》第 180 条、《中外合资经营企业法实施条例》第 90 条第 1 款第（三）项、《中外合作经营企业法实施细则》第 48 条第 1 款第（三）项等规定的法定情形而解散，分别按下列规定办理：

（1）外商投资公司因章程规定的经营期限届满而解散，被司法裁定解散，依法被吊销营业执照、责令关闭或者被撤销而解散的，直接进入清算程序，无须经过审批机关批准。

（2）根据《中外合资经营企业法实施条例》第 90 条第 1 款第（二）（四）（五）（六）项，《中外合作经营企业法实施细则》第 48 条第 1 款第（二）（四）项或《外资企业法实施细则》第 70 条第 1 款第（二）（三）（四）项的规定，外商投资的公司在经营期限届满前提前解散的，应当经审批机关批准。

（3）中外合资、中外合作的公司按照《中外合资经营企业法实施条例》第 90 条第 1 款第（三）项、《中外合作经营企业法实施细则》第 48 条第 1 款第（三）项规定，在经营期限届满前单方提出解散的，应当经审批机关批准解散或经人民法院裁定解散。

（4）外商投资的公司因经营不善，严重亏损，公司权力机构决定解散，或因自然灾害、战争等不可抗力而遭受严重损失，无法继续经营之情形解散的，需向审批机关报送提前解散申请书、公司权力机构关于提前解散公司的决议及公司批准证书和营业执照。

2. 中外合资经营合同或中外合作经营合同约定仲裁条款，一方股东可否起诉到法院要求解散公司？

根据中国的法律，如果中外合资或合作合同的双方在合同中约定了仲裁条款，且该条款合法有效，则双方就该合资或合作合同而发生的纠纷，应由双方通过仲裁程序解决。

如果一方股东以另一方股东违反合营合同的约定为由，以另一方股东为被申请人，要求终止合营合同，则该纠纷应由合同约定的仲裁机构管辖。

但是，如果一方股东以《公司法》第182条规定为依据，以公司经营管理发生严重困难、继续存续会使股东利益受到重大损失、通过其他途经不能解决为由，以公司为被告起诉到人民法院，要求解散公司的，则人民法院应当予以受理。

3. 如果人民法院判决外商投资公司解散，是否还需要取得相关审批机关的批准?

如前所述，对于不涉及国家规定实施准入特别管理措施的，依据《外商投资企业设立及变更备案管理暂行办法》的规定，办理变更备案手续即可。对于涉及国家规定实施准入特别管理措施的，应当根据国家工商行政管理总局、商务部《关于外商投资企业解散注销登记管理有关问题的通知》(工商外企字〔2008〕226号)的规定，对于外商投资的公司被司法裁定解散的，直接进入清算程序，无须经过审批机关批准。

第五节　律师办理外商投资纠纷案件时应注意的程序性法律问题

1. 外商投资企业纠纷的管辖权如何确定?

(1) 对于外商投资合同或财产权益纠纷，如果相关当事人约定了有效的管辖条款，比如约定某法院管辖或某仲裁机构管辖，则该类纠纷的管辖应当依据当事人的约定处理。

(2) 对于外商投资其他类型的纠纷，或者相关当事人没有约定管辖条款的合同类或财产权益纠纷，则依据中华人民共和国民事诉讼法关于地域管辖、级别管辖和专属管辖的一般规定处理。

(3) 因合同纠纷或者其他财产权益纠纷，对在中华人民共和国领域内没有住所的被告提起的诉讼，如果合同在中华人民共和国领域内签订或者履行，或者诉讼标的物在中华人民共和国领域内，或者被告在中华人民共和国领域内有可供扣押的财产，或者被告在中华人民共和国领域内设有代表机构，可以由合同签订地、合同履行地、诉讼标的物所在地、可供扣押财产所在地、侵权行为地或者代表机构住所地人民法院管辖。

2. 合同约定境外法院或仲裁机构非排他管辖，中国法院是否可以管辖?

涉外民商事纠纷案件的当事人协议约定境外法院或仲裁机构对其争议享有非排他性管辖权时，可以认定该协议并没有排除其他国家有管辖权法院的管辖权。如果一方当事人向中国法院提起诉讼，中国法院依照《中华人民共和国民事诉讼法》的有关规定对案件享有管辖权的，可以受理。

3. 合同约定境外法院或仲裁机构排他管辖，中国法院是否可以管辖?

涉外民商事纠纷案件的当事人协议约定外国法院对其争议享有排他性管辖权时，可以认定该协议排除其他国家有管辖权法院的管辖权。如果一方当事人向中国法院提起诉讼，中国法院对案件不享有管辖权。但如果该等约定违反了中国《民事诉讼法》关于专属管辖的规定[①]除外。

当然，如果合同一方以另一方侵权为由向中国境内法院对合同另一方提起侵权诉讼的，则该侵权纠纷不受双方合同条款的约束，人民法院可以依法受理。

4. 外国公司授权中国的诉讼律师在中国法院起诉，授权委托书有什么特别要求？

外国公司授权中国的诉讼律师在中国法院起诉，授权委托书的准备有如下特别要求：

（1）授权书需要应当经所在国公证机关予以证明，并经中华人民共和国驻该国使领馆予以认证，或者履行中华人民共和国与该所在国订立的有关条约中规定的证明手续。

（2）该授权委托书，应当附有经中国法院认可的翻译机构翻译或者确认的中文译本。

（3）在中国法院诉讼，当事人的委托代理人最多为两人。如果诉讼进行过程中，因代理人因客观情况不能参加开庭或者有其他原因而需要另行更换代理人的，需要由当事人向法院提交关于变更代理人的说明，并重新按照上述要求提交新代理人的授权委托书。

5. 作为外国公司，如何提交有关法定代表人的证明文件？

《公司法》第13条规定："公司法定代表人依照公司章程的规定，由董事长、执行董事或者经理担任，并依法登记。公司法定代表人变更，应当办理变更登记。"所以，中国法项下的法定代表人是指公司章程规定为法定代表人的公司的董事长或者执行董事或者经理。

由于外国法律通常没有法定代表人这个概念，当中国律师提出需要向法院提交外国公司法定代表人身份证明书和由外国公司的"法定代表人"签署的由中国律师出庭诉讼的授权委托书时，外国公司常常会为此困惑不解。实际上，外国公司在此时应当首先查阅本公司的章程，如果章程规定了公司的执行董事，则该执行董事一般可看作公司的法定代表人。如果公司章程没有规定执行董事，则可以由公司通过董事会决议决定谁作为公司的法定代表人，代表公司参与诉讼并有权委托律师参与诉讼。

在中国法院进行诉讼，提交给法院的外国公司的法定代表人的证明文件需经所在国公证机关证明，并经中华人民共和国驻该国使领馆认证，或者履行中华人民共和国与该所在国订立的有关条约中规定的证明手续。

6. 在中国法院起诉的时候，除了起诉书还需要提交什么文件？

在中国法院起诉，除了起诉书外，还需要提交的文件包括：（1）经公证和认证的授权文件（包括企业营业执照副本、法定代表人身份证明、授权委托书）一套；（2）支持诉讼请求的证据的复印件，证据之前需有证据目录，证据目录需标明各份证据的证明事项、证明目的、证据来源等，并标明页码。

一般情况下，除递交给法院一套诉状和证据复印件外，还需要按照其他当事人的数量

① 《民事诉讼法》第266条规定："因在中华人民共和国履行中外合资经营企业合同、中外合作经营企业合同、中外合作勘探开发自然资源合同发生纠纷提起的诉讼，由中华人民共和国人民法院管辖。"

准备相应套数的诉状的原件和证据的复印件。比如，外国公司为原告，有三个被告，则需要向法院提交四套诉状原件和证据复印件。当然，授权文件只需要交给法院一套。

7. 涉外案件有没有审理期限？

对于中国国内民商事案件，根据《民事诉讼法》的相关规定，相关审理程序都受一定期限限制。比如，《民事诉讼法》第 149 条规定："人民法院适用普通程序审理的案件，应当在立案之日起六个月内审结。有特殊情况需要延长的，由本院院长批准，可以延长六个月；还需要延长的，报请上级人民法院批准。"第 161 条规定："人民法院适用简易程序审理案件，应当在立案之日起三个月内审结。"第 176 条规定："人民法院审理对判决的上诉案件，应当在第二审立案之日起三个月内审结。有特殊情况需要延长的，由本院院长批准。人民法院审理对裁定的上诉案件，应当在第二审立案之日起三十日内作出终审裁定。"

对于涉外案件，《民事诉讼法》第 270 条规定："人民法院审理涉外民事案件的期间，不受本法第一百四十九条、第一百七十六条规定的限制。"因此，中国的《民事诉讼法》对审理涉外民事案件，并没有规定审理期限。

8. 中国法院对外国公司提供的书面证据有什么要求？

如果外国公司向人民法院提供的书面证据系在中华人民共和国领域外形成的，该证据应当经所在国公证机关予以证明，并经中华人民共和国驻该国使领馆予以认证，或者履行中华人民共和国与该所在国订立的有关条约中规定的证明手续。当事人向人民法院提供的书面证据是在我国香港、澳门、台湾地区形成的，应当履行相关的证明手续。

外国公司向人民法院提供外文书证或者外文说明资料，应当附有中文译本。在通常情况下，各省市的高级人民法院都指定了法院认可的翻译机构的名录。外国公司应寻找这些指定的翻译机构进行翻译，或者由这些翻译机构盖章复核确认。

9. 如合同约定适用外国法，境内法院如何查明外国法？

按照最高人民法院《关于贯彻执行〈中华人民共和国民法通则〉若干问题的意见（试行）》第 193 条的规定，外国法的查明有五种途径，即"由当事人提供；由与中国订立司法协助协定的缔约对方的中央机关提供；由中国驻该国使领馆提供；由该国驻中国使馆提供；由中外法律专家提供。通过以上途径仍不能查明的，适用中华人民共和国法律"。该规定强调的是当事人与中国法院在外国法查明方面均有义务。

当然，随着社会的进步以及法律文化交流的不断开展，外国法的查明途径已经不再限于最高人民法院《关于贯彻执行〈中华人民共和国民法通则〉若干问题的意见（试行）》第 193 条规定的五种途径，当事人或者中国法院完全可以通过其认为合适的其他途径来查明外国法的内容。当然，上述五种查明途径仍然是有效的。

此外，最高人民法院《关于审理涉外民事或商事合同纠纷案件有关法律适用若干问题的规定》（法释［2007］第 14 号）对当事人协议选择或者变更选择的外国法以及依最密切联系原则确定的外国法的查明作了区别对待，即当事人选择或者变更选择合同争议应适用的法律为外国法律时，由当事人提供或者证明该外国法律的相关内容。人民法院根据最密切联系原则确定合同争议应适用的法律为外国法律时，可以依职权查明该外国法律，亦可以要求当事人提供或者证明该外国法律的内容。

实践中通行的做法是，由外国当事人所在国的外国律师事务所就所涉及的外国法律问题出具法律专家意见，提交中国法院考虑。可以是主审法官在双方当事人同意的情况下，由当事人负担费用，由一家外国律师事务所的律师出具法律专家报告，或者由双方当事人各自找外国律师分别出具有关外国法律的专家报告，供中国法官考虑。在笔者的工作中，笔者也曾经提交过有关涉案的具体某外国法律在国内的中文翻译本。

10. 涉外公司诉讼案件的期间有无特别规定？

律师代理涉外公司诉讼案件应当注意，在中华人民共和国领域内没有住所的当事人，在一审、二审诉讼程序中的答辩期均为自收到起诉状、上诉状之日起 30 日，并可申请延期，是否准许，由人民法院决定。同时，对于在中华人民共和国没有住所的当事人不服一审人民法院判决、裁定的上诉期，为应自判决、裁定送达之日起的 30 日。

第六节　经典案例评析

一、案情概要

福建公司是一家中外合资经营企业（以下简称合资公司），成立于 1993 年，三家股东分别为香港 A 公司持股 90%，香港 B 公司持股 7%，福建 C 公司持股 3%。陈某某系合资公司的董事长，也是香港 A 公司的董事长和控股股东。

2006 年 1 月 4 日，陈某某以个人名义与郑某某签署了《股权转让协议》，约定：陈某某同意将合资公司的全数股权转让给郑某某，价格按 100%股权计算为 1.1 亿。2006 年 1 月 6 日，郑某某受聘担任合资公司的总经理。上述股权转让协议签订前后，合资公司未就股权转让事宜召开董事会进行决议。事后，双方未再签署其他协议。郑某某也未支付股权转让款。股权转让事宜被搁置。

2008 年 1 月，合资公司以郑某某侵犯合资公司合法权益为由起诉到法院，法院判决郑某某构成侵权，并承担相应的赔偿责任。

2011 年，郑某某以《股权转让协议》为主要依据，以香港 A 公司为被告，以合资公司和陈某某为第三人，起诉到法院，要求香港 A 公司、合资公司共同履行办理诉争股权所必需的报送外商投资企业审批机关审批的义务，并履行向工商行政管理部门办理诉争股权所必需的股权变更登记义务。

在诉讼过程中，香港 A 公司提出反诉，请求依法确认《股权转让协议》无效，香港 B 公司作为有独立请求权的第三人提出反诉，请求法院依法撤销《股权转让协议》，福建 C 公司被法院通知作为第三人参加诉讼。

二、被告的答辩意见

被告香港A公司的主要答辩意见如下。

1.《股权转让协议》不是香港A公司与郑某某的股权转让合同，而是陈某某与郑某某两个自然人关于转让股权的意向性安排，香港A公司无义务履行。

首先，合同一方当事人陈某某并非合资公司的股东，其根本无股权可转让；其次，就合同的标的而言，股权转让协议仅采用模糊的表述“合资公司的全数股权”，没有明确约定转让股权的份额，也没有明确所转让的是哪方股东所持有的股权；再次，《股权转让协议》不具备《外商投资企业投资者股权变更的若干规定》（〔1997〕外经贸法发第267号）规定的股权转让协议应包括的核心条款。

2.《股权转让协议》即使为成立的合同，也依法无效。

首先，陈某某并非合资公司的股东，其转让合资公司股东股权的行为属无权处分，《股权转让协议》未经合资公司股东的追认，依法应当无效；其次，《股权转让协议》约定转让中外合资经营企业的股权，未取得合营企业其他股东同意，未报审批机关批准，该股权转让协议因违反《中外合资经营企业法实施条例》第20条规定[①]的规定而无效。

3.《股权转让协议》从未履行，且合资公司的三位股东均明确表示不同意转让其持有的合资公司股权，该协议不可能取得合资公司股东的同意，也不可能报有关部门审批，《股权转让协议》不仅为无效合同，而且根本不能履行。

三、第三人的反诉

第三人香港B公司提起反诉，要求撤销《股权转让协议》，主要理由如下。

1. 香港A公司对陈某某与郑某某签订《股权转让协议》毫不知情，只是在郑某某起诉后才得知，香港A公司不同意、不认可该股权转让协议。

2.《股权转让协议》未经合资公司股东同意，也未经审批机关审批，不具备生效条件。

3.《股权转让协议》未经香港A公司同意，依据最高人民法院《关于审理外商投资企业纠纷案件若干问题的规定（一）》[②] 第11条的规定，该股权转让协议应当予以撤销。

---

① 《中外合资经营企业法实施条例》第20条规定：“合营一方向第三者转让其全部或者部分股权的，须经合营他方同意，并报审批机构批准，向登记管理机构办理变更登记手续。合营一方转让其全部或者部分股权时，合营他方有优先购买权。合营一方向第三者转让股权的条件，不得比向合营他方转让的条件优惠。违反上述规定的，其转让无效。”

② 最高人民法院《关于审理外商投资企业纠纷案件若干问题的规定（一）》第11条规定：“外商投资企业一方股东将股权全部或部分转让给股东之外的第三人，应当经其他股东一致同意，其他股东以未征得其同意为由请求撤销股权转让合同的，人民法院应予支持。具有以下情形之一的除外：（一）有证据证明其他股东已经同意；（二）转让方已就股权转让事项书面通知，其他股东自接到书面通知之日满三十日未予答复；（三）其他股东不同意转让，又不购买该转让的股权。”

四、法院的判决

2013年1月，法院作出一审判决，判决认为：本案《股权转让协议》尚属于双方就股权转让达成的意向，双方之间尚未确立股权转让法律关系，即双方的股权转让合同关系尚未正式成立，因此判决驳回原告郑某某的诉讼请求。主要理由如下：

第一，合同内容不明确。首先，签约主体与转让主体并非同一主体。股权转让协议约定转让的是合资公司的股权，但陈某某不是合资公司的股东，合资公司的股东没有作为合同主体在《股权转让协议》上签字或盖章；其次，合同主要内容约定不明或未约定，事后也未通过协商或其他方式明确。《股权转让协议》未对股权的交割期限、方式、转让款的具体交付等体现股权转让合同主要内容进行约定，不符合股权转让合同主要内容达成一致的特征。因此，该《股权转让协议》虽有书面形式，但缺乏实质内容，亦不具有操作性，属意向性安排。

第二，该《股权转让协议》未遵循法律规定的形式。本案《股权转让协议》签约当事人未履行《中华人民共和国中外合资经营企业法实施条例》所规定的告知其他合营方的义务，股权转让方尚需履行一系列的股权转让之前的法定程序。

第三，《股权转让协议》未经有关行政机关审批，因签约主体陈某某不是合资公司的直接股东，客观上也无法报批。

第四，没有证据证实签约双方已经实际履行该合同。

综上，本案陈某某、郑某某双方所签订《股权转让协议》在性质上属于股权转让的意向性安排，双方的股权转让尚存在许多不确定因素，此将影响双方正式合同的签订及履行。换言之，本案的股权转让合同并未成立，郑某某诉请被告及第三人办理讼争股权转让所必需的报送外商投资企业审批机关审批的义务以及股权变更登记义务，缺乏事实和法律依据，本院不予支持。

本章练习与测验

针对上述案例，请进行如下练习：

1. 如果你是被告合资公司的代理律师，请针对原告郑某某的起诉起草一份法律分析意见，并提出你的应对思路。

2. 如果你是被告香港A公司的代理律师，请代表A公司起草一份反诉状。

3. 如果你是第三人香港B公司的代理律师，请代表香港B公司起草一份起诉状。

4. 如果你是陈某某的代理律师，请起草一份答辩状。

5. 如果你是郑某某的代理律师，请代表郑某某起草一份上诉状。

本章总结

外商投资纠纷属于一类特殊的公司纠纷。对外商投资纠纷的法律适用，无论是实体法还是程序法，都有别于普通的公司纠纷，律师在办理外商投资纠纷案件过程中，要特别关注该类案件的法律适用问题。

小贴士：诉讼类文书写作指导（五）

优秀的诉讼类文书，还有如下一些独特的写作技巧，这些技巧的运用要根据案件的具体情况和写作目的而应用，并不一定适用于所有情况。

1. 在标题中阐明主要观点

大量的诉讼类文书无论是提交给法院、仲裁机构还是客户，这些阅读者往往很忙，尤其是法官和仲裁员等每天处理的案件很多。因此，为了突出重点，使阅读者能够迅速了解文书所要表达的主旨，在写作时往往采用将主要观点归纳列成小标题的方法，使观点更加鲜明突出，一目了然。

2. 使用短句

为了简练，尽量避免使用长句，多使用短句，使意思表达更清晰。如果需要写很长的句子，则要注意用标点，数字等分割开或分出层次。

3. 使用法言法语

诉讼类文书在特定的环境和特殊用词时，要注意使用特定的法律语言。如避免使用“我”“我方”“他”“对方”等指代当事人，而应根据各方当事人的法律地位，采用“原告”“上诉人”“申请人”等称谓。

反诉状参考模板

民事反诉状

反诉人（本诉被告）：××

住　所　地：××地

法定代表人：××

职　　　务：××

被反诉人（本诉原告）：××

住　所　地：××地
法定代表人：××
职　　　务：××
案　　　由：××
诉讼请求：××××
（写明具体的反诉请求）
事实与理由：××××
（简要写明：反诉的事实与理由）
此致
××人民法院

反诉人：××
××××年××月××日

注：1. 法定代表人一项，在原告/被告为其他组织时，应为负责人。

2. 以上当事人信息部分适用于法人或其他组织的情形。如当事人为自然人，则应按照自然人的信息要求填写。

3. 案由，原则上应与本诉案由相同或同类。

4. 在落款上，如果是公司，应加盖公司的印章，同时，原则上应注明法定代表人，并由法定代表人签字。如果是自然人，应由反诉人亲笔签名。

5. 反诉必须与本诉具有实质性关联，故反诉状应当注明与本诉的关联性，符合合并审理的法律要求。

第十六章

PE 纠纷

本章要点

PE 纠纷与普通公司纠纷的区别

PE 投资合同的主要条款

PE 投资合同对赌条款的法律效力

律师办理 PE 纠纷应重点关注的法律问题

律师办理 PE 纠纷的基本思路

学习目标

了解什么是 PE 和 PE 投资合同的主要条款

了解司法实践中对 PE 投资合同关键条款效力的看法

尝试把握律师办理 PE 诉讼案件的基本思路

初步掌握律师办理 PE 诉讼案件的基本操作规范

初步掌握律师起草 PE 诉讼的基本法律文书的能力

第一节　PE 投资合同的主要条款

一、PE 的概念

私募股权投资（Private Equity，PE）是指通过私募形式对私有企业（主要指非上市企业）进行的权益性投资，在交易实施过程中附带考虑了将来的退出机制，即通过上市、并购或管理层回购等方式，出售持股获利。①

二、PE 的特点

对 PE 投资者而言，由于 PE 并非旨在通过长期持股获得企业的经营收益，而是通过“退出”受益。因此，PE 投资者更多地关注风险控制而非被投资公司的治理。PE 是股权投资的一种形式，但与普通的共同投资或合资相比，PE 具有如下不同的特点。

1. PE 是对非上市公司的股权投资，流动性差，投资期限较长，一般可达三年至五年或更长，属于中长期投资，所以投资者会要求高于公开市场的回报。

2. 资金来源广泛，如个人、风险基金、杠杆并购基金、战略投资者、养老基金、保险公司等。在资金募集上，主要通过非公开方式面向少数机构投资者或个人募集。

3. 由于没有上市交易，所以没有现成的市场供非上市公司的股权出让方与购买方直接达成交易，有关投资安排都是投资者私下协商进行，一般也无须披露交易细节。

① 参见关景欣：《中国私募股权基金法律操作实务》，1 页，北京，法律出版社，2008。

4. 多采取权益型投资方式。PE投资机构也因此对被投资企业的决策管理享有一定的表决权。反映在投资工具上多采用可转让优先股及可转债等形式。①

5. 协议密集型的投资方式。由于不受上市法律规范和政府机构监管，因而交易各方的权利主要依靠大量协议安排加以保障。

6. 不追求通过对目标公司的长期持股获得收益，而主要通过“退出”实现投资回报，具体退出渠道包括：公开发行上市（IPO）、售出（Trade Sale）或并购（M&A）、公司管理层回购等。②

7. 对融资者而言，PE不仅投资期较长，能够增加企业资本金，还可能给企业带来管理、技术、市场和其他需要的专业技能。如果投资者是大型知名企业或著名金融机构，他们的声望和资源在企业未来上市时还有利于提高上市的股价、改善二级市场的表现。

三、PE投资合同的主要内容

PE投资于某企业，通常要与被投资企业及其原有股东签订投资合同。除一般条款外，PE投资合同主要包括如下条款：股权购买的比例及对价条款、购股款支付方式和期限条款、未分配利润归属条款、资金用途条款、新股东地位及股东权利条款、组织机构变动条款、退出条款、声明和保证条款、违约责任条款等。下面简要阐述PE投资合同不同于一般的合资合同或增资扩股合同的条款。

1. 对赌条款

对赌条款，在PE投资合同中称作估值调整机制（Valuation Adjustment Mechanism，VAM），是指投资方与创始股东或管理层股东（即融资方）对于未来的不确定情况进行约定。如果约定的条件出现，投资方可以行使一种对自身有利的权利，用以补偿高估公司股权价值的损失；如果约定的条件不出现，融资方可以行使对自身有利的权利，用以补偿公司股权价值被低估的损失。实践中，估值调整条款有时出现仅仅一方（通常为投资方）在约定条件出现时有权行使特定权利的情况。

估值调整机制的根本目的是降低投资方错误判断公司股权价值的投资风险，同时也是投资方对融资方的激励和约束机制，实现投资方利益的最大化。摩根士丹利等机构投资蒙牛的案例，即是估值调整机制的成功典范。

2. 退出条款

PE的最终目标是退出，而退出的方式包括上市、出售、并购、公司管理层回购等。相应地，PE合同中会就这些可能的退出方式进行约定。

---

① 参见姚佐文、陈晓剑、崔浩：《可转换优先股与风险投资的有效退出》，载《管理科学学报》，2003（1）。

② 参见卢栎仁：《私募股权投资基金的特点》，载《产权导刊》，2009（7）。

（1）股份回购权

如果在约定的期限内，被投资公司的业绩达不到约定的要求或不能实现上市目标，PE投资者有权要求公司或公司其他股东购买他们持有的股权，以实现从没有发展前景的公司退出。并且，约定的回购金额会在原有投入资金的基础上再进行一定比例的溢价。

（2）随售权

如果公司在约定的期限内未能上市，PE投资者有权强制公司的原有股东（主要是指创始人和管理团队）和自己一起向第三方转让股份，原有股东必须依PE投资者与第三方达成的转让价格和条件，参与到PE投资者与第三方的股权交易中来。随售权使得PE投资者，尤其是作为小股东的PE投资者，掌握了出售股权的主动权，能够在其他股东不愿意的情况下，仍能通过出售或并购退出。PE投资者也可以利用这一权利，给其他股东施加压力，使其听从自己的建议。

3. 优先股权条款

为了使投资风险降到最低，PE投资者通常会要求其投资形成的股权享有优先权，以最大限度地保障其在被投资公司的股权比例和退出收益。①

（1）优先分红权

优先分红权指在公司宣告分派股息时，优先股股东有权优先取得投资额一定比例的股息。在优先股股东取得优先股息后，剩余股息又有如下几种分配方式：1）在取得优先股息后，优先股股东不再参与剩余股息分配；2）在取得优先股息后，优先股股东与普通股股东按股权比例分配剩余股息。此外，在公司的年度盈利不足以分派约定的股息，或当年未宣告分派股息时，根据PE合同的约定，优先股股东可以享有在日后对往年应付未付的股息如数补给的权利。

（2）清算优先权

清算优先权指在公司清算或结束业务时，优先股股东有权优先于普通股股东获得每股N倍（目前较常见的是1—2倍）于原始购买价格的回报以及宣布但尚未发放的股利。在优先股股东取得优先清算回报后，剩余可分配财产又可以有如下几种分配方式：1）优先股股东取得优先清算回报后，剩余可分配财产再分配给普通股股东，优先股股东不参与分配；2）优先股股东取得优先清算回报后，剩余可分配财产由包括优先股股东在内的所有股东按照股权比例共同分配；3）优先股股东取得优先清算回报后，剩余可分配财产由包括优先股股东在内的所有股东按照股权比例共同分配，直至优先股股东获得总计为原始购买价X倍的价款，之后优先股股东无权再参与分配。②

---

① 参见徐剑：《优先股法律问题研究》，载《经济与法》，2008（2）上。

② 参见王曙光：《优先股在公司治理中的比较优势》，载《经济论坛》，2003（10）；聂新田：《试论优先股在我国的应用》，载《经营管理者》，2009（14）。

4. 对股权处置的限制条款

(1) 优先购买权

优先购买权指公司股东出让股权时，在同等条件下，优先受让的权利。根据我国《公司法》第71条[①]的规定，优先购买权是股东的法定权利。并且，PE投资者也可要求进一步的优先购买权，如约定在公司股东向其他股东而非股东之外的第三人转让股权时，PE投资者也有权优先受让；或者PE投资者有权优先于公司其他股东行使优先受让权等。[②]

(2) 共同出售权

共同出售权指普通股股东如转让其股权，优先股股东有权按出资比例以普通股形式和同等价格优先出售给买方。共同出售权不仅是对PE投资者之外的其他股东，尤其是创始股东股权处置的限制，使得PE投资者能够在其他股东想要离开公司时放慢其脚步，更使得PE投资者可以在价格、条件合适的情况下，实现部分的变现和退出。

第二节 PE纠纷的常见类型

因为PE纠纷属于公司纠纷的一类，所以普通公司纠纷的常见类型在PE纠纷中也经常发生。比如，出资纠纷、股东知情权纠纷、公司决议纠纷、股权转让纠纷、公司董监高损害公司利益纠纷、公司解散和清算纠纷等。但是，由于PE投资合同的特殊性，PE纠纷又是一种特殊的公司纠纷，有些PE纠纷的特殊类型，在普通公司诉讼中难觅踪影，尤其是关于对赌条款引发的纠纷。下面我们重点介绍在其他公司纠纷中不常见的几类PE投资纠纷。

1. 股权回购纠纷

股权回购条款是PE投资合同的常见条款。PE投资合同通常约定，在某些特定情况下，如创始股东或公司重大违约、公司在指定日期前未上市、公司业绩目标未达到等，投资人有权要求创始股东或公司按约定方式计算的价格回购投资人持有的公司股权，而约定的回购价格通常是基于某一固定回报率计算的回报金额加上未分配的红利。在PE投资合同履行过程中，如果被投资公司达不到合同约定的条件，PE投资者则可能根据股权回购条款要求公司创始股东或公司回购股权，从而可能引发纠纷。

---

① 《公司法》第71条："有限责任公司的股东之间可以相互转让其全部或者部分股权。股东向股东以外的人转让股权，应当经其他股东过半数同意。股东应就其股权转让事项书面通知其他股东征求同意，其他股东自接到书面通知之日起满三十日未答复的，视为同意转让。其他股东半数以上不同意转让的，不同意的股东应当购买该转让的股权；不购买的，视为同意转让。经股东同意转让的股权，在同等条件下，其他股东有优先购买权。两个以上股东主张行使优先购买权的，协商确定各自的购买比例；协商不成的，按照转让时各自的出资比例行使优先购买权。公司章程对股权转让另有规定的，从其规定。"

② 参见李寿双：《中国式私募股权投资——基于中国法的本土化路径》，33～35页，北京，法律出版社，2008。

2. 股权比例调整纠纷

在 PE 投资中，股权比例调整也是最为常见的对赌形式之一。该行权内容是指在满足估值调整条款规定的行权条件时，投资方和创始股东在公司内的股权比例就必须进行调整，调整方式通常为股权转让。调整股权的具体比例，往往根据投资方和融资方约定的计算公式确定。出于调整公司估值的目的，计算公式通常会与原始股权比例、公司业绩等数据挂钩。在 PE 投资合同履行过程中，如果 PE 投资者要求公司创始股东按照合同约定调整股权比例，可能引发纠纷。

3. 现金补偿纠纷

在 PE 投资中，现金补偿是指在行权条件满足时投资方或者融资方有权要求相对方对其进行现金补偿，以弥补公司价值被低估或者高估所带来的损失。同样，现金补偿的具体金额通常取决于投资方和融资方约定的计算公式。

在备受关注的海富投资诉讼案①中，各方在增资协议中即约定了典型的现金补偿式的估值调整条款，“如果甲方 2008 年实际净利润完不成 3 000 万元，乙方有权要求甲方予以补偿，如果甲方未能履行补偿义务，乙方有权要求丙方履行补偿义务。补偿金额＝（1－2008 年实际净利润/3 000 万元）×本次投资金额。”

4. 创始股东或管理层挪用、侵占公司资产纠纷

由于 PE 投资追求退出的特性，并且，许多 PE 投资者在全球范围内同时拥有众多的投资项目，因而，PE 投资者在前期资金投入后，一般很难实际参与所有项目公司的日常经营管理，而由公司创始股东或原管理层负责公司的经营管理。通过这种方式，PE 投资者既不必耗费大量精力处理公司的日常管理事务，又能获得公司的经营收益。但是，由于 PE 投资者不直接参与公司的日常经营管理，而仅通过定期召开的股东会、董事会等方式了解公司情况，因而往往对公司负责人缺乏有效的事前监控措施，也无从充分了解公司业务及财务的真实情况，致使公司管理层有机会挪用、侵占公司资产，而短期内不易被 PE 投资者发现。

第三节　律师办理 PE 投资纠纷案件的基本思路

一、搞清 PE 投资者希望达到的战略目标

根据以往发生的 PE 诉讼案例，大多数的 PE 诉讼都是由 PE 投资者主动提起诉讼。在 PE 纠纷中，如果律师代理 PE 投资者，首先要搞清 PE 投资者的战略目标。根据我们的经验，PE 投资者采取法律行动，可能有如下目标。

① 关于该案的详细情况，请见本章第 4 节经典案例评析部分。

1. 了解公司状况

在 PE 投资者对被投资公司完全失去控制的情况下，PE 投资者甚至都难以了解公司的实际状况，尤其是财务状况，以致难以对下一步的法律行动作出决策。因此，PE 投资者往往希望首先能够了解境内公司的实际状况，这同时也是为下一步的法律行动搜集有利证据。

2. 在公司前景不乐观的情况下，希望依据对赌条款，收回投资，退出公司

在公司未能完成合同约定的业绩或未能在约定的时间内上市的情况下，如果 PE 投资者认为公司前景不乐观、不再有发展前途，PE 投资者可能希望依据对赌条款，退出公司，收回投资，以便尽快投入其他有前途的项目中去。

3. 控制公司和管理层，接管公司

在 PE 投资者对目标公司失去控制且对公司管理层不信任的情况下，如果不能通过谈判与公司实际控制人达成和解，PE 投资者也可能希望获得对目标公司的控制权，并更换能够按照其指示行事的新的管理团队，以便其决策能够得到切实执行。

4. 惩罚违约行为或追究特定责任人的民事责任，甚至刑事责任

就对 PE 纠纷的产生存在过错的创始股东或管理层，PE 投资者可能希望采取法律行动依法追究相关方的违约责任、侵权责任等民事责任，对于因侵占、挪用公司资金等涉嫌构成犯罪的，则可能希望追究其刑事责任。一方面，是为了给向 PE 投资者提供资金的投资方一个交代，让有关责任人受到法律的制裁；另一方面，PE 投资者也可以通过相关法律程序追回 PE 投资者投入公司的资金，弥补损失。

5. 对公司进行清算

当公司由于创始人或实际控制人的原因已经不再具有发展前景时，而 PE 投资者又难以通过出售等方式实现退出目标公司，在这种情况下，为了最大限度地收回投资，PE 投资者也可能希望对境内公司进行清算。

二、分析 PE 投资合同关键条款的法律效力

由于 PE 是舶来品，PE 投资合同的一些主要条款是基于外国法的规定设置的，其中的一些概念和机制没有中国法基础，甚至与中国法下的某些制度和理念相矛盾。因此，一旦缔约方因某些此类条款产生纠纷，该等条款的效力很可能受到挑战。在 PE 投资合同中的关键条款中，对赌条款无疑是最引人关注和容易引起争议的。

关于 PE 投资合同中对赌条款的法律效力，在 2012 年 11 月最高人民法院在海富投资案再审判决[①]出台之前，司法实践界争论很大。根据最高人民法院在该判决中的意见及所表达的立场，PE 投资合同中的对赌条款是否有效，主要取决于相关条款是否违反法律、

① 参见最高人民法院（2012）民提字第 11 号民事判决书，笔者将在下文中详述该诉讼案。

行政法规的强制性规定。如果相关对赌条款不违反法律、行政法规的强制性规定，则应认定为合法有效。

一般而言，PE 投资合同约定股东与股东之间对赌，而且该条款不违反法律、行政法规的强制性规定，则该对赌条款为有效条款。但是，如果约定 PE 投资者与公司对赌，在约定公司无法完成一定业绩指标的情况下，公司应向 PE 投资者支付补偿款，则该约定违反中国公司法有关公司应依法分配利润的规定而无效。

因此，律师在办理 PE 纠纷涉及对赌条款时，首先要审查该对赌条款的法律效力。然后，再基于有效或无效的分析认定，分别向委托人提出不同的应对建议。

三、根据具体案情和委托人的战略目标提出相应的诉讼方案

律师接受 PE 投资者委托后，应根据调查了解的案情和委托人的战略目标，设计相应的诉讼方案。在 PE 纠纷中，律师通常采用的诉讼手段如下。

1. 以股东名义提起股东知情权诉讼

根据《公司法》第 33 条的规定，作为公司的股东，PE 投资者有权查阅公司的章程、决议、会议记录及财务会计报告和会计账簿。如果公司或其实际控制人拒绝 PE 投资者的正当要求，PE 投资者可以对公司提起诉讼，要求查阅会计账簿。

为保证案件胜诉后的执行，也为了防止公司实际控制人在诉讼期间隐匿、销毁、篡改会计账簿，在提起诉讼的同时，律师代理 PE 投资者可以申请法院保全公司的财务账册、会计账簿，或者申请诉前保全。

如果 PE 投资者委托律师通过诉讼手段行使股东知情权，代理律师需要在采取行动前进行缜密的策划和安排，在时间上和诉讼各个阶段密切配合，以保障 PE 投资者知情权的实现。

2. 以公司名义对董事、监事、高级管理人员提起损害公司利益赔偿诉讼

如果公司的董事、监事、高级管理人员或其他实际控制人利用职务便利挪用或侵占了公司资金或财产，或利用关联交易损害公司利益，而 PE 投资者又可以控制公司，则 PE 投资者可以公司名义对相关责任方提起损害公司利益赔偿诉讼。

3. 以 PE 投资者的身份代表公司提起股东代表诉讼

在 PE 投资纠纷中，如果 PE 投资者尚未取得公司的控制权，不能以公司的名义对实施了损害公司利益行为的高管人员提起诉讼，PE 投资者作为公司股东，可以以自己的名义提起股东代表诉讼。

应当注意到，PE 投资者提起股东代表诉讼的前提条件在于，PE 投资者是公司的直接股东，或能够控制公司的直接股东。但有些时候，PE 投资者采取先设立离岸公司，再通过离岸公司间接投资到境内公司的方式，而离岸公司的高管层可能与境内公司的高管层相同，进而就会出现离岸公司作为境内公司的直接股东不会对其高管提起诉讼，而 PE 投资

者由于并不是境内公司的直接股东而不具有起诉资格的情形。[①] 在此情况下，PE 投资者只能依据离岸公司的章程规定先行控制离岸公司，进而再以离岸公司的名义提起股东代表诉讼，而这无疑进一步加大了 PE 投资者维权的难度。

4. 以股东名义提出解散公司之诉

如果 PE 投资者对公司严重失去控制，公司继续存续会损害 PE 投资者利益，且 PE 投资者无法通过对赌条款等退出公司，必要时可以向法院提起诉讼请求解散公司。

PE 投资者提起解散公司之诉可能达到如下目的：第一，PE 投资者可以在起诉的同时，申请法院保全公司的财产和财务账册，一旦采取了保全措施，则可以防止公司实际控制人在诉讼期间转移财产、销毁或者篡改公司账目等；第二，可以通过解散公司，进而对公司进行清算，查清境内公司实际控制人侵害公司利益的情况，并分得公司剩余财产；第三，通过提起诉讼给公司实际控制人施加压力，有可能达到 PE 投资者以合理价格退出公司的目的。

5. 以 PE 投资者身份提起投资合同诉讼

如果创始股东未能按照投资合同约定完成相应业绩，或者公司未能根据约定完成上市，则 PE 投资者可以要求公司创始股东或管理层履行对赌协议，以实现得到补偿或收回投资、退出公司的目的。

第四节 经典案例评析

一、案情概要

2007 年，苏州工业园区海富投资有限公司（以下简称海富公司）作为投资方与甘肃众星锌业有限公司（后更名为甘肃世恒有色资源再利用有限公司，以下简称世恒公司）、世恒公司股东香港迪亚有限公司（以下简称迪亚公司）、迪亚公司的实际控制人陆波，共同签订了《增资协议书》，约定：海富公司以现金 2 000 万元人民币对世恒公司进行增资；世恒公司 2008 年净利润不低于 3 000 万元人民币；如果世恒公司 2008 年实际净利润完不成 3 000 万元，海富公司有权要求世恒公司予以补偿，如果世恒公司未能履行补偿义务，海富公司有权要求迪亚公司履行补偿义务。补偿金额的计算公式为“（1－2008 年实际净利润/3 000 万元）本次投资金额”。

基于上述投资安排，海富公司和迪亚公司签订了合资协议，约定：世恒公司将注册资本由 348 万美元增加至 399.38 万美元，海富公司出资 15.38 万美元，持股 3.85%；迪亚公司出资 384 万美元，持股 96.15%。海富公司应缴付款项超过其认缴的注册资本的部分，计入合资公司资本公积金；合资公司依法缴纳所得税和提取各项基金后的利润，按合资各

① 参见陈忆：《律师在离岸公司业务中的法律服务》，载《法治研究》，2007（10）。

方持股比例进行分配。

合资协议签订后，海富公司按协议约定向世恒公司支付了 2 000 万元，其中新增注册资本 114.771 7 万元，资本公积金 1 885.228 3 万元。

因世恒公司 2008 年度实际净利润仅为 26 858.13 元，未达到《增资协议书》约定的该年度承诺净利润额，2009 年 12 月 30 日，海富公司向兰州市中级人民法院（以下简称兰州中院）提起诉讼，请求判令世恒公司、迪亚公司、陆波向其支付补偿款 1 998.209 5万元。

二、一审裁判要旨

兰州中院一审认为，案件的争议焦点为：《增资协议书》业绩目标约定是否具有法律效力；世恒公司、迪亚公司、陆波应否承担补偿责任。

一审判决认为，《增资协议书》关于世恒公司 2008 年实际净利润完不成 3 000 万元海富公司有权要求世恒公司补偿的约定，不符合《中华人民共和国中外合资经营企业法》第 8 条①关于企业净利润根据合营各方注册资本的比例进行分配的规定，同时，该条规定与《公司章程》的有关条款不一致，也损害公司利益及公司债权人的利益，不符合《公司法》第 20 条第 1 款②的规定。因此，根据《合同法》第 52 条第（五）项的规定，该条关于世恒公司对海富公司承担补偿责任的约定违反了法律、行政法规的强制性规定，该约定无效。因此，对海富公司的诉讼请求不予支持。

三、二审裁判要旨

海富公司不服一审判决，向甘肃省高级人民法院（以下简称甘肃高院）提起上诉。甘肃高院判决认为：

第一，关于业绩目标约定条款是否有效。甘肃高院将业绩目标约定条款分为两部分：单纯的业绩目标条款和补偿条款。甘肃高院认为，单纯的业绩目标约定仅是对目标企业盈利能力提出要求，并不违反法律规定。但对于补偿条款，则违反了投资领域风险共担的原则，使得海富公司作为投资者不论世恒公司经营业绩如何，均能取得约定收益而不承担任何风险，参照最高人民法院《关于审理联营合同纠纷案件若干问题的解答》③ 第 4 条第 2 项关于"企业法人、事业法人作为联营一方向联营体投资，但不参加共同经营，也不承担联营的风险责任，不论盈亏均按期收回本息，或者按期收取固定利润

---

① 《中外合资经营企业法》第 8 条第 1 款规定："合营企业获得的毛利润，按中华人民共和国税法规定缴纳合营企业所得税后，扣除合营企业章程规定的储备基金、职工奖励及福利基金、企业发展基金，净利润根据合营各方注册资本的比例进行分配。"

② 《公司法》第 20 条第 1 款规定："公司股东应当遵守法律、行政法规和公司章程，依法行使股东权利，不得滥用股东权利损害公司或者其他股东的利益；不得滥用公司法人独立地位和股东有限责任损害公司债权人的利益。"

③ 最高人民法院法（经）发〔1990〕27 号。

的，是明为联营，实为借贷，违反了有关金融法规，应当确认合同无效”之规定，应认定无效。

第二，关于投资款项的处理。甘肃高院将海富公司的 2 000 万元投资款分为两部分：计入注册资本的 114.771 万元和计入资本公积的其余 1 885.228 3 万元。计入注册资本的 114.771 万元已经转化为股份，根据《公司法》的资本维持原则，不能退出返还，该部分股份仍归海富公司所有。计入资本公积的 1 885.228 3 万元部分，系名为投资，实为借贷。虽然补偿承诺亦归于无效，但海富公司基于对其承诺的合理信赖而缔约，故世恒公司、迪亚公司对无效的法律后果应负主要过错责任。根据《合同法》第 58 条之规定，世恒公司与迪亚公司应共同返还海富公司 1 885.228 3 万元及占用期间的利息，因海富公司对于无效的法律后果亦有一定过错，如按同期银行贷款利率支付利息则不能体现其应承担的过错责任，故世恒公司与迪亚公司应按同期银行定期存款利率计付利息。

四、最高人民法院再审判决

因世恒公司、迪亚公司不服二审判决向最高人民法院申请再审，最高人民法院经审查后决定提审本案。2012 年 12 月，最高人民法院作出再审判决，通过对一、二审判决认定的分析，最终对各方关注的对赌协议效力作出认定。

关于海富公司有权从世恒公司处获得补偿的约定的效力，即股东与公司之间对赌条款的效力，最高人民法院认为：海富公司作为企业法人，向世恒公司投资后与迪亚公司合资经营，故世恒公司为合资企业。世恒公司、海富公司、迪亚公司、陆波在《增资协议书》中约定，如果世恒公司实际净利润低于 3 000 万元，则海富公司有权从世恒公司处获得补偿，并约定了计算公式。这一约定使得海富公司的投资可以取得相对固定的收益，该收益脱离了世恒公司的经营业绩，损害了公司利益和公司债权人利益，一审法院、二审法院根据《公司法》第 20 条和《中外合资经营企业法》第 8 条的规定认定《增资协议书》中的这部分条款无效是正确的。二审法院认定海富公司 18 852，283 元的投资名为联营、实为借贷，并判决世恒公司和迪亚公司向海富公司返还该笔投资款，没有法律依据。

对于是否应返还投资款的问题，最高人民法院认为：海富公司向一审法院提起诉讼时的诉讼请求是请求判令世恒公司、迪亚公司、陆波向其支付协议补偿款 19 982，095 元并承担本案诉讼费用及其他费用，没有请求返还投资款。因此，二审判决世恒公司、迪亚公司共同返还投资款及利息超出了海富公司的诉讼请求，是错误的。

关于迪亚公司对海富公司补偿约定，即股东与股东之间对赌条款的效力，最高人民法院认为：在《增资协议书》中，迪亚公司对于海富公司的补偿承诺并不损害公司及公司债权人的利益，不违反法律法规的禁止性规定，是当事人的真实意思表示，是有效的。迪亚公司对海富公司承诺了世恒公司 2008 年的净利润目标并约定了补偿金额的计算方法。在世恒公司 2008 年的利润未达到约定目标的情况下，迪亚公司应当依约应海富公司的请求对其进行补偿。迪亚公司对海富公司请求的补偿金额及计算方法没有提出异议，应予确认。此外，再审判决亦认定，《增资协议书》中并无由陆波对海富公司进行补偿的约定，海富公司请求陆波进行补偿，没有合同依据。

综上，最高人民法院再审判决撤销二审判决，改判迪亚公司向海富公司支付协议补偿款 19 982，095 元，驳回海富公司其他诉讼请求。

五、焦点评析

1. PE 投资者与目标公司的对赌约定无效。

最高人民法院再审判决明确了对于 PE 投资者与目标公司之间对赌条款效力的态度，即 PE 投资者与目标公司的对赌条款无效。就认定无效的理由而言，最高人民法院认为，二审判决参照最高人民法院《关于审理联营合同纠纷案件若干问题的解答》将海富公司的投资认定为名为投资、实为借贷，系法律适用错误，认为此类 PE 投资者与公司对赌条款的约定，实质损害了公司及其债权人利益，违反了《中外合资经营企业法》第 8 条关于企业利润分配的规定，构成《公司法》第 20 条规定的股东滥用股东权利，据此认为该约定违反法律、行政法规的强制性规定而无效。

笔者认为，上述立场体现了最高人民法院摒弃了二审法院关于 PE 投资系“名为联营，实为借贷”的认定，而在肯定 PE 投资这一投资形式的基础上，综合考量公司、债权人、公司其他股东等各相关方权益，就对赌协议的效力作出判定。最高人民法院《关于审理联营合同纠纷案件若干问题的解答》出台于 1990 年。当时联营是我国企业之间、企业与事业单位之间横向经济联合的一种法律形式。但是，随着公司法、合同法等法律的出台，联营已经很少，二审法院仅参照上述司法解释处理 PE 投资纠纷，因对赌协议的存在而简单地将 PE 投资的性质认定为名为联营、实为借贷，是对 PE 投资的片面解读，也不符合 PE 投资的实质。

根据中国公司法理论及相关规定，在公司有效存续的情况下，基于公司资本维持和法人独立财产的原则，股东基于其投资可从公司获得财产的途径只能是依法从公司分配利润或通过减资程序退出公司，除此之外，股东应无权直接从公司取得公司财产，否则将损害公司及公司债权人的利益，有可能被认为构成股东滥用股东权利。本案中，《增资协议书》第 7 条第（二）项约定的当世恒公司 2008 年净利润不能实现 3 000 万元的情况下，海富公司有权要求世恒公司直接给予其补偿的约定，实质是将赋予股东在不需要经过法定利润分配程序的情况下，直接从公司获得财产，使得股东可以不承担经营风险，而当然可获得约定收益。其约定的实质不但损害了公司、公司其他股东和公司债权人的利益，也直接违反了《中外合资经营企业法》第 8 条合营企业关于利润分配的规定。最高人民法院正是基于此，认定该约定无效。

根据上述分析，笔者认为，对于非本案所涉的中外合资经营企业的普通有限责任公司、股份有限公司，根据《公司法》第 34 条①和第 166 条②的规定，股东亦应根据公司法的规定，在公司利润缴纳相应税款、弥补亏损、提取公积金后，根据权力机构决议进行利润分配。因此，对于中外合资经营企业以外的其他公司，如股东与公司约定在利润不达标的情况下公司直接给予该股东补偿，亦应属于股东滥用股东权利，损害公司和公司债权人利益，而可能被认定无效。

2. PE 投资者与股东之间对赌条款合法有效。

最高人民法院再审判决纠正了一、二审法院完全否定对赌协议效力的态度，肯定了股东迪亚公司对投资者海富公司的补偿承诺不损害公司和公司债权人利益，不违反法律法规的禁止性规定，是当事人的真实意思表示，是有效的。

笔者认为，最高人民法院的认定在一定意义上肯定了对赌条款或利益估值条款本身的合理性，也兼顾了合同当事人的意思自治，对于 PE 投资者与公司其他股东之间的对赌协议效力予以认可和肯定。

在 PE 投资过程中，对赌协议（“估值调整机制”）通常是在 PE 投资者以溢价方式增资的情况下作出的约定。在溢价方式增资的情况下，原股东因新股东的溢价增资而按其持股比例分享了溢价部分的股东权益，如果不能实现预期的盈利目标，就意味着目标公司增资时的实际股权价值低于约定价值。PE 投资方与原股东达成的估值调整机制，其目的一是降低投资方错误判断公司股权价值的投资风险，二是投资方以此对融资方进行激励和约束。因此，应当认为，在目标公司不能实现盈利目标的情况下，约定原股东将错误估值而分享的权益以自有财产，通常即现金方式补偿给 PE 投资人，并不会损害公司、公司其他股东和债权人利益，也不违反法律、行政法规的强制性规定。相反，该约定恰恰将 PE 投资者投资时因溢价增资所承担的高风险，通过与原股东对赌可能获得现金补偿的方式，实现了商事交易的公平、合理。

3. 最高人民法院再审判决一定程度上肯定对赌条款的效力，体现了意思自治与相关方利益保护的衡平精神。

对赌协议在西方资本市场及法律框架下早已获得认可，且对其法律规制也已较为完善。但在我国，对赌协议尚缺乏明确的成文法规范，使得投资双方简单套用西方资本市场成熟的操作方式，这在我国公司法体制以及严格的金融监管制度下，易遭遇水土不服。最高人民法院再审判决没有一概否认对赌协议效力，而是基于意思自治原则，综合衡平公

---

① 《公司法》第 34 条规定：“股东按照实缴的出资比例分取红利；公司新增资本时，股东有权优先按照实缴的出资比例认缴出资。但是，全体股东约定不按照出资比例分取红利或者不按照出资比例优先认缴出资的除外。”

② 《公司法》第 166 条规定：“公司分配当年税后利润时，应当提取利润的百分之十列入公司法定公积金。公司法定公积金累计额为公司注册资本的百分之五十以上的，可以不再提取。公司的法定公积金不足以弥补以前年度亏损的，在依照前款规定提取法定公积金之前，应当先用当年利润弥补亏损。公司从税后利润中提取法定公积金后，经股东会或者股东大会决议，还可以从税后利润中提取任意公积金。公司弥补亏损和提取公积金后所余税后利润，有限责任公司依照本法第三十四条的规定分配；股份有限公司按照股东持有的股份比例分配，但股份有限公司章程规定不按持股比例分配的除外。股东会、股东大会或者董事会违反前款规定，在公司弥补亏损和提取法定公积金之前向股东分配利润的，股东必须将违反规定分配的利润退还公司。公司持有的本公司股份不得分配利润。”

司、公司债权人、公司股东等各方利益，对交易秩序及交易安全的维护，具有相当积极的意义。因此，该判决一出即已有媒体评价最高人民法院再审判决是为 PE“正名”。

最高人民法院再审判决对 PE 投资性质以及对赌协议效力的认定，无疑将对未来司法实践处理 PE 纠纷具有指导性意义。而且，对于 PE 投资者而言，在确定交易模式和架构尤其是确定估值调整机制时，该案所体现的法律评价原则和精神，也具有重要的启示作用。

本章练习与测验

1. 上述案例中，如果你作为原告海富公司的代理律师，请代海富公司起草一份起诉状。

2. 上述案例中，如果你作为被告世恒公司的代理律师，在海富公司提起一审诉讼后，请代海富公司起草一份答辩状。

3. 上述案例中，如果你作为被告迪亚公司的代理律师，在海富公司提起一审诉讼后，请代迪亚公司起草一份答辩状。

4. 上述案例中，如果你作为被告陆波的代理律师，在海富公司提起一审诉讼后，请代陆波起草一份答辩状。

5. 上述案例中，在该案一审判决后，如果你作为上诉人海富公司的代理律师，请代海富公司起草一份上诉状。

6. 上述案例中，在该案二审判决后，如果你作为海富公司的代理律师，请代海富公司起草一份再审申请书。

本章总结

PE 纠纷属于一类特殊的公司纠纷。在 PE 纠纷中较为常见的是关于 PE 投资合同的争议，尤其是关于对赌条款的争议。律师在办理 PE 纠纷案件过程中，首先要基于案件事实和争议焦点，分析研究相关法律问题，尤其是相关合同条款的法律效力，然后围绕如何实现客户的商业目标来设计解决问题的诉讼方案。

小贴士：诉讼类文书写作指导（六）之诉讼文书中的法律数字

在诉讼类文书当中，关于金额、币种和单位的写法要注意如下几点。

（1）金额。必须写明绝对数字，一般是阿拉伯数字在前，后面用括号将金额用中文再重复一遍，互相对照。金额前面一般不能写“约”字，这是法律文书的特点决定的。

(2) 币种。人民币币种的写法一般是：“人民币________万元”，而不使用“________万元人民币”。外文币种的写法一般是“________万美元”。

(3) 单位。在制作表格时，一般需要在表格的右上角标注上述项目或金额所采用的单位，例如：人民币/元、工作小时等。

答辩状参考模板

答辩状

答　辩　人：××
住　所　地：××地
法定代表人：××
职　　　务：××
被 答 辩 人 ：××
住　所　地： ××地
法定代表人： ××
职　　　务： ××
(主要写明：答辩的意见及理由)
此致
××人民法院

答辩人：××
××××年××月××日

第十七章

证券虚假陈述赔偿纠纷

本章要点

证券虚假陈述的认定标准

证券虚假陈述赔偿的基本原则

证券虚假陈述赔偿诉讼的基本程序

证券虚假陈述赔偿诉讼原告代理律师的操作指引

证券虚假陈述赔偿诉讼被告代理律师的应对策略

学习目标

掌握证券虚假陈述赔偿的基本判断标准

掌握证券虚假陈述赔偿诉讼的基本程序

掌握证券虚假陈述赔偿诉讼原告律师的操作指引

掌握证券虚假陈述赔偿诉讼被告律师的应对策略

第一节　证券市场侵权赔偿纠纷综述

一、证券市场侵权赔偿纠纷的主要类型

在司法实践中，上市公司、证券公司、中介机构及其他证券市场主体，因在证券市场上从事违反证券法律、法规及规章规定的禁止性行为，给投资者造成损失，从而引发投资者的索赔，该类纠纷被称为证券市场侵权赔偿纠纷。

当前，证券市场侵权赔偿纠纷主要有证券虚假陈述赔偿纠纷、证券内幕交易赔偿纠纷、操纵证券市场赔偿纠纷和欺诈证券客户赔偿纠纷。由于证券虚假陈述赔偿案件最为常见，影响也最大，本章将重点研究证券虚假陈述赔偿纠纷。

二、证券市场侵权赔偿制度的现状

自1990年上海证券交易所成立以来，我国的证券市场经过二十多年的发展，市场规模不断扩大，证券市场的法制建设也在不断发展。但是，相比于市场机制较为成熟、法律制度较为完备的西方证券市场，中国证券市场仍属新兴市场，相关证券法律制度仍不健全，在市场规范和运行机制等方面还存在很多不完善之处，各类证券违法违规事件不断涌现，证券市场侵权纠纷也时有发生。

虽然《证券法》对于证券市场侵权行为的民事责任作出了基本规定，但对于投资者基于证券侵权行为如何提起民事赔偿诉讼，《证券法》《民事诉讼法》等均没有明确规定。在相当长的一段时间内，法院一直对证券市场侵权纠纷采取暂不予受理的态度，导致投资者状告无门。直到最高人民法院于2001年出台《关于受理证券市场因虚假陈述引发的民事侵权纠纷

案件有关问题的通知》、2003 年出台《关于审理证券市场因虚假陈述引发的民事赔偿案件的若干规定》（以下简称《虚假陈述赔偿司法解释》）等司法解释后，对于证券虚假陈述的民事赔偿诉讼制度才逐步建立。随后，法院系统受理了大量证券虚假陈述赔偿诉讼案件。

此外，随着证券市场法制建设的发展和完善，近年来，我国也开始出现一些因证券内幕交易、操纵证券市场引发的民事赔偿诉讼案件。比如，轰动一时的黄光裕内幕交易民事赔偿诉讼案，北京市第二中级人民法院于 2011 年 2 月 24 日正式立案审理。①

三、证券市场侵权赔偿案件的特点

证券市场侵权赔偿案件，具有不同于一般公司诉讼的特点。

1. 证券市场侵权赔偿案件一般由上市公司及其他证券市场主体的证券违法违规行为引发，相关责任主体因证券违规违法行为，不仅可能承担民事赔偿责任，而且可能同时依法应当承担刑事责任和行政责任。

2. 证券市场侵权赔偿案件的原告一般为上市公司的投资者，而且通常人数众多，索赔总金额巨大。

3. 证券市场侵权赔偿案件的被告一般为上市公司、上市公司的董事和高级管理人员，有时还包括证券公司、会计师事务所、律师事务所等中介机构。

4. 法院审理证券侵权赔偿案件的主要法律依据为《证券法》以及最高人民法院相关司法解释。

5. 不同于美国等西方国家对该类案件惯常采用的“集团诉讼”模式，我国法院目前受理该类案件一般采用“单独诉讼”或“共同诉讼”的模式②，对人数众多的共同诉讼，一般采用“代表人诉讼”模式。③

6. 证券侵权赔偿案件的专业性强，办理难度大，对代理律师的专业性要求较高。

第二节　证券虚假陈述的概念和赔偿的基本原则

一、证券虚假陈述的概念

1. 证券虚假陈述的概念

根据《虚假陈述赔偿司法解释》第 17 条的规定，证券市场虚假陈述，是指信息披露

① 参见新浪财经的相关报道，见 http://finance.sina.com.cn/stock/focus/hgynmjymspca/。

② 最高人民法院《关于受理证券市场因虚假陈述引发的民事侵权纠纷案件有关问题的通知》第 4 条：“对于虚假陈述民事赔偿案件，人民法院应当采取单独或者共同诉讼的形式予以受理，不宜以集团诉讼的形式受理。”

③ 最高人民法院《关于审理证券市场因虚假陈述引发的民事赔偿案件的若干规定》第 14 条：“共同诉讼的原告人数应当在开庭审理前确定。原告人数众多的可以推选二至五名诉讼代表人，每名诉讼代表人可以委托一至二名诉讼代理人。”

义务人违反证券法律规定，在证券发行或者交易过程中，对重大事件作出违背事实真相的虚假记载、误导性陈述，或者在披露信息时发生重大遗漏、不正当披露信息的行为。

2. 证券虚假陈述的表现形式

虚假记载，是指信息披露义务人在披露信息时，将不存在的事实在信息披露文件中予以记载的行为。如对募集资金使用情况的披露与事实不符，采用虚列资产或不实资产评估的方式虚增资产，在关联企业合并报表方面不当划分会计主体或虚构会计主体，虚增投资收益或少计投资亏损等。

误导性陈述，是指虚假陈述行为人在信息披露文件中或者通过媒体，作出使投资人对其投资行为发生错误判断并产生重大影响的陈述。如变更会计估计、会计政策未予说明，或虽予说明但未披露该变更对公司财务状况、经营成果的影响，对重要的合作项目、业务合同实施的条件及相关不确定性未予说明等。

重大遗漏，是指信息披露义务人在信息披露文件中，未将应当记载的事项完全或者部分予以记载。如对报告期内发生的应披露重大事件或重要事项未作披露，对商业承兑汇票贴现或背书转让、未决诉讼或仲裁、债务担保、产品质量保证、亏损合同、重组业务、承诺等或有事项未予披露，对资产负债表日之后至财务报告批准报出之前发生的重大期后调整事项未予披露等。

不正当披露，是指信息披露义务人未在适当期限内或者未以法定方式公开披露应当披露的信息。如未按照规定期限公布定期报告，未按规定及时披露并购、重组、重大担保、关联交易、重大诉讼与仲裁等重大事件的，通过召开业绩说明会、分析师会议、接受投资人调研、接受新闻媒体采访等方式提前向特定对象透露信息，通过公司会议、工作总结、公司网站等渠道提前泄露应披露的信息等。

3. 证券虚假陈述的分类

根据虚假陈述对证券市场以及对投资人的影响和作用来划分，证券虚假陈述可以分为诱多型虚假陈述和诱空型虚假陈述。

诱多型虚假陈述是指故意发布违背事实和真相的积极因素或有利因素的消息和信息，或者故意或者疏忽地遗漏对公司消极或不利的消息和信息。投资人一般接受这种信息以后，要作出积极的买进股票行为。

诱空型虚假陈述主要是指本来有对公司较好的事实将来要发生，或者已经发生，但是故意不披露或者不及时披露。投资人一般接受这种信息以后，往往把手里的股票抛出去。

就当前中国证券市场的状况而言，发生的虚假陈述行为基本上都是诱多型虚假陈述，极少发生诱空型虚假陈述。可能也正是基于市场的现状和需要，目前最高人民法院已经出台的关于虚假陈述的司法解释，均是针对诱多型虚假陈述的。因此，本章下文讨论的虚假陈述，也均指诱多型虚假陈述。

二、证券虚假陈述赔偿的基本原则

《证券法》第 69 条和《虚假陈述赔偿司法解释》第 21 条的规定，发起人、发行人或者上市公司及其他证券市场主体因虚假陈述行为给投资人造成的损失，应当承担民事赔偿责任。

依据上述规定，上市公司及相关证券市场主体承担民事赔偿责任的条件是：

（1）相关责任主体的行为构成虚假陈述；（2）相关投资者存在实际经济损失；（3）相关责任主体的虚假陈述行为与投资者的损失之间具有因果关系。

值得注意的是，根据《虚假陈述赔偿司法解释》第17条的规定，相关责任主体的虚假陈述行为，应是对重大事件的虚假陈述，只有这样，其才对投资者承担民事赔偿责任。因为，如果不是对重大事件作出的虚假陈述，则因该虚假陈述行为对公司证券价格没有影响，从而不会造成投资者的投资损失。

第三节　证券虚假陈述赔偿责任的认定

一、证券虚假陈述实施日、揭露日、更正日、基准日、系统风险的认定

在虚假陈述赔偿纠纷中，有几个非常重要的概念，即实施日、揭露日、更正日、基准日和系统风险。在具体的证券虚假陈述赔偿案件中，对实施日、揭露日、更正日和基准日的认定，不仅决定哪些投资者有权提起诉讼，而且决定投资者的具体损失金额。而系统风险的认定，则决定投资者的损失中有多少不应归责于证券虚假陈述行为的因素，从而应当从投资者投资损失的金额中予以剔除。

1. 虚假陈述实施日

虚假陈述实施日，是指作出虚假陈述或者发生虚假陈述之日。比如，如果上市公司某个临时公告存在虚假记载或误导性陈述，则一般认定上市公司发布该公告之日为虚假陈述实施日。如果上市公司未及时履行信息披露义务，存在迟延披露行为，则通常认定上市公司依法应当履行信息披露义务之日为虚假陈述实施日。

2. 虚假陈述揭露日

虚假陈述揭露日，是指虚假陈述在全国范围发行或者播放的报刊、电台、电视台等媒体上首次被公开揭露之日。

司法实践中的主流观点认为，对于揭露日的确定，既要根据揭露的媒体是否为全国范围的投资者所能接触，是否首次揭露了虚假陈述部分或全部内容，还要结合揭露后是否对市场产生了影响，以及该虚假陈述是否被中国证监会认定等因素而确定。

在实践中，一旦某上市公司涉嫌虚假陈述行为被媒体报道，则通常多家媒体即会相继报道和转载，因而，对于揭露日的认定经常存在很大争议。在投资者诉“银广夏”证券虚假陈述赔偿案件中，法院认定《财经》杂志《银广夏陷阱》一文的发布时间为揭露日；在投资者诉“大庆联谊”虚假陈述赔偿案件中，法院认定“大庆联谊”首次在《中国证

券报》上对该公司1997年年报涉嫌虚假的问题进行公告日为揭露日；在投资者诉“东方电子”虚假陈述赔偿案中，法院认定中央电视台播放专题片《东方电子原来如此》日为揭露日。

3. 虚假陈述更正日

虚假陈述更正日，是指虚假陈述行为人在中国证监会指定披露证券市场信息的媒体上，自行公告更正虚假陈述行为并按规定履行停牌手续之日。

4. 虚假陈述基准日

虚假陈述基准日是指虚假陈述被揭露或者更正后，为将投资人应获赔偿限定在虚假陈述所造成的损失范围内，确定损失计算的合理期间而规定的截止日期。根据《虚假陈述赔偿司法解释》的规定，基准日分别按下列情况确定：

（1）自揭露日或者更正日起，至被虚假陈述影响的证券累计成交量达到其可流通部分100%之日。但通过大宗交易协议转让的证券成交量不予计算；

（2）按前项规定在开庭审理前尚不能确定的，则以揭露日或者更正日后第30个交易日为基准日；

（3）已经退出证券交易市场的，以摘牌日前一交易日为基准日；

（4）已经停止证券交易的，可以停牌日前一交易日为基准日。恢复交易的，可以上述第（1）项规定确定基准日。

5. 系统风险

对系统风险的概念和认定，《证券法》和最高人民法院相关司法解释未作出明确的规定。一般理解，系统风险是指某种因素会给市场上所有的证券带来损失的可能性，如政策风险、市场风险、利率风险和购买力风险等具有比较宏观影响的风险。

在虚假陈述赔偿案件中，对于系统风险的认定始终是法院审理该类案件的焦点和难点之一。在司法实践中，法院一般会考虑系统风险对投资者损失产生的影响，从而予以剔除。但在有些案件中，有的法院并不支持被告依据系统风险进行的抗辩。

在投资者诉“大庆联谊”虚假陈述赔偿案件中，“大庆联谊”在二审中提出，一审判决未考虑系统风险对造成投资者损失的影响，并提交了相关证据，依此主张减少或不承担赔偿责任。黑龙江省高级人民法院审理认为，“大庆联谊”应当举证证明造成系统风险的事由存在，并证明该事由对股票市场产生了重大影响，引起全部股票价格大幅度涨跌，导致系统风险发生。而在“大庆联谊”虚假陈述期间，股票市场的大盘走势图反映股票交易比较平稳，上证综合指数并未发生大幅度下跌。因此，对“大庆联谊”提出的由于系统风险所造成的损失不应予以赔偿的抗辩，法院不予支持。①

① 参见《陈丽华等23名投资人诉大庆联谊公司、申银证券公司虚假陈述侵权赔偿纠纷案》，载北大法宝案例，见 http：//172.16.0.18/FullText/fulltext _ form. aspx？ gid=33621815。

二、证券虚假陈述赔偿责任的范围和投资者损失的计算

根据《虚假陈述赔偿司法解释》的规定，证券虚假陈述行为人在证券交易市场（二级市场）承担民事赔偿责任的范围，以投资人因虚假陈述而实际发生的损失为限。包括投资差额损失、投资差额损失部分的佣金和印花税。前款所涉资金利息，自买入至卖出证券日或者基准日，按银行同期活期存款利率计算。

投资者投资差额损失的具体计算方法为：

（1）投资人在基准日及以前卖出证券的，其投资差额损失，以买入证券平均价格与实际卖出证券平均价格之差，乘以投资人所持证券数量计算。

（2）投资人在基准日之后卖出或者仍持有证券的，其投资差额损失，以买入证券平均价格与虚假陈述揭露日或者更正日起至基准日期间，每个交易日收盘价的平均价格之差，乘以投资人所持证券数量计算。

（3）已经除权的证券，计算投资差额损失时，证券价格和证券数量应当复权计算。

三、证券虚假陈述与投资者损失之间因果关系的认定

根据《虚假陈述赔偿司法解释》第 18 条规定，投资人具有以下情形的，应当认定虚假陈述与损害结果之间存在因果关系：（1）投资人所投资的证券是该虚假陈述直接关联的证券；（2）投资人是在虚假陈述实施日及以后，至揭露日之前买入该证券；（3）投资人在虚假陈述揭露日及以后，因卖出该证券发生亏损，或者因持续持有该证券而产生亏损。

根据《虚假陈述赔偿司法解释》第 19 条规定，在下列情形下，应当认定投资人的损失结果与虚假陈述之间没有因果关系：（1）在虚假陈述揭露日或者更正日之前已经卖出证券；（2）在虚假陈述揭露日或者更正日及以后进行的投资；（3）明知虚假陈述存在而进行的投资；（4）损失或者部分损失是由证券市场系统风险等其他因素所导致；（5）属于恶意投资、操纵证券价格的。

第四节 证券虚假陈述赔偿案件的诉讼程序

一、证券虚假陈述赔偿诉讼的前置程序

《关于受理证券市场因虚假陈述引发的民事侵权纠纷案件有关问题的通知》第 2 条规定：“人民法院受理的虚假陈述赔偿案件，其虚假陈述行为，须经中国证券监督管理委员会及其派出机构调查并作出生效处罚决定。当事人依据查处结果作为提起民事诉讼事实依

据的，人民法院方予依法受理。”《虚假陈述赔偿司法解释》第 6 条规定：“投资人以自己受到虚假陈述侵害为由，依据有关机关的行政处罚决定或者人民法院的刑事裁判文书，对虚假陈述行为人提起的民事赔偿诉讼，符合民事诉讼法第一百零八条规定的，人民法院应当受理。”

根据上述规定，最高人民法院对虚假陈述证券民事赔偿案件的受理设立了前置程序，投资人只有在有关机关对虚假陈述行为人作出行政处罚或者人民法院对虚假陈述行为人作出刑事处罚之后才可以启动虚假陈述证券民事赔偿诉讼。

可以说，在最高人民法院发布上述司法解释时，人民法院对虚假陈述赔偿案件的审理尚没有任何经验，如果没有诉讼前置程序屏障，该类案件数量可能出现井喷之势，法院的审判可能承受过大的压力。从这个角度看，虚假陈述赔偿案件的前置程序在特定的历史阶段似乎有其存在的必要性。但随着我国证券市场的不断发展，人民法院审理该类案件的经验日益丰富，现有情况下是否有必要保留诉讼前置程序已经成为各方讨论的焦点。

2015 年 5 月 1 日，随着《关于人民法院推行立案登记制改革的意见》的实施，人民法院案件受理制度由立案审查制变更为立案登记制。人民法院实施立案登记制后，最高人民法院民事审判第二庭庭长杨临萍法官在 2015 年 12 月 24 日作的最高人民法院《关于当前商事审判工作中的若干具体问题》的讲话中称，“根据立案登记司法解释规定，因虚假陈述、内幕交易和市场操纵行为引发的民事赔偿案件，立案受理时不再以监管部门的行政处罚和生效的刑事判决认定为前置条件。”自此，可以明确的是，随着立案登记制施行以后，证券市场虚假陈述侵权民事赔偿诉讼的前置程序已经取消，今后投资者提起虚假陈述赔偿诉讼，不再受到诉讼前置程序的限制。

二、证券虚假陈述赔偿诉讼的管辖法院

根据《虚假陈述赔偿司法解释》第 8 条规定，虚假陈述证券民事赔偿案件，由省、直辖市、自治区人民政府所在的市、计划单列市和经济特区中级人民法院管辖。

投资人对多个被告提起证券民事赔偿诉讼的，按下列原则确定管辖：(1) 由发行人或者上市公司所在地有管辖权的中级人民法院管辖；(2) 对发行人或者上市公司以外的虚假陈述行为人提起的诉讼，由被告所在地有管辖权的中级人民法院管辖；(3) 仅以自然人为被告提起的诉讼，由被告所在地有管辖权的中级人民法院管辖。

人民法院受理以发行人或者上市公司以外的虚假陈述行为人为被告提起的诉讼后，经当事人申请或者征得所有原告同意后，可以追加发行人或者上市公司为共同被告。人民法院追加后，应当将案件移送发行人或者上市公司所在地有管辖权的中级人民法院管辖。当事人不申请或者原告不同意追加，人民法院认为确有必要追加的，应当通知发行人或者上市公司作为共同被告参加诉讼，但不得移送案件。

据此，虚假陈述证券民事赔偿案件原则上应由发行人或者上市公司所在地的中级人民

法院管辖，但如发行人或者上市公司所在地不是省、直辖市、自治区人民政府所在的市，或者计划单列市、经济特区，则对该发行人或上市公司提起的虚假陈述证券民事赔偿案件应由省、直辖市、自治区人民政府所在的市的中级人民法院管辖。

三、证券虚假陈述赔偿诉讼的被告

根据《虚假陈述赔偿司法解释》第7条规定，虚假陈述民事赔偿案件的被告，应当是虚假陈述行为人，包括：（1）发起人、控股股东等实际控制人；（2）发行人或者上市公司；（3）证券承销商；（4）证券上市推荐人；（5）会计师事务所、律师事务所、资产评估机构等专业中介服务机构；（6）上述（2）（3）（4）项所涉单位中负有责任的董事、监事和经理等高级管理人员以及（5）项中的直接责任人；（7）其他作出虚假陈述的机构或者自然人。

此外，根据《证券法》和《虚假陈述赔偿司法解释》的规定，对发起人、发行人或者上市公司的虚假陈述行为的民事赔偿责任，适用“无过错责任”原则，即便上市公司等对其虚假陈述行为没有过错，亦须就其虚假陈述给投资人造成的损失承担赔偿责任。而对于发行人和上市公司的负有责任的董事、监事和经理等高级管理人员，证券承销商、证券上市推荐人及其负有责任的董事、监事和经理等高级管理人员，专业中介服务机构及其直接责任人，则适用“过错推定”原则，即相关行为人如能提供证据证明自己对虚假陈述行为无过错，则依法应予免责。

第五节　律师代理原告办理证券虚假陈述赔偿案件的操作指引

律师代理投资人提起证券虚假陈述民事赔偿诉讼，可以参照如下操作流程办理相关业务。

1. 关注并搜集证券监管部门对上市公司及其他责任主体的证券违法违规行为进行立案调查和行政处罚的信息。

证券监管部门对上市公司及其他责任主体的证券违法违规行为进行立案调查和行政处罚，被立案调查和被行政处罚的责任人依法应在法定媒体上进行公告，证券监管部门一般也会在其官方网站公示相关信息。因此，拟代理投资者提起诉讼的律师应经常关注相关媒体和证券监管部门的网站，了解和搜集相关信息。

2. 征集并整理拟提起诉讼的投资人的信息和资料。

在证券监管部门对相关上市公司及其他责任主体的证券违法违规行为进行立案或行政处罚后，拟代理投资者提起诉讼的律师，可以通过网络等媒体征集拟提起诉讼的投资人的信息。在初步审核投资人符合起诉条件后，可要求相关投资人提供身份证、股票开户资料和交易流水单的复印件。

3. 根据掌握的相关信息资料，对虚假陈述行为人的虚假陈述行为进行分析。

根据了解的信息资料，对虚假陈述行为进行分析，确定虚假陈述的实施日、揭露日或更正日、基准日，并根据投资人提供的信息，依法计算每个投资人的投资损失。

4. 在诉讼时效期间内，代理投资者提起诉讼。

根据《虚假陈述赔偿司法解释》第5条的规定，投资人因虚假陈述提起的民事赔偿案件的诉讼时效适用我国《民法通则》关于普通侵权行为2年的时效规定。《民法总则》生效后，投资人因虚假陈述提起的民事赔偿案件的诉讼时效应当适用《民法总则》关于普通侵权行为3年的时效规定。对被证券监管机构行政处罚的证券虚假陈述行为，自证券监管机构公布对虚假陈述行为人作出行政处罚之日起计算诉讼时效；如果虚假陈述行为人未受行政处罚，而被人民法院认定有罪的，则自刑事判决生效之日起计算诉讼时效。因同一虚假陈述行为，对不同虚假陈述行为人作出两个以上行政处罚，或者既有行政处罚，又有刑事处罚的，以最先作出的行政处罚决定公告之日或者作出的刑事判决生效之日，为诉讼时效起算之日。

律师代理投资人向人民法院提起虚假陈述证券赔偿诉讼时，应当提交如下材料：投资人的身份证明文件，不能提供原件的，应当提交经公证证明的复印件；投资人进行交易的凭证等投资损失证据材料；证券监管机构已经作出行政处罚决定或者人民法院已经作出刑事判决的，律师还需提交行政处罚决定或者公告或者人民法院的刑事裁判文书；证券监管机构尚未作出行政处罚决定或者人民法院尚未作出刑事判决的，律师应当提供能够证明信息披露义务人对重大事件存在虚假陈述行为且该行为与投资人的损失存在因果关系的证明材料。

第六节　律师代理被告应对证券虚假陈述赔偿案件的策略

一、程序上的应对策略

代理证券虚假陈述赔偿诉讼被告的律师，在程序上，应尽可能采取合法、有效措施，使尽可能少的投资者提起诉讼，使法院尽可能地依法延缓立案、延缓开庭和延缓判决，以尽可能地减少股民起诉的数量和索赔金额。

1. 证券虚假陈述赔偿诉讼的应对应从行政调查开始。

立案登记制实施后，虽然证券虚假陈述赔偿诉讼的前置性程序已经废除，但是在缺乏行政处罚决定和刑事判决的情况下，投资人想要证明信息披露义务人对重大事件存在虚假陈述行为且与投资人的损失存在因果关系十分困难，因此，行政机关的行政处罚决定对于虚假陈述赔偿诉讼的影响仍然至关重要，律师代理被告的应对工作应前展到行政机关的行政调查和行政处罚阶段。律师可以通过代理客户依法申辩、申请听证、申请行政复议和行政诉讼，尽可能使得相关主体不被处罚，如果行政处罚不可避免，则应尽可能争取从轻处罚、延缓处罚时间。

2. 在证券监管机关作出行政处罚后，应尽可能通过对行政处罚决定提起行政复议、行政诉讼，依法延缓法院的诉讼进程。

根据《虚假陈述赔偿司法解释》的规定，在法院对证券虚假陈述赔偿案件立案后，如果当事人对行政处罚决定提起行政复议或行政诉讼，法院可以中止审理，待行政复议或行政诉讼案件尘埃落定后再恢复审理。据此，律师可以利用该规定，通过提起行政复议、行政诉讼的方式延缓法院审理时间。

3. 在法院对证券虚假陈述赔偿案件立案后，可以通过提出管辖权异议、延期举证、延期开庭等方式，尽可能依法延缓法院的审理时间和判决时间。

二、实体上的应对策略

作为证券虚假陈述赔偿案件被告的代理律师，在实体上，应尽可能使被告不赔偿或少赔偿，如果不能做到不赔或少赔，则应尽可能促成原告和被告的和解，以最大限度地维护客户的合法权益。一般而言，在证券虚假陈述赔偿诉讼案件中，作为被告的代理律师可以从如下几个方面进行抗辩：

1. 被告的行为依法不构成虚假陈述行为。

2. 被告的虚假陈述行为不具备“重大性”，对股票市场没有影响，该虚假陈述行为与原告的损失之间没有因果关系，对被告的损失，原告不应予以赔偿。

3. 对证券虚假陈述的实施日、揭露日或更正日做对被告有利的抗辩，并进而主张，原告购买股票的行为发生在证券虚假陈述实施日前，或原告卖出股票的行为发生在揭露日或更之日之前，因此，被告的虚假陈述行为与原告的投资损失之间没有因果关系。

4. 原告投资损失的计算方法错误，原告主张的投资损失依法不应得到支持。对原告投资差额损失的计算方法，尤其是原告股票平均买入价、平均卖出价的计算方法，法律和司法解释没有明确规定。在司法实践中，不同案件往往采用不同的方法，比如，算术平均法、加权平均法、先进先出法、先进后出法、移动加权平均法等。对于某投资人的投资损失而言，运用不同的计算方法计算的结果往往差距巨大。因此，被告律师可以基于对各种计算方法的熟悉，尽可能主张对被告有利的计算方法。

5. 原告的投资损失完全是由证券市场系统风险造成的，与被告的虚假陈述行为之间没有因果关系。或者主张，原告的投资损失主要是由证券市场系统风险造成的，对由于证券市场系统风险造成的原告的损失，依法应当剔除。

6. 原告的主张已经超过诉讼时效，已经丧失胜诉权。

第七节 经典案例评析

一、案情概要[①]

北京某电子股份有限公司（以下简称电子公司）系在上海证券交易所上市的公司。2006 年 11 月 22 日，电子公司发布公告，称其被中国证监会以违反证券法律法规为由立案调查。2009 年 4 月 14 日，电子公司发布公告，称中国证监会送达向其送达行政处罚决定，认定电子公司 2003 年至 2006 年中期报告、年度报告的信息披露存在陈述不实、重大遗漏等行为。

自然人刘某自 2007 年 9 月起陆续买入、卖出电子公司股票，其间损失万余元。2010 年 10 月，刘某向北京市第一中级人民法院（以下简称北京一中院）提起诉讼，诉请电子公司赔偿其因购买股票而遭受的投资差额损失、佣金、印花税及利息损失总计 1.7 万余元。

原告在诉讼中主张，本案虚假陈述的实施日为电子公司 2003 年年报的公告日，揭露日为 2009 年 4 月 14 日，即电子公司公告收到证监会行政处罚决定的日期。原告在实施日后揭露日前买入股票，并在揭露日后卖出股票，因此受到损失，依法应由被告赔偿。

二、被告律师的应对策略

电子公司的律师经分析认为，虽然本案原告索赔金额不大，但本案中对虚假陈述“实施日”“揭露日”等问题的认定，将对电子公司日后可能面临的投资者索赔范围及数额等产生重要影响。因此，本案的诉讼目标是争取驳回原告诉讼请求，让法院正确认定揭露日，同时尽量避免引起大量股民诉讼。

1. 以电子公司提起行政诉讼为由，申请法院中止审理本案，避免引发大量股民诉讼

电子公司在 2009 年 9 月 24 日已对行政处罚决定提起行政诉讼。律师在接受电子公司委托后代理电子公司申请法院中止审理本案，延缓了法院审理此案的时间，避免了引发大量股民提起诉讼。

2. 以虚假陈述揭露日的认定为突破口，争取驳回原告的全部赔偿请求

原告刘某是在 2007 年 9 月以后买卖电子公司的股票，如果认定揭露日为在此之前，则电子公司的虚假陈述行为与刘某的投资损失之间将不存在因果关系。同时，认定的揭露日较早，越可以缩小可索赔的投资者范围，从而有效避免引起大量股民诉讼。为此，律师认为揭露日的认定是本案的关键点。

---

① 参见北京市第一中级人民法院（2010）一中民初字第 17839 号民事判决书。

律师分析认为，电子公司于2006年11月22日公告其因“涉嫌违反证券法规”被立案调查，符合虚假陈述揭露日的特征。而且，根据揭露日的性质，对揭露日的确定还应当考虑虚假陈述被揭露后对证券交易价格产生的负面影响。本案中，2006年11月22日电子公司公告被证监会立案调查后，立即引起电子公司股价的急剧下跌，当日股价接近跌停，且此后一段时间也处于下跌趋势。而2009年4月14日电子公司发布收到证监会行政处罚决定公告及此后的一段时间，电子公司股价不跌反涨。因此，律师主张，2006年11月22日电子公司公告被证监会立案调查之日，应被认定为本案虚假陈述揭露日。

三、争议焦点

根据原告的起诉和被告的答辩，本案的争议焦点为如何确定电子公司的虚假陈述揭露日。原告主张，本案虚假陈述揭露日为2009年4月14日（电子公司公告其被中国证监会行政处罚决定之日）；电子公司主张，本案虚假陈述揭露日为2006年11月22日（电子公司公告其收到中国证监会立案调查通知之日）。

四、法院判决

北京一中院经审理认为，本案虚假陈述揭露日应为2006年11月22日。主要理由如下：

1.2006年11月22日，电子公司在《上海证券报》、中国证券网、巨潮网上发布关于其收到中国证监会立案调查的公告，前述媒体属于全国范围的投资者都能接触的媒体。

2.虚假陈述被揭露的意义在于对证券市场发出警示信号，提醒投资人重新判断股票价值，进而对市场价格产生影响。在2006年11月22日电子公司披露其被证监会立案调查的公告后，立即引起了电子公司股价的大幅下跌，该公告对其股票价格产生了重要不利影响。

3.2009年4月14日，中国证监会作出的行政处罚决定，正是基于中国证监会2006年11月21日的立案调查通知。此处罚决定可与电子公司于2006年11月22日公告的内容前后呼应，是对电子公司存在虚假陈述行为的最终证实。

4.电子公司发布行政处罚决定公告，未对其股票价格产生不利影响。

最后，北京一中院认为，原告主张的投资损失所涉及的股票交易均发生在虚假陈述揭露日之后，电子公司的虚假陈述行为与原告主张的投资损失之间不存在因果关系，因此驳回原告的诉讼请求。

本案一审判决后，原告未提起上诉，判决书已发生法律效力。

五、案件启示

中国证监会的行政处罚决定或者人民法院的刑事判决一旦认定上市公司构成虚假陈

述，往往引发大批投资者对上市公司提起民事赔偿诉讼。上市公司因证券虚假陈述行为被投资者提起赔偿诉讼后，应当委托专业的证券诉讼律师进行妥善应对和处理。通过积极有效的应对和恰当的抗辩，上市公司即使因相关虚假陈述行为被行政处罚甚至刑事处罚，对投资者提起的民事赔偿诉讼也并非必然要承担赔偿责任。

本章练习与测验

针对上述案例，请做如下练习：

1. 如果你是原告的代理律师，请代原告起草一份起诉状和证据目录。
2. 如果你是被告的代理律师，请代被告起草一份法律分析意见和应对建议。
3. 如果你是被告的代理律师，请代理被告你起草一份管辖权异议。
4. 如果你是被告的代理律师，请代被告起草一份答辩状。
5. 如果你是被告的代理律师，请代被告起草一份代理词。

本章总结

随着规范证券市场的法律体系的逐步成熟和完善，因证券违法违规引起的证券市场侵权案件越来越多。在不远的将来，证券虚假陈述赔偿诉讼业务可能成为律师业务的一个新的增长点。基于该类案件的专业性、前沿性和复杂性，律师办理该类案件，不仅仅要熟悉相关法律法规和司法解释的相关规定，熟悉证券市场，更要潜心研究该领域的争议问题和司法实践中的通常做法，并注意总结以往的司法判例，再通过不断的实战演练，逐步锻炼成为优秀的证券诉讼专业律师。

小贴士：诉讼类文书写作指导（七）之诉讼类文书因目的不同而写作方式不同

诉讼类文书可主要分为当事人致司法机关类、律师致司法机关类、律师致客户三种类型。律师在起草上述三类文书时，由于写作者的“角色”、写作目的不同，写作的阐述方式也不同。

当事人致司法机关类文书，重点在于陈述事实，语言运用应当通俗易懂，适当抒情，以恰当地向法庭等执法者表达当事人真实情感，争取引起理解和共鸣；律师致法院类文书应当严谨和专业，多用专业术语和法条，给予法官理据充分的印象，主要阐述并说服法官支持其所代理当事人一方的观点，维护当事人利益，对于不利于自身的观点往往避过；律师致客户的文书，在行文注意通俗易懂的同时，应当充分解读案件所涉法律问题，尤其是阐述各种可能发生的意外情况和应对方案。

不同类型文书的写作风格的差异主要是因为阅读对象和用途不同而引起的。例如同一个案件中，写给当事人的诉讼案件法律意见书与起诉状就有根本性差异。前者因为阅读对象是自己的客户，必须将精心策划的诉讼方案在文中作出详细解读，为客户详细预测方案成功的可能性、风险和应对方案；后者则简练很多，甚至可能会对某些问题故意避而不谈，因为阅读对象是法官和对方当事人，你不可能将解决方案和盘托出，将自己的底牌全部暴露。

管辖权异议申请书参考模板

管辖权异议申请书

申　请　人：××

住　所　地：××地

法定代表人：××

职　　　务：××

被 申 请 人：××

住　所　地：××地

法定代表人：××

职　　　务：××

案　　　由：××

申请事项：××××

（写明请求事项）

示例1：请求法院驳回×××的起诉。（用于主管异议，例如认为当事人间存在仲裁协议或当事人间有排他的境外法院管辖的约定。）

示例2：请求法院将案件移送至×××人民法院。（用于级别管辖或地域管辖异议。）

事实与理由：××××

（简要写明：案件的基本情况以及提出管辖权异议的理由）

此致

××人民法院

申请人：××

××××年××月××日

法律法规目录

《公司法》（2013 年 12 月 28 日第十二届全国人民代表大会常务委员会第六次会议修正，自 2014 年 3 月 1 日起施行）

《证券法》（2014 年 8 月 31 日第十二届全国人民代表大会常务委员会第十次会议修正，自修正之日起施行）

《中外合作经营企业法》（2017 年 11 月 4 日第十二届全国人民代表大会常务委员会第三十次会议修正，自 2017 年 11 月 5 日起施行）

《外资企业法》（2016 年 9 月 3 日第十二届全国人民代表大会常务委员会第二十二次会议修正，自 2016 年 10 月 1 日起施行）

《中外合资经营企业法》（2016 年 9 月 3 日第十二届全国人民代表大会第二十二次会议修正，自 2016 年 10 月 1 日起施行）

《民法通则》（1986 年 4 月 12 日第六届全国人民代表大会第四次会议通过，根据 2009 年 8 月 27 日第十一届全国人民代表大会常务委员会第十次会议《关于修改部分法律的决定》修正）

《民法总则》（2017 年 3 月 15 日第十二届全国人民代表大会第五次会议通过）

《合同法》（1999 年 3 月 15 日第九届全国人民代表大会第二次会议通过）

《民事诉讼法》（2017 年 6 月 27 日第十二届全国人民代表大会常务委员会第二十八次会议修正）

《公司登记管理条例》（1994 年 6 月 24 日国务院令第 156 号发布，根据 2005 年 12 月 18 日《国务院关于修改〈中华人民共和国公司登记管理条例〉的决定》第一次修订，根据 2014 年 2 月 19 日《国务院关于废止和修改部分行政法规的决定》第二次修订，根据 2016 年 2 月 6 日《国务院关于修改部分行政法规的决定》第三次修订）

《中外合资经营企业法实施条例》（1983 年 9 月 20 日国务院发布，2014 年 2 月 19 日修订）

《中外合作经营企业法实施细则》（1995 年 8 月 7 日国务院批准，2017 年 11 月 17 日修订）

《外资企业法实施细则》（中华人民共和国国务院令第 648 号，1990 年 12 月 12 日公布，2014 年 2 月 19 日修订）

《外商投资企业设立及变更备案管理暂行办法》（商务部令 2017 年第 2 号）

《关于外商投资企业解散注销登记管理有关问题的通知》（工商外企字［2008］226 号）

《上市公司信息披露管理办法》（2006 年 12 月 13 日中国证券监督管理委员会第 196 次主席办公会议审议通过）

最高人民法院《关于适用〈中华人民共和国公司法〉若干问题的规定（一）》（法释〔2014〕2 号）

最高人民法院《关于适用〈中华人民共和国公司法〉若干问题的规定（二）》（法释〔2014〕2 号）

最高人民法院《关于适用〈中华人民共和国公司法〉若干问题的规定（三）》（法释〔2014〕2 号）

最高人民法院《关于适用〈中华人民共和国公司法〉若干问题的规定（四）》（法释〔2017〕16 号）

最高人民法院《关于审理外商投资企业纠纷案件若干问题的规定（一）》（法释〔2010〕9 号）

最高人民法院《关于受理证券市场因虚假陈述引发的民事侵权纠纷案件有关问题的通知》（法明传〔2001〕43 号）

最高人民法院《关于审理证券市场因虚假陈述引发的民事赔偿案件的若干规定》（法释〔2003〕2 号）

最高人民法院《关于审理虚假陈述侵权纠纷案件有关问题的复函》（〔2003〕民二他字第 22 号）

最高人民法院《关于适用〈中华人民共和国合同法〉若干问题的解释（一）》（法释〔1999〕19 号）

最高人民法院《关于适用〈中华人民共和国民事诉讼法〉的解释》（法释〔2015〕5 号）

参考书目

《公司诉讼的理论与实务问题研究》，奚晓明、金剑锋著，人民法院出版社，2008 年 12 月第 1 版。

《赢略——跨国公司在华公司诉讼应对策略与法律实务》，张保生、夏东霞、周伟主编，北京大学出版社，2012 年 3 月第 1 版。

《公司诉讼的策划与应对》，钱尧志、张保生、夏东霞主编，法律出版社，2009 年 11 月第 1 版。

《公司诉讼研究》，蒋建湘著，法律出版社，2008 年 3 月第 1 版。

《最高人民法院关于公司法解释（一）（二）理解与适用》，奚晓明主编，人民法院出版社，2008 年 5 月第 1 版。

《最高人民法院公司法司法解释（四）理解与适用》，杜万华主编，人民法院出版社，2017 年 8 月第 1 版。

《中国公司法原理与实务》，江平主编，科学普及出版社，1994 年版。

《公司法前言理论与实践》，刘兰芳主编，法律出版社，2009 年 5 月第 1 版。

《新公司法疑难案例判解》，刘兰芳主编，法律出版社，2009 年 5 月第 1 版。

《公司法适用与审判实务》，张海棠主编，邹碧华、俞秋玮副主编，中国法制出版社，2009 年 11 月第 1 版。

《公司解散清算制度》，刘敏著，北京大学出版社，2012 年 2 月第 2 版。

《股东资格研究》，沈贵明著，北京大学出版社，2011 年 6 月第 1 版。

《公司的博弈与平衡：22 类公司纠纷法律实务精解》，王进东、林晓东著，北京大学出版社，2011 年 9 月第 1 版。

《公司纠纷的司法救济》，乔欣等著，法律出版社，2007 年 3 月第 1 版。

《公司诉讼专题研究》，李建伟著，中国政法大学出版社，2008 年 11 月第 1 版。

《股东权益纠纷实用法律手册》，中国法制出版社，2007 年 11 月第 1 版。

《证券诉讼原理与判例》，吴庆宝、孟祥刚主编，人民法院出版社，2005 年 10 月第 1 版。

《最高人民法院关于审理证券市场虚假陈述案件司法解释的理解与适用》，李国光主编，最高人民法院民事审判第二庭编著，人民法院出版社，2003 年 3 月第 1 版。

《证券法》叶林著，中国人民大学出版社，2013 年 4 月第 4 版。

《中国私募股权基金法律操作实务》，关景欣著，法律出版社，2008 年 3 月第 1 版。

《公司案件审判指导》，杜万华主编，最高人民法院民事审判第二庭编著，法律出版社，2018 年 1 月增订版。

《最高人民法院司法观点集成（商事卷）》，人民法院出版社编，人民法院出版社，2017年10月第3版。

《最高人民法院关于企业破产法司法解释理解与适用：破产法解释（一）·破产法解释（二）》，最高人民法院民事审判第二庭编著，人民法院出版社，2017年3月第2版。

《最高人民法院企业破产与公司清算案件审判指导》，杜万华主编，中国法制出版社，2017年2月第1版。

《公司纠纷裁判思路与规范解释》，王林清著，法律出版社，2017年9月第2版。

《中国公司法》，王军著，高等教育出版社，2017年9月第2版。

《中国公司法案例精读》，虞政平著，商务印书馆，2016年3月第1版。

《公司法前沿问题研究》，朱锦清著，浙江大学出版社，2014年3月第1版。

《公司法律裁判》，胡田野著，法律出版社，2012年2月第1版。

图书在版编目（CIP）数据

公司业务律师基础实务/龚志忠主编．—2版．—北京：中国人民大学出版社，2018.6
（中国律师实训经典．基础实务系列）
ISBN 978-7-300-25868-3

Ⅰ.①公…　Ⅱ.①龚…　Ⅲ.①公司法-中国　Ⅳ.①D922.291.91

中国版本图书馆CIP数据核字（2018）第126175号

中国律师实训经典·基础实务系列
总主编　徐　建　龙翼飞
公司业务律师基础实务（第二版）
龚志忠　主编
Gongsi Yewu Lüshi Jichu Shiwu

出版发行	中国人民大学出版社		
社　　址	北京中关村大街31号	**邮政编码**	100080
电　　话	010－62511242（总编室）		010－62511770（质管部）
	010－82501766（邮购部）		010－62514148（门市部）
	010－62515195（发行公司）		010－62515275（盗版举报）
网　　址	http://www.crup.com.cn		
	http://www.ttrnet.com(人大教研网)		
经　　销	新华书店		
印　　刷	天津中印联印务有限公司	**版　　次**	2014年4月第1版
规　　格	185 mm×260 mm　16开本		2018年6月第2版
印　　张	28.5 插页2	**印　　次**	2018年6月第1次印刷
字　　数	615 000	**定　　价**	79.80元

中国律师实训经典——锻造中国律师实战的“西点军校”

中国律师实训经典·美国法律判例故事系列

环境法故事 ISBN：978-7-300-17451-8
作　　者：［美］理查德·拉撒路斯　定价：￥39.80　出版时间：2013-06-30

宪法故事（第二版） ISBN：978-7-300-15548-7
作　　者：［美］迈克尔·C·道夫　定价：￥49.80　出版时间：2012-08-31

审判故事 ISBN：978-7-300-15004-8
作　　者：［美］迈克尔·E·泰戈　定价：￥49.80　出版时间：2012-03-31

刑事程序故事 ISBN：978-7-300-14807-6
作　　者：［美］卡罗尔·S·斯泰克　定价：￥59.00　出版时间：2012-03-31

证据故事 ISBN：978-7-300-14661-4
作　　者：［美］理察德·伦伯特　定价：￥39.80　出版时间：2012-03-31

中国律师实训经典·庭辩技巧系列

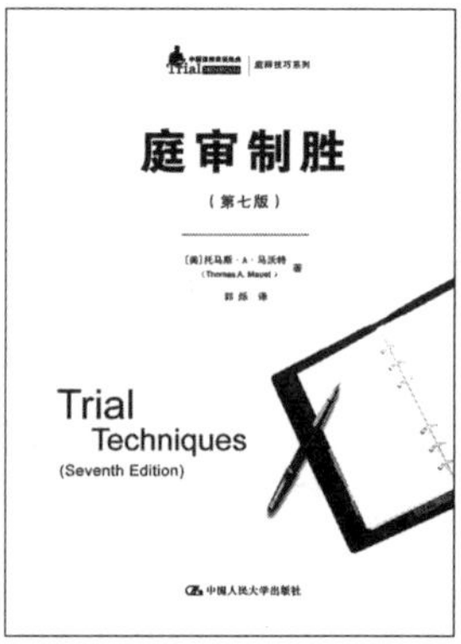

美国庭审宝典（第四版） ISBN：978-7-300-16274-4
作者：［美］詹姆斯·W·麦克尔哈尼
定价：￥88.00　出版时间：2012-10-31

庭审制胜（第七版） ISBN：978-7-300-14782-6
作者：［美］托马斯·A·马沃特
定价：￥88.00　出版时间：2012-05-30

对方证人——芝加哥著名刑辩律师论交叉询问与人生的经验教训
作者：［美］史蒂文·F·莫罗　ISBN：978-7-300-15154-0
定价：￥49.00　出版时间：2013-04-24

中国律师实训经典·律师职场系列

律师的职业责任与规制（第二版）

ISBN：978-7-300-17357-3

作者：[美] 黛博拉·L·罗德

定价：￥39.80　　出版时间：2013-05-31

践行正义：一种关于律师职业道德的理论

ISBN：978-7-300-16985-9

作者：[美] 威廉·西蒙

定价：￥30.00　　出版时间：2014-05-01

中国律师实训经典·高端业务系列

公司兼并与收购教程　　ISBN：978-7-300-19028-0

主　　编：肖　微　　定价：￥68.00

出版时间：2014-04-30

中国企业境内首次公开发行及上市业务教程

ISBN：978-7-300-19027-3

主　　编：靳庆军　　定价：￥58.00

出版时间：2014-04-30

中英商务合同精选与解读　　ISBN：978-7-300-15196-0

作　　者：林克敏　　定价：￥42.00

出版时间：2012-03-31

中国律师实训经典·基础实务系列

律师执业基础	黄士林主编	出版时间：2015-07
刑事诉讼律师基础实务（第二版）	钱列阳　娄秋琴著	出版时间：2017-11
行政诉讼律师基础实务	吕立秋主编	出版时间：2014-04
民事诉讼律师基础实务	翟雪梅主编	出版时间：2014-04
非诉讼业务律师基础实务	李大进主编	出版时间：2014-04
商事仲裁律师基础实务	韩　健主编	出版时间：2014-04
公司业务律师基础实务（第二版）	龚志忠主编	出版时间：2018-06
房地产业务律师基础实务	李晓斌主编	出版时间：2014-04
企业法律风险管理基础实务	徐永前主编	出版时间：2014-04
劳动法律师基础实务	姜俊禄主编	出版时间：2014-04
知识产权业务律师基础实务	温　旭主编	出版时间：2014-04
婚姻家庭法律师基础实务	王　芳主编	出版时间：2014-04
合同业务律师基础实务	吴江水　著	出版时间：2014-04
侵权责任法律师基础实务	杨立新　赵　玉著	出版时间：2014-04